謹以此書獻給

顯考徐公諱有田府君暨

顯妣徐媽潘氏諱芊娘

二人在天之靈

徐福全著

文史哲學集成

臺灣民間傳統孝服制度研究

文史哲出版社印行

臺灣民間傳統孝服制度研究 / 徐福全著. --
初版. --臺北市：文史哲，民 97.09 印刷
頁： 公分.（文史哲學集成；212）
參考書目：頁
ISBN 978-957-547-416-4 (平裝)
1.

532.21

文史哲學集成 212

臺灣民間傳統孝服制度研究

著　者：徐　福　全
出版者：文史哲出版社
http://www.lapen.com.tw
e-mail：lapen@ms74.hinet.net
登記證字號：行政院新聞局版臺業字五三三七號
發行人：彭　正　雄
發行所：文史哲出版社
印刷者：文史哲出版社
臺北市羅斯福路一段七十二巷四號
郵政劃撥帳號：一六一八〇一七五
電話886-2-23511028 · 傳真886-2-23965656

實價新臺幣八〇〇元

中華民國七十八年（1989）五月初版
中華民國九十七年（2008）九月 BOD 初版一刷

ISBN 978-957-547-416-4

自序

民國六十四年，我從省立台北師專畢業後第三年，正一面在小學服務，一面在文化學院夜間部唸書；這一年農曆正月初八日卯時，　先慈因病棄養，是我有生以來第一次遭逢大喪當「孝男」。悲慟之餘，想起曲禮說：「居喪未葬，讀喪禮；既葬，讀祭禮。」又說：「君子行禮，不求變俗，祭祀之禮，居喪之服，哭泣之位，皆如其國之故，謹脩其法而審行之。」因此丁憂在家除讀儀禮喪服、士喪、既夕諸篇之外，還特別找了一本被視爲閩南禮俗經典之作的家禮大成細心研讀。讀完這兩本書，再看看當時　父親對　先慈喪禮的安排，並指導我們子女如何穿孝服、帶孝、守制，使我深深感覺台灣這一套喪葬禮俗及孝服制度，非常有價值。

民國六十五年秋考進國立台灣師範大學國文研究所碩士班，立志攻研經學，並向　周師一田問禮。要寫畢業論文前又熱衷於閱讀考古資料，很想以考古學的新發現來解經或證經；剛好孔德成先生所指導的儀禮復原小組，在這方面已經樹立了良好的典範，我便找他們沒做過的儀禮士喪、既夕兩篇研究，在　周師悉心指導之下，以「儀禮士喪禮既夕禮儀節研究」爲題撰寫碩士論文。論文完成之後，不僅獲得碩士學位，更使我對儒家喪禮的制度及理論有一番相當深刻的了解。

民國六十八年秋，應聘到國立台灣工業技術學院擔任教職，同時又進入師大國文研究所博士班深造。由於平時經常留心風俗教化，發現台灣的傳統禮俗已因社會劇烈變遷而開始大幅度地改變，連號稱保存最完整、抗變性最強的喪禮也無法抗拒這股變勢。我深恐這一個愼終追遠的良風美俗很快變樣走調，乃立意加以研究，便以「台灣民間傳統喪葬儀節研究」做爲博士論文的題目。關於這個題目，可資利用的現成文獻不多，乃效法人類學家的做法，進行田野調查；選擇了四十六個代表漳籍、泉籍、客籍的地區，做爲調查地點。透過朋友們的介紹、指點，在民國六八—七三年間，遍訪四十六個地區的有關人士達一百一十位以上，並詳細觀察各地喪禮數十場、公墓二十餘處。回想那段日子，不避寒暑，穿梭於喪家、葬儀社、道士壇、公墓等人人所避忌之處，宛似狂人。如此辛苦采訪，四年多下來采訪錄積稿盈尺、照片逾千張、錄音帶五十卷，其中還包含　先父之訪問錄音二百五十分鐘，如今已成我最珍貴之寶藏。

民國七十三年夏，在　周師一田指導下，結合文獻資料與田野調查所得，寫出博士論文四十萬言。除將三百年來台灣喪葬儀節做一全面性整理，依照閩（漳泉）客系統加以論述外，並溯其淵源，論其特色，明其變化。畢業口試時，諸位口試先生對我黽勉有加。不久論文流出域外，因而結識東瀛學者土井卓治、植松明石、車香澄諸先生，經與彼等多次討論之後，自覺台灣孝服制度的重要性不亞於喪葬儀節。而我的博士論文限於篇幅，孝服部分只佔全書三十一節中的一小節，不無遺憾，因而決定再以三年時間研究台灣傳統孝服制度。

有關台灣傳統孝服制度的文獻資料，比喪禮更少，爲求徹底了解這項制度的眞相，除從寫博士論文時所撰的采訪錄中爬梳資料外，並另外精心編訂一套長達十四頁的「臺灣地區傳統孝服制度調查問題表」，印製數十分，再至各地調查。選擇采訪地時，民國六八—七三年已曾采訪者，資料若很豐富即不再采訪，資料有所不足者便視其重要與否再決定是否重訪；同時另外新增采訪地：蘇澳、羅東、基隆、萬華、土庫、斗南、臺西、大林、佳里、新化、楠梓、馬公、湖西、白沙、西嶼（以上爲閩南人地區）及新豐、關西、寶山、頭屋、內埔、佳冬（以上爲客家地區）等二十一個地區。靠許多朋友及學生們的幫忙，每個地方都能獲得相當翔實且寶貴的資料，並據以塡入前所設計的調查表，一地一分，若有不同意見的才一地兩分，分成(A)(B)。前後訪問人數超過九十位，寫成有效調查表四十分，唯時間較原預訂慢兩年，因爲中間慟遭　先父遘疾以致捐館之大故。

先父於民國七十四年秋遘疾，翌年農曆十月十一日戌時逝世。因上無長輩，　先父的喪事，自易簀至斂葬，全由家兄與我兩人做主，台灣人傳統的喪禮及孝服制度，對我而言實有刻骨銘心之感。其痛鉅者其癒緩，　先父大祥（目前本省人的大祥前後只有十幾個月）之後，才再打起精神恢復中斷了兩年的調查工作；至七十七年秋田野工作終告一段落，開始整理資料。把前後長達十年在田野所做的采訪錄、調查表以及文獻資料整合成將近五百頁的長表，再以這分長表做爲素材，加以分析、綜合、比較、溯源，撰成這篇論文。將台灣地區閩南（含漳泉）及客家的孝服制度，做了前人所未曾做的廣泛探討與研究。本文不僅將台灣傳統孝服制度做了實錄，且分閩客兩類分別論述，再依地理順序安排，期其系統分明。透過這些論述可以看出各地孝服的內容、演變情形與特色。最後並綜合探溯其淵源、功能與演變原因等，發現它與禮經及歷代官私修禮書具有相當深厚的關係，也發現它具有許多特色及倫理的、社會的與法律的各項功能，至於近年孝服演變的現象與原因也都一一加以歸納與縷析。

本書與博士論文，可以說是民國六十八到七十八這十年之間，我個人研究工作的一點小成績。它們表達了個人對台灣禮俗及傳統文化的高度關懷，也證明我當初的假設：「民俗當中有經學，經學會影響民俗」是完全正確的。我以漫長的時間，耗費無數的精力與金錢，努力研究傳統禮俗，寫成此書，不敢奢言要維護傳統、弘揚孝道，但求有讀者能藉此而了解台灣傳統孝服制度的內容，進而明白慎終追遠何以能使民德歸厚，則我已感功不唐捐。

本文得以完成，要感謝　周師一田不斷地教導，內子周瑞穎悉心處理家務使我無後顧之憂，而散居各地的耆宿先進及協助我進行田野調查的朋友與學生（其芳名詳見第一章第一節所附表格），更是我所當感謝的對象。最後我要說的是這本書假如有什麼疏漏謬誤之處，敬請海內外方家不吝指敎。

中華民國七十八年清明節　徐福全謹序於景美三省齋

凡例

一、本文題爲臺灣民間傳統孝服制度研究，所謂臺灣，係包含臺灣省及臺北、高雄兩市；所謂民間，專指由慣稱之「臺灣人」亦即明淸以來迄割讓日本爲止由閩粵二省移來之漢人所組成之社會，而不包含光復以後隨政府播遷來臺之各省軍民，高山同胞也不包含在內；所謂傳統孝服制度，係指臺灣人依其固有之習慣或信仰而遵守的孝服制度，至於採用外來宗教信仰的制度，則不在本文研究範圍之內。

二、全文共四章，首章緒論，末章結論，中間兩章爲台灣民間傳統孝服制度研究（上）、（下），畫分爲（上）（下）兩章，主要是因爲內容太多，不得已乃依其性質畫分爲二，第二章是有關服飾部分，第三章是有關喪期、喪制部分，因爲是一體的，所以節次相連。

三、文獻資料表中所引的文獻資料只有書名或文名，欲知作者、出版者或刊物名稱等詳細資料，請查本文附錄參考書目，表內不一一贅注。

四、田野資料表中，其資料皆由各地受訪人所提供，按照一般田野調查慣例，不用人名而以地名代表，同時也是爲便於比較異同及行文之便，而非以偏概全。

五、文中引用別人之說，不論引古人今人，甚至　先父之說時，爲不增加讀者之困擾，皆直稱其姓名，曲禮說：「臨文不諱」，古有明訓，不是不敬。

六、本文之末附有彩色照片五十幀，係自十年間田野調查所攝千餘幀中篩選之精華。照片左下角標有序碼，與論文中之夾註相配合；並附有簡單說明，且注明採攝地點；所附說明，格於形式，不得已而採用由左而右橫寫方式。照片以橫攝者爲多，少數直攝者爲適應版面，不得已乃橫排。

臺灣民間傳統孝服制度研究　目次

第一章　緒　論

第一節　研究動機與研究方法

一、研究動機

儒家的儀禮共十七篇，其中專記喪禮的有士喪禮、既夕禮及士虞禮三篇，另有一篇喪服篇，專記喪服制度。喪禮與喪服，一爲儀節，一爲制度，一經一緯，互爲表裏，其重要性可以說是不分軒輊。孔子說「生，事之以禮；死，葬之以禮，祭之以禮。」「葬之以禮」的「禮」字即包含儀節與制度的合宜；因此古人不僅重視喪禮之學，也強調喪服之學，禮記全書四十九篇中專門討論喪禮、喪服問題的有：檀弓上下、曾子問、喪服小記、大傳、雜記上下、喪大記、奔喪、問喪、服問、閒傳、三年問、喪服四制等十四篇，其餘三十五篇雖非以此爲主，但也或多或少涉及，由此可以看出先秦儒家對喪禮、喪服之重視。到了兩漢及魏晉南北朝，喪服更是受到重視，甚至有以專門研究喪服而成名的，顧炎武日知錄卷八「檀弓」條下云：

「讀檀弓二篇及曾子問，乃知古人於禮服講之悉而辨之明如此。漢書言夏侯勝善說禮服，蕭望之從夏侯勝問論語、禮服。唐開元四部書目，喪服傳義疏有二十三部。昔之大儒有專以喪服名家者，其去鄒魯之風未遠也。故蕭望之爲太傅，以論語、禮服授皇太子。宋元嘉末，徵隱士雷次宗詣京邑，築室於鍾山西巖下，爲皇太子諸王講喪服經。齊初，何佟之爲國子助教，爲諸王講喪服。陳後主在東宮，引王元規爲學士，親授禮記、左傳、喪服等義。魏孝文帝親爲羣臣講喪服於清徽堂。而梁書言始興王憺薨，昭明太子命諸臣共議，從明山賓朱异之言，以慕悼之辭，宜終服月。夫以至尊在御，不廢講求喪禮，異於李義府之言不豫凶事而去國恤一篇者矣。」（注一）

隋唐以後，不論官方或私人所修的禮典、禮書，無不包含喪服、喪禮二項；再從禮學的歷史去看，喪服喪禮可以說是百姓四禮（冠、婚、喪、祭）當中最重大的一禮，喪服和喪禮兩者之重要，由此可見。民國六十八年到七十三年，我以五年的時間，從文獻回顧及實際的田野調查去蒐集台灣的喪禮與孝服（注二）資料，並撰成「台灣民間傳統喪葬儀節研究」，做爲博士學位的論文。由於體例及篇幅的限制，我的博士論文中有關孝服的部分，只佔全書三十一節中的一小節，無法看出台灣傳統孝服制度的全貌及其重要性，不免令人感到遺憾，這是我撰寫本文的主要動機之一。

回顧我國的歷史，歷代均非常重視攸關風俗教化的喪禮與喪服，且有文獻資料可資研究；然而回顧台灣的歷史，溯自開發以來，已經三百多年，喪禮與孝服（喪服）制度，對三百多年來的社會具有相當大的維繫功能，可是文獻上的紀錄，却非常少。我曾花費多年時間遍訪圖書舘及私人藏書家，廣泛收集台灣地區的古今方志、有關台灣文化禮俗研究的專書、調查報告、報章雜誌及民間手抄本等，只要有關係的即使片言隻字也加以裒集，前後共蒐得五百多種；以著作時代畫分，可分爲清代、日據時期及光復後三個階段。然而非常可惜的是這五百多種資料經過過濾之後，有關喪禮喪服的便不到半數，而喪服的資料較喪禮更少。就這些僅有的資料來看，清代的資料多保存於方志的風俗篇；可惜當時的人對於社會風俗均習以爲常不曾特別紀錄，編方志時多三言兩語帶過；而日後修新方志的人又常陳陳相因，襲用舊志的資料，因而可用資料很少。日據時期，日本人基於對異文化的新鮮感及當時日本學術界正開始重視人類學，尤其重要的是爲了方便統治台灣（注三），因此據台之初曾經從事台灣文化與風俗習慣之調查研究，出版台灣私法一系列的書籍；昭和九年，鈴木清一郎更以個人力量撰成台灣舊慣冠婚葬祭與年中行事（以下簡稱「台灣舊慣」）一書。日據時期有關台灣禮俗宗教的專書還有不少，也有專門性的雜誌，如早期的台灣慣習記事與末期的民俗台灣；不過有關喪服方面最重要的著作還是要推台灣私法與台灣舊慣。然而深入研究之後，即可發現這兩部書寫作之前所做的調查工作，不夠寬廣，各有所蔽，因而無法明顯看出閩客之異、漳泉之別（注四）；另外因爲主其事者多爲日本人，由於語言隔閡，文化差異，更難免有訛誤之處（注五）。光復以後，台灣重回祖國懷抱，四十餘年來又新修了不少方志，然而風俗篇涉及喪事的文字都很簡略，內容稍微豐富的則多迻譯自鈴木清一郎的著作，無法眞實反映出時代與地理的特色，洵屬遺憾。由於近代人很避諱談喪事，因此有關這方面的單篇文章或專書更是稀少。民國七二年六月台灣省文獻委員會程大學、黃有興、陳壬癸、謝浩、鄭喜夫等五位委員通力合作，撰成台灣地區現行喪葬禮俗研究報告一書，這是光復以來專門討論喪葬禮俗最重要的官方文獻。這篇報告由於曾經認眞實地調查，已注意到各地的孝服制度互有異同，但因篇幅及調查地點之限制，以至無法做更有系統更詳盡的論述。綜觀清代、日據時期及光復迄今，有關台灣傳統孝服制度的文獻資料竟然如此貧瘠，因此爲台灣傳統孝服制做一番縱（歷史性）橫（地區性）的探討，便成爲我的心願，這是我撰寫本文的動機之二。

台灣自六十年代邁入工業社會之後，十多年來，整個社會結構、經濟活動、居住形態、價值觀念、交通情形等都產生許多變化，亦即社會學家所謂的產生社會變遷的現象。傳統文化與風俗習慣，面對社會變遷也相應地產生許多改變；這種改變的脚步與幅度，有越來越快，越來越大的趨勢。目前我們正處於整個社會變遷的轉型期，越過這個臨界點，許多傳統禮俗可能就會消失或演變得面目全非，此時再不付諸行動去研究，將來必然會後悔，這是我撰寫本文的主要動機之三。

基於上述三項主要動機的驅使，多年來，不論寒暑中跋涉於鄉野間，或在孤燈下遍索羣書，皆能甘之如飴，念茲在茲，期盼能爲傳統文化貢獻棉薄之力。

二、研究方法

本文的研究方法，首先是做文獻回顧，將清代、日據時期及光復以後迄今有關的文獻資料，經過精讀、分析、鑑別之後，加以分類、歸納、編成一分長表；雖然資料不多，透過這分長表，仍然可以看出其演變的大體情形。

由於文獻資料少，必須仰賴田野調查，因而田野調查訪問便成爲本文最重要的研究方法，而大量運用田野調查所得資料即成爲本文的重要特色，眞是所謂「禮失而求諸野」。有關田野調查資料，我於民國六十八年到七十三年之間，爲了撰寫博士論文，已曾在四十六個地點做過調查，並寫成二十三冊采訪錄。因爲當時我的調查項目中已包含孝服制度這一大項，所以這些采訪錄裏面也記了不少各地的孝服資料；不過有些地區資料較多，有些地區資料較少。本著精益求精的理想，我不願意將就這些資料寫成論文，乃決定將寫博士論文時所用的問題表加以改進，另訂一套長達十四頁的「臺灣地區傳統孝服制度調查表」，再做田野調查以增加樣本數，以求本項研究的材料能更接近事實，範圍能更廣泛。原預訂田野工作兩年可以完成，中間因侍父疾、丁父憂而中斷，以致前後花了四年多才完成。關於采訪的地點，民國六八—七三年間已調查過的地區，若資料已相當豐富即不再采訪；若資料不足則視該地區之重要性大小而決定重訪或加以剔除，此外再新增二十一個地點：蘇澳、羅東、基隆、萬華、土庫、斗南、台西、大林、佳里、新化、楠梓、馬公、湖西、白沙、西嶼、新豐、關西、寶山、頭屋、內埔、佳冬。這二十一個地區是經過詳細考慮才決定的（注六），前十五個屬於閩南人地區，北部、中南部及離島各佔了四、七、四個，其中有漳州人爲主的地區（如蘇澳等地），也有泉州人爲主的地區（如馬公等地）；後面六個則屬於客家人地區，桃竹苗一帶四個，南部六堆兩個（注七）。

當地點決定後，即開始利用公餘時間進行田野調查，這時我面臨許多困難：㈠田野調查，按理說，最好是能夠在該地找到剛好發生喪事的家庭，採「參與觀察法」（Participant Observation）蒐集資料，然而事實上却有困難。一方面是喪家的例子是可遇而不可求，另一方面是喪家辦理喪事時正忙亂又多忌諱，並不歡迎外人打擾；進一步地說，縱使僥倖遇到該地有喪事例子，透過人際關係得以參與觀察，所能得到的資料並不一定完整；例如目前台灣血親、姻親、結拜之親的卑親，須穿孝服的人在四十種以上，若所觀察個案人丁單薄、享年不永，則可能看不到十種孝服。因此，民國六八—七七年間，我觀察且參與過三十場以上的喪禮，並做下實錄，其中沒有一場有「正五代」，看到玄孫的只有兩場，其餘最多只看到曾孫穿藍。㈡既然光從實例去觀察，無法得到全部的資料，即須另覓他途，利用深入的訪問方法去向有關人士詢問。向誰請教？這是一個難題，幸虧在我所預定的調查地區，都有朋友或學生世居該地，他們知道地方上誰對孝服制度了解最深，這些人可能是婦人（家庭主婦、實際幫人縫孝服者）、司功、道士、禮生、葬儀社人員、村里長或幹事、鄉紳、民俗專家等。一般而言，年輕一代的都不太清楚，甚至完全不清楚，只有老一輩的人才有根柢；其中除了司功、道士、葬儀社人員之外，要向年老的人問孝服制度，而且至少要花四個小時以上才談得完；這時即使他不排斥，其子孫亦多不表歡迎。這是我田野調查時經常遇到的困難，也是我堅持要把這個問題調查清楚的原因；因爲如今再不做，將來老成凋謝，將會無處覓踪跡。㈢談到不成文的傳統禮俗，經常言人人殊，有不知所從之苦。大部分地區，同一地區的受訪人所描述的當地孝服制度大都一致，但有些地區的受訪人，所說的孝服制度有些地方互不相同，必須一再求證觀察，如果確定不是受訪者誤記，便須將該地的孝服制度分成(A)(B)兩類。

由於田野調查工作有許多困難，加上個人體力、時間有限，因此前後五年（扣除侍疾、丁憂，事實上只有二年多）只做了四十件有效的調查；不過如果加上采訪錄中資料充足的案例，則總共有將近六十分相當完整的資料可以使用，這裡面包含了一百六十多人的看法。透過這些資料已可以大致看出台灣地區傳統孝服制度的全貌，乃開始將各地采訪錄及調查表的孝服資料加以分類，並將它們表格化成爲一分長表。這一分田野資料長表加上以前所編的文獻資料長表，總頁數將近五百，它就是我撰寫本文的素材。然後即根據這分總表加以分析研究綜合比較，以親屬別爲經，以地區別爲緯，論述台灣各地傳統孝服制度古今之演變及其異同與特色，這就是本文的第二與第三兩章。從這兩章不但可以很清楚地看出閩南與客家的風俗，甚至可以看出閩南當中漳州與泉州也互有異同。最後一章結論，作者以歷史溯源的方法，考證台灣傳統孝服制度與禮經（儀禮及禮記）及歷代官私修禮書的關係，結果發現兩者有相當深的淵源關係；此外並綜合討論台灣傳統孝服的特色、功能、演變的情形及因素。

這編論文能夠完成，大部分是靠田野調查，田野資料貴乎信實，謹將撰寫本文之前所做田野調查之地點、各地提供資料或接受訪問者之姓名及通訊處等表列於后，一則以表示感謝之意，一則以供徵信之用。

臺灣人依祖籍別分布圖（注八）：

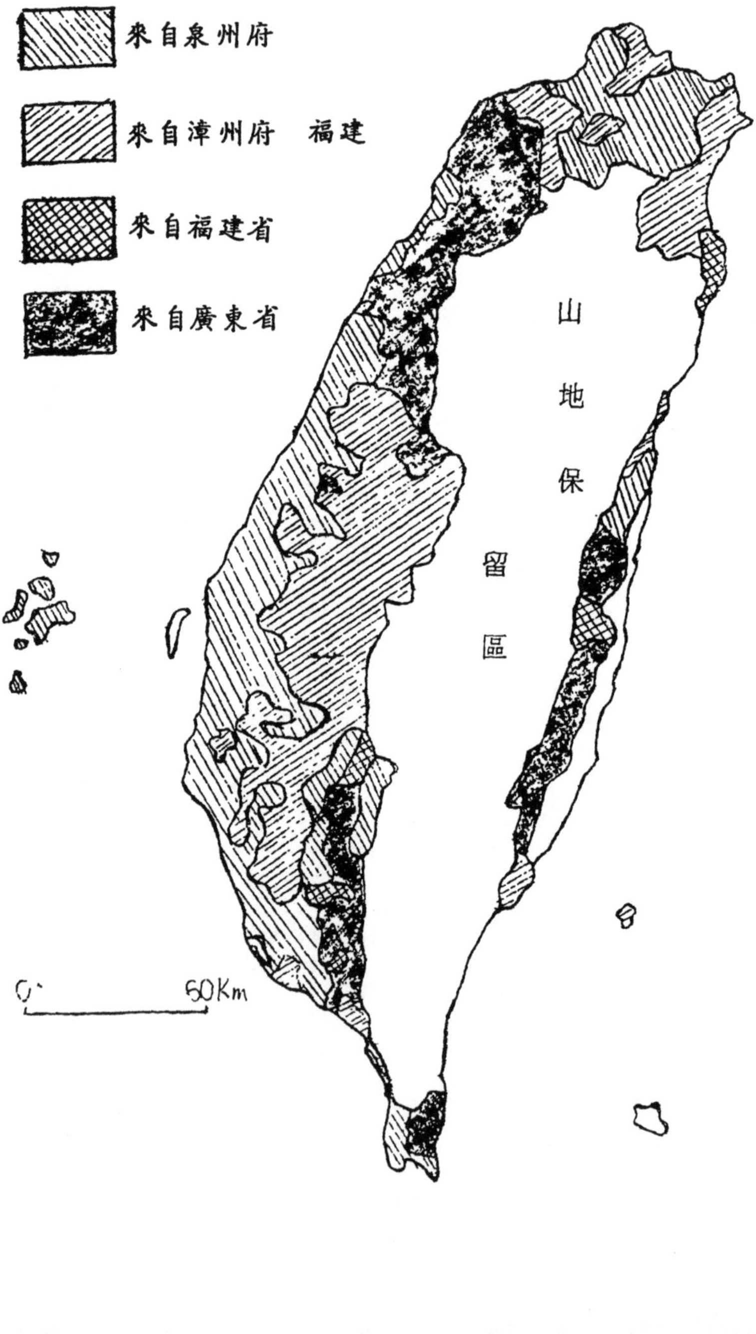

本文田野調查地點分布圖：

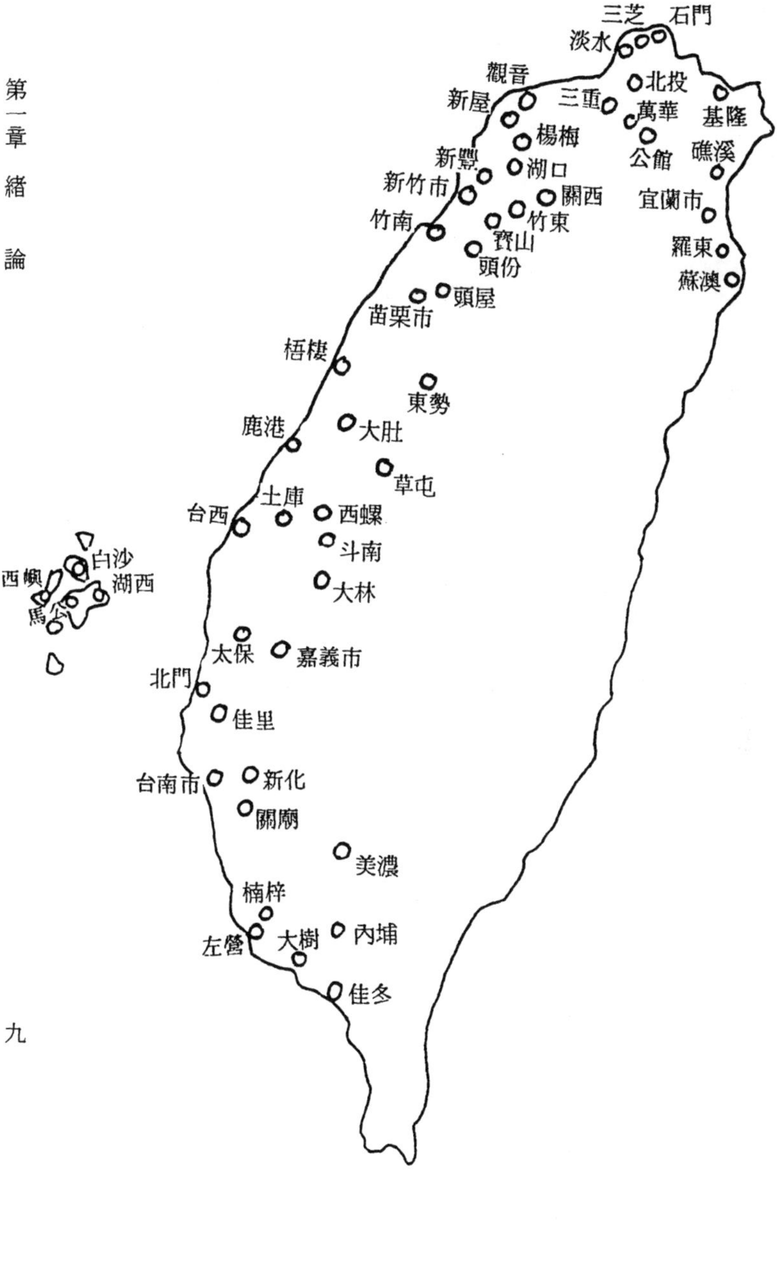
三芝
石門
淡水
觀音
北投
新屋
三重
萬華
基隆
楊梅
公館
新豐
礁溪
湖口
新竹市
關西
宜蘭市
竹南
竹東
寶山
羅東
頭份
蘇澳
頭屋
苗栗市
梧棲
東勢
鹿港
大肚
草屯
土庫
台西
西螺
斗南
白沙
西嶼
湖西
大林
馬公
太保
嘉義市
北門
佳里
台南市
新化
關廟
美濃
楠梓
左營
大樹
內埔
佳冬

各地提供資料或接受訪問者名冊

地名	提供資料或受訪者芳名	祖籍	職業	通訊處	電話
蘇澳	王含祥	閩(漳)	家庭主婦	宜蘭縣蘇澳鎮延平路四一巷一一號	
	林萬清	閩(漳)	工	同右	
羅東	林雍祥	閩	工	宜蘭羅東鎮中山西路三四七之一〇號	
	許升卿	閩	家庭主婦	同右	
	郭成昌	閩(漳)	宜蘭唸佛會秘書	宜蘭縣羅東鎮北城街三五號	(〇三九)五四四－六八五
宜蘭市	陳炎珠	閩(漳)	里幹事	宜蘭縣宜蘭市西後街五一巷一九號	(〇三九)三三〇－三七四
	陳健銘	閩(漳)	里幹事	宜蘭縣宜蘭市舊城東路三四號	(〇三九)三二六－一四九
	楊滄海	閩(漳)	佛教司功	宜蘭縣宜蘭市聖後街一九〇號	(〇三九)三三五－三六七
	呂芳苞	閩(漳)	地理師	宜蘭縣宜蘭市新民路五三號	(〇三九)三三三－七六四
礁溪(A)	林素春	閩	教	宜蘭縣礁溪鄉二龍村四六號	
	林簡阿惜	閩	家庭主婦	同右	

礁溪(B)	盧修敏	閩(漳)	商	原住宜蘭縣礁溪鄉	
	陳淑惠	閩(漳)	家庭主婦	現住：台北市新生北路一段二一號	(〇二)五三一－八六六七
基隆	林阿德	閩(漳)	工	基隆市基金一路七〇號	
	吳燕郎	閩(漳)	布莊老板	基隆市愛一路一八號之一	(〇三二)二三四－九二六
石門	徐有田	閩	民俗專家	台北縣石門鄉富基村楓林路二六號	
	江秋	閩(漳)	禮生	台北縣石門鄉老梅村公地四三—一號	
	游培華	閩(漳)	佛教司功	台北縣石門鄉石門村石門街二四號	(〇二)六三八－一八〇〇
	徐福堂	閩	商	台北縣石門鄉老梅村老梅路五七號	(〇二)六三八－一三〇六
三芝	李正信	閩	教	台北縣三芝鄉埔頭坑三二一號	(〇二)六三六－一三〇五
	江輝彥	閩	四代祖傳司功	台北縣三芝鄉埔頭街六四號	(〇二)六三六－一八七九
					(〇二)六三六－二〇七三
淡水	李清雲	閩(泉)	工	台北縣淡水鎮中山路八號二樓	(〇二)六二一－一八二〇
	李水性	閩(泉)	農	台北縣淡水鎮忠寮里	
北投	陳惠雪	閩	教	台北市北投區中央里中正街一八號	(〇二)八九二－五七〇九
	陳水泉	閩(泉)	奠儀用品社老板	台北市北投區光明路七二巷五九號	

三重	余柯寶鳳	閩	家庭主婦	台北縣三重市大同北路四四巷一一號	
	王能賢	閩（漳）	地理師	台北縣三重市大有街四六巷五一號三樓	（〇二）九八二-一三三七
萬華	李仲賢	閩（泉）	商	台北市大理街卅八號	（〇二）三〇六-八七五八
	李金運	閩（泉）	商	同右	
	陳阿昭	閩（泉）	家庭主婦	台北市汕頭街五四巷四二弄四七號四樓	（〇二）三〇八-八二八九
	洪楊祖燧	閩（泉）	洪懷德布莊老板	台北市西昌街一七一—一號（洪懷德布莊）	（〇二）三八一-二三三三
公館	柯土井	閩	工	台北市基隆路四段四三號	
	楊承志	閩	工	同右	
	凌上田	閩（泉）	工	台北市溪州街七三巷一、三號	（〇二）九三二-一五九八
	林添財	閩（泉）	工	台北市汀州路八五六號	
	林阿成	閩（泉）	工	台北市羅斯福路四段一一九巷二〇之一號	
新竹市	曾文深	閩（泉）	葬儀社員工	新竹市西大路三五號	（〇三五）二三〇-一七九
	葉文彬	閩（泉）	風水師父	新竹市西大路四巷一二號	（〇三五）二四二-八四五
竹南(A)	陳金田	閩（泉）	民俗專家	苗栗縣竹南鎮博愛街八四號	（〇三六）六二四-六〇〇
竹南(B)	陳瑞祥	閩（泉）	工		

	陳枝旺	閩(泉)	司功	苗栗縣竹南鎮中華里迎薰路一二九號	(〇三六)六二六—二二八
梧棲(A)	王添壽	閩(泉)	農會理事長民俗專家	台中縣梧棲鎮福德里中央路二段九六號	(〇四六)二三三—八四五
	柯瑞文	閩(泉)	土地代書		
	蔡天賜	閩(泉)	土水師父	台中縣梧棲鎮下寮里居仁街二四號	(〇四六)五六〇—一三一
梧棲(B)	蔡成義	閩(泉)	鎮公所人員民俗專家	台中縣梧棲鎮鎮公所	
大肚	趙子儀	閩(漳)	村長	台中縣大肚鄉永和村一一號	(〇四六)九九二—二三一
	趙日成	閩(漳)	地理師	同右	
	陳金芳	閩(漳)	農	台中縣大肚鄉成功村六〇六號	(〇四六)九九四—六七〇
草屯	黃金發夫婦	閩(漳)	佛教司功	南投縣草屯鎮勝和街二四號	(〇四九)三三三—七八四
	許珠	閩(漳)	葬儀社人員	南投縣草屯鎮玉峯街九一號	
	炳輝	閩(漳)	地理師	南投縣草屯鎮芬草路三六—一號	
鹿港(A)	林坤元	閩(泉)	醫師	彰化縣鹿港鎮中山路一五七號	(〇四)七七七—二六一七
	陳芹	閩(泉)	農	彰化縣鹿港鎮海埔里顏厝巷二四號	(〇四)七七七—〇六一六

	黃來春	閩(泉)	家庭主婦	彰化縣鹿港鎮海埔里鹿草路二段一九六巷一八號之一	
鹿港(B)	施教垣	閩(泉)	奠儀用品社老板	彰化縣鹿港鎮大有街三九號	(〇四)七七七-七四〇三
	黃清泉	閩(泉)	民俗專家	彰化縣鹿港鎮菜園里和平巷五五號	(〇四)七七二-七七二九
	王世祥	閩(泉)	民俗專家	彰化縣鹿港鎮龍山里金門巷三八號	
西螺	廖明貴	閩	鎮公所職員民俗專家	雲林縣西螺鎮鎮公所	
	黃昌墀	閩	佛教司功	雲林縣西螺鎮建興路四二號	
土庫	張清桂	閩	教	雲林縣土庫鎮仁愛街三四號	(〇五六)六五三-五二六
	張洪粉	閩	家庭主婦	同右	
斗南	蘇南	閩	工		
	郭水玉	閩	葬儀社老板	雲林縣斗南鎮西岐里大同路三三號	(〇五五)九七二-三七〇
台西	趙文化	閩	教	雲林縣台西鄉民權路八八號	(〇五六)九八一-五〇二
	許金	閩	菜販	雲林縣台西鄉崙豐路四四巷二七號	(〇五六)九八四-三三〇
大林	李輝宗	閩	工	嘉義縣大林鎮中林里九〇號	

	蘇許盞	閩	家庭主婦		(〇五二)六五三-七五二
太保	盧添源	閩	工	嘉義縣太保鄉田尾村一號	
	陳碧蓮	閩	農	同右	(〇五二)三七一-三八五六
	盧永順	閩	農	同右	
嘉義市(A)	黃耀崇	閩	教	嘉義市崇文街二六七號	
	呂佳蕙	閩	商	嘉義市永安街一八六號	
	黃賴霞	閩	家庭主婦	嘉義市永安街七號	(〇五二)二七五-二三四
	梁茂源	閩	葬儀社老板	嘉義市西榮街二四五巷二號	(〇五二)二三三-二〇九
嘉義市(B)	賴祈旭	閩(漳)	葬儀社老板	嘉義市中正路一七七巷一二號	(〇五二)二七九-八七三
	施炬錫	閩(漳)	佛教司功	嘉義市共和路七巷二三號	(〇五二)二七一-七五四
	江武義	閩(漳)	商	嘉義市光華路二九號	(〇五二)二三六-六七五
北門	徐金玉	閩	教		
	黃昆野	閩	國小校長	台南縣北門鄉玉港村一〇一號	(〇六)七八六-二六〇四
	洪鑾聲	閩	鄉長、道長	台南縣北門鄉鯤江村四三七之一號	(〇六)七八六-三三〇〇
佳里	徐金玉	閩	教		

	林裕章	閩	道教道士	台南縣佳里鎮漳州里二四五號	(〇六)七二二－六九五八
	吳英志	閩	道教道士		
	楊春季	閩	道教道士		
台南市	洪錕鎔	閩(泉)	道教道士	台南市府前路九〇巷五三號	
	黃清頓	閩(泉)	道教道士	台南市安南區城東里三三之一二號	(〇六)二五六－七五九六
	林勇	閩(泉)	台南市文獻委員會委員	台南市安平區安平路八二二巷三五弄四〇號	(〇六)二二五－八八六七
	盧嘉興	閩(泉)	民俗學者	台南市永福路六三巷九號	
新化(A)	曾欽龍	閩	教		
	周皆得	閩(泉)	道教道士	台南縣新化鎮太平里中正路六九一巷一八號	(〇六)五九八－四三九四
	陳政策	閩(泉)	農	台南縣新化鎮菈拔里二二二號	(〇六)四九八－二二一六
新化(B)	郭瑛芳	閩	工	台南縣新化鎮中興路七五六號	(〇六)五九八－一四八三
	陳比松	閩	商	台南縣新化鎮中正路三六九巷三四號	
關廟	吳超全	閩	工	台南縣關廟鄉新埔村四六號	(〇六)五九五－三七五二

	葉銀樹	閩	道教道士	台南縣關廟鄉關廟村忠孝街二一號	
楠梓	陳和瑞	閩	教	高雄市楠梓區後昌路一〇五巷五三號	(〇七)三六二-二九五四
	洪紹宗	閩	道士、葬儀社包辦人員	高雄市楠梓區後勁西路六九號	(〇七)三六一-二〇八六
左營(A)	周正雄	閩	教	高雄市左營大路六四二巷九號	
	李水忍	閩	家庭主婦	同右	(〇七)五八二-六二六一
左營(B)	郭錦江	閩	道仁社老板	高雄市左營區實踐路五號	(〇七)五八三-三一八四
	馮明道	閩	道仁社職員	同右	
	鄭金鈴	閩	民俗專家	高雄市左營區路東路廍后巷五二號	(〇七)五八二-五五七〇
	曾慶榮	閩	道教道長	高雄市左營區廟南里店仔頂路九號	
	李錦斌	閩	道教道士	高雄市左營區城隍廟內道士	
大樹	趙長江	閩	商	高雄縣大樹鄉樣脚村五九號	
馬公	吳克文	閩(泉)	詩人、縣政府職員	澎湖縣馬公市光復路三一巷三號	(〇六)九二七-三一二六
湖西(A)	許春夏	閩	道教道長	原住：澎湖縣湖西鄉	(〇六)九二七-三三〇一

				現住：澎湖縣馬公市中山路二〇—二號	(〇六)九二七—九五六二
湖西(B)	許金前	閩	道教道士	澎湖縣湖西鄉果葉村一〇五—一號	
	許老太太	閩	農	澎湖縣湖西鄉果葉村九八號	
白沙	張陳秀燕	閩(泉)	商	澎湖縣白沙鄉瓦硐村三四號	
	張井相	閩(泉)	農		
	吳富海	閩(泉)	漁	澎湖縣白沙鄉瓦硐村四〇—四號	
西嶼	呂自西	閩(泉)	曾任鄉長、西嶼國中組長	澎湖縣西嶼鄉大池村一一三—八號	(〇六)九九八—一八八八
	郭家明	閩(泉)	西嶼國中職員	澎湖縣西嶼鄉西嶼國中	
新屋	姜仁發	粵	公	桃園縣新屋鄉中興路五號	
	姜仁歲	粵	佛教司功		
	彭武雄	粵	佛教司功	桃園縣新屋鄉中華路四五六號	
	陳德光	粵	擇日師、禮生	桃園縣新屋鄉頭洲村一鄰中山東路一段一巷一一號	(〇三四)四三一—二〇九
	余聲銘	粵	農	桃園縣新屋鄉頭洲村一鄰中山東路一段一	

				巷二一〇弄三八號	
觀音	林洪男	粵	公	桃園縣觀音鄉廣興村四鄰一四號	
	林金運	粵	佛教司功	桃園縣觀音鄉金湖村四鄰六〇—一四號	(〇三四)七三三一三六九
楊梅	葉春燕	粵	教	桃園縣楊梅鎮仁美里福德街五三號	
	葉雲淡	粵	農	同右	
	夫婦	(梅縣)			
	余石木	粵	農	桃園縣楊梅鎮富岡	
新豐	何榮清	粵	工	新竹縣新豐鄉建興路一段四〇號	(〇三五)五五三一五五五
	何錦明	粵	商	同右	
湖口	張振國	粵	工	新竹縣湖口鄉全德新村五二號	
	楊文興	粵	商	新竹縣湖口鄉中正路五〇號	
關西	陳光斌	粵	工	新竹縣關西鎮東安里八三—二號	
	陳葉招妹	粵	家庭主婦	同右	(〇三六)八七一一五五五
	彭玉唐	粵	佛教司功	新竹縣關西鎮中正路七七號	(〇三六)八七二一四八二
	蔡世智	粵	商	新竹縣關西鎮明湖里二號	

竹東	古煥堂	粵	公	新竹縣竹東鎮中山里省中新村一九號	(〇三六)九六六－〇〇七
	江雪雲	粵	家庭主婦		
寶山	邱菊梅	粵	公	新竹縣寶山鄉雙溪村二〇號	
	邱元清	粵	農	同右	
	邱元韶	粵	農	同右	
	鍾慶祥	粵	村長、禮生		
	徐米妹	粵	家庭主婦		
頭份(A)	劉庭紅	粵	商	苗栗縣頭份鎮中華路一二七六號	(〇三六)六六三－五三〇
	吳盛源	粵	農	苗栗縣頭份鎮中華路一二六〇號	(〇三六)六六二－九一二
頭份(B)	陳運棟	粵	教師、民俗專家	苗栗縣頭份鎮大成中學	(〇三六)六二三－三七一 六三二－六二一
	徐振相	粵	地理師	苗栗縣頭份鎮珊瑚里八六號	(〇三六)六二三－一五四
	陳敬禮	粵	禮生	苗栗縣頭份鎮珊瑚里一三五號	(〇三六)六二三－五九〇
頭屋	吳仁富	粵	商	苗栗縣頭屋鄉明德村二二鄰五〇號	(〇三七)三三四－八二八
	吳秉權	粵	道士	苗栗縣頭屋鄉明德村東善堂道教會	(〇三七)三五二－四二九

苗栗市	吳萬隆	粵	敎	苗栗縣苗栗市大同路八巷一號	(〇三七)三三五-四五五
	黃茂生	粵	敎	苗栗縣苗栗市高苗里縣中一號	(〇三七)三三四-六八〇
	張慶光	粵	佛敎司功	苗栗縣苗栗市太平街九三號	
	張恭榮	粵	風水師父	苗栗縣苗栗市玉苗里西勢美北一一鄰一六一號	(〇三七)三三四-八三三
東勢	劉耆章	粵	禮俗專家	台中縣東勢鎮中科里	
	徐仁昌	粵	農	台中縣東勢鎮中科里東崎街一一七號	(〇五四)八七五-五九八
	張黃雲	粵	佛敎司功		
	劉雨金	粵	地理師	台中縣石岡鄉和盛村	(〇四五)八七二-四八一
美濃	林榮清	粵	工	高雄縣美濃鎮石橋四九號	
	林享新	粵	禮生、地理師	同右	
	羅姓夫婦	粵	農	高雄縣美濃鎮獅山里	
	陳德財	粵	敎	高雄縣美濃鎮吉和里下九寮三一號	
內埔(A)	曾仁傑	粵	工	屏東縣內埔鄉富田村里仁路一二八號	(〇八)七七九-一一一八
內埔(B)	林哲正	粵	工		

	林雙郎	粵	地理師	屏東縣內埔鄉東寧村二六六號	(〇八)七七九-三九三九
佳冬(A)	林乙文	粵	商	屏東縣佳冬鄉佳冬村溝渚路一四號	
	林陳德妹	粵(蕉嶺)	家庭主婦	同右	(〇八)八六六-五一三八
佳冬(B)	藍翰煌	粵	工		
	曾海祥	粵	農兼道士	屏東縣佳冬鄉玉光村中正路二三鄰二九—五號	

【附　注】

注　一：顧炎武，〈日知錄〉，（明倫出版社，民國六四年），頁一六七——一六八。

注　二：「喪服」一詞爲一般之通稱，臺灣地區之傳統，僅爲長輩服喪，故均稱喪服爲「孝服」或「孝衫」。

注　三：鈴木清一郎在其〈臺灣舊慣冠婚葬祭與年中行事〉一書自序中，即明言：「若能藉本書而對臺灣人民能有正確之認識，對統治臺灣及經營各種事業有所幫助，並進而促進內（全案：指日本人）臺（全案：指臺灣人）和睦相處，甚至能破除迷信、矯正弊風，則爲著者衷心最爲期盼之事。」

注　四：臺灣私法編於日據之初，當時臺灣的文化重心猶在臺南；臺灣舊慣著於昭和九年，臺灣的文化重心已北移到台北，與政治重心結合。因而這兩部書所記載的喪禮或孝服制度，前者便以台南一帶為主，後者則以台北一帶為主，很少提到漳泉之別，更罕言及閩客之異。

注五：例如臺灣的曾孫，不論閩客，幾十年來都是穿藍戴藍，而鈴木清一郎不知閩南語「藍」「青」經常不分，又因「青」「淺」音近，遂誤記曾孫之服是用「淺」布。

注六：由於所謂的「臺灣人」，自其祖籍來分，以來自泉州、漳州和廣東（客家）三地為主。他們抵達臺灣從事開墾工作時，很自然地形成同籍社會，這種情形迄今仍約略可以看出；因此，我在選擇調查地點時，必須要包含泉州籍、漳州籍及客家籍的地區。閩南人與客家人人口數的比例，根據民國十五年日本政府的統計大約是四比一，我在決定調查地點數目時，雖非完全遵照這個比例，但閩多客少這個原則却是根據它而定的。

注七：客家人在臺灣的主要分布地是北部桃、竹、苗三縣，中部台中縣東勢一帶及南部的高雄與屏東一帶。一般人所謂的「六堆」，係指高屏兩縣美濃、高樹、長治、內埔、麟洛、佳冬一帶的客家地區。這個地區，清代因多動亂，乃相畫地為營，聯庄為壘，分成先鋒、中心、前、後、左、右六個地區，結村自保，故名六堆。

注八：本圖轉錄自楊熙，《清代臺灣：政策與社會變遷》，（天工書局，民國七四年），頁二一一。

第二節　有關台灣傳統孝服的幾個基本問題

人類有生即有死，初民時代的人普遍相信靈魂不滅，認為人死亡靈魂離開肉體這個籠子後，便能自由往來各處，比起生時更有賜福或降禍的能力，因此其子孫便不敢不祭祀他，於是即產生祖先崇拜（Ancestor worship）因此，十九世紀英國社會學家斯賓塞（H. Spencer）在其所著社會學原理（The Principle of Sociology）一書中，即主張祖先崇拜為最原始之宗教。

由於相信鬼魂能賜福或降禍，因而祖先崇拜便含有恐懼與畏怖之心理，基於這種心理，當一個親長死亡之時，對於死者之屍體與靈魂的處置，便產生許多儀式，此即喪葬禮儀；另外死者死亡後一定期間內，其子孫等人在生活上也必須做一些非正常的改變，英國民俗學家彭尼女士（Miss C. S. Burne）所著民俗學概論（The Handbook of Folkore）即云：

「卡布亞族在其酋長死去的時候，全部落的人都變成汚穢不淨之狀，他們的頭髮都不得剃去。……實際上：有些人類學者認為就世上已知者而言，喪服的第一主旨乃在於表示服喪者的禁忌（Taboo）狀態，典型的喪服與服喪者平常的服飾恰為顯著的對照。」（注一）

林惠祥民俗學亦云：

「居喪（mourning）的人大都改變平時的形狀，如平時剪髮的則留而不剪，辮髮或束髮的則改為散髮，穿衣服則故意翻轉。有時居喪者完全去掉衣服，繪畫身體，有的甚且斷去一指，或刺體流血。居喪者又常斷食，至少也斷炊。居喪的狀態何以與平時相反？有人說是由於辟邪的禁忌，有的則說是由於畏懼死人，所以改變形狀使他不能認。」（注二）

凡死者子孫等人因為死者之死亡而產生的身體、服飾、生活之改變，即後世喪服制度之濫觴。由於世界各民族文化演進之過程有其共同之處（注三），因此我國最早的喪服可能也與其他民族同樣是出於辟邪或畏懼的心理，然而歷經千百年之衍變，尤其是經過儒家的整理與另賦新義後，喪服不僅與宗法、封建相結合而成爲一種極爲綿密之制度，服喪的動機也由畏懼鬼魂作祟昇華爲盡孝示哀，朱天順中國古代宗教初探云：

「喪儀中的有些規定和做法，並不全是來諸鬼魂迷信。隨著社會制度和人與人之間的關係複雜化，親人死後，家族在生活上受到的限制就越來越多，有些限制被納入喪儀，是爲了維護『忠』、『孝』等禮教，和鬼魂迷信沒有關係。例如曾子說：『吾執親之喪也，米漿不入于口者七日。子思曰：「先王之制禮也，過之者俯而就之，不至焉者跂而及之。故君子之執親之喪也，水漿不入于口者三日，杖而後能起。」』（禮記檀弓上）這裡所說的執親之喪要餓七天或三天的規矩，都與迷信無關，完全是出於實行孝親的禮數。再如關於喪服和穿戴的規定，也有類似的情況。喪期要帶孝和以縗絰爲裝束，已失去鬼魂迷信的痕跡，其作用只是爲了引起人們悲傷的感情，造成一種悲哀的氣氛。這和原始社會時期，人們因怕鬼魂找麻煩而進行化裝，改變裝飾使鬼魂認不出來的想法，是不同的。」（注四）

我國的喪服由濫觴於祖先崇拜及對鬼魂之恐懼心理，到轉變成爲維護忠孝與表示哀傷之禮教，其中的過程相當長久，而最重要的是有周公、孔子等儒家宗師之賦予新義、轉俗成禮，使它脫胎換骨，從鬼道進化爲人道。儒家這種說法保存於禮記等書當中，例如，親喪之初笄纚徒跣、扱上衽、交手哭、水漿不入口、三日不舉火，問喪篇即以「夫悲哀在中，故形變於外也，痛疾在心，故口不甘味，身不安美也。」加以解釋；出殯埋葬之後，孝子不能睡進寢室要睡在外面的倚廬而且要「寢苫枕塊」，問喪篇即解釋爲「哀親之在外也」「哀親之在土也」；斬衰喪服何以用苴麻爲之？間傳篇即云：「苴，惡貌也，所以首其內而見諸外也，斬衰貌若苴，……此哀之發於容體者也。」苴是深黑色，鄭玄說：「有大憂者面必深黑。」爲父母喪期何以長達三年？論語陽貨篇記孔子與宰我一段問答，孔子即以「子生三年然後免於父母之懷」的報恩心理解釋，禮記三年問更盛加推崇認爲三年之喪是「人道之至文者也」。

儒家根據人本思想，以報恩、示哀爲出發點去解釋及架構一套喪服制度，到了孔子大體便已完成，至今它們仍被保存於儀禮及禮記當中。我們根據儀禮喪服篇及禮記各有關篇目加以歸納分析，可以看出儒家所謂的喪服，可分成廣義及狹義兩種，就其廣義而言，喪服至少應包含：親長初喪時服飾之臨時變化、爲親喪各依親疏等級穿著用各種特殊布料裁製之衣裳、服喪時間之長短、服喪內必須遵守之規矩與絕對不可觸犯之禁制（注五）；簡言之，廣義的喪服包含變服、喪服、喪期、喪制；而狹義的喪服則專指爲親喪各依親疏等級穿著用各種特殊布料製成的衣裳。儒家這一套結合宗法與封建制度以教孝報恩爲目標的喪服制度，在漢武帝罷黜百家獨尊儒術之後，影響中國社會長達二千年之久。台灣雖僻處海隅，較晚收入版圖，但因移民多來自閩南及廣東，其風俗習慣除地域色彩之外，當然也受到文化主流儒家的影響。不過因爲時空的改變，台灣在這方面的禮數也有許多地域性的特色，茲將其幾個比較重要而且是一般性的基本問題，先論述於後。

一、臺灣稱喪服爲孝服

台灣人的喪服制度大體淵源於儀禮、禮記，但習慣上不稱喪服而稱「孝服」，此係因爲傳統上儒家之喪服固以報恩教孝爲目標，但它亦兼具示哀之功能。有親屬喪亡，當其爲尊長時爲報恩盡孝當然須要穿喪服，當其爲卑幼，若屬近親，心中亦難免有哀傷之情，此時若穿適合其身分的喪服，可以適度表達其情，因此傳統喪服制度除以卑爲尊者之服爲主外，亦包含許多尊爲卑者之服（注六）；然而台灣地區之傳統風俗，尊長率皆不爲卑幼穿孝服，台灣私法云：

「正禮有五服定制，不僅對尊長，連對四代以內的卑親也要服喪，但台灣俗禮則尊長不爲卑親服喪。」（注七）

由於尊長不爲卑親服喪，喪服成爲只是卑親爲尊親表示孝心的一種制度，因此台灣地區便稱喪服爲「孝服」，使其更接近事實（注八）。台灣的孝服和傳統的喪服相同，也有廣義與狹義之分，廣義的孝服包含變服、舉行儀式時所穿以麻苧等製成之衣裳、帶孝、喪期、喪制。帶孝是指卑親屬於居喪一定期間內所帶之特殊顏色布塊或毛線，其功能頗類似禮經中的受服；台灣地區狹義的孝服，專指舉行儀式時諸卑親身上所穿以麻或苧等布料製成之衣裳。本文所研究之台灣民間傳統孝服制度，即取其廣義，包含變服、狹義的孝服、帶孝、喪期、喪制等五項。

二、臺灣「五服」的名稱與用布，古今不同

傳統禮書稱喪服有五服：斬衰、齊衰、大功、小功、緦麻，五服除代表親疏關係不同外，也代表各服所用布料或製法不同，儀禮喪服經傳對此有極詳細之說明，歷代官修通禮及私修家禮均有特別說明，大清律例且將它圖表化後列於全書之第二卷，其圖如左：

喪服總圖			
斬衰 三年			
用至麤麻布為之不縫下邊			
齊衰			
五月	杖期	不杖期	三月
用稍麤麻布為之縫下邊			
大功 九月			
用麤熟布為之			
小功 五月			
用稍麤熟布為之			
緦麻 三月			
用稍熟細布為之			

大清律例通行天下，清初閩南漳州府呂子振所輯家禮大成、張汝誠所輯家禮會通二書所稱五服用布，皆與律例合。家禮大成一書昔日一直爲台灣民間奉爲行禮之圭臬，由此可以推知清朝時代台灣民間五服用布應係遵照律例所言依布之粗熟而分。這種情形一直持續到清末仍然如此。清光緒二十一年（西元一八九五，日本明治二十八）清朝將台灣割讓予日本，第六年成立「臨時台灣舊慣調查會」，調查台灣的傳統風俗習慣，最後於明治四十三、四年（西元一九一〇、一九一一）出版台灣私法一書，對當時台灣五服用布曾有如下之描述：

「斬衰用大麻，齊衰用二麻，大功用三麻（極粗麻布稱爲大麻，依粗細順序稱爲二麻、三麻、四麻），小功用苧，緦麻用白苧。鄉村人通常除斬衰及齊衰之外，不著喪服而著素服（即無色彩的常服，不得著綢衣）。」（注十）

足見至清末日據初期，五服仍以布料及其粗細來分別；大約同時，有一荷蘭籍民俗學家 J. J. M. De. Groot 也在泉州府廈門地區進行田野調查，撰有 The Religious System of China 一書，該書對當時廈門之喪禮、喪服有極詳實之記載，彼所見五服之布也是根據布料及織造之粗細而分別。因此可以肯定地說，到十九世紀末年，台灣地區五服用布和她的移民的故鄉相同，均是依布料及其粗細而分別。然而昭和九年（西元一九三四）出版，鈴木清一郎所著的台灣舊慣冠昏葬祭與年中行事一書，對於台灣孝服用布的記載卻與從前不同，鈴木清一郎云：

「所謂『孝服』即喪服，分爲麻（麻布）、苧（苧麻布）、淺（淺黃布）、黃（黃布）、紅（紅布）、白（白布）等，依其與死者之親疏遠近而有所不同。喪衣曰『孝衫』，喪帽曰『孝帽』，成人之喪帽曰『草箍』（以喪布製成圓形，外加草索），童子之喪帽曰『茗包』（以喪布所製之冠），喪鞋曰『孝鞋』，男性成人用草鞋，童子用藁鞋。⑴痲：以痲布爲孝服者，限死者之子、媳、女子子、長孫（長孫痲下加一層苧，喪帽亦然），女子子適人者身服苧衣，頭戴以苧痲布所製之『簣頭』並綴痲布。⑵苧：以苧痲布爲孝服者，限死者之孫、甥、侄。喪服形式同前，唯痲與苧痲質料異耳。⑶淺：以淺黃布爲孝服者，限曾孫及其同輩者，餘同前。⑷黃：以黃布爲孝服者，限死者之玄孫及其同輩者，餘同前。⑸紅布，以紅布爲孝服者，限死者直系玄孫之子始能服之，餘同前。喪事而用紅布者，蓋以其既有五代雲孫，必爲富貴壽考，故用紅布而寓有喜喪之意焉。⑹白：以白布爲服者，爲死者之同輩及外親，其略者唯於常服之上綴以白布，而詳者則須以白布爲帽爲長衫。以上諸服爲葬禮及舉行祭奠時服之。」（注一一）

根據鈴木清一郎之說法，當時孝服所用的布有六種：痲、苧、淺、黃、紅、白，「淺」爲「青」之訛，台語「青」字就音而言與「淺」音近，就意義而言則「青」與「藍」、「綠」義通，唯孝服之「青」應是「藍」色（注一二），白是弔服應予扣除，因此當時的五服應是：痲、苧、藍、黃、紅。不過這時的「五服」與傳統的五服顯然有兩大不同之處，其一爲五服已不再固守斬衰、齊衰、大功、小功、緦痲之名，而且計算服等也改以代數爲主而漸與傳統不同；其二爲五服用布，除痲與苧仍以布料及紡織粗細分別外，其餘三服：藍、黃、紅三種布，布料及精粗完全一樣，所不同者唯顏色耳。以顏色分別五服取代以布料精粗分別五服（參照片㊵、㊶），這種改變的確切年代雖不可知，但應該是在台灣私法和台灣舊慣二書出版這段期間（西元一九一一—一九三四年）之內。

台灣五服用布何以會改成用顏色來區別？這個問題很少有人討論過。根據筆者推測，這個問題可能與布料供應有關，換言之，這是由於生產技術或方式的改變而造成。清代，台灣的農產品多以原料型態輸往大陸，再向大陸輸入成品，包括紡織品在內都是如此；因此台灣缺乏大型紡織廠，僅於鄉村有一些極小型的家庭式手工紡織戶。手工紡織可以依需要調整布縷粗細及經緯線的疏密，織出五服所需的各種布料。由於手工紡織產量很小，而喪服用布量也不大，因此兩者可以依存。台灣割讓予日本之後，與大陸的經濟關係逐漸改變，尤其在後藤新平擔任台灣總督府民政長官任期內（西元一八九八—一九〇六年）爲了達成殖民政策，非常有意發展工商，推動台灣現代化，如：成立台灣銀行、彰化銀行，修築基隆港、打狗（高雄）港、縱貫鐵路全線通車、調查土地、淸查戶口、設立大糖廠……。明治三十八年（西元一九〇五）台灣設立了第一家機械化紡織廠，此後逐年增多；另外再加上日俄戰爭（一九〇五）之後，日本國內紡織工業突飛猛進，機器紡織產品大量傾銷台灣，因此原有的手工紡織業便難逃被淘汰的命運。手工紡織消失，五服布料缺乏來源，除蔴、苧重服不能改變外，其他三服用布不得不尋找其他代用品或區別方法，而其中最簡便的方法便是以顏色來區別。日本服裝學者車香澄對於台灣喪服布料之區別原則由布之精粗改爲顏色不同，也認爲是受到紡織機械化之影響，車香澄云：

「由織密度及漂白度之不同來區別五服，大約傳承了二千年以上。傳至近代，（台灣）大功以下，以紡織好的布，分別染上藍、黃、紅三色來區分其等級。這個變化的年代，無法確定，然而一般認爲這是受近代紡織技術機械化、生產方式改變的影響。因爲以機械紡織生產，布的織密之差別便不太具有意義。總之，在手工紡織時代，布的織密度之差別很明顯，五服用布精粗不同的意義因而得以流傳。到了機械生產的時代，大功以下，布的質料相同，表示其不同等級的精神意義因而消失。爲此，要明白表示穿孝服者與死者之間的關係，所以才用藍色、黃色、紅色來區別。」（注一三）

車香澄並未指出這種改變的確切年代，只說大約是西元一八九〇年以後的事，這是她根據De Groot著的書的年代所做的推論。不過根據台灣私法與台灣舊慣二書的內容與出版年代推測，筆者認爲這種變化發生於西元一九一一—一九三四年之間，可能更接近事實。

五服後三服何以選用藍、黃、紅三色？車香澄云：

「藍、黃、紅都是正色，道教的寺院及廟宇等宗教性建築物，都使用這三種顏色，這三色是強烈色彩之主流。」（註一四）

車氏並未說出其正確的原因，也無法解釋何以藍色服比黃色服重、黃色服比紅色服重。筆者推測選用這三種顏色以及其順序的安排，與帶孝有密切關係。台灣私法對清代居喪帶孝及變除有相當詳細之記載（參見第二章第三節），其中以斬衰爲最重，其帶孝及變除（由重而輕）順序爲：

城市大家：白→藍→青→黃→紅。

城市小家：白→藍→青→黃→紅。

鄉村小家：白→藍或綠→黃→紅。

若以能有五代來孫為喜喪而用紅布，則往上推第四代玄孫當用黃布，而第三代曾孫綜合城市大家、小家及鄉村小家之共同點，則又非用藍布不可。若以日後民間在帶孝方面常說：「穿什麼顏色布做的孝服即帶什麼顏色的孝」這句話判斷，筆者這項推測應該是相當合理的。由於禮俗中多少有約定成俗的成分，因而它有時會隨俗而改變，而非永久一成不變，舉例而言，晚近五服的顏色在中南部即出現有「粉紅色」的情形；另方面因為來孫不易見，連玄孫也罕聞，因而多數地區玄孫的孝服都已經改用紅色裁製，詳細情形請參看第二章第二節。

三、縫製孝服及成服的時間，閩客不同

光復以前，台灣地區尚未曾聽說有租借孝服的行業，當時不論城鄉，凡發生喪事的家庭都要自行買布請人裁製。客家人穿孝服之前要舉行成服禮（註一五）（參照片④⑤⑥），而成服禮通常是還山（出葬）前才舉行，因此客籍的孝服一般是還山前一天才縫製。閩南人的成服禮已經失傳，大多數地區早在日據時期便是喪事一開始即縫製孝服供子孫穿用，鈴木淸一郎云：

「喪家必須於喪事伊始即製作喪服，非特其遺族子孫須著喪服，凡與其有親屬關係之晚輩以及

女子子適人者皆須著之，且依習俗須於入斂前製成分與諸人服之，謂之『分孝服』。」（註一六）

田野調查，發現閩南人不論漳州人或泉州人，當乞水沐浴及接棺（板）、入斂之時，其子孫均須穿著孝服；因此到目前爲止，喪家皆將裁製孝服列爲第一急務。筆者於民國六十四年及七十五年，先後遭逢　先慈、　先嚴大喪，當　先慈、　先嚴長逝之後，即刻請人去布莊購買五服用布，隨後就有懂事的老婦人們自動來幫忙裁製，一個拿剪刀負責剪裁，若干個拿針線幫忙縫綴。因爲人多，通常都在大樹底下或空閒的房間進行（參照片②）。這些婦人除了裁製孝服，還要製作孝誌供孝男孫等帶用，當葬儀用品尚未商業化以前，入斂時的菱角枕、水被、過山袴等棺內用品，也都由這些婦人製作。事後喪家必須致贈紅包酬謝這些婦人。通常給拿剪刀的紅包較大，約男人一天之工資，其餘的人則爲小紅包。孝男等所穿的草鞋一般是買現成的，而草箍多由男性幫忙者編製。孝杖父喪用竹、母喪用桐或苦苓或刺昌，亦由男性幫忙者上山砍取；但製做工作若依各地之傳統，父喪要請族長做，母喪請外家親戚如舅父等製做，均須致贈紅包。後來族長或外家會做孝杖的人很少，乃逐漸改由幫忙喪事的人製做。

四、縫製孝服與穿著孝服應注意事項

製做孝服，通常由痲服做起，依次再做苧服、藍布服……，各服中又先爲男性縫製，後爲女性縫製，內親先做，外戚後做，部分較疏遠之宗親姻戚，甚至等出山日人來才臨時縫製。親亡，子孫皆須穿孝服，若旅居異域不克奔喪，或不幸先親而亡，製服時仍須爲彼做一套，出葬日由家屬背上山，石門徐有田云：

「死者之子孫遠游不克奔喪或已先亡故者，仍須爲彼製一孝服，折疊之，葬日由其同輩者結諸背後腰際送上山，有妻室者，由其妻負之。」（註一七）

民國六十四年春，先慈之喪，家大姊夫遠在南美，其孝服出葬日即由家大姊背負上山。新竹市葉文彬亦云：

「凡是有服而不能或無法奔喪與葬，如其在國外或已故者，則將其服紮束，由其家屬背負送葬。」（註一八）

民國七十一年六月新竹市大同路一二〇號楊母陳勉之喪，有一子先歿，其麻衫即由其家屬代背上山。有些地區甚至連結拜兄弟不能到場，其服也要照做而由其他人代背，民國七十五年五月二十三日中國時報北部版第七版即刊登羅東有「義結金蘭情誼深，披麻戴孝盡孝道，未能奔喪他人代送殯」之新聞，該報云：

「〔羅東訊〕結拜兄弟在締結金蘭時講明，其中一人的父母亡故，結拜兄弟也得披麻戴孝，未到場者，麻衣須由到場結拜兄弟代背送殯，此項約定風俗，在羅東一個林姓老婦人出殯時引起路人注意及圍觀。據一名披麻戴孝的人員說，他們有十二人結拜，因林母在日前車禍喪生，他們便依當初約定，送殯時披麻戴孝以盡孝道及對結拜兄弟之義，因爲十二名結拜兄弟中，只到五個人，到場的必須替未到場的兄弟背麻衣，也表示該兄弟也到場之意。」

該報並附有照片爲證，照片如下：

裁製孝服多由婦人負責幫忙，婦人若逢月經期間則不可幫人製孝服，全省各地不分閩南、客家都有這項禁忌；因爲本省人將來月經的女人視爲不潔，不可上廟、祭祀，也不可幫人縫孝服。有些地方，如宜蘭礁溪、澎湖白沙及南部客家地區的美濃、內埔、佳冬一帶，製孝服時，且忌用尺量，美濃林享新云：

「製孝服時，由孝子之麻服先製；美濃有一傳統，製孝服禁用尺量，而以一長約一尺之木棍代之；蓋製孝服係凶事，只作一次，永不再作，非若吉服係永久穿用也。」（註一九）

有些地區則忌縫雙線、打結、倒針、重複、用口咬斷線頭等，羅東許升卿云：

「製作孝服的禁忌有：不用雙線、不打結、不往回縫、不重複等。」（註二〇）

寶山徐米妹云：

「製孝服時，忌用口咬斷線頭，亦忌諱縫倒針，恐死者尋不得路也，値月經期之婦女不可幫人縫孝服。」（註二一）

佳冬林陳德妹亦云：

「製孝服，忌用尺量，忌用口咬針線。」（註二二）

以上爲縫製孝服之禁忌，至於穿孝服之禁忌，一般是忌入廟宇，以免褻瀆神明；忌入別人家屋，以免觸人霉頭，不得已要出入鄰居家屋時，須爲他家掛紅彩或貼紅紙以示區別；穿孝服或帶孝，台灣人視其爲具有神聖的意義，與帶平安符或神明揞領錢在身者相同，忌從晒衣竿下過，尤忌從曝晒女人內衣袴的竹竿下過，如此將被視爲大不敬。另外孝服一旦製成，亦忌縫補，竹東古煥堂云：

「孝服旣製，不可改易，若有破綻脫壞，亦不可修補。」（註二三）

全島閩粤二籍全部有此禁忌，爲恐重喪之故，所以孝服雖破不補；因此麻衫斬衰連穿幾次之後，常見麻縷鬆落拖地，孝子均置之不理，台灣俚諺集覽有一句諺語「拖麻攜索」，即描述孝男這種情景。

五、除服後孝服之處理與孝服出租業之興起

光復以前，台灣未聞有孝服租借行業，當時中等以上人家孝服都是喪家自製，除服時將縫線拆除，或者焚燒，或者只是「過火」而不燒，保存下來日後移做他用，例如：麻布可做魚網，苧布可補蚊帳，棉布可補衣服；偶而有窮苦的喪家，經濟拮据，無力自製孝服，可以向大戶人家借用，但無所

謂租金，不是商業行爲。根據田野調查所得，葬儀社、棺木店或農會等團體大量製做孝服供人租用，最早的地區是光復以後就有，如竹南、臺西、嘉義市、馬公、美濃等地即然；其後逐漸推廣，或在民國四十年代，或在五十年代，或在六十年代，最保守的地區至遲到了七十年代以後也開始有這種現象。目前幾乎全臺灣各地皆有孝服出租店，城市地區最盛，鄉鎮地區也頗流行。南投洪秀桂云：

「而今除了喪家自己亦縫製外，大多均租於商鋪或當地農會現亦有縫製喪服出租者，用畢即還於租方，此種租借方式普遍受到民衆的歡迎，而大有取代自己縫製的趨勢。」（註二四）

田野調查，梧棲蔡成義云：

「目前梧棲喪家之麻衫、苧衫皆向棺木店租借，而白布長衫則自製。」（註二五）

大肚趙日成云：

「孝服中之麻衫、苧衫，昔日爲喪家自製，日後可移作補魚網、蚊帳之用；今人以其無用，轉用租借，而白布因可縫製衣衫，因此白布服仍爲自製。」（註二六）

鹿港黃清泉云：

「昔日孝服皆喪家自製，今日板仔店或道士則有孝服專供喪家租用。」（註二七）

台南市林勇云：

「台南市喪家孝服率皆租於板仔店或葬儀社，安平區則有安平信用合作社備置供市民租用，租金廉於商人一半。」（註二八）

因此各地稍有規模之棺木店或葬儀社，便須準備為數可觀的孝服以應喪家之需，例如高雄左營地區的道仁社，綜合經營棺木店或葬儀社，即備有數十百件麻衫、苧衫，供喪家借用。生意人出租孝服，必須計算成本，想要賺錢一定要求孝服能耐用及流通性大，要求耐用及流通性大，便會影響傳統孝服的形制，台南市吳讚成云：

「孝男麻衫本係斬衰不緝邊，然出租者為求堅固多緝其邊，俾增益其出租次數。」（註二九）

左營馮明道云：

「出租孝服，為求流通，式樣多加統一，是以孝服之分別性遂致泯滅，如箍頭尾部本有左長右短、左短右長、齊長三類，以區別父在母亡，父亡母在、父母雙亡，然今日之箍頭則一律為左長右短，旁觀者無法藉此而知死者為誰。」（註三〇）

當前雖然全省各地均有孝服可租，但並非所有的喪家都用租借的，各地較保守的家庭及望族，仍然是採用自製，石門徐有田云：

「孝服係死者子孫及晚輩為死者盡孝之物，若用租借，其服輾轉多家，子孫服之，究係為己家或他家盡孝？既乏誠孝之意，且不合衞生原則。」（註三一）

鹿港林坤元云：

「孝服用租的，多係雜湊，附件容易疏漏，長短參差不齊，因此大戶人家不向葬儀社租借而採自製，比較周全，各種附件均齊，而且適合各人身長。」（註三二）

台門市洪錕鎔云：

「台南市孝服出租由來已久，然大門風（全案：即望族也）迄今仍採自製。」（註三三）

由於尚有部分家庭孝服採用自製，因此各地傳統孝服形制還能賴以保存，不過多少還是有一部分會受出租業者的影響而發生簡化的現象。

【附注】

注一：彭尼女士這段話，轉引自章景明，〔先秦喪服制度考〕，（台灣中華書局，民國六十年一月），頁二—三。

注二：林惠祥，〔民俗學〕，（台灣商務印書館，民國六九年六月台三版），頁五八。

注三：英國社會學家斯賓塞（H. Spencer）歸納孔德（Auguste Comte）及黑格爾（Hegel）等人意見，建立社會演進論（Social evolutionism），認為天下的人不論何種種族，在心理方面都是一致的，其所處的物質環境也大同小異，內外環境相似，因而其刺激與反應也相同，故其社會演進必循可以比較甚至完全相同的途徑在發展，至於後來各族文明程度有高有低，是因各族在各階段上所花的時間長短遲速不同所致。有關社會演進論說，可參林惠祥，〔文化人類學〕，（台灣商務印書館，民國六八年一月台六版），第二篇第二章。

注四：朱天順，〔中國古代宗教初探〕，（谷風出版社，民國七五年），頁一九〇—一九一。

注五：以孝男為例，禮經中規定他於父母始死時要變服為「鷄斯徒跣，扱上衽，交手哭」（禮記問喪篇），成服時所穿之喪服為「斬衰裳，苴絰，杖，絞帶，冠繩纓，菅屨者」（儀禮喪服篇），喪期為三年，居喪時「言而不語，對而不問」（禮記雜記篇），而且「父母之喪，三年不從政」（禮記王制篇），完整的喪服制度即應包含變服、喪服、喪期與喪制。

注　六：例如儀禮喪服篇斬衰章有「父爲長子」，疏衰章有「母爲長子」。

注　七：〔台灣私法〕，（臨時臺灣舊慣調查會第一部調查第三回報告書，明治四三、四四年出版），第二卷上，頁二五。

注　八：大約一百年前，廈門一帶也稱喪服爲「孝服」或「孝衫」，它的意義就是讓孝男藉此以表達對父母的孝心。參 J. J. M. De Groot〔The Religious System of China〕（1892–1896年）〔台北南天書局，民國七一年〕，頁五八六。

注　九：〔大清律例〕，（台灣商務印書館景印文淵閣四庫全書第六七二册），頁四二七。

注一〇：同註七，第二卷下，頁一一七。

注一一：鈴木淸一郎，〔台灣舊慣冠昏葬祭與年中行事〕，（台灣日日新報社，昭和九年），頁二六〇—二六一。

注一二：鈴木淸一郎將台語表示藍色的「靑」字，由於其音與「淺」相似而誤寫做「淺」，其詳請參拙著〔台灣民間傳統喪葬儀節研究〕，（師範大學國文研究所博士論文），頁七九。又今人洪惟仁亦云：「靛，藍色也。……俗或作『淺』，音理可通，義無所取。」，見所著〔台灣禮俗語典〕，（自立晚報，民國七五年），頁二四六。

注一三：日本人車香澄，〔習俗の中にみるデザイン——台灣の福建系を中心とした葬儀喪裝について〕，（香蘭女子短期大學研究紀要二十九號），頁八。

注一四：同前，頁八。

注一五：客家成服禮，據美濃老禮生林享新云：首先是打火缽（即死者所用之藥罐）開鑼；其次點主，禮生須唸：「周公命論，取善錄長，一點成主，奕世榮昌。」其三是安位（安靈）；其四是告祖；其五是告天神，告完天神，禮生將天神桌上之酒滴數滴於盛放孝服的大竹籃內，並唸：「粗服在前，幼服在後，有服各成其服，有杖各執其杖。」此時主持人（男喪爲族長，女喪爲外家長輩）按服之粗重，先男後女，先長後幼，依序爲其穿戴，穿完即禮成。林氏所說的成服禮儀節，通行於南部六堆地區，而桃竹苗及東勢一帶的客家人，則是先成服（穿孝服）再點主、開鑼。有關客家人的成服禮，欲知其詳，請參拙著〔台灣民間傳統喪葬儀節研究〕頁二九五—二九七。

注一六：同注一一，頁二一八。

注一七：徐福全，〔石門采訪錄〕，（未刋本），頁二一。

注一八：徐福全，〔新竹采訪錄〕，（未刋本），頁五。

注一九：徐福全，〔美濃采訪錄〕，（未刋本），頁一六。

注二〇：徐福全，〔羅東孝服制度調查問題表〕，頁二。

注二一：徐福全，〔寶山孝服制度調查問題表〕，頁二。

注二二：徐福全，〔佳冬孝服制度調查問題表〕(A)，頁二。

注二三：徐福全，〔竹東采訪錄〕，（未刋本），頁一〇。

注二四：洪秀桂，〔南投縣之婚喪禮俗〕，（南投文獻叢輯第十九輯，民國六一年），頁六六。

注二五：徐福全，〔梧棲采訪錄〕，（未刋本），頁二九。

注二六：徐福全，〔大肚采訪錄〕，（未刋本），頁五。

注二七：徐福全，〔鹿港采訪錄〕，（未刋本），頁五。

注二八：徐福全，〔台南市采訪錄〕，（未刋本），頁六。

注二九：同前，頁六。

注三〇：徐福全，〔左營采訪錄〕，（未刋本），頁三。

注三一：同註一七，頁三一。

注三二：徐福全，〔鹿港孝服制度調查問題表〕，頁二。

注三三：同註二八，頁二二。

第二章　台灣民間傳統孝服制度研究（上）

第一節　變服

緒論第二節論台灣傳統孝服之定義時，曾說廣義的孝服包含：初終之變服、舉行儀式時所穿之孝服、居喪帶在手臂上或髮上之孝誌、喪期長短、居喪守制等五項。親長初終，爲人子孫在服飾及容體上宜有改變，以宣抒悲慟表示哀傷，清初陳夢林諸羅縣志記載當時本省人之變服云：「父母疾篤，既絕，乃哭，披髮，袒臂，跣足，擗踊。」（注一）其後陳文達台灣縣志、王瑛曾重修鳳山縣志、倪贊元雲林縣采訪册、佚名嘉義管內采訪册以至日據時期村上玉井南部台灣誌等，皆稱散（披）髮、袒臂、跣足爲父母初終時孝男之變服，其後袒臂一節失傳，只保存散髮與跣足，鈴木清一郎云：

「初終哭號，男子免冠去履，披髮跣足，女子子與子媳盡除髮上與身上一切飾物，披散其髮，並去其鞋之木底（男子亦拔除其靴之皮面，盡去其身之飾物）；至於近親，雖不免冠去髮飾，然須一律著素服。」（注二）

變服除散髮、跣足、去除首飾之外，最主要是指衣服的改變。本省人狹義的孝服只在舉行儀式時才穿，儀式以外不穿，因而自初終以迄埋葬（或滿七或百日）這段期間，死者子孫必須遵照各地固有的習俗，每天均穿白衫白褲，或烏衫烏褲，或藍衫藍褲，以表示哀傷之意。這類衣服不是狹義的孝服，只在初喪期內穿用，出殯或滿七或百日之後即不再穿，因此本文特別稱它爲變服。

有關變服過去的文獻極少提起，然而筆者多年來在全省各地進行田野調查，發現它在閩南系統地區是一項非常受重視的制度。比較保守的地區，凡是死者的家人均須變服，有些地區只有子輩與孫輩變服，也有些地區僅未亡人及其子女與兒媳變服。變服的形式，昔日大戶人家或採用長衫樣式，唯今日所見，不論男女，大多採用上衫下褲兩件式，其顏色在台灣本島，以烏（黑）或白爲主，筆者調查過的地區中，變服採烏衫烏褲的有：蘇澳、羅東、礁溪、基隆市、石門、三芝、淡水、北投、三重、萬華、公館、新竹市、竹南、太保、嘉義市、北門、佳里、台南市安平區、新化、關廟、楠梓、左營、大樹等地（參照片⑫）；變服爲白衫白褲的有：宜蘭市、梧棲、大肚、草屯、鹿港、西螺、土庫、台西、台南市中心區等地（參照片⑪㉑）；歸納起來，北部及南部大多數採用烏衫烏褲，而中部地區則多採白衫白褲，各地相沿成俗，儼然成爲牢不可破的傳統，例如台南市中心區用白衫白褲，而安平區用烏衫烏褲，兩者即涇渭分明不容相紊。有些地區男女變服顏色不同，例如蘇澳與嘉義市部分地區，孝男穿烏衫烏褲，孝女孝媳穿白衫白褲，而基隆市有部分地區則是孝男穿白衫白褲，孝女孝媳穿烏衫烏褲。有些地區出嫁女與子媳變服顏色不同，例如羅東子媳用烏色，出嫁女爲深藍色，斗南子媳用藏青色，而出嫁女用白色。

台灣本島之變服，以烏白兩色爲主，而離島之澎湖以藍色爲主，陳知青、蔡文榮合撰澎湖——慶祝中華民國建國七十年暨澎湖設治七百年一書云：

「自日據而光復，澎湖喪葬仍維舊式，而其特殊儀式習俗中，孝子女於親喪之後，必改著『藍衣』，不敢入他人之家，此俗與台灣大陸不同，惟實行嚴格，久不知從何俗演變而來。」（注三）

澎湖籍台灣省文獻委員會委員黃有興亦云：

「台灣本島喪禮，孝男孝女身著白色孝服，澎湖地區則著藍色孝服。」（注四）

澎湖白沙鄉志云：

「喪家的死亡者，如爲父母等長輩，孝男孝媳自死亡日起，將赤足或穿黑、白布鞋，身著藍色布的孝服，並由孝男赴各地親戚朋友家奔告，通知入歛日期，謂之『報白』。」（注五）

陳耀明澎湖鄉土史話亦稱澎湖人居喪，男女均著藍布衫。以上爲文獻資料，田野方面，筆者民國七十五年夏，曾至馬公、湖西、白沙、西嶼進行調查訪問，並參與三場葬禮，發現澎湖人的確多以藍布衫褲爲變服，但也有人用烏衫烏袴；若採藍布衫，則有深藍、淺藍之分，澎湖道士許春夏云：

「長輩死亡，子、媳及未嫁女要穿烏衫烏袴或深藍布衫袴，婦人要用烏布包頭；孫輩穿淺藍布衫袴。穿此類衫袴等於通知左右鄰居他家發生喪事。這種衣服，從死亡到出葬爲止，天天都要穿，依古禮不可淸洗，今人則髒了即洗；出山後，若用租借的則歸還，若自己做的則淸洗曬乾過金火後壓箱，以備日後其他長輩喪禮之須，不可做爲日常衣服，澎湖人平日忌諱穿烏色或藍色衫袴。富者或比較有孝心的人，這類衣服多半於出山後即燒掉。」（注六）

馬公孝男的變服不可縫下裾，依古禮要穿三年，吳克文云：

「長輩死亡，即刻變服，孝男、孝媳、未嫁女穿深藍色衫袴，下裾不縫（斬衰），出嫁女及孝孫輩從寬，穿淺藍色衫袴，下裾要縫（齊衰）。依古禮，這種衣服要天天穿，穿到三年或對年脫孝爲止。大約三十年前開始，因爲人們多從商或從公，經常出入內外，怕引人忌諱，才縮短爲穿到出葬爲止。」（注七）（參照片⑬㉒）

採用藍布衫褲做爲變服，除了離島的澎湖縣普遍流行之外，台灣本島台南市中心區從前也曾採用，台南市洪錕鎔云：

「孝男孫等居喪之變服，昔日爲藍布衫，然近年多改穿白布衫褲，因藍布衫喪滿後子孫多不喜穿用，而白布衫仍可粗穿。」（注八）

而嘉義縣的大林鎮直到目前仍以深藍色衫袴做變服，大林蘇許銮云：

「家裡有喪事，所有家人均要變服，穿深藍色衣衫，出山前天天穿。」（注九）

另外在宜蘭羅東及鹿港等地區的出嫁女，也有用深藍色做變服的例子。

變服除了顏色上全身皆烏或白或藍外，其形式與常服大致相同，因此一般人多從舊有衣服中去找，大戶人家才有專門做新的，有些地區可向葬儀社租借。昔日孝男等的變服，下裾不可縫，而且必須反穿，羅東許升卿云：

「親長死亡，未亡人、孝男、孝媳、在室女著烏衫烏褲，出嫁女著深藍色衫褲，這些衣服依經濟情況，可以做新的，或從舊服中選出來拼成一套。照古例，孝男、孝媳、未嫁女的衫褲不可縫下裾，現在比較簡化。依古例，且須反穿，現也從簡。從去世當天起天天穿，穿到滿七或百日爲止，比較忌諱的人穿完就丟棄。」（注一〇）

大肚趙日成亦云：

「昔日父母死亡，孝男甚至孝孫，須立即剃光頭、穿草鞋，所穿衣服皆放邊不緝。」（注一一）

孝男變服不縫邊，頗合喪服斬衰的精神，今天只有馬公及其他少數保守地區還可以看得到；而反穿變服，在鹿港仍爲多數人所遵守，施教垣云：

「親始死，孝男、媳、女須變吉服爲白衫白褲，且反穿之，裡在外，葬畢始正穿之。」（注一二）

林坤元云：

「父母死亡，孝男要穿白衫白褲，昔日孝男因父母死亡那一刻，心情悲慟，無心注意穿著，而有反穿的現象，後世遂皆反穿以表示孝男不留意衣著，但大斂棺材收密以後，則改爲正穿。」（注一三）

雖然施、林對於反穿期限的說法不同，但卻共同反應出鹿港人到今天仍有初喪變服必須反穿這項習俗。

宜蘭地區，除變服之外，孝男且須於腰間圍一白布，陳長城云：

「親喪，孝男、孝女之衣服皆用粗白布製成，無領，不緝邊，孝孫爲藍布服。昔日孝男腰部要圍一條腳巾，今則改用六尺白布條，行於市廛，凡腰上圍白布條者，即可知其有重喪也。」（注一四）

這是宜蘭地區特有的習俗，其他地區尙未曾聽聞。

以上所述爲本省閩南系統地區初喪的變服習俗，變服的顏色，以採用烏（黑）色的爲最多，白色次之，藍色又次之。至於客家系統地區，不論桃、竹、苗、中部一帶及南部美濃地區，皆稱客家人沒有專門的變服，只要素服即可，楊梅葉雲淡夫婦云：

「長輩死亡，家屬所穿衣服以不花、不紅爲原則。」（注一五）

寶山徐米妹云：

「本地客家人沒有變服制度，不過一般人平常若衣著鮮艷，遇此不幸，自會改穿素服，以避免鄰人口舌。」（注一六）

南部六堆地區，客家居民比例比較高的美濃等地，也是沒有專門的變服，但在有閩南人交錯居住的內埔及佳冬一帶的客家人，則出現兩種情形，一種是沒有專門的變服，如內埔的李雙郞、佳冬林陳德婖即如是說，這是客家人的傳統；一種是以烏衫烏袴爲變服，從親人死亡當天穿起，穿到安葬或滿七爲止，內埔曾仁傑、佳冬曾海祥即如是說，曾仁傑云：

「父母仙逝後，即變服爲烏衫烏袴，不縫衣邊，從初終穿到滿七，滿七後洗淨後存藏。」（注一七）

曾海祥云：

「長輩死亡，所有家人皆須改穿黑色衣服，係專門做的，也有人用租的，均縫衣邊，從初終到埋葬日爲止，天天都要穿。」（注一八）

屏東一帶部份客家人初終時有專門的變服，極可能是受到閩南人的影響所致。

【附注】

注　一：陳夢林，〈諸羅縣志〉，（清康熙五十六年原刊，台灣銀行重印），頁八六。

注　二：鈴木清一郎，〈台灣舊慣冠昏葬祭與年中行事〉，（台灣日日新報社，昭和九年），頁二一五。

注　三：陳知青、蔡文榮合撰，〈澎湖—慶祝中華民國建國七十年暨澎湖設治七百年〉，（澎湖縣政府印，民國七十年），頁三—一二二。

注　四：見〈中華文化叢書禮俗組座談會紀錄〉，（台灣文獻三三：一），頁一六八。

注　五：〈白沙鄉志〉，（白沙鄉公所），頁三一一。

注　六：徐福全，〔湖西孝服制度調查問題表〕(A)，頁二。
注　七：徐福全，〔馬公孝服制度調查問題表〕，頁二。
注　八：徐福全，〔台南市采訪錄〕，（未刋本），頁二七。
注　九：徐福全，〔大林孝服制度調查問題表〕，頁二。
注一〇：徐福全，〔羅東孝服制度調查問題表〕，頁二。
注一一：徐福全：〔大肚采訪錄〕，（未刋本），頁四。
注一二：徐福全，〔鹿港采訪錄〕，（未刋本），頁五。
注一三：徐福全，〔鹿港孝服制度調查問題表〕，頁二。
注一四：徐福全，〔宜蘭采訪錄〕，（未刋本），頁四九。
注一五：徐福全，〔楊梅孝服制度調查問題表〕，頁二。
注一六：徐福全，〔寶山孝服制度調查問題表〕，頁二。
注一七：徐福全，〔內埔孝服制度調查問題表〕(B)，頁二。
注一八：徐福全，〔佳冬孝服制度調查問題表〕(B)，頁二。

第二節　孝　服

本節所要討論的是台灣民間傳統的孝服，此處的「孝服」是指狹義的孝服，即舉行喪葬儀式時必須穿用之服飾，也就是一般人所謂的孝服，這是本篇論文的重點之一。不論古今，一般文獻談到台灣民間傳統的孝服，都是很簡略或很含糊。從這些資料，不但很難窺見這項影響台灣社會、文化極深遠的制度之全貌，也不易看出各地因祖籍或地域不同所具有的孝服特色。作者有感於此，乃利用公餘進行田野調查，從民國六十八年秋起，將近十年之間，在本省五十幾個地區，深入訪問過一百六十人以上（註一），且實地參與、觀察過數十場喪禮，調查結果分別寫成采訪錄，或記載於各地調查表册當中。

自古以來序列服制的方法有二類，一類是以五服爲主，而於其下載明關係人，如儀禮、歷代官修禮書、大清律例……等是；另一類是以親屬關係爲主，而於其下載其所應服之喪服，如大清會典、大清律例、禮部則例等所附之服圖。台灣地區孝服內容頗爲複雜，不是「五服」所能概括，因此本文在序列台灣的孝服時，係採第二種方法。下文即以親屬別爲綱目，首先爲血親類親屬，次爲姻親類，再其次爲尊認或結拜類，最後附有兩類弔服。各項親屬下先做文字討論與說明，次附表格化後之文獻資料與田野資料。文獻資料表在前，包含閩南與客家兩項，依著作或出版年代先後排列；田野資料表在後，也分爲閩南與客家兩項，閩南在前客家在後；閩南係按地區由北而南再澎湖的順序排列，接著客家也採由北而南順序列出，於是根據文字討論與表格資料便可以看出台灣地區孝服古今變化之大概以及各地孝服之詳細情形。

一、孝男（含養子及招贅壻）

孝男即死者之子，與父或母爲對稱，臺灣的孝服爲父爲母皆用蔴服，因此所謂孝男之服，即指爲其對稱之父或母之服。以下凡單舉親屬名稱者，皆仿此例，如言孝媳即爲其翁或姑，言長孫即指爲其祖父或祖母，言侄男即指爲其伯叔父或伯叔母。

孝男爲父母之服，是所有孝服中最重的，用蔴布製成。蔴布係直接用蔴皮剝析爲縷織成，質地粗糙，顏色枯藁，不但蔴縷粗，織孔亦大如網目。有關孝男之喪服，清代官方所修服圖斬衰三年項下云：

「凡喪服上曰衰，下曰裳。衰之爲言摧也，斬不緝也，用極粗生蔴布爲之。其衣旁及下際皆不緝，上際縫向外，背有負版，以表其負荷悲哀也，用布方七寸，綴於領下，下垂，於前當心有衰，明孝子有哀摧之心也，用布長六寸、廣四寸，綴於左衾之前。左右有辟領，兩腋之下有袵，垂之向下，狀如燕尾，以掩裳旁際。〇裳，前三幅、後四幅，縫內向，前後不連，前作三輒。輒謂屈其兩邊相著而空其中也。今人竟加斬衰於蔴直身上，而裳制廢矣〇冠，紙糊爲材，長足跨頂爲三細輒，俱向右，是爲三襞積。用蔴繩一條，從額上約之，至項後交，過前各至耳，結之爲武。武之餘繩垂下爲纓，結於頤下。今世俗用二綿䔁，不知何據，或曰取其閉耳目聲色也〇腰絰用繩爲之，兩股相交，兩頭結之，各存蔴本散垂。其交結處，兩旁各綴細繩繫之〇所穿履以菅草爲之〇其哭杖，父用竹，取其節外著也。父爲子之天，竹圓象天，竹貫四時不變。子爲父哀痛，亦經寒暑不改也。母用桐木，桐之言同，心同乎父，其外無節，取其節內存，上半截圓以象天，下半截方以象地。然其根皆在下，竹桐一也。其長與心齊者，孝子哭泣無數，身體羸，病從心起，故杖之高下以心爲斷。」（註二）

簡言之，孝男的喪服是用極粗生麻布做成，不緝縫衣邊及下際，冠及腰絰用麻製成，穿草鞋，哭杖父喪用竹母喪用桐。這是官書所記的斬衰服。清初通行於閩南地方的家禮大成、家禮會通一類的書，對斬衰服之記載與服圖大致相同，如家禮會通云：

「衰服身長二尺四寸，袵用布二幅，各長三尺五寸，斜裁作四片，每片長二尺五寸，狀如燕尾，縫於衣下，以掩裳旁際。今制無裳，但用麻布六幅，裂爲十二片，合縫於上衣。斬衰之服，前有衰，用布長六寸闊四寸，綴於衿當心處。後有負版，用布一尺八寸，綴在背後項下，左右有適，將衣身領邊前後各裁四寸，轉摺四寸向出，是爲左右適。……其鞋袜亦以麻布爲之。……衣裳旁及下際，皆不縫緶。……盔冠，用竹桠爲冠梁，闊三寸，以麻布摺輒爲三條，是爲三辟積。若斬衰用繩武繩纓。……世俗又設充耳於兩旁，又用布一片於冠前，不知於禮何據，其意以爲耳無聞目無見乎？……絰帶：凡在首曰絰，取忠實之心，先套頭上而後戴冠，今套以布。在腰曰帶，繫於腰間，斬衰、齊衰用麻。……通杖式，父喪用竹，母喪用桐，妻喪用藜，削上圓下方，根本自下而上，長與心齊。」（註三）

清初本省人可能會遵照服圖或閩南的家禮書而行，但因其相當繁瑣複雜，後來便漸漸不遵守或者加以簡化，如台灣私法即僅云：

「喪服雖有一定的慣例，但甚少依從。……(1)服：斬衰用大麻……(2)冠：齊衰以上男性戴麻盔，垂麻布遮臉部，垂兩索遮兩耳。……(3)腰絰，斬衰及齊衰用麻繩。……(4)履：從定禮。(5)哭杖：斬衰爲父用竹杖，爲母用苦楝杖。」（註四）

較台灣私法稍早出版的台灣慣習記事第三卷第八號「本島人の服裝の解」一文，對當時孝男的孝服有一段極詳細的描述：

「孝男喪服內之衫袴，其形式與常服無異，唯其顏色限純黑或白二者之一（全案：即變服也）。其上著斬麻（五服依其親疏遠近而有粗密之差等）孝男之麻服，以麻帶束腰一匝，依例必結於前。首戴斬衰冠，其構造以白棉布爲底；上加麻布，其上套以草箍，以三股草索編成。有耳塞，以木棉丸繫細繩爲之，結諸草箍兩側，懸於耳旁，意謂喪中不聞惡聲也。足包白布，著普通草鞋。手持孝杖，以二尺長青竹爲之，依古禮杖長至胸口，今則未依古禮。」（註五）

除文字外並附有一幀照片，藉此圖文，吾人可以明確看出八十五年前台灣孝男孝服之實際情形。八十五年以來，仍有許多地區孝男的孝服還保持這種樣式。

完整的孝服，應包含首服、身服、足服及孝杖（孝杖只有孝男與長孫有，其他人無），以下即按首、身、足、杖順序來看台灣地區的孝男之服。

首服以採用草箍者爲最多，它是用稻草或茅草加麻皮先編成繩，結爲一圓環，大小與人頭同，另外再從前額中央到後項加一條橋，成爲「」形，無纓，箍下套二層各一尺半見方的粗麻布與白布，麻在上白布在下，套頭後布角下垂可遮前額（參照片⑤⑥⑦⑧⑨⑩⑪），這種形式幾乎通行於全島閩客地區。不過有些地區的草箍已婚者才有中梁，未婚者則無，只是一個圓環狀「」，南投洪秀桂云：

「男孝子喪冠由麻製，先備約一尺方的麻布一塊及三股麻絲辮成的冠帶，然後孝子將一尺左右四方麻布一塊放在頭上，以四方之任何一角朝臉垂下，用冠帶綁緊使固定頭上。如果孝子已婚，則由前額至後腦處，又橫加一冠帶，以與未婚孝子相區別。」（註六）

田野調查結果，公館、景美、草屯、大林等地即以中梁之有無區別孝男之已婚與未婚。而新屋、觀音、關西、竹東一帶之客家，草箍形狀除基本圓環外，由左耳至右耳處加一橫梁，再自橫梁中央向後項中點加一半梁而成「」形；新屋姜仁歲及關西陳葉招妹皆稱縱的半梁若往前出鬢而成「」形，表尙有一頭在世，若未出鬢表父母兩頭皆亡（參照片⑭⑮⑯）。佳冬曾海祥稱當地之草箍除圓環外，縱橫各有一梁而成「」形，俯視之如田字形。宜蘭市、礁溪(A)(B)、北投、梧棲(A)(B)、大肚、鹿港(A)、太保等地除草箍之外，另加繫白頭帛（以寬半幅長六尺左右之白布摺成長條狀），以防止其脫落，其尾初分左右長短，葬後須捲起，陳炎珠云：

「凡頭帛，未出山前，垂尾於腦後，父喪母存則左短右長，母喪父存反之，雙亡則齊長；入窆後祭后土前必須捲起，絕不可留尾。」（註七）

首服除草箍一式外，另一種形式爲四方形麻布帽，洪錕鎔云：

「台南市內，孝男頭上所戴，係用麻布裁縫成四角形如紙袋，帽前突出二寸許以爲沿；市郊及台南縣乃用草箍，唯近年兩者互有交流。」（註八）

本島採用四方形麻帽爲首服者，大多在南部地區，如嘉義市(A)、北門、佳里、新化(A)(B)、關廟、楠梓、大樹等地均可看見；而離島之澎湖、馬公、湖西、白沙、西嶼等地更是全部採用方形麻帽（參照片⑫），麻帽前沿下垂遮眼，帽後開叉，左右兩端各繫一白布帶以結之。

孝男首服第三種形式爲白頭帛，並於當額處綴麻布，鹿港(B)、西螺、台西一帶有人用之。新竹市楊烱山著最新婚喪喜慶禮儀大全，稱未婚孝男可僅用白頭帛綴麻。按諸全省以草箍爲首服的地區，凡成年的孝男多戴草箍，未成年者始綁頭帛綴麻，至於尙在手中抱或才剛會走路者，則戴荖包綴麻，日據時期鈴木清一郎云：

「大人的喪帽叫『草箍』（用喪布做成圓圈，加上草繩製成），小孩的喪帽叫『荖包』（用喪布製成帽子形）。」（註九）

成人與幼兒首服形式之區分，至今猶被保存，以下各親屬中凡屬幼兒者，其首服皆各用其所當用之布採「荖包」形式製成，即不再一一贅述。

首服除主體之草箍或麻帽外，有些地區另有附件—耳塞。前引日據初期的台灣慣習記事及台灣私法都說草箍或麻帽左右皆垂繩爲耳塞，根據服圖及台灣慣習記事的說法，是因喪中不欲聞惡聲之故。田野調查結果，發現耳塞演變至今，有兩大變化，一爲許多地區的首服已無耳塞，一爲耳塞用意閩南與客家說法不同。閩南地區目前仍有耳塞之制者有：基隆、石門、三芝、北投、新竹市、鹿港(A)、太保、嘉義市(A)、台南市、新化(A)、關廟、馬公、湖西等地；這些地區也並非凡孝男皆有耳塞，而是已婚者才有；易言之，耳塞在這些地區有已婚、未婚的辨義作用。已婚者何以要有一對耳塞？楊炯山云：

「已婚者多兩個耳塞子（充耳于兩旁）及麻布在冠前，乃奉勸不要聽耳語（耳無聞、目無視之意）。」（注一〇）

鹿港林坤元云：

「耳塞一對，已婚者才有，表示不可輕聽妻子之言而導致兄弟失和，鹿港諺語云：『老父娘禮死落山，傢伙見人搬』，即指此也。」（注一一）

台南市洪鋸鎔云：

「已婚之孝男，麻帽兩側各有一耳塞，懸於耳，以麻製成，意謂愼勿聽妻室離間手足之言。」（注一二）

其餘各地說法大致相同。父或母去世，必然發生財產繼承與分配問題。已婚者有妻室，妻室與兄弟爲異姓之人，對於財產之分析難免各有自私之心，此時孝男若完全聽從其言，兄弟一定鬩牆，有一對耳塞提醒，或多或少可以收到預防之效。客家地區尚有耳塞之制的有：新屋、楊梅、關西、竹東、寶山、頭份(B)、頭屋、東勢、美濃等地，凡孝男，不論已婚、未婚皆有，其用義除楊梅葉雲淡的說法與閩南相似外，其他地區則均以耳塞表示父喪或母喪，新屋姜仁歲云：

「孝子之草箍以茅草、麻皮（今因麻皮不易得而有代以白布者）絞編而成，有耳塞，以麻結成，父喪塞左，母喪塞右，雙亡則左右俱有。」（注一三）

寶山邱元清云：

「草箍用茅草與黃麻做成圓形狀，用五色布做耳塞，以死者爲標準，男左女右，意指將其耳朶塞住，使活人聽不見死者之召喚，不致被其帶走。」（注一四）

其餘竹東、頭份(B)、頭屋、東勢、美濃等客家地區，其耳塞均視父喪或母喪及尚有一人在世或兩人皆亡，而決定耳塞之數目及其方位，此爲閩南與客家之不同。

孝男身服之通式，質料爲粗麻布，形式如明代之長衣有領，斜襟，大袖，衣身長及踝，斬衰不緝邊，以黃麻皮爲腰絰（帶），結紐於前。由於傳統的形式裁製費時費工，後來逐漸簡化，許多地區已將衣領省略，並改斜襟爲對襟；而衣袖之有或無，在某些地區它代表已婚或未婚，這種情形日據時期即有之，洪氏串珠云：

「死者之子，已婚者之麻衫有袖，未婚者亦服麻衫，唯無袖。」（注一五）

民國六十年出版，洪秀桂撰南投縣之婚喪禮俗，亦云該縣之孝服以有袖與否表示穿孝服者已婚與否。田野調查，發現宜蘭縣、基隆市、台北縣、台北市等北部地區及中部的大肚、草屯等漳州籍地區，迄今仍恪守此項傳統（參照片⑦⑧⑨㉘），謹略舉三人之說以爲證，宜蘭市陳炎珠云：

「孝男麻衫，已婚者有袖，未婚者無袖。」（注一六）

石門徐有田云：

「孝服，已娶妻或嫁人者有袖，未婚則無袖。」（注一七）

大肚趙日成云：

「麻衫之有袖者表已婚，無袖者表未婚。」（注一八）

這些地區，不僅孝男，其他各類男女卑親屬的孝服，也都以袖之有無表婚否，已經著爲通例，下文不再贅述。除了上述以外的閩南地區，如中南部等地，麻衫有袖或無袖，並不具特別意義；大多數地區的孝服均一律有袖，僅少數地區是一律無袖。

北部桃園、新竹一帶客家地區孝男的孝服大部分皆有衣袖（參照片⑭⑮⑯），因爲這些地區是以孝服之有無衣袖表示他是否傳死者的血統，新屋姜仁歲云：

「孝男及死者所生之子孫含外孫，其服皆有袖，此外皆無袖。」（注一九）

竹東江雪雲云：

「凡有傳死者之血緣，如子、媳（與子合傳）、女、婿（與女合傳）、內外孫等，其服皆有袖；凡旁支之親，如侄子、侄女、侄婿等則無袖。」（注二〇）

麻衫長度，昔日皆至踝，只有楊梅及佳冬Ⓑ未婚才是短的，僅到腰部；今日，北、中部地區，仍以長至踝者爲多（參照片⑦⑧⑨⑩⑪⑰㉕㉖㊶），而南部及澎湖地區，都有縮短的趨勢，或僅過腰，或至臀部，或至膝蓋，很少長到脚踝，南部的客家也是如此（參照片⑫⑬⑱㉒㉓）。

麻衫，以黃麻皮爲腰絰，宜蘭市、礁溪ⒶⒷ、台西等地，昔日尚須串一枚銅錢於絰上做爲子孫錢，表示死者有財產遺傳子孫；客家地區竹東、寶山、頭份Ⓐ昔日也有麻絰串銅錢之俗。今日大部分地區腰絰仍採與首服、身服同質的黃麻皮製成，但在石門、北投、萬華、斗南、太保、新化Ⓐ、楠梓、佳冬Ⓑ等地，已發現有以白布帶取代的例子。

孝男身服本是用純麻布，約自三十年前開始，北部桃竹苗客家開始有不用全麻而代以白布者，苗栗縣志云：

「世晚俗澆，喪服之制漸替。現在本縣之俗，凡喪服概以白布長衫爲之；惟斬衰齊衰之服，則於白布長衫之外，再被以麻衣，可向喪具店中租用。」（注二一）

田野調查，觀音林金運云：

「孝男本應全身麻，然今麻服多改爲白布長衫，而於肩後綴麻布一片。」（注二二）

新屋姜仁歲云：

「五服之身服一律用白布，惟孝男、孝媳、長孫用麻，亦有改用白布長衫而於背後縫一片麻布

者；甚或有五服身服皆純用白布，不綴他布，而其親疏關係係僅可自首服窺見者也。」（注二三）

竹東江雪雲云：

「昔日竹東本與新埔、關西同，孝男皆著麻服，後因麻服粗疏，除服後不能移作他用，棉布則不然，乃於晚近改麻衫為『二十四孝』。所謂二十四孝係以略帶淺黃之白布裁製成有袖長袍，對襟，長過膝，有腰帶，於左右當胸及背後中心各綴麻布一片，只縫其上側而下側則剪開，背後一片裁為十二條，左右胸各裁為六條，合為二十四條，因名『二十四孝』。二十四孝之總件數須奇不可偶，如死者有五子一長孫，則至多僅可製五件，分由長子、長孫、次子、三子、四子穿著，而五子則但著白布長袍，不綴麻，與孫輩同，唯首服仍用草箍。」（注二四）

「二十四孝」式孝服，近年已流行於關西、寶山、竹東等地，有日益流行之勢（參照片⑮⑯）。苗栗地區客家多已逕用白布長衫取代麻衫，苗栗黃友盛云：

「斬衰三年，昔全套皆用粗麻縫製，不縫邊；今簡化為白服麻冠，子、女、媳、承重孫服之。」（注二五）

中部閩南地區，如竹南Ⓐ、鹿港ⒶⒷ、土庫等少數地區，晚近也漸以白布長衫代替長麻衫，如鹿港黃清泉即云：

「今日孝男麻衫多已改為白布長衫，肩上自左至右斜披麻布條。」（注二六）

王世祥亦云：

「近年所見，孝男身上多著白長衫，斜披半截麻布。」（注二七）

孝男身服之衣裾，以不縫（緝）邊（即古所謂斬衰）爲傳統形式（參照片⑧），凡自製者仍必遵此古制，而採取租借者，業者爲求耐用多將衣邊縫上，萬華、台西、左營Ⓐ、馬公地區，皆有此例。

孝男之足服，清代從定禮爲菅草鞋，日據初期台灣慣習記事所載爲「足包白布、著普通草鞋」；直到光復後，孝男之正統足服仍爲赤足包一尺見方白布穿草鞋，僅美濃地區是赤足穿草鞋。草鞋爲昔日下層社會販夫走卒上山下海所穿之鞋，以稻草及黃麻或月桃皮編成，四周有繩，結於脚盤處。其結法有二：平常上山下海時採雙鼻結紐，形似「安」字，俗稱安字綁法；另一種綁法是居喪或抬棺土工所用，採單鼻結紐，形似「土」字，俗稱土字綁法（參照片③）。穿草鞋採安字綁法，進別人家門，不忌諱；採土字綁法，則忌諱入別人家門。近年，平常已罕有人穿草鞋，多不知土字法與安字法之區別，所以孝男草鞋仍知採用土字綁法的僅有宜蘭市、礁溪ⒶⒷ、基隆、石門、北投、萬華、竹南Ⓑ、楠梓、佳冬ⒶⒷ等不到五分之一地區，其他他地區多隨便綁。馬公及湖西，足服有已婚、未婚之別，已婚爲白布（襪）草鞋，未婚爲赤足，或裸足穿黑鞋，或白袜黑鞋。

白布草鞋，由於白布易脫落，晚近中南部有些地區已改用白袜取代；草鞋由於平常銷路有限，產量銳減，加以喪滿即無用途，因此羅東、新竹市、台南市、新化Ⓐ、大樹、湖西及中北部的客家地區，均代以白（黑）或其他素色布鞋（參照片⑫⑮），東勢徐仁昌云：

「桃竹苗及中部之客家，昔日亦用草鞋套白布，光復後漸易以白運動鞋、白袜或不著袜；近年因草鞋不易購買，且日後無用，遂普遍代以白布鞋。」（注二八）

孝男除首、身、足服之外，尙有一支孝杖。孝杖之材料，父喪與母喪不同，父喪用竹（參照片⑩⑭⑮⑳），全省閩南、客家目前仍是如此；母喪孝杖用材，日據時期台灣私法云苦楝（即苦苓），但因台灣私法並未爲喪事做全島性普查，因此苦楝可能只是當時某地之風俗（注二九）；目前各地母喪之杖，宜蘭縣、基隆市、台北縣等北部地區一律以刺昌做成；新竹市以南中南部地區以使用苦苓者爲最多，間有使用桐木（刺桐、梧桐）的，如竹南(A)、大肚、草屯、西螺等地；斗南、台西兩地用竹爲之，與父喪相同；澎湖離島地區，不產苦苓、桐木，多用台灣運去的杉木或竹爲之。客家地區，桃園、新竹兩縣，或用苦苓，或用刺昌（參照⑯），或用梧桐，頗爲參差；而自頭份以南，則清一色使用梧桐（血桐）（參照片⑥）。父喪用竹爲杖，是取義於竹子有節，圓形象天，歲寒不凋，以象徵父親之德；而母杖用苦苓或刺昌或桐木的原因，因爲苦苓心苦，刺昌、刺桐表皮有刺會扎手，血桐鋸斷會流紅汁好像母親生產所流之血，藉此爲杖，可以思念母親生兒、育兒之苦；用桐木爲母杖，另有一說，即是母德同於父德。

孝杖本爲實用之物，孝男因父母之喪，哀慟逾恆，五內俱崩，恍如重病之中，故須要有手杖用以扶身，因此昔日孝杖之長度隨人高矮而與心口齊；後世社會開放，人情澆薄，丁憂之人，未必因此而身體羸弱，孝杖遂逐漸失去實用功能，其長度也因而縮短。目前，除梧棲、馬公、湖西、白沙、西嶼等少數地區尙保持舊俗長與心齊外，其他地區均已具體而微，各地的長度，不論閩客均以一尺二寸左右爲最常見。梧棲柯瑞文云：

「孝杖長如拐杖，齊心，用以扶身，杖身以白紙剪鬚纏之，表示哀素之心。」（註三〇）

澎湖地區孝杖也長與心齊，杖身外亦全包白紙鬚（參照片⑬），不過大多數地區均因無實際作用而加以縮短，鹿港陳芹云：

「孝杖父竹母苦苓，昔長如手杖，外纏白紙鬚，今則以取材不易，且無實際作用，而有縮爲一尺二寸者也。」（註三一）

台南市洪錕鎔云：

「孝杖者，孝子哀傷體羸，賴以扶身，且孝帽有沿低垂，爲防躓仆，亦須有以引之者。此杖父竹母苓，杖身包白紙，長本齊胸，今人居喪不若古人之哀，且嫌其冗而無用，乃減爲一尺二寸。」（注三二）

苗栗客籍黃友盛亦云：

「孝杖父死用竹，母死用刺桐，長度原齊心窩，今則僅尺餘。」（注三三）

當前孝杖皆縮短且以採用一尺二寸者爲多（參照片⑥⑩⑭⑮⑯⑳），可能與民間陽事用文公尺、陰事用丁蘭尺有關。按丁蘭尺一尺二寸剛好落在「丁、害、旺、苦、義、官、死、興、失、財」中的「財」字上。

孝杖不論用竹用木，都是本下末上；爲易於分辨以防倒持，均在杖頭（竹木本身的末端）纏上喪布或銀紙等物。北部、中部地區以包五色布者爲最多（參照片⑩⑲⑳），所謂五色布，依序爲紅、藍、白、苧、麻五種，麻布在最外層；南部地區杖頭只包三層、二層，甚至只單包一層，最外層雖以麻布為最多，也有不是麻而是藍布或紅布的。

孝杖為孝服之一部分，昔日成服之後即須持杖，服杖一體。近年閩南人多先製孝服供孝男等穿著，而孝杖則常遲至葬前始製作。雖然每位孝男一支，但多聚放在米斗之中，與魂帛、香爐同處，很少看到孝男親手執握（參照片⑨⑩⑲）；葬後或完墳即樹立於墓碑兩側或墓頭上（參照片⑳）。大肚趙日成云：

「孝杖今多於葬前製備，葬日合置米斗中，與香爐、魂帛同處，由長男或長孫拱捧，葬畢，樹諸墓碑兩側，以示不用而歸。」（注三四）

他人從墓上所陳放的孝杖之支數，即可知死者有幾個兒子。客家人，不論北、中、南部，成服之後，凡穿孝服之時，手中即必須拿孝杖（參照片⑮⑯⑰），出葬之後仍帶回家（參照片⑭），等到除靈日始與孝服一同焚燒，頭份陳運棟云：

「孝男凡著喪服即須持杖，人各一支，否則將遭尊長責備；還山後仍持歸，除靈時焚燒。」（注三五）

美濃林享新云：

「孝杖棍，自成服後即人手一支，不可離身；葬後仍執歸，與孝服同置於米籮中。其後凡遇祭奠而須著服，即須持棍，俟除靈時始共焚燬。」（注三六）

此爲閩南與客家之不同處。

時代的改變與山林大量被砍伐，不只造成孝杖長度的縮短與質料的改變，最近有少數地區，如閩南的土庫與客家的東勢，甚至已有乾脆省略而不用的例子。

以上所論爲死者之子的孝服。本省人自古即非常重視香火之傳承，萬一夫婦不育，沒有兒子，不得已乃抱養窮苦人家之子以爲螟蛉子，以便日後傳香火，即所謂養子。另外一種情形是夫婦只生女未生男，或只抱養女兒未抱養男兒，日後女兒（養女）長大，留一個在家招親生子以傳香火，這個被招的女婿即所謂贅婿。台灣私法稱，依照本省之傳統習慣，養子與贅婿遇到養父母或岳父母死亡，他們所穿的孝服與親生子同；而田野調查，大部分地區也均與一般孝男相同，只有少部分地區略有不同，因此本文將他們歸在孝男項內。

茲將古今文獻及筆者多年田野調查所得各地孝男孝服資料，分成兩類，表列於後以供參考。養子與贅婿之服，大部分地區均同孝男，其有不同者，則於備註欄內註明。

孝男孝服表（文獻部分）

出處	首服	身服	足服	孝杖	備註
本島人の服裝	草箍（三股草索	麻衫，長過膝	白布、草鞋。	竹杖，長二尺，依古	麻衫內之衫褲，形制

の解（台灣慣習記事三：八）	構成）兩耳有耳塞（細繩繫木綿丸爲之）（表喪中不聞惡聲也）套麻布、白布（麻上、白下，下同）。	有袖，麻経，結於前。		禮長至胸口。	與常服同，顏色限純黑或純白。
台灣私法	麻盔（麻帽），麻布，前垂遮臉，左右垂繩爲耳塞。	斬衰用大麻，齊衰用二麻，腰経用麻。	從定禮	斬衰—父—竹杖，母——苦楝（即苦苓）。齊衰—父母俱用苦楝	
台灣風俗誌	服麻				
台灣舊慣	草箍	麻衫	草鞋		
葬式之民俗（民俗台灣二：一一）	草繩編成	麻衫，已婚有袖，未婚無袖。			

桃園縣志	服麻				
南投縣之婚喪禮俗	麻箍，套麻布，已婚者喪冠由前額至後腦多一冠帶。	麻衫，不緝邊，已婚有袖，未婚無袖，麻絰。	白布、草鞋。		
高雄縣志稿	麻帽	麻衣			孝期內必著素色衣
台灣省通志	服麻				
台灣喪葬調查座談會紀錄（台灣文獻二四：四）（澎湖）	孝男麻帽有耳塞（麻球）。				
台灣民俗	草箍，服麻。		草鞋		
台北市志	草箍，服麻。		草鞋		
雲林縣志稿	服麻				

台灣喪葬習俗的研究（台灣文獻二九：二）	草箍	麻衣			
台南市志	服麻				
最新婚喪喜慶禮儀大全	草箍套麻布，已婚者多二耳塞，麻布垂顏前。未婚者或可僅用白頭帛綴麻。	麻衣	白襪草鞋	父—竹 母—苦苓 古長四尺，今長尺半至二尺之間，杖頭包麻蓋紅布。	招贅婿頭苧身麻。
中華文化叢書禮俗組座談會紀錄（台灣文獻三三：一）	麻	麻	草鞋		
改善民俗之研	服麻				

究——改善民間喪葬禮俗之研究					
台灣地區現行喪葬禮俗研究報告	草箍套麻布，垂下掩面。	麻衫、麻絰。	白襪草鞋。	父—竹 母—桐或苦楝。	埔里特殊習俗，父母雙亡，喪服始可正穿，單亡時必須反穿。
同右（臺西）	白布條貼麻布塊	白布條貼麻布塊			
望八文存	麻	麻			
草屯鎮志	草箍（編草成環，中加一梁）套麻布、白布，未婚者草箍中梁後無尾，已婚者有之。	長麻衫（對襟式）下裾不緝。已婚有袖，未婚無袖。	白布（鞋）草鞋	父—竹 母—刺桐 長一尺二寸，杖頭包麻布。	

台灣禮俗語典	草箍（以草繩結成瓜皮帽形）下墊白布。	麻衫	白布草鞋	父—竹 母—刺桐或梧桐(死查夫取竹公，死查某取刺樬)，長一尺四寸四(諧音一世傳一世)杖頭結麻布條。	
徐阿興手抄本 客家家禮				父—竹 母—桐(上圓下方)長與心齊，人高則長，人矮則短。	
新竹縣志稿	服粗麻				
苗栗縣志	昔：用至粗麻布爲孝服，兩旁及下邊不緝。 今：白布長衫。上披			父—竹 母—桐	

	麻衣，麻衣下邊不緝。				
台灣喪俗談	用粗麻布爲服，不縫下端。				
六堆客家鄉土誌	麻				
中原客家實用禮俗範例	最粗麻布爲服，不縫下邊。			父—竹 母—桐	親子承祧，叫做「過房」，降服一等。姪子入嗣，視同親子。
客家喜慶喪葬舊禮俗述略（台灣文獻三二：四）					親子承祧，俗稱「過房」，降一等。姪兒入嗣，視同親子。
客家現代喪禮研究綱要	頭箍有耳塞，父喪塞左，母喪塞右。			父—竹 母—桐	
客家源流研究				父—竹	親子承祧，叫做「過

				母—桐	房」，降服一等。姪子入嗣，視同親子。
台灣區客家民俗文物專輯	麻甲頭	昔—麻布衣 今—白布		父—竹，今或用木。 母—桐或榴木 長分三尺六、一尺六、一尺二三種，杖頭套麻布白布等，孝男年老者用三尺六，年輕者用一尺六或一尺二。	

孝男（含養子及招贅婿）孝服表（田野部分）

地區	首服	身服	足服	孝杖	備註
蘇澳	草箍套麻布、白布，	長麻衫，對	比較孝順者白	父—竹	養子繼承香煙者與一

	另紮白頭帛，父喪左短右長，母喪左長右短，埋葬後回程時捲起，不可留尾。	襟，腰經麻，富家要串一銅錢，已婚有袖，未婚無袖。	布草鞋（也有人改穿白襪白布鞋）	母—刺昌 長一尺二，杖頭由內而外包紅、藍、白、苧、麻五層布。	般孝男同，不繼承香煙者首服、身服改用苧布，且無孝杖。贅婿得家產者與一般孝男同，否則首服、身服皆只用苧布。
羅東	草箍套麻布白布另繫頭帛，其尾父喪母存左短右長，反之左長右短，雙亡則左右齊長，出山埋葬反主時捲起，不可留尾。	長麻衫，斜襟，長短隨人身高，已婚有袖，未婚無袖，腰經麻。	白布草鞋，今多改穿黑或白布鞋。	父—竹 母—刺昌 長一尺二，杖頭包白布、苧、麻三層麻在外。	
宜蘭市	草箍套麻布白布，無耳塞，另繫一條白頭帛，未出山之前，其	長麻衫，斜襟，腰經麻，昔日串一枚子	白布草鞋（土字綁法）	父—竹 母—刺昌 長一尺二，杖頭由內	

	尾父喪母存，左短右長，反之左長右短，雙亡則左右齊長，出山日告窆後祭祀前，便須全部捲起，不可留尾。	孫錢，今無，已婚有袖，未婚無袖。		而外包紅、藍、麻三層布。	
礁溪(A)	同右	長麻衫，斜襟，腰絰麻，串一枚銅錢，已婚有袖，未婚無袖。	同右	父—竹 母—刺昌 長一尺二，杖頭由內而外包紅、藍、白、苧、麻五色布，用黑線綁之。	養子而繼承香煙者，其服全同孝男，不繼承香煙者，身服麻下加一件苧衫，餘均同孝男。贅婿之首服為白頭帛綴苧加麻。
礁溪(B)	同右	同右	同右	父—竹 母—刺昌 長一尺半，杖頭包五	

				色布，麻在最外層。	
基隆	草箍套麻布白布，已婚有耳塞，未婚無，草箍有尾，其尾父喪母存左短右長，反之左長右短，雙亡則左右齊長。	麻衫，對襟，長及踝，腰絰麻，已婚有袖，未婚無袖。	同右	父—竹 母—刺昌 長一尺二，杖頭由內而外包白（父喪白，母喪黃）藍、紅、苧、麻五層。	養子草箍套麻布、苧布、白布，加苧，表非親生，身服足服同孝男，無杖。贅婿首服為白頭帛，綴苧，身服、足服同孝男，無杖。
石門	草箍套麻布白布，已婚有耳塞，未婚無。	麻衫，對襟，長至踝，腰絰昔用麻，今或用白布帶，已婚有袖，未婚無袖。	同右	父—竹 母—刺昌 長一尺二，杖頭由內而外包紅、白、藍、苧、麻五色布。	
三芝	同右	麻衫，對襟，	白布草鞋	同右	

		長至踝，腰經麻，已婚有袖，未婚無袖。			
淡水	草箍套麻布白布，無耳塞。	同右	同右	父—竹 母—刺昌 長一尺二，杖頭由內而外包紅布、麻布。	
北投	草箍套麻布白布，有尾巴，已婚有耳塞，另有白頭帛以防脫落。	麻衫，對襟，長至踝，腰經白布帶，已婚有袖，未婚無袖。	白布草鞋（土字綁法）	父—竹 母—刺昌 長一尺二，杖頭由內而外包白、紅、黃、藍、苧、麻六層。	養子無孝杖，餘同孝男。贅婿首服爲草箍套苧布、白布，無孝杖，餘同孝男。
三重	草箍套麻布白布，無耳塞。	同右	白布草鞋	父—竹 母—刺昌	

				長一尺二，杖頭包五色布，麻在外。	
萬華	同右	麻衫，斜襟，長至踝，有袖，腰絰白布帶（用租者麻衫且緝邊）。	白布草鞋（土字綁法）	父—竹 母—刺昌 長一尺二或一尺半，杖頭包五色布，麻在外層。	養子、贅婿無孝杖，餘同孝男。
公館	草箍（已婚有梁，未婚無梁），套麻布、白布，無耳塞，未成年者白頭帛綴麻，嬰兒用白苧包綴麻。	麻衫　對襟，長至踝，有袖，腰絰麻。	白布草鞋	父—竹 母—刺昌 長一尺二，杖頭包五色布，麻在最外層。	養子、贅婿無孝杖，餘同孝男。
新竹市	草箍套麻布白布，麻布垂覆前額，已婚者有二耳塞。	長麻衫，對襟，有袖，腰絰麻。	白布草鞋，或白布鞋。	父—竹 母—苦苓 長一尺二，杖頭包五	

				色布，麻在外層。	
竹南(A)	同右	長麻衫對襟，有袖，腰經麻。今或改用白布長衫，有袖，再於肩上綴麻。	白布草鞋	父—竹 母—桐（今因桐木難尋，或用一般樹木取代） 長一尺二，杖頭包五色布，麻在外層。	
竹南(B)	草箍套麻布白布，無耳塞。	麻衫，對襟，長五尺，袖之有無不一定，今多無袖，腰經麻。	白布草鞋（土字綁法）	父—竹 母—苦苓 昔長齊心，今一尺三寸，杖頭包白布、紅布、麻布。	養子無孝杖、餘同孝男。 贅婿孝服為白頭帛，無孝杖，餘同孝男。
梧棲(A)(B)	草箍套麻布白布，無耳塞，另繫一條白頭帛。	長麻衫，對襟，無袖，腰經麻。	白布草鞋	父—竹 母—苦苓 長與心齊，杖身外包	

				白紙鬚，頭包五色布，麻在外層。	
大肚	草箍套麻布白布，無耳塞，另繫一條白頭帛，凡有頭帛者，未葬前雙頭垂至背後，葬後則須纏起，不可留尾。	麻衫，對襟，長至踝，腰絰麻，已婚有袖，未婚無袖。	白布草鞋	父—竹 母—桐 昔長齊心，今一尺二，杖頭包五色布，麻在最外層。	
草屯	草箍（已婚有梁，未婚無梁）套麻布、白布，無耳塞。	同右	昔：白布草鞋 今：白襪草鞋	父—竹 母—刺桐 長一尺二，杖頭包白布、苧布、麻布。	
鹿港(A)	草箍套麻布白布，已婚者有二耳塞（以麻	昔：長麻衫，斜襟，有袖。	昔：白布草鞋 今：白襪、草	父—竹 母—苦苓	

	布包石頭爲之），另繫一條白頭帛綴麻，其尾單亡左長右短，雙亡則齊長。	今：白布長衫，對襟，有袖，自左肩向右披一條麻布。	拖鞋。	昔長齊心，今一尺二，杖身包白紙鬚，杖頭包五色布，麻在外。	
鹿港(B)	白頭帛綴麻，其尾父喪放左邊，母喪放右邊，雙亡則齊放。	白長衫，對襟，肩上自左至右斜披一條麻布。	同右	同右	
西螺	三角白布綴麻，縫於白頭帛上。	麻衫，對襟，一律有袖。	白襪草鞋	父—竹 母—梧桐（今因梧桐不易得，或改用竹） 杖頭包五色布，麻布在最外層。	
土庫	草箍套麻布白布，無耳塞。	白布長衫，對襟，有袖，腰	白布草鞋	無	

		經麻。			
斗南	同右	麻衫，對襟，短袖，腰經白布帶。	同右	父—竹 母—竹 長一尺二，杖頭包紅布、麻布二層。	養子、贅婿，親生父母尚存者穿一半，已亡故者則全同孝男。
台西	白頭帛綴麻	麻衫，對襟，無袖，腰經麻，串一銅錢，表有遺產遺子孫。自製之服不緝邊，租者緝之。	白襪草鞋	父—竹 母—竹 長一尺二，杖頭包藍布。	贅婿白荖包綴紅，白長衫，白鞋。
大林	草箍（已婚有梁，未婚無梁）套麻布、白布，無耳塞。	麻衫，斜襟，長至臀。有袖，腰經麻。	白布草鞋	父—竹 母—苦苓 長一尺二，杖頭內層	

				包紅布，外層包麻布。	
太保	草箍套麻布白布，已婚有耳塞，另有一條白頭帛以防脫落。	麻衫，對襟，有袖，腰經白布帶。	同右	父—竹 母—苦苓 長一尺左右，杖頭包麻布，繫紅線。	
嘉義市(A)	草箍套麻布白布，已婚有耳塞；或用方形麻帽。	麻衫，對襟，有袖，腰經麻。	同右	父—竹 母—苦苓 長一尺二，杖頭包紅布、白布、麻布三層。	
嘉義市(B)	草箍套麻布白布。	同右	白布（或白襪）草鞋	同右	
北門	草箍套麻布白布，無耳塞，不用草箍者用方形麻帽。	黑衫，對襟，腰經麻。	白襪綴麻草鞋。	父—竹 母—昔用苦苓，今因不易得，改用木麻黃	

				或竹。其長百姓一尺二，有官職者三尺六，杖頭包三層，麻在最外。	
佳里	昔：草箍套麻布白布。 今：方形麻帽，前沿下垂遮額。	麻衫，對襟，長至膝，有袖，腰絰麻。	白襪草鞋。	父—竹 母—苦苓 長一尺二，杖頭包麻。	
台南市	四方形麻帽，前沿下垂遮眼，已婚者有二耳塞。	麻衫，對襟，有袖，腰絰麻。	昔：白布草鞋。 今：白襪白布鞋綴麻。	父—竹 母—苦苓 昔長如手杖，今長一尺左右，杖外包白紙鬚，杖頭包麻。	
新化(A)	昔：草箍套麻布白布，已婚者左右有耳	麻衫，斜襟，長過膝，有	昔：白布草鞋（土字綁法）	父—竹 母—苦苓	

	塞。今：四方形麻帽，前沿下垂，已婚者左右有耳塞。	袖，腰經白布帶。	今：白襪白布鞋。	長一尺二，杖頭包銀紙、麻布，再包紅布，以紅線綁之。	
新化(B)	四方形麻帽，前後帽沿均下垂，無耳塞。	麻衫，對襟，有袖，不縫邊，腰經麻。	白襪綴麻草鞋	父—竹 母—苦苓 長一尺，杖頭包紅布。	
關廟	昔：草箍套麻布白布，已婚者有二耳塞。 今：四方形麻帽，前沿低垂遮眼，已婚者有二耳垂。	長麻衫，對襟，有袖，腰經麻。	白布草鞋	父—竹 母—苦苓 長一尺二，杖頭包銀紙、麻布。	
楠梓	草箍套麻布白布，無	麻衫，對襟，	白布草鞋（土	同右	

	耳塞，或用四方形麻帽。	昔有袖，今無，腰經白布帶。	字綁法）。		
左營(A)	草箍套麻布白布，無耳塞。	麻衫，斜襟，有袖，腰經麻（昔不緝邊，今用租者皆緝邊）。	白布草鞋	同右	養子、贅婿無孝杖，餘同孝男。
左營(B)	草箍套麻布白布，耳塞昔有今無。	麻衫，對襟，短袖，腰經麻。	白布（白襪）草鞋。	同右	
大樹	麻帽（將麻布四周捲縫於麻繩圈上爲帽）。	麻衫，對襟，長及臀，短袖，腰經麻。	黑布鞋。	同右	
馬公	四方形麻帽，前沿垂	麻衫，長及	已婚：白襪草	父——竹	

	至眼前，已婚者左右各有一耳塞（麻帽內先繫一白頭帛）。	膝，對襟，有袖，腰經麻（本不緝邊，今日出租店多緝之以求耐用）。	鞋（昔用土字綁法，今已不分）。未婚：白襪黑鞋，鞋尖綴麻，今人爲取吉祥，且於麻下加襯紅布。	母—杉　長三、四尺，與胸口齊，杖外包白紙鬚。	
湖西	先包黑色或深藍色布巾，再戴四方形麻帽，已婚者有耳塞，左右各一，以小麻布袋裝小麻球爲之。帽之前沿下垂，帽後開口，兩端各繫一布帶	麻衫，對襟，有袖，腰經麻。	已婚：白布（今改用白襪）草鞋（今或改穿白布鞋）。未婚：跣足（今或跣足著	父—竹　母—杉　長與心口齊，杖身外包白紙鬚。	養子與贅婿，若親生父母尚在，則首服戴苧帽，餘同孝男；若親生父母均已亡故，則其服全同孝男。

	以結之。		黑布鞋）。		
白沙	四方形麻帽（帽後有白布條以繫之），無耳塞。	麻衫，對襟，長至膝，腰經麻。	白襪草鞋。	父—竹 母—竹（取材不易故與父同）	贅婿無孝杖，不舉魂幡。
				長與心口齊，杖身外包白紙鬚。	
西嶼	四方形麻帽（帽後有白布帶以繫之），無耳塞。	麻衫，對襟，長至膝，有袖，腰經麻。	同右	同右	
新屋	草箍套麻布白布，有耳塞，父喪左耳塞，母喪右耳塞，雙亡兩耳皆有耳塞。另有一小白布條以固定草箍，使不脫落。	昔：麻衫、對襟，有袖。 今：白布長衫，肩上縫麻布(唯長男則仍必是麻衫)。	昔：白布草鞋 今：白布鞋	父—竹 母—苦苓 長一尺二，杖頭包麻布。	

楊梅	草箍套麻布白布，左右皆有耳塞，草箍之尾父喪左短右長，母喪左長右短，雙亡則齊長。草箍之橫梁，父喪右出左不出，母喪左出右不出，雙亡則左右皆不出。	昔：麻衫，對襟，有袖。 今：白布長衫，對襟，有袖，腰絰麻。 昔以衣長全身表已婚，半身表未婚，今則一律如身長。	昔：白布草鞋（土字綁法）。 今：素色鞋襪。	父—竹 母—梧桐 長一尺二七，年長之孝子其杖長與心口齊。 杖頭，高壽而亡者由內而外包紅、藍、白、苧、麻五層；非高壽者包白、苧、麻三層。	
新豐	草箍套麻布白布，無耳塞。	麻衫，對襟，有袖。	白襪布鞋	父—竹 母—苦苓 長一尺左右，杖頭包白布、苧、麻三層。	
關西	草箍套麻布、白布，	土黃布長衫，	白布鞋	父—竹	贅婿無草箍，無孝

	竹東
有耳塞（用五色布爲之），父喪左耳塞，母喪右耳塞。	草箍套麻布白布，有耳塞，父喪左耳塞，母喪右耳塞，雙亡則左右皆有。
斜襟，長至踝，有袖，腰絰昔用麻，今用土黃布。昔串一枚銅錢，今否。	昔：長麻衫，有袖。今：帶黃色之白布長衫，有袖，前襟及背後各綴麻布剪成二十四條，名爲二十四孝，其總件數
	昔：白布草鞋。今：赤足白布鞋。
母—刺昌長一尺二（高壽而亡者杖較長，供孝男當拐杖）杖頭包五色布。	父—竹 母—梧桐 長一尺二，杖頭包五色布，麻在最外層。
杖，餘同孝男。	

		可奇不可偶。			
寶山	草箍套麻布白布，尾一長一短，雙亡則捲起不垂尾。有耳塞（用五色布爲之），父喪左耳塞，母喪右耳塞。	昔：麻衫（用九尺二或八尺六布爲之，忌用整數），有袖，衣裾前後撕成二十四條，名爲二十四孝，腰經用麻或白布條，串三枚銅錢，後改用塑膠袋裝三枚硬幣繫於腰上，此俗今或廢除。	昔：白布草鞋。今：素色鞋襪。	父—竹 母—刺籐頭 長一尺二，杖頭包五色布，麻在外層。	贅婿白頭帛或苧包，不綴紅，白長衫，無袖。

		今：白布長衫，有袖，肩上綴麻。			
頭份(A)	草箍套麻布白布，尾一長一短，雙亡則不垂尾。	白布長衫，對襟，無袖，腰絰麻，長男串一枚子孫錢。	白布草鞋	父—竹 母—梧桐 長一尺二，杖頭包五色布，麻在外層	
頭份(B)	草箍套麻布白布，有耳塞，父喪左耳塞，母喪右耳塞。	昔：長麻衫。 今：白布長衫，背上綴一片麻布。	昔：白布草鞋。 今：白襪草鞋，或白布鞋。	同右	
頭屋	草箍套麻布白布，父喪白布前突，母喪後垂。有耳塞（五色布為之），父喪左耳	白布長衫，有袖。	昔：白布草鞋。 今：白布鞋。	同右	養子白布衫，左片不縫，且綴小紅，無孝杖，餘同孝男。

	塞，母喪右耳塞。				
苗栗市	草箍套麻布白布，有耳塞，父喪左耳塞，母喪右耳塞。	昔：麻衫，對襟，有袖。今：白布衫，對襟，有袖	昔：白布草鞋。今：白布鞋。	父—竹 母—梧桐 長一尺二或一尺六，杖頭包紅布，外紮麻布。	
東勢	草箍（昔用稻草編，今用草繩代替）套麻布、白布，有耳塞，父喪左耳塞，母喪右耳塞，雙亡左右皆有耳塞。	長麻衫，對襟，無袖，腰經麻。	昔：白布草鞋。今：草鞋不易買，改用白布鞋。	父—竹 母—梧桐 長一尺二，杖頭包五色布，麻在外層。近年已漸有人不用孝杖。	
美濃	草箍套麻布、白布，有耳塞，父喪左耳塞，母喪右耳塞，雙	麻衫，對襟，長及股，無袖，腰經麻。	赤足草鞋	父—竹 母—梧桐 長一尺或一尺二，杖	贅婿身服左片麻右片苧，無孝杖，餘同孝男。

	亡左右俱有。			頭包麻布。	
內埔(A)	草箍套麻布白布，無耳塞。	麻衫，斜襟，無袖，腰絰麻。	昔：草鞋 今：素色便鞋。	父—竹 母—血桐（即梧桐）長一尺，杖頭包一層麻。	贅婿，岳父無子者，其服全同孝男；岳父有子者，首服為白頭帛綴苧，身服為苧衫。
內埔(B)	同右	同右	草鞋	同右	
佳冬(A)	同右	麻衫，對襟，前長二尺五，後長三尺五，無袖，腰絰黑布帶。	白布草鞋（土字綁法）	父—竹 母—血桐（即梧桐）長八寸，杖頭包麻布。	養子無孝杖，餘同孝男。贅婿之服與一般孝婿同。
佳冬(B)	同右	麻衫，對襟，已婚者長至踝，未婚長至腰，腰絰白布帶。	同右	父—竹 母—血桐（即梧桐）長一尺左右，杖頭包一層麻。	

二、承嗣子爲所後

承嗣子與養子不同，養子多抱自異姓人家，而承嗣子則係指夫婦不育之後，由夫之兄弟或同宗兄弟提供一子傳其香火之謂；俗話所說的「過房子」，就是承嗣子，被他傳香火的夫婦，就是他的「所後」。

儀禮喪服篇稱爲人後者，當服斬衰；台灣私法稱，過房子得以爲人後，因而與親生子同服。田野調查，大部分地區其服均與孝男相同，僅有蘇澳、礁溪(A)(B)、基隆等十餘處與孝男稍有分別。承嗣子與所後，在未有「承嗣」約定以前，彼此是伯叔父母與侄子之關係，侄子之服基本上是用苧布，蘇澳、礁溪(A)(B)與基隆等十餘地區，即在其首服或身服上以苧代麻，或麻下加苧，或綴紅布，或其他方法，以示與親生孝男不同。

茲將田野調查承嗣子爲所後之服與一般孝男不同的地區之資料，表列於後以供參考。

承嗣子孝服與一般孝男不同者之孝服表（田野部分）

地區	首服	身服	足服	孝杖	備註
蘇澳	白頭帛綴苧，其尾父	長麻衫，對	白布草鞋，或	父—竹	

	喪母存左短右長，反之左長右短，雙亡則左右齊長，埋葬後回程時捲起，不可留尾。	襟，腰經麻，已婚有袖，未婚無袖。	白襪布鞋。	母—刺昌長一尺二，杖頭包五色布，麻在最外層。	
礁溪(A)	白頭帛綴苧加麻，未出山之前，其尾父喪母存左短右長，反之左長右短，雙亡則左右齊長，出山日告窆後祭祀前，須捲起不可留尾。	苧衫，斜襟，已婚有袖，未婚無袖	白布草鞋（土字綁法）	父—竹 母—刺昌 長一尺二，杖頭包五色布，麻在外層，以黑線綁之。	
礁溪(B)	草箍套麻布白布（或於麻布下加一層苧布）另繫一條白頭	苧衫（或內苧衫外麻衫二層）。已婚有	同右	父—竹 母—刺昌 長一尺半，杖頭包	

	帛，未出山前其尾父喪母存左短右長，反之左長右短，雙亡則左右齊長，出山日告窆後祭祀前，便須將尾捲起不可留尾。	袖，未婚無袖。		五色布，麻在外層。	
基隆	草箍套麻布、苧布、白布，草箍有尾，其尾父喪母存左短右長，反之左長右短，雙亡則左右齊長。	麻衫，對襟，長及踝，腰經麻，已婚有袖，未婚無袖。	同右	父—竹 母—刺昌 長一尺二，杖頭由內而外包白（父喪白、母喪黃）、藍、紅、苧、麻五層。	
竹南(B)	白頭帛綴苧	麻衫，對襟，長五尺。袖之	白布草鞋（土字綁法）		

		有無不一定，今多無袖，腰經麻。	白布草鞋（土字綁法）		
鹿港(A)	與所後者同居者，與一般孝男同；未與所後者同居者，其服同侄子。				
土庫	得遺產者同一般孝男，未得遺產者視同外客。				
大林	白頭帛綴麻加苧	麻衫，斜襟，長至臀，有袖，腰經麻。	白布草鞋	父—竹 母—苦苓 長一尺二，杖頭內層包紅布，外層包麻布。	

北門	草箍套麻布白布，綴紅，無耳塞；或用四方形麻帽，綴紅無耳塞。	黑衫，對襟，腰經麻。	白襪綴麻草鞋。	父—竹 母—苦苓，今因苦苓不易得，或改用木麻黃或竹。 其長，百姓一尺二，有官職者三尺六，杖頭包三層布，麻在外層。	
楠梓	草箍套苧布、白布」。	麻衫，對襟，昔有袖，今無，腰經白布帶。	白布草鞋（土字綁法）	父—竹 母—苦苓 長一尺二，杖頭包銀紙、麻布。	
湖西	四方形苧帽	麻衫，對襟，有袖，腰經麻。	已婚：白布（今改用白襪）草鞋（今	父—竹 母—杉 長與心口齊，杖身外	若承嗣子之親生父母雙亡，則首服可改用四方形麻帽。

			或改穿白布鞋）。未婚：跣足（今或改爲跣足著黑布鞋）	包白紙鬚。	
楊梅	草箍套麻布白布，有耳塞（以麻及藍布爲之），左右二耳皆有，草箍有尾，其尾父喪母存左短右長，反之左長右短，雙亡則左右齊長。	白布長衫，對襟，無袖。	素色鞋襪		
頭屋	草箍套麻布白布，父喪白布前突，母喪後垂。有耳塞（五色布	白布長衫，左片不縫，加小紅布，有袖。	昔：白布草鞋。今：白鞋。	父—竹 母—梧桐 長一尺二，杖頭包五	

	爲之），父喪左耳塞，母喪右耳塞。			色布，麻在外層。	
美濃	草箍套麻布白布，有耳塞，父喪左耳塞，母喪右耳塞，雙亡左右皆有耳塞。	昔：內白布長衫，外麻衫。今：左片麻，右片白布，合縫成一長衫。	赤足草鞋	父—竹 母—梧桐 長一尺或一尺二寸，杖頭包麻布。	若其生身父母已死，則與一般孝男全同。

三、養子、出嗣子爲生身父母

本省人收養養子之時，爲防日後與生身父母有所瓜葛，多半與其生身父母或買賣仲介人約定，日後不可讓養子知其身世，因而互不來往；但也有不斷絕關係而往來如一般親戚者，這種情形，若遇其生身父母死亡，便須爲他們穿孝服。至於出嗣子，既是來自同胞兄弟或同宗兄弟之家，不論是長大之後才過房出嗣，或自幼即過房出嗣，他與生身父母之關係，一直保持來往；因而遇到生身父母死亡，當然須要爲他們穿孝服。

大清律例卷三稱，爲人後者爲其本生父母服齊衰杖期，即較孝男減一等。台灣私法稱台灣習俗養子（螟蛉子）與出嗣子（過房子）爲本生親族之服並無一定，一般而言，養子已與本生親族斷絕關係，互相無服，而出嗣子爲本生親族之服則較原服降等，降幾等並無一定，有些出嗣子在其所後死亡之後，爲本生父母便回復原服。田野調查時，結果大部分地區與生家有來往之養子及出嗣子爲生身父母之服，均與一般孝男完全相同；只有礁溪(B)等九個地方，在首服或身服上以苧代麻，或麻下加 苧，或綴紅布，或用其他方法以表示與一般孝男有別。

茲將田野調查養子、出嗣子爲生身父母之服與一般孝男不同的地區之資料，表列於後以供參考。

養子、出嗣子爲生身父母之孝服與一般孝男不同者之孝服表（田野部分）

地區	首服	身服	足服	孝杖	備註
礁溪(B)	草箍套麻布白布，或於麻布及白布中加一層苧布，無耳塞。另繫一條白頭帛，未出山之前，其尾父喪母存左短右長，反之左	苧衫；或內苧衫外麻衫，已婚有袖，未婚無袖。	白布草鞋（土字綁法）	父—竹 母—刺昌 長一尺半，杖頭包五色布，麻在外層。	

	長右短，雙亡則左右齊長，出山日告窆後祭祀前，須全部捲起不可留尾。				
基隆	草箍套麻布苧布及白布，已婚有耳塞，未婚無。草箍有尾，其尾父喪母存左短右長，反之左長右短，雙亡則左右齊長。	麻衫，對襟，長至踝，腰經麻，已婚有袖，未婚無袖。	同右	父—竹 母—刺昌 長一尺二，杖頭由內至外包白（父喪白、母喪黃）藍、紅、苧、麻五層。	
大林	平時常來往者與一般孝男全同，平時罕來往者，白頭帛綴苧。	苧衫	白布草鞋		
北門	草箍套麻布白布，無	黑衫，對襟，	白襪綴麻草	父—竹	

	耳塞，綴紅。或用四方形麻帽，無耳塞，綴紅。	腰絰麻。	鞋。	母—苦苓，今因苦苓不易得，或改用木麻黃或竹。其長百姓一尺二，有官職者三尺六，杖頭包三層布，麻在外層。	
新化(B)	四方形麻帽，前後帽沿均下垂，無耳塞，綴紅。	麻衫，對襟，有袖，腰絰麻。	同右	父—竹 母—苦苓 長一尺，杖頭包紅布。	
湖西	先包黑色或深藍色布巾，再戴四方形麻帽，已婚者有耳塞，左右各一，以小麻布	苧衫，對襟，有袖，腰絰苧。	已婚者包白布穿草鞋（今或改爲白襪布鞋），未婚者	父—竹 母—杉 長與心口齊，杖身外包白紙鬚。	若養父母或所後者雙亡，則苧衫可改爲麻衫。唯若未分得生父母之遺產者，則縱然

	袋盛小麻球爲之。帽之前沿下垂，帽後開口，兩端各繫一布條以繫之。		赤足（今或改爲赤足穿黑鞋）		養父母或所後者雙亡，亦仍著苧衫，不改爲麻衫。
寶山	白頭帛	白布長衫，無袖。	素色鞋袜		
頭屋	草箍套麻布白布，父喪白布前突，母喪後垂，有耳塞（五色布爲之），父喪左耳塞，母喪右耳塞	白布長衫，左片不縫且綴小紅，有袖。	昔：白布草鞋 今：白布鞋	父—竹 母—梧桐 長一尺二，杖頭包五色布，麻在外層。	
美濃	草箍套麻布白布，有耳塞，父喪左耳塞，母喪右耳塞，雙亡左右皆有耳塞。	左片麻、右片白布縫成之長衫。	赤足草鞋	父—竹 母—梧桐 長一尺或一尺二，杖頭包麻布。	

四、孝媳（含養子之妻及在家招贅之女）

孝媳爲翁姑所穿之孝服，與孝男同爲斬衰，其服主要以粗麻裁製，不縫邊。淸初閩南張汝誠所輯家禮會通云：

「孝婦用極粗麻爲大袖，如今短衫而寬，其長至膝。又用極粗麻六幅裁爲十二破，聯以爲裙，其長拖地。用稍粗麻爲匾（簕）頭，用略細布一條爲頭巾以束髮而出其餘於後，但不緝邊。又製爲麻髻，未嫁女用頭箍，餘又用白髻。用有子麻爲腰絰，制如男子，繫於大袖之上，竹釵，麻鞋。」（注三七）

呂子振家禮大成云：

「孝婦，麻衫（大袖），麻匾頭，麻髻（未嫁女用頭箍），竹釵，背褡（亦有衰適負版之類），麻裙、鞋。」（注三八）

根據張、呂二人所述，淸初閩南孝媳之服爲：麻髻、麻簕頭、麻衫（大袖，如男子亦有衰適負版）、麻裙、麻腰絰、麻鞋；當時本省孝媳之服可能與此相似。日據初期出版的台灣私法，對孝媳之服只有簡單的說明，但較它稍早出版的台灣慣習記事第三卷第八號，對婦人之服則有頗爲詳細之描述：

「婦人之喪服：內著常服或純黑或純白，腰圍麻裙，其上著斬衰麻衫，束以麻帶，長衫寬袖，視之頗怪異。括髮以麻，其末麻髮共散垂，上戴麻頭罩，與孝男之草箍斬衰冠同義；其構造亦用白棉布爲底而上加麻布，其前緣通常低垂以掩其顏。足脛有色袴，以麻布爲之，如筒狀；並纏以脚帛，然後著麻鞋。婦人孝杖頗長，通常四、五尺，兼具實用，杖頭覆以白布。依古禮女子之孝杖用桐，然今則未全依古禮。」（注三九）

根據這段文字及其所附圖片（見本文孝男部分所附之圖），八十五年前本省孝媳之服大致可知；而八十五年來，本省孝媳之服已經簡化了不少。

孝媳之首服，家禮大成稱爲麻顱頭，台灣慣習記事稱爲麻頭罩，目前本省人都稱之爲「麻簸頭」。其構造台灣慣習記事云「用白棉布爲底而上加麻布，其前緣通常低垂以掩其顏」。根據田野調查，孝媳之簸頭，從質料上說，可以分成兩大類，一類是如慣習記事所說，先以長六、七尺寬一尺半左右白布，對折後縫合一側之半，另一側完全不縫，再於對折處綴一塊麻布即完成。此式通行於北部及中部的閩南及客家地區；不過各地所綴的麻布，或大或小，或綴於額上，或綴於尖處，略有不同（參照片⑧⑭㉑㊸）。另一類是不用白布爲底，整個簸頭純用麻布製成，此式通行於南部閩南地區、澎湖地區及南部的客家地區（參照片⑫㉒㉓）。簸頭從尾巴形式上來看，可以分成左長右短、左短右長、左右齊長等三類；新竹及其以北地區的閩南及客家，均以左長右短表示翁在姑之喪，以左短右長表示姑在翁之喪，以左右齊長表示翁姑皆已死亡，宜蘭市陳炎珠云：

「孝媳戴麻簸頭，或純用麻布製成，或以白布爲底，上罩麻布；其尾翁喪左短右長，姑喪左長右短，雙亡則齊尾。」（注四〇）

新竹市葉文彬云：

「孝媳麻頭，姑喪右短左長，翁喪反之，雙亡則齊尾。」（注四一）

客家地區新屋姜仁歲云：

「孝媳之頭服，昔用純麻製簪頭，今則以白布為底，於額上綴一小片麻布，具體而微。其尾有存亡長短之分，尾齊長表雙亡，左長右短表翁存姑喪，左短右長表翁喪姑存。」（注四二）

竹東江雪雲云：

「孝媳簪頭尾，若單翁喪則左短右長，單姑喪則右短左長，翁（姑）先歿姑（翁）後死，兩頭皆亡則齊長。」（注四三）

北部閩南與客家的孝媳簪頭尾分左右長短，令人一望而知亡者為男性或女性，且知死者之配偶尚在人世否，頗具辨義作用；這些地區不僅孝媳簪頭尾巴如此分，凡是戴簪頭之女性親屬，其簪頭尾巴皆依死者性別及單亡或雙亡而分左右長短。中南部地區的簪頭尾，昔日長短也具辨義作用，經過長期演變，尤其是喪服出租業興起之後，目前僅有梧棲Ⓐ、北門、關廟等少數地區尾巴尚具辨義作用；其他地區的簪頭尾便採一律左長右短，或左短右長，或只要一長一短即可，已失去辨義作用。採一律左長右短的地區有竹南Ⓑ、梧棲Ⓑ、大肚、草屯、大林、嘉義市Ⓑ、新化Ⓑ、楠梓、左營ⒶⒷ、大樹、白沙及客家的頭份Ⓐ、頭屋、佳冬Ⓐ等地。採一律左短右長的有：鹿港Ⓐ、斗南、新化Ⓐ等地，採只須一長一短即可的有：西螺、台西、太保、嘉義市Ⓐ等地，馬公、湖西等地則長短隨人，而南部客家如美濃、內埔(A)(B)、佳冬(B)等地則採尾巴齊長之制。

孝媳之身服，台灣慣習記事所記爲：「腰圍麻裙，其上著斬衰麻衫，束以麻帶，長衫寬袖」。麻裙今僅嘉義市(A)、馬公、湖西尚存（參照片㉒），其他各地皆已廢除，而將麻衫加長，與孝男之服同長（參照片⑧㉑㊶㊸）。孝媳之麻衫，昔日應與孝男相同，都採斜襟，後來簡化多已改成對襟。因孝媳爲已婚之人，所以在以婚否決定袖之有無的地區，全部有衣袖（參照片⑧㊸）；而在北部客家以是否傳死者血統決定袖之有無的地區，也均有衣袖。其他地區，有袖無袖各隨當地習俗，並無辨義作用。以後各種親屬的孝服有無衣袖，皆根據這個原則，即不再贅述。

麻衫以麻皮爲腰絰（帶），今日大部分地區仍遵守這項傳統，但如同孝男的腰絰，有少數地區近年已經有用白布帶取代麻皮的例子。孝媳與孝男同屬斬衰麻服，因此其麻衫下裾，昔日也均不緝縫，晚近由於出租業者爲求耐用，已有緝邊的情形，但凡自製者均仍遵守古例斬衰不縫邊。

孝媳身服昔日以麻衫爲正服，近年北部客家大部分均改爲白布長衫（參照片⑭⑮），新屋林金運云：

「孝媳，服爲白布長衫，有袖。」（注四四）

竹東江雪雲云：

「孝媳與孝男相同，身穿帶黃色之白布所製之長衫，但不訂麻布，有腰帶。有孕者除腰帶外，另用一條與棺同長而寬三尺之白布繫於腰，且須綁一雙竹筷，表胎兒亦爲亡人之服孝。足著白

布鞋，鞋頭不綴麻。」（注四五）

頭份陳運棟云：

「孝媳、孝女穿白布長衫，無袖，懷孕者於腰間加一條與棺同長之白布，並繫一條小紅布。」（注四六）

中部閩南地區竹南(A)、梧棲(A)、鹿港(A)、土庫、斗南、太保等地，近年亦有改用白布長衫的情形，如鹿港王世祥即云：

「鹿港孝媳昔日穿長麻衫，今則改爲白布長衫，其上或綴麻或否。」（注四七）

孝媳若懷孕，其身服除腰絰外，須另加一條俗稱「比棺布」的白布，此布長與棺木齊，寬一幅，故名比棺布，除表示腹中胎兒亦爲死者服喪之外，並有藉此以保護胎兒之意。全省閩南人皆有此俗，基隆吳燕郎云：

「懷孕的孝媳，腰間要加圍一條與棺木同長的白布（現或以白雞腸帶代替），除表示代替胎兒帶孝之外，兼具防煞作用。」（注四八）

梧棲王添壽云：

「孝媳、女等若有身，則於本服外，須另加一條白布，其長與棺等，繫諸腰間。」（注四九）

台南市洪鋁鎔云：

「孕婦腰部加綁白布如棺長，並綴一紅線，俟胎兒出生後，以此布製一衣供其穿著。」（注五

○）

土庫、台西等地或加一支鑰匙，澎湖地區則比棺布外再加竹筷一支，都是要藉此以保護胎兒。客家人，不論北、中、南，孕婦也均有加比棺布之俗，新屋姜仁歲云：

「孝媳、女等如有身，昔日須於腰際加一條白布，中藏白米一撮，竹筷一支；今則僅有白布一條，加綴一小紅布。」（注五一）

頭份陳敬禮云：

「孝媳、孝女懷孕者，於腰間加白布一條並繫紅線。」（注五二）

美濃林享新云：

「孝媳若懷孕，則須另加一與棺木同長之白布圍於腹上，表腹中胎兒亦爲乃祖服孝也。」（注五三）

部分地區「比棺布」的功能晚近已改由簡化後的白帶子或紅布帶（線）或竹筷或鑰匙等取代，如閩南的北門、台南市，客家的頭屋、佳冬Ⓐ Ⓑ等地即屬此類。於腰部加上「比棺布」之類物品的習俗，不僅孝媳須要如此做，舉凡孝女、孫媳、孫女……有孕而穿孝服者皆然。

孝媳之足服，台灣慣習記事稱是屬於草鞋之類的麻鞋。根據田野調查，目前仍守古而穿草鞋的地區尚有閩南的：竹南Ⓑ、鹿港Ⓐ、西螺、台西、嘉義市Ⓐ、關廟、白沙及南部的客家如美濃、內埔Ⓑ及佳冬Ⓐ Ⓑ等少數地區（參照片㉓），其他大多數地區均改穿黑布鞋或白布鞋。大體而言，中部地區以白布鞋爲主，北部及南部地區，黑、白兼有；而客家除南部六堆外，北部及中部全部以白布鞋爲主。閩南人通例不論用黑或白布鞋，皆另於鞋尖（左右均有）綴一塊痲布，洪秀桂云：

「孝媳等女孝子，則僅穿以白布鞋或黑布鞋，鞋面前端縫以一塊痲布或絰（苧）布做爲區別。」（注五四）

宜蘭市陳炎珠云：

「孝媳著白布鞋，於鞋尖各縫一痲結。」（注五五）

左營郭錦江云：

「南部高屏一帶之福佬，孝媳女等皆穿白布鞋或黑布鞋，鞋端綴痲或苧如其服。」（注五六）

閩南凡穿痲及苧這兩種孝服的婦女，其鞋端大都要綴痲或苧，但客家則大多無此習俗，新屋姜仁歲云：

「孝媳著白布鞋，鞋尖不綴痲，今人則除紅鞋外多隨意穿用。」（注五七）

台灣慣習記事稱婦人有杖長四、五尺，未依古禮用桐而用竹。按古禮婦人不杖，孝男爲母才用桐杖，該文作者可能是誤讀了古書。不過筆者進行田野調查時，於石門及西螺兩地確曾得到婦人有杖的資料，台北縣石門鄉老梅村漳州籍潘姓人氏出殯時，其婦人皆持竹杖長與胸齊（參照片㉟），但葬後不豎列於墓碑兩側。另外西螺廖明貴也說：

「西螺地區，不論孝男、女、媳皆有孝杖，父竹母桐，今因桐樹不易尋，一律改用竹。」（注五八）西螺也是漳州人較多的地區，但在其他漳州人地區則並未發現有與石門、西螺相同的情形，只能以特例視之。

以上所述爲孝媳的孝服。養子之妻如同一般孝媳，在家招夫之女，角色相當特殊，本省人在喪事時多半讓她穿與孝媳相同之孝服，因此本文將她們一同歸在孝媳這一項。另外本省人皆認爲死者出殯時，送葬的人數越多表示他越好命；因此若其子孫已有未婚妻，出殯時依人情其未婚妻多半會赴喪家送葬，俗稱「借送山」；其孝服雖與孝媳相同，但須另外加紅或於孝服內襯紅以示尚未入門，洪秀桂云：

「家中長輩亡故後，子孫輩有已訂婚者，家人一面請媒人前往女家報信，一面準備一件紅色新娘衣服、一頂轎子。在出殯之日，由媒人帶紅衣服至女家，由新娘穿上，坐上轎子，前往男家弔喪送葬。……做完探死儀節後，媒人就陪同新娘進入大廳內，在新娘紅衫上再替新娘加上一件麻衣素服。」（注五九）。

新竹市葉文彬云：

「凡借送山之未入門媳婦，其身服同已入門者，而麻服內著大紅長衫，首服以大紅布爲底，上綴麻，以示內吉外凶，鞋用紅色，未入門之孫媳也是內紅外苧（參照片㊴）。」（注六〇）

台南市洪錕鎔亦云：

借送山之新娘，服上須綴紅，服內著水紅色長衫。」（注六一）

客家也有此習俗，竹東江雪雲云：

「借送山之未入門媳，其服與孝媳同，簌頭上加綴一片紅布，或逕以紅布做簌頭。」（注六二）

茲將古今文獻及筆者田野調查所得各地孝媳孝服資料，分成兩類表列於後，以供參考；養子媳與在家招贅之女之服，大多數地區與孝媳全同，其有不同者以括號說明，而各地借送山者除孝服外另有區別於孝媳的地方，則於備註欄內說明。

孝媳孝服表（文獻部分）

出處	首服	身服	足服	孝杖	備註
本島人の服裝の解（台灣慣習記事三：八）	白布簌頭上加麻布，前沿低垂遮臉。	斬衰麻衫，寬袖，麻裙，麻經。	白布、麻(草)鞋	竹杖，長四、五尺，頭包白布	麻衫內著衫褲，形制與常服同，顏色限純白或純黑。
台灣私法	麻布蓋頭，長垂至背。	斬衰用大麻，	從定禮		

		齊衰用二麻，腰經用麻。			
台灣風俗誌	服麻				
台灣舊慣	麻簑頭	麻衫			
葬式之民俗（民俗台灣二：一一）	麻簑頭	麻衫，有袖			
桃園縣志	服麻				
南投縣之婚喪禮俗	麻蓋頭，尾左長右短。	麻衫，不緝邊，有袖。	白（黑）布鞋，鞋頭綴麻。		
台灣省通志	服麻				
台灣民俗（喪葬）座談會紀錄（台灣文獻	麻				

二四：四）（澎湖）	麻				
台灣民俗	服麻		布鞋鞋頭綴麻。		
台北市志	服麻		布鞋鞋頭綴麻。		
雲林縣志稿	服麻				
台灣喪葬習俗的研究（台灣文獻二九：二）	麻與白布	麻衣			
台南市志	服麻				
最新婚喪喜慶	白布蓋頭綴麻，尾分	麻衣	白襪草鞋		已訂婚準媳婦其蓋頭

禮儀大全	左右長短。			用紅布，不加麻，衣服以紅布製，不加麻。若送完山不回娘家而順道完婚者，則於紅蓋頭外加麻，紅衣外加麻衣。
改善民俗之研究—改善民間喪葬禮俗之研究	服麻			
台灣地區現行喪葬禮俗研究報告	麻箃頭	麻衫		
同右（苗栗獅潭）	麻箃頭	白長衫		入門未滿四月之媳婦要穿麻衫（獅潭為客

					家聚落）
同右（布袋）	（麻箍頭）	麻衫			未入門者不用穿整套麻衫，僅掛一條麻帶即可。
同右（朴子）	（麻箍頭）	麻衣			內套黑色素服
同右（臺西）	白布條貼麻布塊	白布條貼麻布塊			
望八文存	麻	麻			
草屯鎮志	白箍頭綴麻，尾左長右短。	長麻衫，下裾不緝，有袖。	白或黑布鞋，鞋頭綴麻。		
台灣禮俗語典	白箍頭綴麻	麻布衫及裙（裙今廢）	白鞋		
新竹縣志稿	服粗麻				
苗栗縣志	昔：用至粗麻布爲服，而旁及下邊不				

	緝。今：白布長衫，上披麻衣，其下邊不緝。				
台灣喪俗談	用粗麻布爲服，不縫下端。				
六堆客家鄉土誌	麻				
中原客家實用禮俗範例	用最粗麻布爲服，不縫下端。				
台灣區客家民俗文物專輯	麻	昔：麻布衣 今：白布衣			

孝媳（含養子之妻及在家招贅之女、借送山者）孝服表（田野部分）

地區	首服	身服	足服	備註
蘇澳	純麻箍頭或白布箍頭綴麻，其尾翁喪姑存左短右長，反之左長右短，雙亡則左右齊長。	長麻衫，腰絰麻，有袖，懷孕者於腰間加一條比棺布。	昔：白布草鞋 今：黑布鞋，鞋尖綴麻。	借送山者外與孝媳同，內著紅衫紅褲（裙）。
羅東	純麻箍頭，其尾翁喪姑存左短右長，反之左長右短，雙亡則左右齊長。	麻衫，腰絰麻，懷孕者於腰間加一條比棺布。	黑布鞋，鞋尖綴麻。	借送山者在麻頭麻身下穿紅衫，戴紅布箍頭。
宜蘭市	同右	長麻衫，有袖，腰絰麻。懷孕者於腰間加一條比棺布。	白布鞋，鞋尖綴麻。	
礁溪(A)	白布箍頭綴麻（白布六尺折縫而成，麻比白布兩端各長二寸），其尾	長麻衫，有袖（養子媳於長麻衫下加一苧衫），懷孕者於腰間加	同右	借送山者先戴紅布箍頭，穿紅長衫，再戴麻箍頭，穿麻衫。

	翁喪姑存左短右長，反之左長右短，雙亡則左右齊長。	一條比棺布。		
礁溪(B)	同右	同右	白襪，白布鞋，鞋尖綴麻。	借送山者內穿紅衣裙、紅鞋，外戴麻簑頭，穿麻衫。
基隆	白布簑頭綴麻（養子媳於麻下加一層苧，以表非親生子媳），其尾翁喪姑存左短右長，反之左長右短，雙亡則左右齊長。	長麻衫，有袖，腰絰麻，懷孕者於腰間加一條比棺布。	黑布鞋，鞋尖綴麻。	借送山者，內著紅衣裙，外著麻頭麻衫、麻頭上綴紅布，頸上並掛一個紅包。
石門	同右	同右	同右	借送山者孝服與孝媳同，簑頭上綴紅，麻衫內著大紅或粉紅衫裙。

三芝	同右	同右	同右	借送山者內著紅衣裙，外則與孝媳同。
淡水	同右	同右	同右	借送山者麻箍頭上綴紅。
北投	白布箍頭綴麻（白布長七尺半折成箍頭，綴麻一尺半折成），其尾翁喪姑存左短右長，反之左長右短，雙亡則左右齊長。	同右	同右	
三重	白布箍頭綴麻，其尾翁喪姑存左短右長，反之左長右短，雙亡則左右齊長。	同右	同右	
萬華	同右。	長麻衫有袖，腰絰白	同右	

		布，懷孕者於腰間加一條比棺布。		
公館	同右	同右	同右	
新竹市	同右	長麻衫，有袖，腰經麻。懷孕者於腰間加一條比棺布。	白布鞋，鞋尖綴麻。	
竹南(A)	同右	昔：長麻衫，有袖，腰經麻。 今：白長衫肩上披麻。 懷孕者於腰間加一條比棺布。	同右	
竹南(B)	白布箍頭綴麻，尾一律左長右短。	麻衫，長五尺，昔有袖，今多無，腰經麻。懷孕者於腰間加一條比棺布。	白襪草鞋	借送山者內穿紅衣，外同孝媳，唯麻頭須綴紅。

梧棲(A)	白布簕頭綴麻，其尾翁喪姑存左短右長，反之左長右短，雙亡則左右齊長。	長麻衫，無袖（今或省略，只穿白布長衫），懷孕者於腰間加一條比棺布。	白布鞋，鞋尖綴麻。	
梧棲(B)	白布簕頭綴麻，尾一律左長右短。	同右	同右	
大肚	同右	長麻衫，有袖，懷孕者於腰間加一條比棺布。	同右	借送山者內穿紅衫褲，外與孝媳同，頸上掛一個紅包。
草屯	同右	同右	同右	
鹿港(A)	昔：純麻簕頭，尾一律左短右長。 今：白布簕頭綴麻，尾一律左短右長。	昔：大戶人家：麻衫、麻裙。一般人家：長麻衫。均有衣袖。 今：白長衫，有袖，肩上自右向左披一麻布。	昔：白布鞋，鞋尖綴麻。 今：白布鞋，鞋尖綴麻，或白襪草拖鞋。	借送山者內著紅布衫，外與孝媳同。

		懷孕者於腰間加一條比棺布。		
鹿港(B)	白布簕頭綴麻，尾一長一短。	長麻衫，無袖，懷孕者於腰間加一條比棺布。	白布鞋，鞋尖綴麻。	
西螺	同右	長麻衫，有袖，懷孕者於腰間加一條比棺布。	白襪草鞋	
土庫	同右	白布長衫，有袖，腰絰麻，懷孕者於腰間加一條比棺布，及一支鑰匙。	白襪白布鞋，鞋尖綴麻。	
斗南	白布簕頭綴麻，尾一律左短右長。	昔：麻衫，無袖，腰絰麻。 今：白布長衫，腰絰白布。 懷孕者於腰間加一條比	白襪白布鞋，鞋尖綴白布。	借送山者，內著紅衣、紅鞋，外同孝媳，另用紅布綴錢披於肩上。

		棺布。		
台西	白布簕頭綴麻，尾一長一短。	麻衫，無袖，腰經麻，自製者不緝邊，租用者緝邊。懷孕者於腰間加一條比棺布或一支鑰匙。	白襪草鞋，或白布鞋鞋尖綴麻。	借送山者一般均在車上不下車，若下車則內著紅衫褲，外與孝媳同，兩肩披紅布其上各綴幾張紙鈔（共一千二或六千元）。
大林	白布簕頭綴麻，尾一律左長右短。	麻衫，有袖，腰經麻。懷孕者於腰間加一條比棺布。	黑布鞋，鞋尖綴麻。	借送山者內著紅衫褲，外同孝媳。
太保	白布簕頭綴麻（麻約五尺長），尾一長一短。	麻衫，無袖（今或用白布長衫代），懷孕者於腰間加一條比棺布。	白襪 白鞋	借送山者著素服即可。
嘉義市(A)	白布簕頭綴麻，尾一長一短。	麻衫、麻裙，懷孕者於腰間加一條比棺布。	白布草鞋，或白布鞋鞋尖綴麻。	借送山者麻簕頭上綴一紅布。

嘉義市(B)	麻箍頭，尾一律左長右短。	麻衫，有袖，懷孕者於腰間加一條比棺布。	白布鞋	
北門	白布箍頭綴麻（麻一寸半見方），其尾翁喪姑存左短右長，反之左長右短，雙亡則左右齊長。	黑布衫裙（今多改裙爲褲），腰經白布帶，懷孕者腰間圍一條白帶子及紅線，生產後，白帶供嬰兒做腰帶，紅線則用以縫衣服。	白襪，黑布鞋，鞋尖綴麻。	借送山者箍頭上綴紅布。
佳里	純麻箍頭（今多用租，尾已無分別義）。	長麻衫，有袖，懷孕者腰間繫一與棺木同長之線，頭綁鐵釘（出丁），生產後以此線縫製衣服，供嬰兒穿用。	同右	借送山者箍頭下襯紅布、反主後送她紅包及一套新衣。
台南市	麻箍頭（其尾之長短昔有分左右長短以區別翁	麻衫，有袖，懷孕者腰間綁一紅線，日後以此	白布鞋，鞋尖綴麻。	借送山者內著桃紅色衫裙（褲），外同孝媳，

	姑之喪，然後世孝服多採租借，其分別界限終於泯滅。）	縫製衣服，供嬰兒穿用。		箍頭綴紅。
新化(A)	純麻箍頭，尾一律左短右長。	長麻衫，有袖，腰絰白布帶，懷孕者於腰間加一條比棺布。	白襪，白布鞋，鞋尖綴麻。	借送山者，服同孝媳，麻箍頭上綴紅。
新化(B)	白布箍頭綴麻，尾一律左長右短。	麻衫，有袖，懷孕者於腰間加一條比棺布。	白襪，黑布鞋，鞋尖綴麻。	借送山者著紅衣褲爬進喪家，喪家以苧布圍住她，更換成黑衣褲，再戴麻箍頭，穿麻衫，箍頭上綴紅布。
關廟	純麻箍頭，其尾翁喪姑存左短右長，反之左長右短，雙亡則左右齊長。	長麻衫，有袖，懷孕者於腰間加一條比棺布。	草鞋或白布鞋，鞋尖綴麻。	借送山者箍頭上綴紅。

楠梓	純麻箴頭，尾一律左長右短。	麻衫，昔有袖今無，懷孕者於腰間加一條比棺布，或白帶子。	白襪，黑布鞋，鞋尖綴麻。	借山者，與孝媳同，箴頭上綴紅。
左營(A)	同右	麻衫，有袖，懷孕者於腰間加一條比棺布。	同右	
左營(B)	純麻箴頭（其尾本依翁姑之喪而分長短，今用租一律採左長右短之制）。	同右	白（黑）布鞋，鞋尖綴麻。	
大樹	純麻箴頭，尾一律左長右短。	麻衫，長及腰，有袖，腰絰麻，懷孕者於腰間加一條比棺布。	黑布鞋，鞋尖綴麻。	
馬公	烏巾包髮，髮不可見天，上罩白布，再加純麻箴頭，尾之長短隨	麻衫、麻裙，衫爲有袖，裙爲一片麻布圍縫而成，懷孕者於腰間加	白襪，黑布鞋，鞋尖綴麻，新婚者加一小紅布。	借送山者，內著白衫裙，外同孝媳，箴頭及鞋尖多綴一小紅布，雙

	意。	一條比棺布及一支竹筷。		肩各披一紅布（紅綾披胛）。
湖西	烏巾包髮，上罩純麻箃頭，尾之長短隨人意。（養子媳之親生翁姑尚在，則戴苧箃頭，若皆亡故則戴麻箃頭。）	麻衫、麻裙，或僅一件通身長麻衫，麻衫有袖。懷孕者於腰間加一條比棺布及一支竹筷。	黑布鞋，鞋尖綴麻。	借送山者，內著便服，外與孝媳同，箃頭上綴紅，肩上紅綾披胛。
白沙	烏巾包髮，再罩純麻箃頭，尾一律左長右短。	麻衫，有袖，懷孕者於腰間加一條比棺布及一支竹筷。	白襪草鞋。	借送山者著素服，用車（昔用轎）載其送山，不下車（轎）。
西嶼	烏巾包髮，外罩純麻箃頭，尾之長短隨人意。	麻衫，有袖，懷孕者於腰間加一條比棺布及一支竹筷。	白襪，白布鞋，鞋尖綴麻。	借送山者內爲素服，外同孝媳，箃頭綴紅，紅綾披胛。
新屋	昔：純麻箃頭 今：白布箃頭綴麻，其	昔：長麻衫，有袖。 今：白布長衫，有袖。	白布鞋。	

	尾翁喪姑存左短右長，反之左長右短，雙亡則左右齊長。（凡⿱竹敢頭皆附有一小布條綁於頭上以防脫落）	懷孕者，昔日腰間加一條比棺布，中盛少許白米並附一支竹筷，今則僅加一條比棺布綴紅。	白布鞋。	
楊梅	白布⿱竹敢頭綴麻，其尾翁喪姑存左短右長，反之左長右短，雙亡則左右齊長。	白布長衫，有袖，腰絰麻，懷孕者於腰間加一條比棺布。	素色鞋襪。	借送山者服同孝媳，唯⿱竹敢頭上加一小紅布。
新豐	白布⿱竹敢頭綴麻，其尾翁喪姑存左短右長，反之左長右短，雙亡則左右齊長。	麻衫，有袖，懷孕者於腰間加一條比棺布。	白襪白鞋。	借送山者服同孝媳，麻⿱竹敢頭上綴紅以別之。
關西	白布⿱竹敢頭綴麻（凡頭頂處皆有白布條可綁，以	土黃布長衫，有袖（二尺一），懷孕者於腰間	白布鞋	

	防箃頭脫落），其尾翁喪姑存左短右長，反之左長右短，雙亡則左右齊長。	加一條比棺布。	白布鞋	
竹東	昔：純麻箃頭 今：帶黃色之白布箃頭綴麻。其尾翁喪姑存左短右長，反之左長右短，雙亡則左右齊長。	昔：長麻衫，有袖。 今：帶黃色之白布長衫，有袖。懷孕者於腰間加一條比棺布及一雙竹筷。	同右	借送山者服與孝媳同，箃頭加一小紅，或用整片紅布做箃頭。
寶山	白布箃頭綴麻（麻布，男喪用一尺二，女喪用三寸），其尾翁喪姑存左短右長，反之左長右短，雙亡則左右齊長。	昔：長麻衫，有袖，腰絰麻，繫子孫錢。 今：白布長衫，有袖。懷孕者於腰間加一條比棺布及一雙竹筷，竹筷出山後要故意遺落之。	素色鞋襪。	借送山者服同孝媳，唯箃頭綴紅。

頭份(A)	白布簪頭綴麻，尾一律左長右短。	白布裙，腰絰麻，懷孕者於腰間加一條紅布帶。	白鞋	借送山者服同孝媳，簪頭加一小紅布。
頭份(B)	白布簪頭綴麻，其尾翁喪姑存左短右長，反之左長右短，雙亡則左右齊長。	白布長衫，無袖，腰絰麻，懷孕者於腰間加一條比棺布綴紅線。	白布鞋	
頭屋	白布簪頭綴麻，尾一律左長右短。	白布長衫（養子媳之白布長衫左片不縫，並綴小紅布）腰絰麻，懷孕者於腰間加一條紅布帶。	白布鞋，鞋尖綴麻。	
苗栗市	白布簪頭綴麻，其尾翁喪姑存左短右長，反之左長右短，雙亡則左右	昔：麻衫。 今：白布長衫。 懷孕者於腰間加一條比	白布鞋	

	齊長。	棺布綴紅。		
東勢	白布（今用白毛巾代）箍頭綴苧加麻，其尾翁喪姑存左短右長，反之左長右短，雙亡則左右齊長。	麻衫，無袖，懷孕者於腰間加一條比棺布。	同右	
美濃	純麻箍頭，尾左右齊長。	長麻衫，無袖，腰絰麻，懷孕者於腰間加一條腰帕（昔用白布，今改用白毛巾）及一支竹筷。	草鞋	借送山者著素服即可，若其同意，亦可穿麻戴麻，唯不論素服或麻服，均須掛紅。
內埔(A)	同右	長麻衫，無袖，腰絰麻，懷孕者於腰間加一支竹筷。	素色布鞋，鞋尖綴麻。	借送山者著素服，頭上綴紅。
內埔(B)	同右	同右	草鞋	

佳冬(A)	純麻箍頭，頂加小紅，尾一律左長右短。	麻衫，長至膝，前長二尺五，後長三尺五，無袖，腰絰白布帶，懷孕者腰間加一白布帶。	草鞋（土字綁法）	借送山者，箍頭內襯一大塊紅布，下垂遮額，不穿草鞋，只穿素色鞋襪。
佳冬(B)	純麻箍頭，頂加小紅布，尾齊長。	麻衫，有袖，懷孕者腰間加一紅布；若將臨盆者，除紅布外，另於腰後加一支竹筷。	黑襪草鞋	借送山者內穿紅衣褲（裙），外與孝媳同，反主後送其回家，要贈予一個大紅包。

五、承嗣子媳爲夫之所後

承嗣子之妻爲夫之所後，就名分而言，即爲其翁或姑，她所應穿之孝服，就如同承嗣子爲所後。昔日的文獻沒有特別提到，而田野調查，大部分地區其服均與孝媳相同，只有蘇澳、礁溪(A)(B)以及基隆等十餘處與孝媳略有不同。承嗣子之妻與夫之所後，若無「承嗣」關係，理屬侄媳輩，其服用苧；因此蘇澳、礁溪(A)(B)、基隆等十餘地區，即在其首服或身服上以苧代麻，或麻下加苧，或綴紅布，或其他方法以示與親生孝男之妻不同。

茲將田野調查承嗣子媳爲夫之所後之服與一般孝媳不同的地區之孝服資料，表列於後以供參考。

承嗣子媳之孝服與一般孝媳不同者之孝服表（田野部分）

地區	首服	身服	足服	備註
蘇澳	白布箍頭綴苧，其尾翁喪姑存左短右長，反之左長右短，雙亡則左右齊長。	長麻衫，有袖，腰絰麻，懷孕者於腰間加一條比棺布。	黑布鞋，鞋尖綴麻。	
礁溪(A)	白箍頭綴苧加麻，其尾翁喪姑存左短右長，反之左長右短，雙亡則左右齊長。	苧衫，有袖。懷孕者於腰間加一條比棺布。	白布鞋，鞋尖綴麻。	
礁溪(B)	白布箍頭綴麻（或於麻下加一層苧），其尾翁喪姑存左短右長，反之	苧衫（或內苧衫，外麻衫二層），有袖。懷孕者於腰間加一條比棺	同右	

	左長右短，雙亡則左右齊長。	布。		
基隆	白箃頭綴苧加麻，其尾翁喪姑存左短右長，反之左長右短，雙亡則左右齊長。	麻衫，有袖，腰絰麻，懷孕者於腰間加一條比棺布。	黑布鞋，鞋尖綴麻。	
竹南(B)	白布箃頭綴麻，尾一律左長右短。	麻衫，長五尺，對襟，昔有袖，今多無袖，腰絰麻，懷孕者於腰間加一條比棺布。	白布鞋，鞋尖綴麻。	
鹿港(A)	與所後者同居者，與一般孝媳同；未與所後者同居者，其服同侄媳。			
土庫	其夫得遺產者其服與一般孝媳同；其夫未得遺			

	產者視同外客。			
大林	白布箍頭綴麻加苧，尾一律左長右短。	麻衫，有袖，腰經麻，懷孕者於腰間加一條比棺布。	黑布鞋，鞋尖綴麻。	
北門	白布箍頭綴麻加紅布，其尾翁喪姑存左短右長，反之左長右短，雙亡則左右齊長。	昔：黑布衫，黑布裙。今：黑布衫，黑布褲，腰經白布。懷孕者於腰間加一條白布帶及紅線。	白襪黑布鞋，鞋尖綴麻。	
楠梓	苧箍頭，尾一律左長右短。	麻衫，對襟，昔有袖，今無，腰經白布帶。懷孕者於腰間加一條比棺布或白帶。	白襪黑布鞋，鞋尖綴麻。	
湖西	烏巾包髮，外罩苧箍頭，尾之長短隨人意。	麻衫、麻裙，或改爲一件式長麻衫，有袖，懷	黑布鞋，鞋尖綴麻。	若其夫之親生父母雙亡，則首服可改用純麻

		孕者於腰間加一條比棺布及一支竹筷。		篏頭。
白沙	烏巾包髮，不罩篏頭。	麻衫，斜襟、對襟皆可，懷孕者於腰間加一條比棺布及一支竹筷。	白襪草鞋。	
楊梅	白布篏頭綴麻，其尾翁喪姑存左短右長，反之左長右短，雙亡則左右齊長。	白布長衫，無袖。	素色鞋襪。	
美濃	純麻篏頭，尾之長短無一定。	昔：內白布長衫，外麻衫。今：左片麻，右片白布，合縫成一長衫。懷孕者於腰間加一條腰帕及一支竹筷。	草鞋。	

六、養子媳、承嗣子媳爲夫生身父母

田野調查，大部分地區與生家有來往之養子及出嗣子爲生身父母之服，均與一般孝男完全相同；只有九個地方在首服或身服上以苧代麻，或麻下加苧，或綴紅布，或用其他方法以示與一般孝男有別。台灣私法稱本省之傳統習慣，妻爲夫族之服完全從夫。田野調查結果，養子之妻與承嗣子之妻，其服果然完全從夫，也是大部分地區均與孝媳相同，只有九個地區不同，亦用以苧代麻、或麻下加苧，或綴紅布，或其他方法以示與一般孝媳不同。

茲將田野調查養子媳、出嗣子媳爲夫之生身父母之服與一般孝媳不同的地區之孝服資料，表列於後以供參考。

養子媳、承嗣子媳爲夫生身父母之孝服與一般孝媳不同者之孝服表（田野部分）

地區	首服	身服	足服	備註
礁溪(B)	白布箍頭綴麻（或加一層苧），其尾翁喪姑存左短右長，反之左長右	苧衫或內苧衫外麻衫，有袖，懷孕者於腰間加一條比棺布。	白襪白布鞋綴麻	

	短，雙亡則左右齊長。		
基隆	白布箍頭綴麻加苧，其尾翁喪姑存左短右長，反之左長右短，雙亡則左右齊長。	長麻衫，有袖，腰經麻，懷孕者於腰間加一條比棺布。	黑布鞋，鞋尖綴麻。
大林	平時常來往者，與一般孝媳全同；平時罕來往者，白布箍頭綴苧。其尾一律左長右短。	苧衫，有袖，懷孕者於腰間加一條比棺布。	同右
北門	白布箍頭綴麻加紅布，其尾翁喪姑存左短右長，反之左長右短，雙亡則左右齊長。	昔：黑布衫、黑布裙。今：黑布衫、黑布褲。腰經白布帶。、懷孕者於腰間加一條白布帶及紅線。	白襪黑布鞋，鞋尖綴麻。
新化(B)	白布箍頭綴麻加紅布，	麻衫，對襟，有袖，懷	白襪綴麻黑布鞋。

	尾一律左長右短。	孕者於腰間加一條比棺布。		
湖西	烏巾包髮，外罩純麻簌頭，尾之長短無一定。	苧衫苧裙，或長苧衫而無裙，衫有袖。懷孕者於腰間加一條比棺布，並繫一支竹筷。	黑布鞋，鞋尖綴麻。	若夫之養父母或所後者雙亡，則苧衫可改爲麻衫；唯若夫未分得生父母之遺產，則縱然養父母或所後者雙亡，亦仍著苧衫，不改爲麻衫。
寶山	白布簌頭，無尾。	白布長衫，無袖，懷孕者於腰間加一條比棺布及一雙竹筷，出山後須故意遺落之。	素色鞋襪	
頭屋	白布簌頭綴苧，尾一律左長右短。	白布長衫，左片不縫，且綴小紅，有袖，懷孕者腰間加一條紅布帶。	白布鞋，鞋尖綴麻。	

美濃	純麻簌頭，尾齊長。	左片麻，右片白布，合縫而成長衫。懷孕者腰間加一條腰帕及一支竹筷。	草鞋	

七、在室女（含養女在室及童養媳尚未成親者）

未出嫁的女兒稱爲在室女，在傳統五服中，她與孝男、孝媳同屬斬衰，在本省人所謂五服中也同屬「麻」這一級。清初家禮會通、家禮大全二書記孝婦之服時，只稱未嫁女不用麻髻而用頭箍（文見本節孝媳項下所引），顯示清初閩南地區未嫁女的孝服與孝媳相似，只是孝媳頭上用麻髻而未嫁女用頭箍以資區別而已。台灣慣習記事第三卷第八號所載的「婦人之孝服」（見孝媳項下所引），由於其服爲麻頭、麻身，且未專稱是孝媳或在室女之服，因此應包含同屬斬衰麻服的孝媳與在室女在內。據該文所述，清末日據初期在室女之服應爲：以麻括髮，戴麻簌頭（以白棉布爲底而上加麻布），斬衰麻衫，長衫寬袖，束以麻帶，腰圍麻裙，脚穿麻鞋。而稍後出版的台灣私法稱女子斬衰戴垂至背後的蓋頭（麻製），身服用大麻，腰絰用麻繩，鞋從定禮（菅草鞋）。

由於在室女與孝媳同屬斬衰，因此兩者孝服的質料與形式可以說大致相同。在室女的首服，文獻上都說是麻簕頭，與孝媳相同。只有楊烱山最新婚喪喜慶禮儀大全稱：在室女於麻塊下加一塊苧以示日後待出嫁並別于孝媳（注六三）。從田野資料看，就質料而言，它與孝媳相同，可分爲：純麻製與白布上綴麻兩種；只有新屋是以白布上所綴麻塊大小區別孝媳與孝女；就尾巴長短而言，它也與孝媳相同，可分爲左長右短、左短右長、左右齊長三種，新竹及其以北的閩南與客家，均以左長右短表示父在母之喪，左短右長表示母在父之喪，左右齊長表示父（母）已先死而母（父）之喪。中南部絕大多數地區孝媳簕頭尾巴已不因死者的性別而分長短，孝女的簕頭尾巴也是不分。

在室女的身服，與孝媳相同，已自昔日麻衫、麻裙兩件式演變成爲今日一件式，衣襟也多半由斜襟改爲對襟。從文獻資料看，只有民俗台灣二卷十一期洪氏串珠　葬式之民俗　、洪秀桂南投縣之婚喪禮俗稱孝服與在室女略有不同，洪氏串珠云：

「媳婦（兒子之妻）穿麻衫，孝女在室者亦穿麻衫，但無袖。」（注六四）

洪秀桂云：

「孝媳及在室女之喪冠以麻布縫製……孝子、媳、在室女、大孫及大孫媳穿麻喪服，……而喪服之有袖與否即表示其已婚與否。」（注六五）

從田野資料看也是如此，凡是以袖之有無別婚否的地區，如宜蘭縣、基隆市、台北縣、台北市等北部地區及中部大肚、草屯等漳籍地區，在室女的麻衫一律無袖，宜蘭市陳炎珠即云：

「在室女服麻、頭、身、足均與孝媳同，唯麻衫無袖而已。」（注六六）

石門徐有田亦云：

「孝女之在室者麻箍頭、麻衫、黑布鞋綴麻，與孝媳同，所異者麻衫無袖耳。」（注六六）除了這些地區在室女與孝媳的麻衫因袖之有無而有分別之外，其他地區因無以袖之有無區別婚否的習俗，因此二者之身服完全相同。

在室女之足服，與孝媳相同，昔日用麻鞋、草鞋之類，後來多改穿白或黑布鞋，並於鞋尖加綴麻布結。

本省人除有收養養子的風俗之外，也有收養養女或童養媳的風俗，當養女未出嫁或招夫、童養媳未與其子送做堆或外嫁他人之時，養父母死亡，其所穿的孝服與在室女相同。

茲將文獻及田野調查所得在室女孝服資料，分別表列於後以供參考。

在室女孝服表（文獻部分）

出處	首服	身服	足服	孝杖	備註
本島人の服裝の解（台灣慣習記事三：	白布箍頭上加麻布，前沿低垂遮臉。	斬衰麻衫，寬袖，麻裙麻絰。	白布麻（草）鞋	竹杖，長四、五尺，頭包白布。	麻衫內著衫褲，形制與常服同，顏色限純白或純黑。

八）					
台灣私法	麻布蓋頭，長垂至背。	斬衰用大麻，齊衰用二麻，腰經用麻。	從定禮		
台灣風俗誌	服麻				
台灣舊慣	麻簑頭	麻衫			
葬式之民俗（民俗台灣二：一一）	麻簑頭	麻衫，無袖			
南投縣之婚喪禮俗	麻蓋頭，尾左長右短。	麻衫，不緝下邊，無袖。	白(黑)布鞋，鞋頭綴麻。		
高雄縣志稿	麻	麻衣			孝期內必著素色衣
台灣省通志	服麻				
台灣民俗	服麻		布鞋，鞋頭綴麻。		

台北市志	服麻		布鞋，鞋頭綴麻。		
雲林縣志稿	服麻				
台灣喪葬習俗的研究（台灣文獻二九：二）	苧麻與白布	麻衣			
台南市志	服麻				
最新婚喪喜慶禮儀大全	白布蓋頭綴麻加苧	麻衣	白襪、草鞋。		
中華文化叢書禮俗組座談會紀錄（台灣文獻三三：一）	麻	麻	草鞋		
改善民俗之研	服麻				

究—改善民間喪葬禮俗之研究					
台灣地區現行喪葬禮俗研究報告（苗栗獅潭）	麻箃頭	白長衫			苗栗獅潭屬於客家聚落
同右（豐原）	同右	同右			
望八文存	麻	麻			
草屯鎮志	白箃頭綴麻，尾左長右短。	長麻衫，下裾不緝，無袖。	白或黑布鞋，鞋頭綴麻。		
台灣禮俗語典	白箃頭綴麻	麻布衫裙（裙今廢）	白布鞋		
新竹縣志稿	服粗麻				
苗栗縣志	昔：用至粗麻布為				

在室女（含養女在室及童養媳未成親者）孝服表（田野部分）

	服，兩旁及下邊不緝。 今：白布長衫，上披麻衣，麻衣下邊不緝。				
台灣喪俗談	用粗麻布爲服，不縫下端。				
六堆客家鄉土誌	麻				
中原客家實用禮俗範例	用最粗麻布爲服，不縫下端。				
台灣區客家民俗文物專輯	麻	昔：麻布衣 今：白布衣			

地區	首級	身服	足服	備註
蘇澳	純麻箃頭，或白布箃頭綴麻，其尾父喪母存左短右長，反之左長右短，雙亡則左右齊長。	長麻衫，腰絰麻，無袖。	黑布鞋，鞋尖綴麻。	養女箃頭用白布箃頭綴苧。
羅東	純麻箃頭，其尾父喪母存左短右長，反之左長右短，雙亡則左右齊長。	同右	同右	
宜蘭市	同右	同右	白布鞋，鞋尖綴麻。	
礁溪(A)	白布箃頭罩苧再罩麻（兩頭苧長於白布二寸，麻又長於苧二寸），其尾父喪母存左短右長，反之左長右	同右	同右	

	短，雙亡則左右齊長。			
礁溪(B)	白布箍頭綴麻，其尾父喪母存左短右長，反之左長右短，雙亡則左右齊長。	同右	同右	
基隆	白布箍頭綴麻（養女則麻下加一層苧），其尾父喪母存左短右長，反之左長右短，雙亡則左右齊長。	麻衫，長及脚，無袖，腰經麻。	同右	
石門	白布箍頭綴麻，其尾父喪母存左短右長，反之左長右短，雙亡則左右齊長。	麻衫，無袖，長及踝，腰經麻。	黑布鞋，鞋尖綴麻。	
三芝	同右	同右	同右	

淡水	同右	同右	同右	
北投	同右	同右	同右	
三重	同右	同右	同右	
萬華	白布箃頭綴麻，其尾父喪母存左短右長，反之左長右短，雙亡則左右齊長。	長麻衫，無袖，腰絰白布帶。	黑布鞋，鞋尖綴麻。	
公館	同右	長麻衫，無袖，腰絰麻。	同右	
新竹市	白布筱頭加麻，其尾父喪母存左短右長，反之左長右短，雙亡則左右齊長。	長麻衫，長袖，腰絰麻。	白布鞋，鞋尖綴麻。	
竹南(A)	白布箃頭綴麻，其尾父喪母存左短右長，反之左長右短，雙亡則左右	麻衫，有袖，今或改用白長衫，綴麻。	同右	

	齊長。			
竹南(B)	白布箍頭綴麻，尾一律左長右短。	麻衫，對襟，不緝邊，長及脚，腰絰麻，昔有袖，今無。	白襪草鞋	
梧棲(A)	白布箍頭綴麻，其尾父喪母存左短右長，反之左長右短，雙亡則左右齊長。	長麻衫，無袖（今多改爲只穿白布長衫）。	白布鞋，鞋尖綴麻。	
梧棲(B)	白布箍綴麻，尾一律左長右短。	同右	同右	
大肚	白布箍頭綴麻，尾一律左長右短。	長麻衫，無袖。	同右	
草屯	同右	同右	同右	
鹿港(A)	昔：純麻箍頭，尾一律左短右長。	昔：大戶人家爲麻衫麻裙，一般人家爲麻衫，	昔：白布鞋，鞋尖綴麻。	

	今：白布箍頭綴麻，尾一律左短右長。	有袖。今：白長衫，有袖，肩上由右向左披一條麻布。	今：白襪草拖鞋，或白布鞋，鞋尖綴麻。	
鹿港(B)	白布箍頭綴麻，尾一長一短。	長麻衫，無袖。	白布鞋，鞋尖綴麻。	
西螺	同右	同右	白襪草鞋	
土庫	白布箍頭綴麻加苧，尾一長一短。	白布長衫	白鞋	
斗南	白布箍頭，尾一長一短。	白布長衫，無袖。	白布鞋	
台西	同右	日常所穿白素衣服	素襪白鞋	
大林	白布箍頭罩麻布（白布七尺，麻布五尺折縫爲	麻衫，腰絰麻。	黑布鞋，鞋尖綴麻。	

	之），尾一律左長右短。			
太保	白布簕頭綴麻，尾一長一短。	（左室女無長衫）	白襪白布鞋	
嘉義市(A)	白布簕頭綴麻，尾一長一短。	黑布衫，有袖。	布鞋	
嘉義市(B)	麻簕頭，尾一律左長右短。	麻衫，有袖。	白布鞋	
北門	白布簕頭綴麻，其尾父喪母存左短右長，反之左長右短，雙亡則左右齊長。	黑布衫，有袖。	白襪，黑布鞋，鞋尖綴麻。	
佳里	純麻簕頭，尾一長一短。	內爲黑衫袴，外爲麻衫，有袖。	同右	
台南市	同右	麻衫，有袖。	白布鞋，鞋尖綴麻。	

新化(A)	純麻簑頭，尾一律左短右長。	麻衫，長至腓，有袖。	白襪，白布鞋，鞋尖綴麻。	
新化(B)	白布簑頭綴麻，尾一律左長右短。	麻衫，對襟，有袖（逢月經時，只能戴麻頭著黑衫褲，不可著麻衫）。	同右	
關廟	純麻簑頭，其尾父喪母存左短右長，反之左長右短，雙亡則左右齊長。	麻衫，有袖。	草鞋或白布鞋，鞋尖綴麻。	
楠梓	純麻簑頭，尾一律左短右長。	麻衫，對襟，昔有袖，今無。	白襪，黑布鞋，鞋尖綴麻。	
左營(A)	同右	麻衫，有袖。	同右	
左營(B)	純麻簑頭，尾一律左長右短。	麻衫，有袖，腰絰麻。	白（黑）布鞋，鞋尖綴麻。	

大樹	同右	麻衫，長及股，有袖，腰絰麻。	黑布鞋，鞋尖綴麻。	
馬公	髮包烏布，外罩麻箍頭。	麻衫，無麻裙。	白襪烏鞋	
湖西	同右	同右	昔：赤足。今：白襪烏鞋。	
白沙	同右	同右	白襪草鞋，或黑布鞋，鞋尖綴麻。	
西嶼	同右	同右	白襪，白布鞋，鞋尖綴麻。	
新屋	昔：純麻箍頭。今：白布箍頭綴麻（麻略小以別於孝媳）。其尾父喪母存左短右長，反之左長右短，雙	昔：麻衫，有袖。今：白布長衫，有袖。	白布鞋	

	亡則左右齊長。			
楊梅	白布箍頭綴麻，其尾父喪母存左短右長，反之左長右短，雙亡則左右齊長。	白布長衫，有袖。	素色鞋襪	
新豐	同右	同右	白布鞋	
關西	同右	土黃布長衫，有袖（長二尺一）。	白布鞋	
竹東	昔：純麻箍頭。 今：帶黃色之白布綴麻。 其尾父喪母存左短右長，反之左長右短，雙亡則左右齊長。	昔：長麻衫，有袖。 今：帶黃色之白布長衫，有袖。	白布鞋	
寶山	白布箍頭綴麻，其尾父	昔：長麻衫，有袖，腰	素色鞋襪	

	喪母存左短右長，反之左長右短，雙亡則左右齊長。	經麻，串子孫錢。今：白布長衫，有袖。	素色鞋襪	
頭份(A)	白布簸頭綴麻，尾一律左長右短。	白布裙，腰經麻。	白布鞋	
頭份(B)	白布簸頭綴麻，其尾父喪母存左短右長，反之左長右短，雙亡則左右齊長。	白布長衫，無袖。	同右	
頭屋	同右	白布長衫，有袖。	同右	
苗栗市	同右	同右	同右	
東勢	白布（今用白毛巾代）簸頭綴麻，其尾父喪母存左短右長，反之左長右短，雙亡則左右齊	同右	同右	

	長。			
美濃	純麻箍頭，尾齊長。	麻衫，對襟，長及股，有袖，腰經麻。	草鞋	
內埔(A)(B)	同右	麻衫，無袖，腰經麻。	便鞋	
佳冬(A)	純麻箍頭，頂加小紅，尾一長一短。	麻衫，長至腰，無袖（麻衫前長二尺五，後長三尺五），腰經白布帶。	白布草鞋（土字綁法）	
佳冬(B)	純麻箍頭，頂加小紅，尾齊長。	麻衫，有袖。	未滿十八歲：白布鞋。滿十八歲：草鞋。	

八、出嫁女（含養女出嫁與童養媳外嫁者）

儒家喪服制度中有所謂降服，即指喪服因出嫁或出繼等因素而從原來較重的降為較輕的；台灣私法稱台俗出嫁女為本生父母服期年，即因出嫁降服之故而由斬衰三年降為齊衰一年。閩南系統地區，出嫁女之孝服依照降服原則，由以麻為主改成以苧為主；客家系統則有部分地區卻以麻為主，以致出嫁女與在室女無別。日據初期，台灣私法稱出嫁女戴麻布蓋頭垂至背，身服爲二麻，以麻繩爲腰絰，足服從定禮；日據中期的台灣舊慣稱戴苧箃頭，穿苧衫；日據晚期民俗台灣二卷十一期洪氏串珠的葬式的民俗，則稱戴麻箃頭，穿苧衫，有袖。目前本省閩南人出嫁女的孝服約可歸納成兩類：一爲麻頭苧身，即箃頭用麻（或苧上加麻）而身爲苧衫，楊烱山云：

「（女兒）已出嫁者，身（屬夫家）披苧衣，蓋頭（父母所生）縫麻布。」（註六八）

田野調查，宜蘭市陳炎珠云：

「孝女之出嫁者，其頭服與在室者同，而身服則用長苧衫，白布鞋，鞋面綴苧。」（註六九）

石門徐有田云：

「女子已適人者，俗云『賣身不賣頭』，故其首用麻箃頭再加苧，身用長苧衫，足穿白或藍布鞋，鞋端綴苧（參照片㉙）。」（註七〇）

台南市洪錕鎔云：

「孝女之出嫁者，穿苧戴麻。」（註七一）

這種麻頭苧身的習俗，見於羅東、宜蘭市、礁溪ⒶⒷ、基隆、石門、三芝、淡水、北投、萬華、公館、鹿港ⒶⒷ、土庫、太保、台南市等地。

第二種是苧頭苧身，即箃頭用苧，身穿苧衫。大肚趙日成云：

「孝女在室者麻衫無袖，餘同孝媳；已嫁者，用白布底上綴苧之箃頭（參照片㉔），穿苧仔

衫，有袖，白布鞋，鞋頭綴苧。」（註七二）

左營郭錦江云：

「孝女出嫁者苧仔頭、苧仔衫、白布鞋，鞋頭綴苧。」（註七三）

這種女兒出嫁之後身與頭皆用苧的習俗，見於蘇澳、三重、新竹市、梧棲Ⓐ Ⓑ、大肚、草屯、大林、嘉義市Ⓐ Ⓑ、新化Ⓐ Ⓑ、關廟、楠梓、左營Ⓐ Ⓑ、大樹、馬公、湖西、白沙、西嶼等地。

有些地區則於簸頭上加一小紅布，這是因爲女兒已出嫁爲異姓，爲了表示尊重異姓而加紅。通常台灣人孝服上加紅的情形約有三種，一種是爲異姓親屬加紅，表示尊重異姓；一種是爲生平第一次穿孝服者（孝男孝媳等除外）加紅，以取吉祥；一種是未入門之媳婦也要加紅。斗南、台西兩地的首服已變成白布簸頭，不加苧也不加麻，而改加紅（斗南）或藍布（台西），是比較特殊的例子。

出嫁女的身服傳統上是苧衫，但在中南部有部分地區如梧棲Ⓐ Ⓑ、鹿港Ⓐ Ⓑ、西螺、土庫、斗南、太保等地，最近有改用白布長衫的情形，台西只要白色衫褲即可，而北門及佳里則以藍布衫爲身服。

出嫁女的足服，以素色布鞋及襪子爲原則，布鞋的顏色約有白、黑、藍等三種，而以採用白色布鞋者爲最多，全省北、中、南部的閩南人大多數均用之；採用藍鞋的只見於羅東、石門、北投、公館等少數地區；黑鞋也只見於蘇澳、左營Ⓐ Ⓑ、馬公、白沙等少數地區。鹿港以北的地區大多在鞋尖處加綴苧布結，雲林、嘉義一帶不綴任何東西，北門以南及澎湖地區則有綴麻或綴苧或不綴任何東西等三種情形，相當參差。

以上爲閩南系統的出嫁女孝服，與在室女有顯著差別；至於客家系統，新屋、楊梅、新豐、關西、竹東及東勢則均與在室女相同，新屋姜仁歲云：

「孝女不分嫁否，皆以白布爲簮頭底，上綴麻，較小，以別於孝媳，白布長衫，有袖，鞋隨意，不綴苧。」（註七四）

竹東江雪雲云：

「孝女不論嫁否，其服皆與媳同。」（註七五）

東勢劉耆章云：

「女子子不論嫁否皆麻簮頭、白布長衫、白布鞋。」（註七六）

寶山的身服與在室女同，簮頭不綴麻而綴苧以資區別；頭份(A)(B)、頭屋、苗栗市，首服與身服之質料與形式均與在室女相同，唯另於簮頭上加綴小紅布，以示屬於異姓人氏。南部六堆地區的客家，也各以苧代麻，或另加小紅布等方法來表示其已出嫁。

不論閩南或客家，出嫁女若適巧懷孕，必須同孝媳一樣，隨各地之習俗在腰間加比棺布之類的東西，以示胎兒也爲死者帶孝，並求得保佑。

養女出嫁爲養父母穿的孝服，與親生女相同；童養媳長大，若未與原先欲配對的兒子結婚，而外嫁他人，以後即以養女視之，因此本文將養女出嫁與童養媳外嫁者，歸入本項內。

茲將文獻及田野調查所見各地出嫁女（含養女出嫁及童養媳外嫁者）之孝服，分別表列於後以供參考。

出嫁女（含養女出嫁及童養媳外嫁者）孝服表（文獻部分）

出處	首服	身服	足服	備註
台灣私法	麻布蓋頭，長垂至背。	二麻麻經	從定禮	
台灣舊慣	苧簑頭綴麻	苧衫		
葬式之民俗（民俗台灣二：一一）	麻簑頭	苧衫，有袖		
南投縣之婚喪禮俗	白布蓋頭上覆苧布，尾左長右短。	苧衫，有袖	白（黑）布鞋，鞋頭綴苧。	
台灣省通志	服麻			
台灣民俗	服麻			
台北市志	服麻			

雲林縣志稿	服麻			
台灣喪葬習俗的研究（台灣文獻二九：二）	苧麻與白布	麻衣		
台南市志	服麻			
最新婚喪喜慶禮儀大全	白布蓋頭綴麻	苧衣		
改善民俗之研究—改善民間喪葬禮俗之研究	服麻			
台灣地區現行喪葬禮俗研究報告	白簌頭綴苧麻，尾一長一短。	苧麻衫		

同右（苗栗獅潭）	麻箁頭	白長衫		苗栗獅潭為客家聚落
草屯鎮志	白箁頭綴苧，尾左長右短。	長苧衫，有袖	白布鞋，鞋頭綴苧。	
新竹縣志稿	服粗麻			
苗栗縣志稿	昔：用稍粗麻布為服，緝其兩旁及下邊。今：白布長衫，上披麻衣，下邊緝之。			
台灣喪俗談	用麻布為服，縫下端。			
六堆客家鄉土誌	麻			
中原客家實用禮俗範例	用粗麻布為服，縫下邊。			

出嫁女（含養女出嫁與童養媳外嫁者）孝服表（田野部分）

地區	首服	身服	足服	備註
蘇澳	白布箍頭綴苧，其尾父喪母存左短右長，反之左長右短，雙亡則左右齊長。	長苧衫，腰経苧，有袖，懷孕者於腰間加一條比棺布。	黑布鞋，鞋尖綴苧。	若翁姑已沒，可以穿全身麻。
羅東	麻箍頭綴苧，其尾父喪母存左短右長，反之左長右短，雙亡則左右齊長。	苧衫，有袖，懷孕者於腰間加一條比棺布。	藍布鞋，鞋尖綴苧。	
宜蘭市	麻箍頭，其尾父喪母存左短右長，反之左長右短，雙亡則左右齊長。	長苧衫，有袖，懷孕者於腰間加一條比棺布。	白布鞋，鞋尖綴苧。	
礁溪(A)	白布箍頭罩苧再罩麻	苧衫長如身，有袖，懷	同右	

	袜 （兩頭苧長於白布二寸，麻又長於苧二寸），其尾父喪母存左短右長，反之左長右短，雙亡則左右齊長。	孕者於腰間加一條比棺布。		
礁溪(B)	麻簽頭，其尾父喪母存左短右長，反之左長右短，雙亡則左右齊長。	苧衫，有袖，懷孕者於腰間加一條比棺布。	同右	
基隆	白布簽頭綴麻加苧，其尾父喪母存左短右長，反之左長右短，雙亡則左右齊長。	苧衫，長及腓，對襟，有袖，懷孕者於腰間加一條比棺布。	同右	
石門	同右	同右	白襪，白（藍）布鞋，鞋尖綴苧。	
三芝	同右	同右	同右	

淡水	白布箴頭綴麻，其尾父喪母存左短右長，反之左長右短，雙亡則左右齊長。	同右	布鞋，鞋尖綴苧。	
北投	白布箴頭綴苧加麻，其尾父喪母存左短右長，反之左長右短，雙亡則左右齊長。	同右	白襪，藍布鞋，鞋尖綴苧。	
三重	白布箴頭綴苧，其尾父喪母存左短右長，反之左長右短，雙亡則左右齊長。	同右	布鞋綴苧	
萬華	白布箴頭綴苧加麻，其尾父喪母存左短右長，反之左長右短，雙亡則	苧衫，有袖，懷孕者於腰間加一條比棺布。	素色鞋襪，鞋尖綴苧。	

	左右齊長。			
公館	同右	同右	白襪，藍布鞋，鞋尖綴苧。	
新竹市	白布箍頭綴苧，其尾父喪母存左短右長，反之左長右短，雙亡則左右齊長。	苧衫，有袖，腰經苧，懷孕者於腰間加一條比棺布。	白布鞋	
竹南(A)	同右	同右	同右	
竹南(B)	白布箍頭綴苧，尾一律左長右短。	同右	同右	
梧棲(A)	白布箍頭綴苧，其尾父喪母存左短右長，反之左長右短，雙亡則左右齊長。	長苧衫，無袖（今或不穿苧衫，只穿白長衫）。	白布鞋，鞋尖綴苧。	
梧棲(B)	白布箍頭綴苧，尾一律	同右	同右	

	左長右短。			
大肚	同右	苧衫，有袖。	同右	
草屯	同右	同右	同右	
鹿港(A)	白布簕頭綴麻加苧再加一小紅布，尾一律左長右短。	昔：內爲藍布長衫，外爲苧布長衫，有袖。今：白布長衫，肩上自右而左斜披一條苧布。	同右	
鹿港(B)	白布簕頭綴麻加苧，尾一長一短。	長苧衫或白布長衫，外斜披一條苧布，無袖。	同右	
西螺	白布簕頭綴苧，尾一長一短。	白布長衫，有袖。	白鞋	
土庫	白布簕頭綴麻加苧，加小紅布，尾一長一短。	白布長衫，有袖，懷孕者於腰間加一條比棺布。	同右	
斗南	白布簕頭綴紅，尾左短	白布長衫，無袖，懷孕	白布鞋	

	右長。	者於腰間加一條比棺布。		
台西	白布簕頭加五尺藍布，尾一長一短。	日常所服白色衣袴即可。懷孕者於腰間加一條比棺布。	同右	
大林	白布簕頭罩苧（苧五尺，白布七尺對折爲之），尾一律左長右短。	長苧衫，有袖，腰絰苧，懷孕者於腰間加一條比棺布。	同右	
太保	白布簕頭綴苧加麻，尾一長一短。	白布長衫，懷孕者於腰間加一條比棺布。	白襪白布鞋	
嘉義市(A)	白布簕頭綴苧，尾一長一短。	苧衫，有袖，懷孕者於腰間加一條比棺布。	布鞋	
嘉義(B)	苧簕頭，尾一律左長右短。	同右	白布鞋	

北門	白布箍頭綴麻，其尾父喪母存左短右長，反之左長右短，雙亡則左右齊長。	藍布衫，有袖，懷孕者於腰間加一條白帶子及紅線。	白襪白布鞋，鞋尖綴麻。	
佳里	白布箍頭綴麻加苧（尾長短已無分別義）。	藍布衫褲，有袖，懷孕者於腰間加一條比棺白線。	同右	
台南市	麻箍頭（尾長短已無分別義）	苧衫，有袖，懷孕者於腰間加一條紅線。	白布鞋	
新化(A)	白布箍頭綴苧，尾左短右長。	長苧衫，有袖，懷孕者於腰間加一條比棺布。	白襪，白布鞋，鞋尖綴苧。	
新化(B)	白布箍頭綴苧，尾左長右短。	內為藍布衫褲，外為苧衫，懷孕者於腰間加一條比棺布。	布鞋，鞋尖綴麻。	
關廟	苧箍頭，其尾父喪母存	苧衫，有袖，懷孕者於	白布鞋	

	左短右長，反之左長右短，雙亡則左右齊長。	腰間加一條比棺布。		
楠梓	白布簕頭綴苧，尾一律左長右短。	苧衫，昔有衣袖，今無；懷孕者於腰間加一條比棺布或白帶子。	白襪，白布鞋，鞋尖綴苧。	
左營(A)	同右	苧衫，有袖，懷孕者於腰間加一條比棺布。	白襪，黑布鞋，鞋尖綴麻。	
左營(B)	苧簕頭，尾一律左長右短。	同右	白（黑）布鞋，鞋尖綴苧。	
大樹	同右	同右	同右	
馬公	髮包烏巾，罩苧簕頭，尾長短隨人意。	昔：苧衫，有袖。今：白布衫，有袖。懷孕者於腰間加一條比棺布及一支竹筷。	白襪黑鞋	
湖西	同右	苧衫，苧裙，懷孕者於	白布鞋，鞋尖綴麻。	

		腰間加一條比棺布及一支竹筷。		
白沙	苧簕頭，尾一律左長右短。	苧衫，有袖，懷孕者於腰間加一條比棺布及一支竹筷。	白襪，黑布鞋，鞋尖綴苧。	
西嶼	同右	同右	白襪白布鞋	
新屋	白布簕頭綴麻（麻略小，以別於媳婦），其尾父喪母存左短右長，反之左長右短，雙亡則左右齊長。	白布長衫，有袖，懷孕者於腰間加一條比棺布。	白布鞋	
楊梅	白布簕頭綴麻，其尾父喪母存左短右長，反之左長右短，雙亡則左右齊長。	白布長衫，有袖，懷孕者於腰間加一條比棺布。	素色鞋襪	

新豐	同右	同右	白布鞋	
關西	同右	土黃布長衫，有袖，懷孕者於腰間加一條比棺布。	同右	
竹東	昔：純麻箍頭。 今：帶黃色之白布綴麻。 其尾父喪母存左短右長，反之左長右短，雙亡則左右齊長。	昔：長麻衫，有袖。 今：帶黃色之白布長衫有袖。 懷孕者於腰間加一條比棺布及一雙竹筷。	同右 同右	
寶山	白布箍頭綴苧，其尾父喪母存左短右長，反之左長右短，雙亡則左右齊長。	昔：長麻衫，有袖，腰絰麻，串子孫錢。 今：白布長衫，有袖。	素色鞋襪	
頭份(A)	白布箍頭綴麻加小紅	白布裙，腰絰麻，懷孕	白布鞋	

	布，尾一律左長右短。	者於腰間加一條紅布帶。		
頭份(B)	白布箍頭綴麻加小紅布，其尾父喪母存左短右長，反之左長右短，雙亡則左右齊長。	白布長衫，懷孕者於腰間加一條比棺布。	同右	
頭屋	白布箍頭綴麻加小紅布，尾一律左長右短。	白布長衫，有袖，懷孕者腰間加紅帶子。	同右	
苗栗市	白布箍頭綴麻加紅，其尾父喪母存左短右長，反之左長右短，雙亡則左右齊長。	白布長衫，有袖，懷孕者於腰間加一條比棺布。	同右	
東勢	白布箍頭綴麻，其尾父喪母存左短右長，反之左長右短，雙亡則左右	同右	同右	

	齊長。			
美濃	粗黃（苧）簕頭，尾齊長。	昔日：內白長衫，外粗黃（苧）布長衫。 今日：一半粗黃布，一半白布縫成之長衫。 懷孕者腰間要加一條腰帕及一支竹筷。	草鞋	
內埔(A)(B)	白布簕頭綴苧，尾齊長。	苧衫，無袖，懷孕者於腰間加一支竹筷。	便鞋	
佳冬(A)	純麻簕頭，頂加小紅，尾一長一短。	公婆健在者：苧衫，長至膝，無袖。 公婆已逝者：麻衫，長至膝，無袖。 懷孕者於腰間加一條白布帶。	草鞋。	

佳冬(B)	純麻箍頭，頂加小紅，尾齊長。	公婆健在者：苧衫，長至膝，有袖。公婆已逝者：苧衫或麻衫均可，均有袖。	同右		

九、長孫（含在家招夫傳後之女所生之長子）

所謂長孫係指長子之長子，台灣私法並未專爲長孫特立一項，揆其意當是以爲長孫與一般孫均是服齊衰期年；但鈴木清一郎卻說：

「用麻布做的孝衫，限死者的兒子、兒媳、女兒及長孫穿用（長孫須在麻衫下再穿一件苧衫，草箍麻下也要加苧）。」（註七七）

洪氏串珠亦云：

「長孫如孝男，穿麻衫，領子上加白布以資區別。」（註七八）

顯然在日據時期乃至更早，本省有些地區長孫的孝服是近似孝男而與一般孫男不同，一般孫男的孝服是以苧布製成。在儒家傳統的喪服制度中，長孫只有當其父先其祖父母而亡，由他承重，他才會服斬衰之喪，而本省竟有其父尚健在而他卻穿麻服的習俗。這是受到本省人特別強調宗法重視嫡長觀念的影響。台灣有句非常流行的俚諺「大孫頂尾子」，意思就是說長孫相當於么兒，不祇別籍異財時長孫與諸伯叔平等持分，當祖父母去世時，他也須穿麻服。

根據田野調查，本省長孫的孝服大致可以歸納成四類：第一類爲如洪氏串珠所說與孝男相同，見於蘇澳、宜蘭市、礁溪(A)(B)、竹南(A)、西螺、土庫、斗南、台西、大林、太保、北門、佳里、台南市、新化(B)、左營(A)及客家的新屋、楊梅、寶山、頭份(A)(B)、頭屋、苗栗市、內埔(A)(B)等地。其中有些地區是在麻衣上加衣領以區別於孝男，如宜蘭市陳炎珠云：

「大孫頂尾子，其服與孝男同，草箍、麻衫、草鞋套白布、孝杖，全如孝男，唯麻衫加領以爲區別，袖之有無則以婚否爲定。」（註七九）

有些地區長孫與孝男的孝服完全相同，如西螺廖明貴云：

「長孫之服同孝男，大孫頂尾子之故也。」（註八〇）。

有些地區則以加紅區別之，如佳里林裕章云：

「長孫服與孝男同，而於頭服上綴一小紅布。」（註八一）

也有些地區只有長孫才有子孫錢，如頭份陳運棟云：

「長孫之服與孝男全同，唯身服背上須縫一張紙幣曰『子孫錢』。」（註八二）

第二類爲如鈴木清一郎所說外麻內苧，即外層爲兒子輩的麻服，內層爲孫子輩的苧服，見於羅東、基隆、石門（參照片⑲）、三芝、淡水、北投、三重、萬華（參照片㉕）、公館、竹南

(B)、大肚、草屯、鹿港(A)(B)、嘉義市(A)(B)及客家的新豐、關西、竹東、東勢及美濃等地。如石門徐有田即云：

「大孫之首服與孝男同，而於麻與白布間加苧布一片，身服麻衫之下加一件苧衫，草鞋套白布，孝杖一支，其頭亦纏五色布，而苧在最外。」（註八三）

梧棲長孫之服雖非外麻內苧，也可歸在此類，柯瑞文云：

「大孫之服，草箍套麻布，草鞋套白布，此與孝男全同；而身服大邊（左邊）用麻，小邊（右邊）用苧，半麻半苧縫合而成，則與孝男異也。」（註八四）。

第三類爲頭戴苧而身著麻，見於新竹市、關廟、楠梓、左營(B)等地，如關廟葉銀樹即云：

「長孫內著烏衫褲、頭戴苧帽、身披長麻衫、手執孝杖、杖頭包金紙、紅布。足部已婚者套白布著草鞋，未婚者用白布鞋。」（註八五）

第四類爲苧頭苧身，易言之，即長孫之首服身服與一般孫男相同而無特別之處，見於馬公、湖西、西嶼等地。如馬公吳克文云：

「長孫戴苧帽（無前沿、無耳塞），穿苧衫（有緝邊），與一般孫不同者在他有孝杖，祖父用竹，祖母用杉，長與心齊，外纏白紙鬚，今人或有不持孝杖者。」（註八六）

台灣傳統喪服制度只有孝男與長孫才有孝杖，長孫的孝杖，和孝男相同，其質料隨死者之性別而有分別，其長度也與孝男相同，唯杖頭所包的東西，考男之杖多半是麻在最外層，而長孫的孝杖則多半將紅布包在最外層（參照片⑲⑳），使人一見即知某杖爲孝男之杖，某杖爲長孫之杖。

父母無兒子而留在本家招夫的女兒，其服同孝媳，已說明於該項內，而其所生之長子，亦即要傳其父母香火之人，爲其父母的孝服則與一般長孫相同，因此本文將它歸於本項。

茲將文獻及田野調查所見各地長孫（含在家招夫傳後之女所生之長子）之孝服，分別表列於後以供參考。

長孫（含在家招夫傳後之女所生之長子）孝服表（文獻部分）

出處	首服	身服	足服	孝杖	備註
台灣風俗誌	蔴服				
台灣舊慣	草箍套蔴加苧	內苧衫、外蔴衫。			
葬式之民俗（民俗台灣：二：一一）	（草繩編成）	蔴衫，衿部有白布與孝男區別。已婚有袖，未婚無			

		袖。			
南投縣之婚喪禮俗	麻箍套麻布，已婚者喪冠由前額至後腦多一冠帶。	麻衫，不緝邊。已婚有袖，未婚無袖。	白布草鞋		
台灣省通志	服麻				
台灣民俗	服麻				
台北市志	服麻				
雲林縣志稿	服麻				
台灣喪葬習俗的研究（台灣文獻二九：二）	草箍	麻衣，另加白領以與孝男區別。			
台南市志	服麻				
最新婚喪喜慶	頭白布加苧（現在流	麻衣	白襪草鞋	祖父—竹	

禮儀大全	行頭白布麻布底下加一層苧布）			祖母—苦苓古長四尺，今長尺半至二尺之間，杖頭包苧蓋紅布。	
改善民俗之研究—改善民間喪葬禮俗之研究	服麻				
台灣地區現行喪葬禮俗研究報告	草箍套麻	麻衫麻絰	白襪草鞋	祖父—竹 祖母—桐或苦楝	
同右（臺西）	白布條貼麻布塊	白布條貼麻布塊			
望八文存	苧	麻			
草屯鎮志	草箍（編草成環，中	長麻衫（對襟	白布（襪）草	祖父—竹	

	加一梁）套麻布、苧布、白布。未婚者草箍中梁後無尾，已婚者有之。	式），下裾不緝。已婚有袖，未婚無袖。	鞋	祖母—刺桐長一尺二寸。	
台灣禮俗語典	草箍（以草繩結成瓜皮帽形）下墊白布。	麻衫	白布、草鞋	祖父—竹 祖母—刺桐或梧桐	
苗栗縣志	昔日承重時：用至粗麻布為服，兩旁及下邊不緝；不承重時：用稍粗麻布為服，緝其兩旁及下邊。 今日承重時：白布長衫上披麻衣，不緝其邊；不承重時：緝其下邊。				

地區	首服	身服	足服	孝杖	備註
六堆客家鄉土誌	麻				
中原客家實用禮俗範例	用粗麻布爲服，縫下邊。				
台灣區客家民俗文物專輯	麻甲頭	苧布或白布衣			

長孫（含在家招夫傳後之女所生之長子）孝服表（田野部分）

地區	首服	身服	足服	孝杖	備註
蘇澳	草箍套麻布白布，無耳塞，另紮白頭帛，其尾祖父喪祖母存左短右長，反之左長右短，雙亡則左右齊	長麻衫，衣領上加白布，腰經麻，富家要串一枚銅錢，已婚有袖，未	白布草鞋，或白襪白布鞋。	祖父—竹 祖母—刺昌 長一尺二，杖頭包五色布，紅布在最外層。	

	長；埋葬後，回程時捲起，不可留尾。	婚無袖。			
羅東	已婚：草箍套麻布、苧布、白布。未婚：白頭帛綴麻、苧。	外麻衫，內苧衫，已婚有袖，未婚無袖。	白布草鞋	祖父—竹 祖母—刺昌 長一尺二，杖頭包白布、粗麻、苧。	
宜蘭市	草箍套麻布白布，無耳塞，另紮白頭帛，其尾祖父喪祖母存左短右長，反之左長右短，雙亡則左右齊長；出山告窆後祭墓前須捲起，不可留尾。	長麻衫，有領，斜襟，腰絰麻。已婚有袖，未婚無袖。	白布草鞋（土字綁法）	祖父—竹 祖母—刺昌 長一尺二，杖頭由內而外包紅、藍、麻布三層	
礁溪(A)	同右	長麻衫，加襯	白布草鞋	祖父—竹	

		一白布領，斜襟，不縫邊，長至膝下，已婚有袖，未婚無袖，腰經麻，串一枚銅錢。		祖母—刺昌 杖頭包麻、苧，白、藍、紅布，以黑線綁之。	
礁溪(B)	同右	同右	同右	祖父—竹 祖母—刺昌 長一尺二，杖頭包紅布。	
基隆	草箍套麻布、苧布、白布，有頭帛，尾不分長短。已婚有耳塞，未婚無。若不戴	麻、苧二層，出山前麻外苧內，出山入土後，苧外麻	同右	祖父—竹 祖母—刺昌 長一尺，杖頭由內而外包：白（祖父白、	

	草箍則戴麻布、苧布製之四方帽。	內，腰絰爲麻苧各半。已婚有袖，未婚無袖。		祖母黃）、藍、麻、苧、紅五色布。
石門	草箍套麻布、苧布、白布，有尾，已婚有耳塞，未婚無。	外麻衫，內苧衫，長及踝，已婚有袖，未婚無袖，腰絰麻苧各半。	白布草鞋（土字綁法）	祖父—竹 祖母—刺昌 長一尺二，杖頭包五色布，苧布在最外層。
三芝	同右	同右	白布草鞋	同右
淡水	草箍套麻布、苧布、白布，無耳塞。	同右	同右	祖父—竹 祖母—刺昌 長一尺二，杖頭由內而外包麻布、紅布。
北投	草箍套麻布、苧布、	同右	白布草鞋（土	祖父—竹

	白布，已婚有耳塞，有尾。		字綁法）	祖母—刺昌長一尺二，杖頭由內而外包 麻、苧、白、藍、紅五色布。	
三重	同右	同右	白布草鞋	同右	
萬華	草箍套麻布、苧布、白布，無耳塞。或白頭帛綴麻布、苧布。	外麻衫，無袖，內苧衫，長袖，腰絰爲白布。	白襪布鞋	祖父—竹 祖母—刺昌長一尺二，杖頭由內而外包麻、苧、白、藍、紅布。	
公館	草箍（已婚有梁，未婚無梁）套麻布、苧布、白布。	外麻衫，內苧衫，長及踝。	白布草鞋	祖父—竹 祖母—刺昌長一尺二，杖頭包五色布，紅在外。	
新竹市	白頭帛綴苧。	麻衫，長袖，	白布草鞋，或	祖父—竹	

		腰經麻。	白襪布鞋。	祖母—苦苓 長一尺二，杖頭纏五色布，紅在最外層。	
竹南(A)	草箍套麻布、白布，已婚者有耳塞。	麻衫，長袖，腰經麻（今或用白長衫綴麻取代）。	白布草鞋	祖父—竹 祖母—桐 長一尺二，杖頭包五色布，紅布最上層。	
竹南(B)	白頭帛綴苧再加麻	外麻衫，內苧衫。	白布草鞋（土字綁法）	祖父—竹 祖母—苦苓 長一尺三，杖頭由內而外包麻、苧、白、藍、紅布。	
梧棲(A)(B)	成人：草箍套麻布、白布加白頭帛。 孩童：白頭帛綴麻。	左半爲麻，右半爲苧，縫合而成。	成人—白布草鞋。 孩童：白布	祖父—竹 祖母—苦苓 長齊心（或一尺二）	

			鞋。	杖身外纏白紙鬚。	
大肚	草箍套麻布、苧布、白布，加白頭帛，無耳塞。	外麻衫，內苧衫，已婚有袖，未婚無袖。	白布草鞋	祖父—竹 祖母—桐 昔長齊心，今長一尺二，杖頭包五色布，紅布在最外層。	
草屯	草箍（已婚有梁，未婚無梁）套麻布、苧布、白布，無耳塞。	外麻衫，內苧衫，已婚有袖，未婚無袖。	同右	祖父—竹 祖母—刺桐 長一尺二，杖頭包紅布。	
鹿港(A)	草箍套麻布、苧布、白布，已婚者有二耳塞。或白頭帛綴苧加麻，不垂尾。	昔：外麻衫，內長衫，長至腓，皆有袖。 今：白長衫、肩上由左而右	昔：赤足包白布穿草鞋（即白布、草鞋） 今：白襪、草拖鞋。	祖父—竹 祖母—苦苓 昔長齊心，今長一尺二，杖頭包麻，杖身纏白紙鬚。	

		斜披麻，苧布各一條。			
鹿港(B)	白頭帛綴苧加麻，尾纏成圓形，不垂下。	白長衫，肩上自左至右斜披麻、苧布各一條。	同右	同右	
西螺	三角白布綴麻縫於白頭帛。	麻衫，有袖。	白襪草鞋	祖父—竹 祖母—梧桐 昔長齊心，今長一尺二，杖頭包五彩布，紅在最外層。	
土庫	草箍套麻布、白布，無耳塞。	白布長衫，有袖。	白布鞋，鞋頭綴麻。	無	
斗南	同右	麻衫，對襟，無袖，緝邊，	白襪草鞋	祖父—竹 祖母—竹	

		腰絰白布帶。		長一尺二，杖頭由內而外包白布、紅布、麻布。	
台西	白頭帛綴麻	麻衫，對襟，長至膝，無袖，自製者不緝邊，租者則縫邊，腰絰麻。	白襪草鞋，或白布鞋，或皮鞋。	祖父—竹 祖母—竹 長一尺二，杖頭包紅布。	
大林	草箍（已婚有梁，未婚無梁）套麻布、白布，無耳塞。	麻衫，斜襟，長至臀部，有袖，腰絰麻。	白布草鞋	祖父—竹 祖母—苦苓 長一尺二，杖頭由內而外包紅布、麻布。	
太保	草箍套麻布白布，無耳塞。	麻衫，有袖，腰絰白布帶。	白襪草鞋	祖父—竹 祖母—苦苓	

				長一尺二，杖頭由內而外包白布、麻布、紅布，若死者有曾孫則包五色布。	
嘉義市(A)	草箍套麻布、苧布、白布。	麻衫，有袖，腰絰麻，串一枚銅錢。	白布草鞋	同右	
嘉義市(B)	同右	麻衫，一律有袖，腰絰麻。	白布草鞋，或白襪草鞋。	同右	
北門	麻帽，前沿掛紅。	黑衫，對襟。	白襪綴麻，已婚：草鞋；未婚：黑布鞋。	祖父—竹 祖母—苦苓或竹或木 麻黃 長一尺二，杖頭包紅布。	
佳里	麻帽，前沿掛紅，或	麻衫，有袖。	白布草鞋	祖父—竹	

	草箍套麻布白布綴紅。			祖母—苦苓長一尺二，杖頭包紅布。	
台南市	四方形麻帽，有前沿，已婚者有二耳塞。	麻衫，對襟，有袖。	昔：白布草鞋。 今：白襪白布鞋綴麻。	祖父—竹 祖母—苦苓 長一尺二，杖頭由內而外包銀紙、苧布、紅布	
新化(A)	昔：草箍套麻布白布，已婚者有二耳塞。 今：白頭帛綴麻。	苧衫、斜襟，長過膝，有袖，腰絰白布帶。	昔：白布草鞋。 今：白襪布鞋。	同右	
新化(B)	草箍套麻布白布，無耳塞。	麻衫，對襟，有袖。	白襪綴麻草鞋	同右	
關廟	四方形苧帽，有前	麻衫，對襟，	已婚：白布草	祖父—竹	

	沿，已婚者有二耳塞。	有袖。	鞋。未婚：白布鞋。	祖母—苦苓長一尺二，杖頭由內而外包金紙、紅布。	
楠梓	草箍套苧布白布，或用四方形苧帽，有前沿。	麻衫，衣袖昔有今無。	白布草鞋	祖父—竹 祖母—苦苓長一尺二，杖頭由內而外包九金，苧布。	
左營(A)	草箍套麻布白布	麻衫，有袖，腰経麻。	白布草鞋	同右	
左營(B)	草箍套苧布白布	同右	同右	同右	
大樹	麻帽綴紅	苧衫，長及臀，有袖，腰經苧。	烏布鞋	同右	
馬公	苧帽（無前沿，無耳塞），加白頭帛。	苧衫(緝邊)，有袖。	白襪、烏鞋。	祖父—竹 祖母—杉	若是承重孫則服：麻帽、麻衫、持孝杖，

				長齊心，杖身外纏滿白紙鬚。（今人或有不持用者）	但不穿草鞋，不學幡。
湖西	苧帽、無耳塞。	苧衫，有袖。	已婚：白襪、白鞋。未婚：赤足（今改爲赤足穿黑布鞋）。	祖父—竹 祖母—杉 長齊心，杖身外纏滿白紙鬚。	
白沙	白布帽，前綴紅	素色衫褲	素色鞋襪		
西嶼	苧帽	苧衫，有袖。	白襪白鞋		
新屋	草箍（由茅草、麻皮編成）套麻布、白布。草箍上綴一小塊麻、藍、紅布以別於孝男。有耳塞，視死	白布長衫，有袖，肩上披麻。	白襪白鞋	祖父—竹 祖母—苦苓 長一尺二，杖頭內包藍，外包紅布。	

	者而定，祖父之喪左耳塞，祖母之喪，右耳塞，雙亡兩耳皆有。				
楊梅	草箍套麻布白布，無耳塞，若父母在者，草箍俯視四頭須全出筍成⊕形。	白布長衫，有袖，背上縫一條麻布，剪成二十四小條。	素色鞋襪	祖父—竹 祖母—梧桐 長一尺二七，杖頭由內而外包麻、苧、白、藍、紅五色布。	
新豐	草箍套麻布、苧布、白布，綴紅，加白頭帛，後面加紅布條寫「長命富貴」四字，並串一串古制錢。	外麻衫，內苧衫，有袖。	白襪白鞋	祖父—竹 祖母—苦苓 長一尺二，杖頭由內而外包白布、苧布、紅布。	
關西	草箍套麻布、苧布，	土黃布長衫，	白布鞋	祖父—竹	

	有耳塞，以五色布為之，祖父喪塞左耳，祖母喪塞右耳，雙亡左右皆有耳塞。	斜襟，長至脚踝，不緝邊，有袖；腰絰昔用麻，今用土黃布；昔串一串錢，今無。		祖母—刺昌長一尺二，杖頭由內而外包麻、苧、白、藍、紅五色布。	
竹東	草箍套麻布、苧布、帶黃色之白布，有耳塞，祖父喪塞左耳，祖母喪塞右耳，雙亡左右皆有。	昔：麻衫有袖 今：帶黃色白布長衫，有袖，前襟及背後各綴麻布，共剪為二十四條，名為二十四孝。	赤足穿白布鞋	祖父—竹 祖母—梧桐 長一尺二，杖頭包五色布，紅布在最外層。	
寶山	草箍套麻布、白布，	白布長衫，有	昔：白布草	祖父—竹	

	尾一長一短，雙亡則捲起不垂尾，有耳塞，祖父喪左耳塞，祖母喪右耳塞，雙亡左右皆有。或用白頭帛綴麻。	袖（十幾年前白長衫外加苧，今否），以黃麻或白布為腰絰。	鞋。今：素色鞋襪。	祖母—刺籙頭長一尺二，杖頭由內而外包麻、苧、白、藍、紅五色布。	
頭份(A)	草箍套麻布白布，尾一長一短，雙亡則不垂尾。	白布長衫	白布鞋	祖父—竹　祖母—梧桐　長一尺二，杖頭包五色布，紅布在最外層。	
頭份(B)	草箍套麻布白布，有耳塞，祖父喪左耳塞，祖母喪右耳塞，雙亡左右皆有。	白長衫，背上縫一片麻及一張紙鈔，名為「子孫錢」。	草鞋或白布鞋	同右	
頭屋	同右	白布長衫，有	白布鞋	同右	

		袖，腰帶串一串「百子千孫」錢。			
苗栗市	草箍套麻布白布、綴紅布，有耳塞，祖父喪左耳塞，祖母喪右耳塞，雙亡左右皆有。	白布長衫，有袖，腰帶綁百子千孫錢。	白布鞋	祖父—竹 祖母—刺桐 長一尺二或一尺六，杖頭包紅布再包麻布。	
東勢	草箍套麻布、苧布、白布，有耳塞，祖父喪左耳塞，祖母喪右耳塞，雙亡左右皆有。	麻衫有袖	白布鞋	祖父—竹 祖母—刺桐 長一尺二，杖頭包紅布。	
美濃	草箍套麻布、苧布、白布，父母尚存則無	外麻衫，內苧麻，長及股，	草鞋	祖父—竹 祖母—梧桐	

	耳塞。	無袖，腰絰麻。		長一尺，杖頭包麻布。	
內埔(A)(B)	草箍套麻布白布，無耳塞。	麻衫，無袖，腰絰麻。	便鞋	同右	
佳冬(A)	同右	麻衫，對襟，無袖，不緝邊（麻衫前長二尺五，後長三尺）腰絰黑色。	草鞋（土字綁法）	祖父—竹 祖母—梧桐（血桐）長八寸，杖頭包麻。	
佳冬(B)	同右	麻衫，對襟。已婚長至踝，未婚長至腰，皆無袖，腰絰白色。	草鞋	祖父—竹 祖母—梧桐（血桐）長一尺，杖頭包麻布，若死者有曾孫，則長孫之杖以甘蔗爲	

之，杖頭包紅、白、青色紙，表五代齊全。

一〇、長孫媳（含在家招夫傳後之女之長子媳）

孫媳本是苧服，由於本省的習俗妻之服與夫相同，因此長孫媳的孝服便與一般孫媳有別。因爲長孫媳的孝服大部分是比照其夫，所以本省長孫媳的孝服，也太致可以分成四類：一、與孝媳相同，另於麻衫加衣領或首服綴紅以資區別，或完全不區別。二、外麻內苧，即外層爲孝媳輩之麻服，內層爲孫媳輩之苧服（參照片㉖）。三、頭戴苧而身著麻。四、苧頭苧身，即長孫媳之服與一般孝媳相同。以上各類之通行地區，與長孫四類的通行區大致吻合，僅有台西、台南市、新化(A)及桃、竹一帶的客家稍有不同而已。

長孫媳之足服，如孝媳有白或黑布鞋及草鞋三種，以穿白布鞋的佔最多，黑布鞋及草鞋較少。客家人布鞋鞋尖不綴任何物，閩南人中部一帶現在也多省略，但北部及南部地區仍有鞋尖綴孝布的習俗；蘇澳、宜蘭市、礁溪(A)(B)等地因全身皆麻，故鞋尖也綴麻，基隆、石門、……等地外麻 內苧，故鞋尖即綴上半麻半苧，南部地區或綴麻或綴苧，未見有半麻半苧的情形。

在家招夫傳後之女所生長子爲所後祖父母之服如長孫，則其妻之服亦如長孫媳，故本文將她歸於本項內。

茲將文獻及田野調查所見各地長孫媳（含在家招夫傳後之女之長子媳）之孝服，分成兩類表列於後以供參考。

長孫媳（含在家招夫傳後之女之長子媳）孝服表（文獻部分）

出處	首服	身服	足服	孝杖	備註
台灣舊慣	（麻箍頭加苧）	（內苧衫，外麻衫）			
南投縣之婚喪禮俗	麻蓋頭，尾左長右短。	麻衫，不緝下邊，有袖。	白（黑）布鞋，鞋頭綴麻。		
台灣省通志	服麻				
台灣民俗	服麻				
台北市志	服麻				

雲林縣志稿	服麻				
台灣喪葬習俗的研究（台灣文獻二九：二）	麻與白布	麻衣，另加白領以示區別。			
台南市志	服麻				
最新婚喪喜慶禮儀大全	白布蓋頭綴麻	麻衣			已訂婚之準孫媳，其蓋頭用紅布，衣服亦用紅布，其外不加麻，若送完山留在夫家完婚者，則於紅蓋頭外加苧，紅衣外加麻。
改善民俗之研究—改善民間	服麻				

喪葬禮俗之研究					
台灣地區現行喪葬禮俗研究報告	白布條貼麻布塊	白布條貼麻布塊			
望八文存	苧	麻			
草屯鎮志	白箍頭綴麻布、苧布，尾左長右短。	長麻衫下長苧衫，麻衫下裾不緝，有袖。	白或黑布鞋，鞋頭綴麻、苧。		
台灣禮俗語典	白箍頭綴麻	麻衫裙（裙今廢）。	白布鞋		
苗栗縣志	昔：用粗白布為服。今：白布長衫。				
六堆客家鄉土誌	麻				

中原客家實用禮俗範例	用粗麻布爲服，縫下邊。			
台灣區客家民俗文物專輯	麻	苧布或白布衣		

長孫媳（含在家招夫傳後之女之長子媳）孝服表（田野部分）

地區	首服	身服	足服	備註
蘇澳	純麻箁頭或白布箁頭綴麻，其尾祖父喪祖母存左短右長，反之左長右短，雙亡則左右齊長。	長麻衫，衣領加白布，有袖，腰経麻，懷孕者於腰間加一條比棺布。	黑布鞋，鞋尖綴麻。	
羅東	麻箁頭下襯一層苧，其尾祖父喪祖母存左短右長，反之左長右短，雙	外麻衫，內苧衫，有袖，懷孕者於腰間加一條比棺布。	黑布鞋，鞋尖綴麻、苧。	

	亡則左右齊長。			
宜蘭市	麻箍頭（以白布六尺為底，上罩麻布，兩頭各須長出二寸），其尾祖父喪祖母存左短右長，反之左長右短，雙亡則左右齊長。	長麻衫，有袖，加襯一白布領，懷孕者於腰間加一條比棺布。	白布鞋，鞋尖綴麻。	
礁溪(A)	同右	同右	同右	
礁溪(B)	同右	麻衫，有袖，衣邊加緝白布，懷孕者於腰間加一條比棺布。	白襪白布鞋，鞋尖綴麻。	
基隆	白布箍頭綴苧加麻，其尾祖父喪祖母存左短右長，反之左長右短，雙亡則左右齊長。	麻衫、苧衫二層，有袖，對襟，長及脚，出山前麻外苧內，出山入土後苧外麻內。腰經麻	黑布鞋，鞋尖綴麻、苧。	

		苧各半，懷孕者於腰間加一條比棺布。		
石門	苧簕頭上罩麻，其尾祖父喪祖母存左短右長，反之左長右短，雙亡則左右齊長。	外麻衫，內苧衫，有袖，懷孕者於腰間加一條比棺布。	白布鞋，鞋尖綴麻、苧。	
三芝	白布簕頭綴苧加麻，其尾祖父喪祖母存左短右長，反之左長右短，雙亡則左右齊長。	同右	同右	
淡水	麻簕頭綴苧，其尾祖父喪祖母存左短右長，反之左長右短，雙亡則左右齊長。	同右	黑布鞋，鞋尖綴麻、苧。	
北投	白布簕頭綴苧加麻，其	同右	白布鞋，鞋尖綴麻、苧。	

	尾祖父喪祖母存左短右長，反之左長右短，雙亡則左右齊長。			
三重	同右	同右	黑布鞋，鞋尖綴麻、苧。	
萬華	同右	外麻衫，無袖，內苧衫，長袖，懷孕者於腰間加一條比棺布。	白布鞋，鞋尖綴麻、苧。	
公館	同右	外麻衫，內苧衫，有袖，懷孕者於腰間加一條比棺布。	黑布鞋，鞋尖綴麻、苧。	
新竹市	白布箍頭綴苧，其尾祖父喪祖母存左短右長，反之左長右短，雙亡則左右齊長。	麻衫，長袖，腰經麻，懷孕者於腰間加一條比棺布。	白布鞋	

竹南(A)	白布箍頭綴麻，其尾祖父喪祖母存左短右長，反之左長右短，雙亡則左右齊長。	昔：長麻衫，有袖，腰經麻。今：白長衫,肩上披麻。懷孕者於腰間加一條比棺布。	白布鞋尖綴麻。	
竹南(B)	白布箍頭綴苧加麻，其尾祖父喪祖母存左短右長，反之左長右短，雙亡則左右齊長。	外麻衫，內苧衫，有袖，懷孕者於腰間加一條比棺布。	白襪草鞋	
梧棲(A)	白布箍頭綴麻，其尾祖父喪祖母存左短右長，反之左長右短，雙亡則左右齊長。	左半爲麻，右半爲苧，縫製而成。	白布鞋	
梧棲(B)	白布箍頭綴麻，尾一律左長右短。	同右	同右	

大肚	白布箃頭綴苧加麻，尾一律左長右短。	外麻衫，內苧衫，有袖，懷孕者於腰間加一條比棺布。	白布鞋，鞋尖綴麻、苧。	
草屯	同右	同右	同右	
鹿港(A)	白布箃頭綴苧，尾一律右長左短。	昔：白布衫，外加麻衫，有袖。 今：白布衫，自右而左斜披麻布於肩。 懷孕者於腰間加一條比棺布。	白襪，白布鞋，鞋尖綴麻。	
鹿港(B)	白布箃頭綴苧加麻，尾一長一短。	白布長衫，肩上自右而左披麻、苧布各一條。	同右	
西螺	白布箃頭綴麻，尾一長一短。	麻衫，有袖，懷孕者於腰間加一條比棺布。	白襪草鞋	
土庫	同右	白布長衫，有袖，懷孕	白布鞋，鞋尖綴麻。	

		者於腰間加一條比棺布。		
斗南	白布箃頭綴麻，尾一律左短右長。	昔：麻衫，無袖，對襟。今：白布衫，腰經白布。懷孕者於腰間加一條比棺布。	同右	
台西	白布綴紅蓋於頭上，尾一長一短。	白衫褲，懷孕者於腰間加一條比棺布，或加一支鑰匙。	白鞋	
大林	白布箃頭綴麻（白布長七尺，麻布長五尺），尾一律左長右短。	麻衫長至臀，有袖，腰經麻，懷孕者於腰間加一條比棺布。	白布草鞋	
太保	白布箃頭綴麻，尾一長一短。	內黑衫黑褲，外麻衫，無袖。	白襪，白布鞋。	
嘉義市(A)	白布箃頭綴苧加麻，尾	黑衫黑褲，懷孕者於腰	白襪，白布鞋，鞋尖綴	

	一長一短。	間加一條比棺布。	麻。	
嘉義市(B)	苧箃頭上罩麻，尾一長一短。	麻衫，有袖，懷孕者於腰間加一條比棺布。	白布鞋。	
北門	白布箃頭綴麻，其尾祖父喪祖母存左短右長，反之左長右短，雙亡則左右齊長。	黑布衫裙，有袖，腰經白布帶，懷孕者加白帶子或紅線。	白襪，黑布鞋，鞋尖綴麻。	
佳里	純麻箃頭，其尾已不分長短。	麻衫，有袖，懷孕者於腰間加一條比棺布。	白襪，黑布鞋，鞋尖綴麻加紅。	
台南市	苧箃頭，尾不分長短。	麻衫，有袖，懷孕者於腰間加一條紅線。	白布鞋，鞋尖綴苧。	
新化(A)	白布箃頭綴苧，尾一律左短右長。	麻衫，長至腓，有袖，腰經白布，懷孕者於腰間加一條比棺布。	白襪，白布鞋，鞋尖綴苧。	
新化(B)	白布箃頭綴麻，尾一律	麻衫，對襟，有袖，懷	白襪，黑布鞋，鞋尖綴	

	左長右短。	孕者於腰間加一條比棺布。	麻。	
關廟	苧箍頭，其尾祖父喪祖母存左短右長，反之左長右短，雙亡則左右齊長。	麻衫，有袖，懷孕者於腰間加一條比棺布。	白布鞋	
楠梓	白布箍頭綴苧，尾一律左長右短。	麻衫，對襟，昔有袖，今無，懷孕者於腰間加一條比棺布。	白襪，布鞋，鞋尖綴苧。	
左營(A)	麻箍頭，尾一律左長右短。	麻衫，有袖，懷孕者於腰間加一條比棺布。	黑布鞋，鞋尖綴苧。	
左營(B)	苧箍頭，尾一律左長右短。	同右	白（黑）布鞋，鞋尖綴麻。	
大樹	麻箍頭綴紅，尾一律左長右短。	苧衫，長及股，有袖，腰絰苧，懷孕者於腰間	黑布鞋	

		加一條比棺布。		
馬公	苧箍頭，尾之長短隨人意。	苧衫，苧裙，懷孕者於腰間加一條比棺布及一支竹筷。	白襪，黑布鞋，鞋尖綴一苧。	
湖西	同右	同右	白（黑）布鞋	
白沙	白布箍頭，尾一律左長右短。	普通素色衣服，懷孕者於腰間加一條比棺布及一支竹筷。	白鞋	
西嶼	苧箍頭，尾長短隨人意。	苧衫，有袖，懷孕者於腰間加一條比棺布及一支竹筷。	同右	
新屋	白布箍頭綴苧加麻，其尾祖父喪祖母存左短右	昔：麻衫，有袖。 今：白布長衫，有袖。	白鞋	

	長，反之左長右短，雙亡則左右齊長。	懷孕者於腰間加一條比棺布。		
楊梅	同右	白布長衫，懷孕者於腰間加一條比棺布。	素色鞋襪	
新豐	同右	同右		
關西	白布篏頭綴苧，其尾祖父喪祖母存左短右長，反之左長右短，雙亡則左右齊長。	土黃布長衫，有袖，懷孕者於腰間加一條比棺布。	白布鞋	
竹東	昔：純麻篏頭。 今：帶黃色之白布篏頭綴苧加麻。其尾祖父喪祖母存左短右長，反之左長右短，雙亡則左右齊長。	昔：麻衫，有袖。 今：帶黃色之白布衫有袖。懷孕者於腰間加一條比棺布及一雙竹筷。	白鞋	
寶山	白布篏頭綴苧加麻，其	麻衫，有袖，腰絰麻或	素色鞋襪	

	尾祖父喪祖母存左短右長，反之左長右短，雙亡則左右齊長。	白布條，懷孕者於腰間加一條比棺布及一雙竹筷。		
頭份(A)	白布簌頭綴麻，尾一律左長右短。	白布長衫，懷孕者於腰間加一條紅布帶。	白布長衫	
頭份(B)	白布簌頭綴麻，其尾祖父喪祖母存左短右長，反之左長右短，雙亡則左右齊長。	白布長衫，無袖，懷孕者於腰間加一條比棺布。	白鞋	
頭屋	白布簌頭綴麻，尾一律左長右短。	白布長衫，無袖，懷孕者腰間加一條紅布帶。	白布鞋	
苗栗市	白布簌頭綴麻，其尾祖父喪祖母存左短右長，反之左長右短，雙亡則左右齊長。	白布長衫，懷孕者於腰間加一條比棺布。	同右	

東勢	白布箛頭綴苧加麻，其尾祖父喪祖母存左短右長，反之左長右短，雙亡則左右齊長。	麻衫，無袖，懷孕者於腰間加一條比棺布。	同右	
美濃	苧箛頭上罩一層麻布，尾齊長。	外麻衫，內黃（苧）衫，對襟，長及股，無袖，腰經麻，懷孕者加腰帕及一支竹筷。	草鞋	
內埔(A)(B)	純麻箛頭，尾齊長。	麻衫，無袖，懷孕者腰間加一支竹筷。	便鞋，鞋尖綴麻。	
佳冬(A)	純麻箛頭，頂加一小紅布，尾左長右短。	麻衫，對襟，長至膝，無袖，不緝邊，懷孕者於腰間加一條比棺布。	草鞋（土字綁法）	
佳冬(B)	純麻箛頭，頂加一小紅布，尾齊長。	麻衫有袖，懷孕者腰間加一紅布帶。	十八歲以下穿便鞋，十八歲以上穿草鞋。	

二、孫男

孫男爲祖父母，古代是屬於齊衰，台灣私法稱用二麻爲服，即是齊衰；日據中期以後的台灣舊慣改稱用苧爲服。苧也是麻布類，但它不是直接用麻皮織成，而是將麻絲先紡成紗縷再織成，而且經緯孔較細（與一般紗布差不多），顏色淡黃也與粗麻布的暗黃有別（參照片㉗）。近年石化業發達，有些地區的苧布已改用黃色化學布代替（參照片㉕㊸），但因喪禮經常須要焚香燒紙錢，化學品非常容易燃燒，具有危險性，所以反應不佳，無法全面取代傳統的苧布。

孫男服苧，其首服及身服均應以苧布製成。根據田野資料看，孫男的首服，在孝男首服採用草箍的地區，成年或已婚的孫男，昔日也是戴草箍，其下套苧布及白布，未成年或未婚者才綁白頭帛綴苧布。所謂白頭帛綴苧，係將一幅六尺長白布析爲兩半而成長六尺寬一尺半，再將它摺三摺而成細長條，於當額處縫綴一塊苧布，再綁於頭上，於腦後處打結垂尾（參照片㉟）。後來由於草箍難編，頭帛易做，大多數地區便漸漸簡化成不論成人或孩童、已婚或未婚，一概統一採用白頭帛綴苧，只有羅東、北投、萬華（參照片㉕）、公舘（參照片㊵）、大林、嘉義市Ⓑ、楠梓、左營Ⓑ及客家的寶山、東勢、內埔ⒶⒷ及佳冬等地，尚可以見到遵守古制孫男戴草箍套苧布白布的習俗。

除了草箍與頭帛二式之外，在孝男首服採用四方形麻帽的地區，其孫男的首服也是採用四方形苧布帽，如台南市以南的閩南地區及澎湖的馬公、湖西、西嶼等地都是採用這種形式。

從田野資料中，可以發現土庫、斗南、白沙及客家的竹東、頭份、苗栗市等地，孫男的首服除了頭帛或布帽之外，並不綴苧。

孫男的身服，以苧布製成，形式如同孝男之麻衫；有袖或無袖，其原則與孝男相同。目前在閩南系統方面，台中以北地區及台南市以南地區，孫男均仍以長苧衫爲身服，台南市甚至是以麻衫爲身服；而中部一帶孫男的身服已經有改爲白長衫甚或完全省略的情形。客家系統方面，桃、竹、苗一帶及內埔ⒶⒷ已改爲白布長衫，只有美濃、佳冬ⒶⒷ仍用苧衫，東勢則用麻衫。

孫男的足服，早年應是白布草鞋，目前除了少數地區仍保留這種古風之外，絕大多數地區都改爲穿白襪布鞋，布鞋又以採白布鞋爲最多。孫男的布鞋，鞋尖不綴任何東西，這是男女不同之處。由於孫男屬第二代，俗語說：「孫！隔一崙。」因此對孫男孝服的要求不像孝男般嚴格，所以不論閩南或客家均有許多地區對孫男的足服已不加硬性規定。

茲將文獻及田野調查所見各地孫男的孝服，分別表列於後以供參考。

孫男孝服表（文獻部分）

出處	首服	身服	足服	備註
台灣私法	麻盔	二麻，麻絰	從定禮	

台灣風俗誌	服麻			
台灣舊慣	（苧頭帛或荖包）	苧衫		
葬式之民俗（民俗台灣二：一一）	（苧頭）	苧衫，已婚有袖，未婚無袖。		
桃園縣志	服苧			
南投縣之婚喪禮俗	麻箍套苧布、白布，已婚喪冠由前額至後腦多一條。或用苧頭帛，結尾左長右短。	苧衫，已婚有袖，未婚無袖。		
台灣省通志	服苧			
台灣民俗	服苧			
台北市志	服苧			
雲林縣志稿	服苧			
台灣喪葬習俗		苧麻衣		

的研究（台灣文獻二九：二）				
台南市志	服苧			
最新婚喪喜慶禮儀大全	頭白綴苧，內加一小青（藍）布。	苧衣	白襪草鞋	
中華文化叢書禮俗組座談會紀錄（台灣文獻三三：一）	半麻（苧）	半麻（苧）		
改善民俗之研究—改善民間喪葬禮俗之研究	（服苧）			
台灣地區現行	白頭帛中綴苧麻	白長衫		

喪葬禮俗研究報告				
望八文存	苧	苧		
草屯鎮志	白頭帛，尾左長右短，額上綴苧。	苧，已婚有袖，未婚無袖。	草鞋	
台灣禮俗語典	白荖包綴苧	苧衫		
苗栗縣志	昔：用稍粗麻布為服，緝其兩旁及下邊。今：白布長衫上披麻衣，緝其下邊。			
台灣喪俗談	用麻布為服，縫下端。			
六堆客家鄉土誌	麻			
中原客家實用禮俗範例	用粗麻布為服，縫下邊。			

台灣區客家民俗文物專輯	（苧）	苧布或白布衣		

孫男孝服表（田野部分）

地區	首服	身服	足服	備註
蘇澳	白頭帛綴苧，其尾祖父喪祖母存左短右長，反之左長右短，雙亡則左右齊長	苧衫，已婚有袖，未婚無袖。	白襪布鞋	
羅東	已婚：草箍套苧。未婚：苧頭帛。其尾祖父喪祖母存左短右長，反之左長右短，雙亡則左右齊長	苧衫，已婚有袖，未婚無袖。	白布草鞋	

宜蘭市	白頭帛綴苧，其尾祖父喪祖母存左短右長，反之左長右短，雙亡則左右齊長	苧衫，已婚有袖，未婚無袖。	白布鞋	
礁溪(A)(B)	苧布罩頭再繫白頭帛，頭帛之尾，祖父死祖母存左短右長，反之左長右短，雙亡則左右齊長。	苧衫，已婚有袖，未婚無袖，腰帶串一枚銅錢。	白襪布鞋	
基隆	昔：苧布罩頭再繫白頭帛。 今：白頭帛綴苧（白布六尺長，摺成半幅寬，中間縫一塊苧，綁於頭上）。	苧衫，已婚有袖，未婚無袖。	同右	

石門	白頭帛綴苧麻（凡頭帛，其尾之長要過腰）。	同右	白布鞋	
三芝	同右	同右	同右	
淡水	同右	同右	同右	
北投	已婚：草箍套苧、白布。 未婚：白頭帛綴苧，尾不分長短。	苧衫，有袖，白布腰帶。	白襪布鞋	
三重	白頭帛綴苧	苧衫，已婚有袖，未婚無袖。	同右	
萬華	白頭帛綴苧（成人或用草箍套苧、白布）	苧衫，斜襟，長袖。	布鞋	
公館	成人：草箍套苧、白布。	苧衫	昔：白布草鞋 今：白布鞋	

	孩童：白頭帛綴苧。 幼兒：白荖包綴苧。	苧衫		
新竹市	白頭帛綴苧	苧衫，長袖，腰経苧。	白布鞋	
竹南(A)(B)	同右	苧衫	白襪布鞋	
梧棲	同右	同右	白布鞋	
大肚	同右	苧衫，已婚有袖，未婚無袖。	昔：白布草鞋 今：不拘	
草屯	同右	同右		
鹿港(A)	同右	昔：苧長衫，有袖。 今：白長衫，苧布自左肩向右披，或略而不披。	白襪布鞋 白襪白布鞋	
鹿港(B)	同右	白長衫		
西螺	同右			
土庫	白頭帛	白長衫	白布鞋	
斗南	白頭帛（或白毛巾）	平常之素服	同右	

台西	白頭帛綴紅	平常之素服，若無白色素服，五花亦可，諺云：「孫仔五花孝」。	白鞋	
大林	草箍（已婚有梁，未婚無梁）套苧、白布。	苧衫，長及膝，有袖。	白布草鞋	
太保	白頭帛綴苧		白布鞋	
嘉義市(A)	同右			
嘉義市(B)	草箍套苧、白布，或白頭帛綴苧。	苧衫，有袖。		
北門	同右		白襪布鞋	
佳里	同右			
台南市	四方形苧帽，有前沿。	麻衫，有袖。	白布草鞋	
新化(A)	白頭帛綴苧	苧衫，長至腓，有袖。	白襪布鞋	
新化(B)	四方形苧帽，帽沿不下垂。		同右	

關廟	四方形苧帽，有沿，或將苧布紮於左臂。			
楠梓	四方形苧帽，或草箍套苧、白布。	苧衫，衣袖昔有今無。	白襪布鞋	
左營(A)	四方形苧帽	苧衫，有袖。	同右	
左營(B)	草箍套苧、白布	苧衫	白（黑）布鞋	
大樹	苧帽	同右		
馬公	同右	同右	白布鞋	
湖西	同右	同右	昔日已婚：白布鞋，未婚：赤足；今則不論婚否皆穿白布鞋。	
白沙	白布帽			
西嶼	苧帽	苧衫		
新屋	白頭帛綴苧	白布長衫，有袖。		
楊梅	白頭帛綴苧，或白帽綴苧	同右		

新豐	白頭帛綴苧			
關西	白布三角頭帛綴苧	白布長衫，長至踝，有袖。		
竹東	帶黃色白頭帛	帶黃色白布長衫，有袖。	白鞋	
寶山	守古制者：草箍套苧、白布。一般人：白頭帛綴苧。	白布長衫，有袖。		
頭份(A)(B)	白布帽，或白頭帛，或白布三角巾。	白長衫		
頭屋	白頭帛綴苧	白長衫，無袖。		
苗栗市	白頭帛	白長衫		
東勢	成人：草箍套苧、白布，有耳塞，男喪左耳塞，女喪右耳塞，雙亡	麻衫，無袖。	白布鞋	

	兩耳皆有。孩童：白頭帛綴苧			
美濃	苧布三角巾爲帽	苧布長衫，無袖。	草鞋	
內埔(A)(B)	草箍套苧、白布。	白布長衫，無袖。		
佳冬(A)	成人：草箍套苧、白布。孩童：苧帽。	苧衫，對襟，長至膝，無袖，不緝邊，前長二尺五後長三尺五，腰束黑帶。	草鞋（土字綁法）孩童只穿素色鞋襪	
佳冬(B)	滿十八歲者：草箍套苧、白布。未滿十八歲者：苧帽。	苧衫，無袖。苧衫，無袖。	滿十八歲者：白布草鞋。未滿十八歲者：黑或白布鞋，忌穿皮鞋。	

二二、孫女及孫媳

傳統喪服制度，孫女不因出嫁而降服，本省大多數的地區，孫女亦皆不分出嫁與否皆用苧布爲孝服。孫媳與孫女同屬孫輩女性亦服苧，且孝服形式相同，因此本文將孫女與孫媳合為一項。石門徐有田云：

「孫女之服，箃頭以白布為底綴苧，祖父之喪左短右長，祖母之喪右短左長，雙亡者齊尾，苧仔衫已婚者有袖，否則無袖，白布鞋或藍布鞋，鞋尖綴苧。孫媳之服與孫女全同，一定有袖。」（註八七）

徐氏所稱孫女不論婚否，與孫媳相同，皆是穿苧戴苧，這種模式，通行於本省大部分地區。在北部以婚否決定有無衣袖的地區，尚可據此將穿孝服者分為已婚、未婚兩類（參照片㉘）；在無此分別法的地區，則在室孫女、出嫁孫女及孫媳三者便都毫無分別。

不過，在羅東、礁溪ⒶⒷ、淡水、梧棲ⒶⒷ、鹿港Ⓐ、土庫、台西、新化Ⓐ、楠梓、馬公、湖西、西嶼、楊梅、頭屋、佳冬ⒶⒷ等地，則以各種方法來區別她們：羅東孫女苧箃頭綴藍、鞋尖不綴他物，孫媳苧箃頭綴麻，鞋尖綴苧加麻；礁溪ⒶⒷ的出嫁孫女苧衫改為白布長衫；淡水、梧棲ⒶⒷ只有孫媳的鞋尖才綴苧；鹿港Ⓐ出嫁孫女箃頭上另外綴紅；土庫孫女孫媳箃頭所綴不同；台西在室孫女孫媳和出嫁孫女箃頭上所綴不同；新化Ⓐ孫媳箃頭另綴一條小布條，出嫁孫女苧衫改為白長衫；楠梓的出嫁孫女只有白布箃頭，身服省略，鞋尖不綴東西；馬公及西嶼孫媳須加一條苧裙；湖西出嫁孫女穿白布衫，戴白箃頭；楊梅與頭屋孫媳的身服無袖；佳冬ⒶⒷ出嫁孫女苧箃頭改為白箃頭，或者連苧衫也改為白長衫。

孫女、孫媳的足服，以白布鞋為最多，藍、黑布鞋較少。南部六堆客家地區，仍有守古制穿草鞋的風俗。穿布鞋的地區，鞋尖本應綴苧，但大多漸漸簡化而省略，有些地區甚至連鞋子的種類也未加硬性規定。

茲將文獻及田野調查所見各地孫女、孫媳之孝服，分別表列於後以供參考。

孫女孝服表（文獻部分）

出處	首服	身服	足服	備註
台灣私法		二麻，麻絰。	從定禮	
台灣風俗誌	服麻			
台灣舊慣	（苧簸頭）	苧衫		
葬式之民俗（民俗台灣二：一一）	（苧簸頭）	苧衫，未婚無袖，已婚者白布衫。		
桃園縣志	服苧			
南投縣之婚喪	白布蓋頭上覆苧布，尾	苧衫，已婚有袖，未婚		

禮俗	左長右短。	無袖。		
台灣省通志	服苧			
台灣民俗	服苧			
台北市志	服苧			
雲林縣志稿	服苧			
台灣喪葬習俗的研究（台灣文獻二九：二）	在室：麻與白布。出嫁：苧麻與白布	苧麻衣　麻衣		
台南市志	服苧			
最新婚喪喜慶禮儀大全	白布蓋頭上綴苧布，下貼一小青（藍）布。	苧衣		
中華文化叢書禮俗組座談會（台灣文獻三	半麻（苧）	半麻（苧）		

三：一）				
改善民俗之研究—改善民間喪葬禮俗之研究	服苧			
台灣地區現行喪葬禮俗研究報告	白簕頭綴苧麻，尾一長一短。	白長衫		
望八文存	苧（出嫁者綴紅）	苧		
草屯鎮志	白簕頭綴苧，尾左長右短。	苧衫，已婚有袖，未婚無袖。（晚近已婚者苧衫多略去，以別於出嫁女）。	白布鞋，鞋頭綴苧	
台灣禮俗語典	白簕頭綴苧	苧衫	白布鞋	
苗栗縣志	昔：用稍粗麻布為服，			

	緝其兩旁及下邊（出嫁者同）。今：白布長衫，上披麻衣，緝其下邊。			
台灣喪俗談	用麻布爲服，縫下端。			
六堆客家鄉土誌	麻			
中原客家實用禮俗範例	用粗麻布爲服，縫下邊。			
台灣區客家民俗文物專輯	（苧）	苧布或白布衣		

孫媳孝服表（文獻部分）

出處	首服	身服	足服	備註

台灣私法		二麻，麻絰	從定禮	
台灣風俗誌	麻服			
台灣舊慣	（苧篏頭）	苧衫		
民俗台灣	（苧篏頭）	苧衫，有袖。		
桃園縣志	服苧			
南投縣之婚喪禮俗	白布蓋頭上覆苧布，尾左長右短。	苧衫，有袖。		
台灣省通志	服苧			
台灣民俗	服苧			
台北市志	服苧			
雲林縣志稿	服苧			
台南市志	服苧			
最新婚喪喜慶禮儀大全	白布蓋頭上綴苧布，下貼一小青（藍）布。	苧衣		已訂婚之準孫媳，其蓋頭、衣服皆用紅布，不加苧。若送完山將留在

				夫家完婚者始於紅蓋頭上加苧，紅衣外加苧衣。
中華文化叢書禮俗組座談會（台灣文獻三三：一）	半麻（苧）	半麻（苧）		
改善民俗之研究—改善民間喪葬禮俗之研究	服苧			
台灣地區現行喪葬禮俗研究報告	白簕頭綴苧麻，尾一長一短	白長衫		
望八文存	苧	苧		

草屯鎮志	白箍頭綴苧，尾左長右短。	苧衫，有袖	白布鞋，鞋頭綴苧	
台灣禮俗語典	白箍頭綴苧	苧衫	白布鞋	
苗栗縣志	昔：用粗白布爲服。今：白布長衫。			
六堆客家鄉土誌	麻			
中原客家實用禮俗範例	用粗麻布爲服，縫下邊。			
台灣區客家民俗文物專輯	（苧）	苧布或白布衣		

孫女孫媳孝服表（田野部分）

地區	首服	身服	足服	備註

蘇澳	白布箍頭綴苧，其尾左右長短視男喪女喪而定。	苧衫，已婚有袖，未婚無袖，懷孕者於腰間加一條比棺布。	黑布鞋，鞋尖綴苧	
羅東	孫女：苧箍頭綴藍。 孫媳：苧箍頭綴麻。 其尾左右長短視男喪女喪而定。	同右	白布鞋（孫女）。 白布鞋，鞋尖綴苧加麻（孫媳）。	
宜蘭市	白布箍頭綴苧，其尾左右長短視男喪女喪而定。	苧長衫，已婚有袖，未婚無袖。	白布鞋	
礁溪(A)(B)	在室孫女及孫媳：白布箍頭綴苧。 出嫁孫女：白布箍頭綴苧。 其尾左右長短視男喪女喪	苧衫（在室孫女無袖，孫媳有袖）。 白布長衫，有袖。 懷孕者於腰間加一條比棺布。	白襪布鞋 素色鞋襪	

	喪而定。			
基隆	白布簕頭綴苧，其尾左右長短視男喪女喪而定。	苧衫，已婚有袖，未婚無袖，懷孕者於腰間加一條比棺布。	同右	
石門	同右	同右	白(藍)布鞋，鞋尖綴苧。	
三芝	同右	同右	同右	
淡水	同右	同右	白布鞋（孫媳鞋尖綴苧）	
北投	同右	同右	白襪，藍布鞋，鞋尖綴苧。	
三重	同右	同右	布鞋	
萬華	同右	苧衫，有袖，懷孕者於腰間加一條比棺布。	白布鞋，鞋尖綴苧。	
公館	同右	苧衫，長至踝，有袖，懷孕者於腰間加一條比	同右	

		棺布。		
新竹市	同右	苧衫，有袖，懷孕者於腰間加一條比棺布。	白布鞋	
竹南(A)	同右	同右	白襪，布鞋	
竹南(B)	白布箃頭綴苧，尾一律左長右短。	同右	同右	
梧棲(A)	白布箃頭綴苧，其尾左右長短視男喪女喪而定。	苧衫，無袖（今或改爲白長衫）。	白布鞋，鞋尖綴苧（僅孫媳服之）。	
梧棲(B)	白布箃頭綴苧，尾一律左長右短。	同右	同右	
大肚	白布箃頭綴苧，尾一律左長右短。	苧衫，已婚有袖，未婚無袖，懷孕者於腰間加一條比棺布。		
草屯	同右	苧衫，已婚有袖，未婚		

		無袖（今略）。懷孕者於腰間加一條比棺布。		
鹿港(A)	白布箍頭綴苧，尾一律左短右長。孫女出嫁者另綴紅布。	昔：苧長衫有袖。 今：白長衫，有袖，披苧布，自右而左，或不披。懷孕者於腰間加一條比棺布。	白襪白布鞋。	
鹿港(B)	白布箍頭綴苧，尾一長一短。	苧衫，懷孕者於腰間加一條比棺布。		
西螺	同右			
土庫	孫女：白布箍頭綴麻加紅。 孫媳：白布箍頭。尾一長一短。	白布長衫。 白布長衫，有袖。 懷孕者腰間加一條比棺	白布鞋。	

		布及一支鑰匙。		
斗南	黃（苧）毛巾，尾一律左短右長	黃（苧）長衫（未嫁者無身服），懷孕者於腰間加一條比棺布。	白鞋	
台西	在室孫女及孫媳：白布⿱竹敢頭綴紅。出嫁孫女：白布 ⿱竹敢頭綴藍。尾一長一短。	日常素色衣服，懷孕者於腰間加一條比棺布。	同右	
大林	苧⿱竹敢頭，尾一律左長右短。	苧衫，長至膝，有袖，懷孕者於腰間加一條比棺布。	藍布鞋，鞋尖綴苧。	
太保	白布⿱竹敢頭綴苧，尾一長一短	苧衫，有袖，懷孕者於腰間加一條比棺布。	白布鞋	
嘉義市(A)	同右	同右		
嘉義市(B)	白布⿱竹敢頭綴苧，尾一律	同右		

	左長右短。			
北門	白布箃頭綴紅，其尾左右長短視男喪女喪而定。			
佳里	白布箃頭綴苧，（今多改用白毛巾綴苧），尾不分長短。	日常素服即可，懷孕者於腰間加一條與棺木同長之線及鐵釘。	白襪，白布鞋，鞋尖綴苧。	
台南市	苧箃頭，尾巴長短無分別義。	苧衫，有袖，懷孕者於腰間加一條紅線。	白布鞋	
新化(A)	苧箃頭（孫媳另綴一條小白布），尾一律左長右短。	在室孫女：苧長衫，有袖。 出嫁孫女：白布長衫，有袖。 懷孕者於腰間加一條比棺布。	白襪 白布鞋	

新化(B)	白布簐頭綴苧，尾一律左長右短。	（略）	白襪布鞋	
關廟	白布簐頭綴苧，其尾左右長短視男喪女喪而定。			
楠梓	在室孫女及孫媳：白布簐頭綴苧。出嫁孫女：白布簐頭。尾一律左長右短。	苧衫，衣袖昔有今無（出嫁孫女身服省略）。懷孕者於腰間加一條比棺布或白帶子。	白襪布鞋，在室孫女及孫媳綴苧，出嫁者不綴。	
左營(A)	白布簐頭綴苧，尾一律左長右短。	苧衫，有袖，懷孕者於腰間加一條比棺布。	白布鞋，鞋尖綴苧。	
左營(B)	同右	苧衫	布鞋	
大樹	苧簐頭，尾一律左長右短。	苧衫（長僅過腰）	布鞋	

馬公	無烏巾，只用白布包頭，再罩苧箛頭，其尾長短隨人意。	苧衫（孫媳須加一條苧裙），懷孕者於腰間加一條比棺布及一支竹筷。	白襪烏鞋（孫媳鞋尖須綴苧）。	
湖西	在室孫女及孫媳：苧箛頭。	苧衫（孫媳須加一條苧裙，唯今人多省略）。	白布鞋	
	出嫁孫女：白布箛頭。其尾長短隨人意	白布衫。懷孕者於腰間加一條比棺布及一支竹筷。	白布鞋	
白沙	白布箛頭，尾一律左長右短。			
西嶼	苧箛頭，尾長短隨人意。	苧衫（孫媳須加一條苧裙），懷孕者於腰間加一條比棺布及一支竹筷。		

新屋	白布箍頭綴苧，其尾左右長短視男喪女喪而定。	白布長衫，有袖，懷孕者於腰間加一條比棺布。		
楊梅	同右	白布長衫，有袖（孫媳之長衫無袖），懷孕者於腰間加一條比棺布。	素色鞋襪	
新豐	白布箍頭，其尾左右長短視男喪女喪而定。			
關西	白布箍頭綴苧、其尾左右長短視男喪女喪而定。	白布長衫，有袖，懷孕者於腰間加一條比棺布。		
竹東	帶黃色白布箍頭，其尾左右長短視男喪女喪而定。	帶黃色白布長衫，有袖，懷孕者於腰間加一條比棺布及一支竹筷	白鞋	
寶山	白布箍頭綴苧，其尾左			

	右長短視男喪女喪而定。			
頭份(A)	白布簕頭，尾一律左長右短			
頭份(B)	白布簕頭，其尾左右長短視男喪女喪而定。	（略）		
頭屋	白布簕頭，尾一律左長右短。	白長衫（孫媳無袖），懷孕者於腰間加一條紅布帶。		
苗栗市	白布簕頭，其尾左右長短視男喪女喪而定。	白長衫，懷孕者於腰間加一條比棺布綴紅。		
東勢	白布簕頭綴麻，其尾左右長短視男喪女喪而定。			
美濃	黃（苧）布簕頭，尾齊	黃（苧）布衫，無袖，	草鞋	

	長。	懷孕者加腰帕及一支竹筷子。		
內埔(A)(B)	白布簕頭綴苧，尾齊長。	白布長衫，無袖，孕婦腰間加一支竹筷。		
佳冬(A)	在室孫女及孫媳：苧簕頭頂加小紅。 出嫁孫女：白布簕頭頂加小紅。 尾一律左長右短。	苧衫，長至膝，無袖。 苧衫，無袖。 懷孕者於腰間加一條比棺布。	草鞋 草鞋	
佳冬(B)	在室孫女及孫媳：苧簕頭頂加小紅。 出嫁孫女：白布簕頭頂加小紅。 尾一律齊長。	苧衫，長至膝，有袖，白布腰帶。 白布長衫，有袖。 懷孕者腰加紅布，將臨盆者多加一支竹筷。	十八歲以上：草鞋 十八歲以下：白（黑）布鞋	

一三、侄　男

侄男本與孝男同輩，但因爲是旁系，故降一等不服麻而服苧，與孝孫輩相同；由於同屬苧服且同爲男性，因而侄男的孝服便與孫男的孝服相同，故石門徐有田云：

「侄子用頭白綴苧，著苧仔衫，與孝孫同（參照㉟）。」（註八八）

左營李錦斌亦云：

「侄子穿苧戴苧，白布草鞋，與孝孫同。」（註八九）

田野調查，閩南系統四十一個地區中，僅有五處侄男的孝服與孫男的孝服稍有不同：羅東是首服苧上再加藍布與紅布；宜蘭市與羅東相似但不加紅，鹿港(B)白頭帛綴麻不綴苧，北門及新化(B)簡化爲只在手臂上紮白布，除此以外的地區則幾乎是完全相同。

客家系統，北、中部地區的客家鄉鎮，侄男的孝服，近年來已簡化爲只有白頭帛，與孫男須要另綴苧布不同；南部六堆地區，美濃、內埔(A)侄男與孫男之服大致相同，佳冬(A)(B)則侄男的首服簡化爲苧布三角帽，身服改用白布長衫。

茲將文獻及田野調查各地所見侄男的孝服，分別表列於後以供參考。

侄男孝服表（文獻部分）

出處	首服	身服	足服	備註
台灣私法	麻盔	二麻，麻經。	從定禮	
台灣風俗誌	服麻			
台灣舊慣	（苧頭帛或苙包）	苧衫		
桃園縣志	服苧			
南投縣之婚喪禮俗	麻箍套苧布，白布，已婚者喪冠自前額至後腦處多一冠帶。或用苧頭帛，結尾左長右短。	苧衫，已婚有袖，未婚無袖。		
台灣省通志	服苧			
台灣民俗	服苧			
台北市志	服苧			
雲林縣志稿	服苧			
台灣喪葬習俗的研究（台灣		苧麻衣		

文獻二九：二）				
台南市志	服苧			
最新婚喪喜慶禮儀大全	頭白綴苧	苧衣		
中華文化叢書禮俗組座談會紀錄（台灣文獻（三三：一）	半麻（苧）	半麻（苧）		
改善民俗之研究—改善民間喪葬禮俗之研究	服苧			
望八文存	苧	苧		

草屯鎮志	白頭帛，尾左長右短，額上綴苧。	苧衫，已婚有袖未婚無袖。	草鞋	
台灣禮俗語典	白苧包綴苧	苧衫		
苗栗縣志	昔：用稍粗麻布爲服，緝其兩旁及下邊。 今：白布長衫，上披麻衣，緝其下邊。			
台灣喪俗談	用麻布爲服，縫下端。			
中原客家實用禮俗範例	用粗麻布爲服，縫下邊。			

侄男孝服表（田野部分）

地區	首服	身服	足服	備註
蘇澳	白頭帛綴苧，其尾左右	（略）		

	長短視男喪女喪而定。			
羅東	白頭帛綴苧加藍加紅，其尾左右長短視男喪女喪而定。	苧衫，已婚有袖未婚無袖。	白布鞋	
宜蘭市	白頭帛綴苧加藍，其尾左右長短視男喪女喪而定。	同右		
礁溪(A)	苧布罩頭再繫白頭帛，其尾左尾長短視男喪女喪而定。	（略）		
礁溪(B)	同右	苧衫，已婚有袖未婚無袖。		
基隆	白頭帛綴苧	同右	白襪布鞋	
石門	同右	同右	同右	
三芝	同右	同右	同右	

淡水	同右	同右	同右	
北投	白頭帛綴苧（已婚者戴草箍套苧、白布）。	同右	同右	
三重	白頭帛綴苧	同右		
萬華	同右	苧衫有袖	白襪布鞋	
公館	成人：草箍套苧、白布，再繫白頭帛。孩童：白荖包綴苧。	苧長衫	昔：白布草鞋。今：白布鞋	
新竹市	白頭帛綴苧	苧衫有袖		
竹南(B)	同右	同右	白襪布鞋	
梧棲(A)(B)	成人：草箍加白頭帛綴苧。孩童：白荖包綴苧。	苧衫無袖	白布鞋	
大肚	白頭帛綴苧	苧衫，已婚有袖未婚無袖。		

草屯	同右	同右		
鹿港(A)	同右	昔：苧長衫，有袖。 今：白長衫。	昔：白襪草鞋。 今：白襪白布鞋。	
鹿港(B)	白頭帛綴麻（其結法男喪放左條，女喪放右條，雙亡則齊放）。	白長袍	昔：白布草鞋。 今：白襪、草拖鞋。	
西螺	白頭帛綴苧			
土庫	白頭帛	白布長衫有袖	白襪白鞋	
斗南	白頭帛或白毛巾綴紅			
台西	白頭帛綴紅	平日之素色衣服		
大林	草箍（已婚有梁未婚無梁）套苧、白布。	苧衫，長至膝，有袖。	白布草鞋	
太保	白頭帛綴苧	白布長衫無袖		
嘉義市(A)	同右			
嘉義市(B)	草箍套苧、白布，或白	苧衫		

	頭帛綴苧。			
北門	手臂紮白布綴紅			
佳里	白頭帛綴苧		白襪白鞋	
台南市	苧帽	苧衫	白布草鞋	
新化(A)	白頭帛綴苧	苧衫長至腓，有袖。	白襪布鞋	
新化(B)	手臂紮白布			
關廟	苧帽			
楠梓	苧帽，或草箍套苧、白布。	苧衫無袖		
左營(A)	白頭帛綴苧			
左營(B)	同右	苧衫		
馬公	苧帽加白頭帛	苧衫（或略）		
湖西	苧帽	同右		
白沙	白布帽			
西嶼	苧帽	苧衫		

新屋	白頭帛綴紅（今多改為只披腰飾綴紅）	白布長衫無袖		
楊梅	白頭帛	同右		
新豐		白布腰飾綴紅披肩		
關西	白布三角帽	白布長衫無袖		
竹東	白頭帛	同右	白鞋	
寶山	同右	同右		
頭份(B)	白頭帛或白布帽或白布三角帽			
頭屋	白布三角帽	白布長衫無袖		
東勢	昔：白頭帛綴麻。今：白頭帛。	麻衫 腰飾綴紅		
美濃	黃（苧）布三角帽	黃（苧）布衫無袖		
內埔(A)	草箍套苧、白布。	白布長衫無袖		
佳冬(A)	苧布三角帽	同右	成人：草鞋。	

佳冬(B)	同右	同右	孩童：黑（白）布鞋。	

一四、侄女及侄媳

侄女與侄媳本與孝女同輩，但因爲是旁系，故降一等不服麻而服苧，與孫女及孫媳相同；由於同屬苧服且同爲女性，因此侄女侄媳與孫女孫媳的孝服，基本上應該是相同的。

田野調查，閩南地區，除了羅東、土庫、斗南、太保、北門、新化(B)、左營(A)、湖西等地，侄女侄媳的孝服與孫女孫媳略有不同之外，其餘大部分地區兩者都是相同的。其中有些地區侄女身服省略，但侄媳却未省略。這是因爲侄女是同姓的一家人而侄媳則爲外姓嫁入，若不照禮數做容易落人口實。

客家系統，桃、竹、苗及東勢一帶，侄女孫媳全部變成白布簸頭，與孫女孫媳白簸頭上綴苧不同，而白布長衫也多半無袖，這是因爲孫女孫媳是傳死者血統的人，而侄女侄媳爲旁系不傳死者的血統，故無袖。南部六堆一帶，美濃、內埔地區侄女侄媳與孫女孫媳相同，佳冬地區則稍有不同。

茲將文獻及田野調查所見各地侄女及侄媳的孝服，分別表列於後以供參考。

侄女孝服表（文獻部分）

出處	首服	身服	足服	備註
台灣私法		二麻，麻經。	從定禮	
台灣風俗誌	麻服			
台灣舊慣	（苧箛頭）	苧衫		
桃園縣志	服苧			
南投縣之婚喪禮俗	白布蓋頭上覆苧布，尾左長右短。	苧衫，已婚有袖未婚無袖。		
台灣省通志	服苧			
台灣民俗	服苧			
台北市志	服苧			
雲林縣志稿	服苧			
台灣喪葬習俗的研究（台灣	苧麻與白布			

文獻二九：二）				
台南市志	服苧			
最新婚喪喜慶禮儀大全	白布蓋頭上綴苧布	苧衣		
中華文化叢書禮俗組座談會紀錄（台灣文獻三三：一）	半麻（苧）	半麻（苧）		
改善民俗之研究—改善民間喪葬禮俗之研究	服苧			
望八文存	苧（出嫁者綴紅）	苧		
草屯鎮志	白簸頭綴苧，尾左長右	苧衫，已婚有袖未婚無		

出處	首服	身服	足服	備註
	短。	袖。（晚近已婚者之苧衫多略去以別於出嫁女）		
台灣禮俗語典	白箃頭綴苧	苧衫		
苗栗縣志	昔：用稍粗麻布為服，緝其兩旁及下邊。今：白布長衫，上披麻衣緝其下邊。			出嫁降服大功

侄媳孝服表（文獻部分）

出處	首服	身服	足服	備註
台灣喪俗談	用麻布為服，縫下端。			
中原客家實用禮俗範例	用粗麻布為服，縫下邊。			

台灣私法		二麻，麻経。	從定禮	
台灣風俗誌	服麻			
台灣舊慣	（苧箃頭）	苧衫		
桃園縣志	服苧			
南投縣之婚喪禮俗	白布蓋頭上覆苧布，尾左長右短。	苧衫有袖		
台灣省通志	服苧			
台灣民俗	服苧			
台北市志	服苧			
雲林縣志稿	服苧			
台南市志	服苧			
最新婚喪喜慶禮儀大全	白布蓋頭上綴苧布	苧衣		
中華文化叢書禮俗組座談會	半麻（苧）	半麻（苧）		

紀錄（台灣文獻三三：一）				
改善民俗之研究—改善民間喪葬禮俗之研究	服苧			
望八文存	苧	苧		
草屯鎮志	白箃頭綴苧，尾左長右短。	苧衫有袖（晚近苧衫多略去以別於出嫁女）。	白布鞋，鞋頭綴苧。	
台灣禮俗語典	白箃頭綴苧	苧衫		
苗栗縣志	昔：用粗白布為服。今：白布長衫。			
中原客家實用禮俗範例	用粗麻布為服，縫下邊。			

侄女侄媳孝服表（田野部分）

地區	首服	身服	足服	備註
蘇澳	白布箍頭綴苧，其尾左右長短視男喪女喪而定。	（略）		
羅東	苧箍頭綴紅，其尾左右長短視男喪女喪而定。	苧衫，已婚有袖未婚無袖。		
宜蘭市	白布箍頭綴苧，其尾左右長短視男喪女喪而定。	苧衫，已婚有袖未婚無袖。（今或改爲只穿白長衫）		
礁溪(A)	同右	（略）		
礁溪(B)	同右	苧衫（在室侄女無袖，侄媳有袖）。出嫁侄女穿白布長衫有袖。懷孕		

		者於腰間加一條比棺布。		
基隆	同右	苧衫，已婚有袖未婚無袖。懷孕者於腰間加一條比棺布。		
石門	同右	同右	白布鞋	
三芝	同右	同右	同右	
淡水	同右	同右	白布鞋，鞋尖綴苧。	
北投	同右	苧衫有袖，懷孕者於腰間加一條比棺布。	白襪藍布鞋，鞋尖綴苧（侄媳穿，餘略）。	
三重	同右	苧衫，已婚有袖未婚無袖。懷孕者於腰間加一條比棺布。		
萬華	白布箍頭綴苧，其尾左右長短視男喪女喪而	苧衫有袖，懷孕者於腰間加一條比棺布。	布鞋	

	定。			
公館	同右	苧衫長至踝，有袖（侄媳穿，餘略）。懷孕者於腰間加一條比棺布。		
新竹市	同右	苧衫，長袖，懷孕者於腰間加一條比棺布。		
竹南(B)	白布箃頭綴苧，尾一律左長右短。	苧衫，長袖（侄媳穿，餘略）	白襪布鞋（侄媳穿，餘略）	
梧棲(A)	白布箃頭綴苧，其尾左右長短視男喪女喪而定。	苧衫無袖（今或改為只穿白長衫），懷孕者於腰間加一條比棺布。	白布鞋	
大肚	白布箃頭綴苧，尾一律左長右短。	苧衫，已婚有袖未婚無袖。懷孕者於腰間加一條比棺布。		
草屯	同右	苧衫，有袖（侄媳穿，		

		餘略）。懷孕者於腰間加一條比棺布。		
鹿港(A)	白布箍頭綴苧，尾一律右長左短。（出嫁者另綴紅）	昔：苧長衫，有袖。今：白布長衫，有袖，肩上披苧或不披。懷孕者於腰間加一條比棺布。	白襪布鞋	
鹿港(B)	白布箍頭綴苧，尾一長一短。	苧衫，無袖，懷孕者於腰間加一條比棺布。		
西螺	白布箍頭綴苧，尾一長一短。			
土庫	白布箍頭，尾一長一短。	白布長衫，有袖（侄媳穿，餘略），懷孕者於腰間加一條比棺布。	白襪白鞋	
斗南	黃（苧）箍頭綴紅（侄	侄女出嫁者有黃（苧）		

	女）。白布簸頭綴紅(侄媳)。尾一律左短右長。	布衫，在室者及侄媳無。		
台西	白布簸頭綴紅（在室者及侄媳）白布簸頭綴藍（出嫁者）尾一律左短右長			
大林	白布簸頭綴苧（白布七尺苧五尺），尾一律左長右短。	苧衫，長至膝，有袖，懷孕者於腰間加一條比棺布。	藍布鞋，鞋尖綴苧。	
太保	白布簸頭綴紅（在室者）白布簸頭綴苧（出嫁者及侄媳），尾一長一短			

嘉義市(A)	同右		
嘉義市(B)	白布箃頭綴苧，尾一律左長右短。	苧衫有袖（侄媳穿，餘略），懷孕者於腰間加一條比棺布。	
北門	手臂紮白布綴紅		
佳里	白布箃頭綴苧（今多改用白毛巾綴苧），尾巴長短已無分別義。		白襪白布鞋，鞋尖綴苧。
台南市	苧箃頭，尾巴長短已無分別義。	苧衫有袖，懷孕者於腰間加一條紅線。	白布鞋
新化(A)	苧箃頭（侄媳綴小白布，侄女不綴），尾一律右長左短。	苧長衫有袖（侄媳穿，餘略），懷孕者於腰間加一條比棺布。	白襪白鞋
新化(B)	手臂紮白布		
關廟	白布箃頭綴苧其尾左右		

	長短視男喪女喪而定。			
楠梓	白布箍頭綴苧（在室者及侄媳） 白布箍頭（出嫁者） 尾一律左長右短	苧衫（在室侄女穿，侄媳及及出嫁侄女略）	布鞋，在室侄女鞋尖綴苧，侄媳及出嫁侄女不綴。	
左營(A)	白布箍頭，尾一律左短右長。			
左營(B)	白布箍頭綴苧，尾一律左長右短。	苧衫，懷孕者於腰間加一條比棺布。		
馬公	白布箍頭綴苧，尾長短隨人意	苧衫（今略）		
湖西	白布箍頭綴苧（在室者及侄媳） 白布箍頭（出嫁者） 尾長短隨人意	苧衫（在室者及侄媳，今多省略） 白布衫（出嫁者） 懷孕者於腰間加一條比		

		棺布及一支竹筷。		
白沙	白布箴頭，尾一律左長右短。			
西嶼	苧箴頭，尾長短隨人意。	苧衫有袖，懷孕者於腰間加一條比棺布及一支竹筷。		
新屋	白布箴頭綴紅，其尾左右長短視男喪女喪而定。	白布長衫無袖，懷孕者於腰間加一條比棺布。		
楊梅	白布箴頭，其尾左右長短視男喪女喪而定。	同右	素色鞋襪	
新豐	同右			
關西	同右	白布長衫，無袖，懷孕者於腰間加一條比棺布。		

竹東	同右	白布長衫，無袖，懷孕者於腰間加一條比棺布及一雙竹筷。	白鞋	
寶山	白布簕頭（無尾巴）	白布長衫，有袖（侄媳穿，餘略），懷孕者於腰間加一條比棺布及一雙竹筷。		
頭份(B)	白布簕頭，其尾左右長短視男喪女喪而定。			
頭屋	白布簕頭，尾一律左長右短。	白布長衫，無袖，懷孕者於腰間加一條比棺布。		
東勢	昔：白布簕頭綴麻 今：白布簕頭，其尾左右長短視男喪女喪而	昔：麻衫，無袖。 今：腰飾綴紅		

	定。			
美濃	苧箍頭，尾齊長。	苧衫無袖，懷孕者加腰帕及一支竹筷。	草鞋（侄媳穿餘略）	
內埔(A)	白布箍頭綴苧，尾齊長。	白布長衫，無袖，懷孕者於腰間加一支竹筷子。		
佳冬(A)	苧箍頭（在室者） 苧箍頭綴紅（侄媳） 白布箍頭（出嫁者） 尾一律左長右短	苧衫，無袖。 苧衫，無袖。 苧衫，無袖。 懷孕者於腰間加一條比棺布。	黑（白）布鞋 草鞋 草鞋	
佳冬(B)	苧箍頭（在室者） 白布箍頭綴紅（侄媳） 白布箍頭（出嫁者） 尾齊長	苧衫，無袖。 白布長衫，無袖。 白布長衫，無袖。 懷孕者於腰間加一條比		

棺布。

一五、外孫男

外孫男，屬於孫輩，孫輩本應服苧；但因其母爲死者之出嫁女，出嫁女也服苧，外孫爲其下一代而且是異姓，因而有外孫降一等服藍的說法。

台灣各地外孫的孝服顯得很紛歧不一，就田野調查所得加以歸納，約可分爲三類：第一類爲頭苧身苧（身服今或省略），這是把外孫男當作孫輩不降服，根據孫輩而服苧。這一類見於蘇澳、北投、三重、萬華、竹南(B)、鹿港(A)、太保、嘉義市(A)、北門、佳里、台南市、西嶼及客家的佳冬(B)等地。第二類爲在首服上綴藍，表示外孫爲出嫁女（服苧）之子，應服藍，見於羅東、宜蘭市、礁溪(A)、基隆、石門、公館、鹿港(B)、新化(B)、楠梓等地，鹿港黃清泉云：

「外孫，昔日頭白綴藍布，藍布長衫；今則只有頭服，身服多省略。」（注九〇）

這一類首服所配的身服，有些地區是配藍布衫，如公館以及鹿港(B)；有些地區配苧衫，如宜蘭市、基隆；也有配白布衫的，例如礁溪(A)，有些地區則加以省略，如石門（參照片㉙）以及新化(B)。第三類爲首服、身服皆只用白布，這是一種簡化以後的形式，見於淡水、土庫、台西、關廟、左營(B)、馬公、湖西、白沙及客家的楊梅、關西、竹東、寶山、美濃等地。以上三類，不論閩南或客家，都發現有些地區在首服上有另加綴一塊小紅布的習俗，這是因爲外孫是外姓之故，石門徐有田云：

「外孫係異姓人，僅有頭白或簸頭，且須綴紅。」（注九一）

竹東江雪雲云：

「外孫男純白布頭帛，女純白布簸頭，中間綴一小紅布，表異姓人，純白布長衫，白鞋。」（注九二）。

另外，在新化(A)有戴粉紅布帽的例子，這是最近興起的新習俗，本來五代才有人服紅，當地外孫即用粉紅，有藉此以誇張代數以表示死者好命的作用在。

茲將文獻及田野調查所得各地外孫男孝服資料，分別表列於後以供參考。由於有些地區認爲外孫較疏，不必參加葬禮穿孝服，因而其資料便不像孝男、孫男那麼多，以下越疏遠的親戚，這種現象會越明顯。

外孫男孝服表（文獻部分）

出處	首服	身服	足服	備註
最新婚喪喜慶禮儀大全	頭白綴苧，內加一小藍。	苧衣	白襪草鞋	

苗栗縣志	昔：用稍細白布爲服。今：白布長衫。			
台灣喪俗談	小功			
中原客家實用禮俗範例	用稍細熟布爲服（小功）			

外孫男孝服表（田野部分）

地區	首服	身服	足服	備註
蘇澳	白頭帛綴苧（未曾穿過孝服者要綴紅）	（略）		
羅東	藍頭帛綴紅			
宜蘭市	白頭帛綴藍	苧長衫，已婚有袖，未婚無袖。		
礁溪(A)	同右	白布衫，已婚有袖，未		

		婚無袖。		
礁溪(B)	白頭帛綴苧	同右		
基隆	白頭帛綴苧加藍	苧衫，已婚有袖，未婚無袖。	布鞋	
石門	白頭帛綴藍加紅			
淡水	白荖包綴紅	白長衫，已婚有袖，未婚無袖。		
北投	白頭帛綴苧加紅。或云：白頭帛綴苧加藍。	苧衫，有袖。		
三重	白頭帛綴苧	苧衫，已婚有袖，未婚無袖。		
萬華	白頭帛綴苧加紅	苧衫，有袖。		
公館	白頭帛綴藍	藍布衫，有袖。		
竹南(B)	白頭帛綴苧	苧衫，有袖。		
鹿港(A)	白頭帛綴苧加紅	苧衫，有袖（今略）。		

鹿港(B)	白頭帛綴藍	藍布衫（今略）		
土庫	白頭帛綴紅			
斗南	黃毛巾綴紅			
台西	白頭帛綴紅			
大林	白頭帛	藍布長衫		
太保	白頭帛綴苧			
嘉義市(A)	同右			
北門	同右			
佳里	同右			
台南市	苧帽	苧衫	白布草鞋	
新化(A)	粉紅布帽			
新化(B)	白頭帛綴藍			
關廟	白苧包，或於左臂紮白布。			
楠梓	藍布披肩			

左營(A)	白頭帛	白布衫		
馬公	白頭帛綴紅			
湖西	白帽，帽上雙角綴紅。			
白沙	同右			
西嶼	苧帽，帽上雙角綴紅。			
楊梅	白苧包綴紅	白布長衫，有袖。	素色鞋襪	
關西	白頭帛綴紅	同右		
竹東	同右	同右	白鞋	
寶山	同右	白布長衫，無袖。		
美濃	白布三角帽（今多以白毛巾爲帽）		草鞋	
佳冬(A)	（略）	白長衫，無袖。		
佳冬(B)	苧布三角帽綴紅			

一六　外孫女及外孫媳

外孫女及外孫媳與外孫男的孝服，除首服的形式外孫女媳因爲是女性而採箛頭，外孫男採頭帛或方帽等而有所不同之外，其所使用的布料以及所加綴的小布，大多數地區外孫女媳均與其外孫男相同（參照片㉙），也可以大致歸納爲三類。只有台西（外孫女出嫁後白箛頭不綴紅而綴藍）、太保、嘉義市(A)（已嫁外孫女白箛頭不綴苧而綴紅）以及楠梓（出嫁孫女不用藍箛頭而用白布箛頭）等極少數地區外孫女因出嫁之後而有所改變；另外南部客家地區的佳冬(B)外孫女媳一律只戴白布箛頭綴紅與外孫男的苧布三角帽綴紅，在布料上也有所不同。

茲將文獻及田野調查所得各地外孫男孝服資料，表列於後以供參考。

外孫女及外孫媳孝服表（文獻部分）

出處	首服	身服	足服	備註
苗栗縣志	昔：用稍細白布爲服。 今：白布長衫。			
台灣喪俗談	小功			
中原客家實用禮俗範例	用稍細熟布爲服（小功）。			

外孫女、外孫媳孝服表（田野部分）

地區	首服	身服	足服	備註
蘇澳	白布箛頭綴苧（第一次穿者要綴紅），其尾左右長短視男喪女喪而定。	（略）		
羅東	藍箛頭綴小紅，其尾左右長短視男喪女喪而定。			
宜蘭市	白箛頭綴藍，其尾左右長短視男喪女喪而定。	苧衫，已婚有袖，未婚無袖。		
礁溪(A)	同右	白布衫，已婚有袖，未婚無袖。		
礁溪(B)	苧箛頭，其尾左右長短	同右		

	視男喪女喪而定。			
基隆	白箙頭綴苧加藍，其尾左右長短視男喪女喪而定。	苧衫，已婚有袖，未婚無袖。		
石門	白箙頭綴藍加紅，其尾左右長短視男喪女喪而定。			
淡水	白箙頭綴紅，其尾左右長短視男喪女喪而定。	白長衫，已婚有袖，未婚無袖。		
北投	白箙頭綴苧加紅，或白箙頭綴苧加藍。	苧衫，有袖，懷孕者於腰間加一條比棺布。	白襪布鞋。	
三重	白箙頭綴苧	同右		
萬華	白箙頭綴苧加紅	苧衫，長袖。		
公館	藍箙頭，其尾左右長短視男喪女喪而定。	藍長衫		

竹南(B)	白箃頭綴苧，尾一律左長右短。	苧衫，長袖。	白襪布鞋	
鹿港(A)	白箃頭綴苧加紅，尾一律右長左短。	苧長衫，有袖（今略）。		
鹿港(B)	白箃頭綴藍，尾一律右長左短。	藍長衫，有袖（今略）。		
土庫	白箃頭綴紅，尾一長一短。			
斗南	苧箃頭綴紅，尾左短右長。	苧衫，無袖（出嫁外孫女無身服）。		
台西	白箃頭綴紅（已嫁外孫女不綴紅而綴藍），尾一長一短。			
大林	白箃頭，尾一律左長右短。	外孫媳及在室外孫女無身服。	布鞋	

		已嫁外孫女著白長衫。		
太保	白箍頭綴苧（已嫁外孫女不綴苧而綴紅），尾一長一短。	白長衫		
嘉義市(A)	同右			
北門	白布箍頭綴苧，其尾左右長短視男喪女喪而定。			
佳里	白布箍頭綴苧，其尾長短隨人意。			
台南市	同右	苧衫	布鞋	
新化(A)	粉紅箍頭，尾一律左短右長。			
新化(B)	白箍頭綴藍，尾一律左長右短。			

關廟	白箛頭，其尾左右長短視男喪女喪而定。			
楠梓	藍箛頭（出嫁外孫女白布箛頭），尾一律左長右短。			
左營(A)	白筱頭，尾一律左長右短。	白布衫		
馬公	白箛頭綴紅，尾長短隨人意。			
湖西	同右			
白沙	白箛頭綴紅，尾一律左長右短。			
西嶼	白布箛頭綴苧加紅，尾長短隨人意。			
楊梅	白箛頭綴紅，其尾左右	白布長衫，外孫女有		

	長短視男喪女喪而定。	袖，外孫媳無袖。		
關西	同右	白長衫，有袖。		
竹東	白箍頭綴紅，其尾左右長短視男喪女喪而定。	白布長衫，有袖。		
寶山	白箍頭（無尾）綴紅	白長衫，無袖。		
美濃	白箍頭，尾齊長。	白衫		
佳冬(A)	白箍頭綴紅，尾一律左長右短。	外孫媳：白長衫，無袖，懷孕者於腰間加一條比棺布。外孫女身服今已省略。		
佳冬(B)	白箍頭綴紅，尾齊長。			

一七、外甥男

外甥男爲姊妹之子，侄子爲兄弟之子，論輩分兩者相當，但一爲同姓，一爲異姓，因此外甥的孝服應較侄子爲輕。

文獻上，楊烱山最新婚喪喜慶禮儀大全、草屯鎮志、台灣禮俗語典稱外甥爲首服綴苧，其身服楊氏以爲是白袍，而後二書以爲是苧衫；另外望八文存則以爲首服不綴苧而應綴青（藍）。田野調查結果，發現各地外甥的孝服，從首服上看，約可歸納爲三類：第一類是白頭帛加苧，見於蘇澳、北投、三重、竹南(B)、草屯、馬公等地；第二類是白頭帛綴藍，見於礁溪(A)(B)、三芝，而宜蘭市、基隆及鹿港(A)則是白頭帛綴苧再加藍；第三類是白頭帛或白荖包、白布帽上不綴苧也不綴藍，見於羅東、石門、淡水及中南部大部分地區，客家系統更是全部都屬於這一類。因爲外甥是外姓，各地多半在其首服上綴紅，石門徐有田云：

「外甥僅用白布爲頭白，因其爲外姓，須在頭白上綴紅，表示對其本家本姓而言非凶，穿白布長衫（參照片㉞）；外甥女至多僅有頭服而已。」（注九三）

外甥男的身服，客家地區差不多都還保留，是白布長衫（苗栗縣志及中原客家實用禮俗範例稱客家人爲舅父與爲舅母的孝服，布料有粗細之分，但目前均一律用白布長衫）。中南部的閩南地區大多省略，北部地區則多半尚保留；就保留者而言，除宜蘭市爲藍長衫，基隆爲苧衫之外，都是白長衫（長袍）。此外，近年有些地區外甥的孝服已簡化爲白頭帛不紮於頭上而繫於手臂上，見於新化(B)、湖西等地；有些地區則將身服白長衫（長袍）簡化成「腰飾」，見於桃、竹、苗一帶的閩南及客家，改變的原因，楊烱山以爲是不知穿者體型大小之故，楊氏云：

「本來重要親戚之白袍，喪主必須事先縫製好，由於體型身材欠詳，故百年來新竹地區閩南例

均以七尺白袍布供給親戚披在肩上，迄今別地區仍在流行。」（注九四）

竹東江雪雲則以爲是爲了省工之故，江氏云：

「外甥之服用純白帽（男）或白布簕頭（女媳），額中綴紅，身服本應用純白布長袍，今爲省工多改用腰飾，即以寬三尺長八尺之白布對摺成寬一尺長八尺，中間綁一小條紅布，斜披於肩。男喪掛於左肩斜向右腰，女喪掛於右肩斜向左腰，結於下端。」（注九五）

楊、江二人所說均合乎實情，由於親戚常相互見面，且熟記對方身材的情形越來越少，而請鄰居婦人幫忙縫製孝服也越來越不容易，爲求通用與省工，以腰飾代替白長衫（長袍）的現象正逐漸流行中。

外甥男的足服，僅少數地區規定穿白襪白鞋，美濃穿草鞋，其他絕大多數地區皆未硬性規定。

玆將文獻及田野調查所見各地外甥男之孝服資料，分別表列於後以供參考。

外甥男孝服表（文獻部分）

出處	首服	身服	足服	備註
最新婚喪喜慶禮儀大全	頭白縫一苧布	白袍		
望八文存	首服用苧布，其上綴青			

外甥男孝服表（田野部分）

	（藍）綴紅。			
草屯鎮志	頭白，額上綴苧，尾左長右短。	苧衫，已婚有袖，未婚無袖。	草鞋	
台灣禮俗語典	白苧包綴苧	苧衫		
苗栗縣志	昔：用稍細白布為服。今：白布長衫。			外甥為舅父姨母如上述，為舅母則用細白布為服。
台灣喪俗談	小功			
中原客家實用禮俗範例	為舅父：用稍粗熟布為服。為舅母：用細熟布為服。			

地區	首服	身服	足服	備註
蘇澳	白頭帛綴苧（第一次穿者要綴紅）	（略）		
羅東	白頭帛綴紅			
宜蘭市	白荖包綴苧加藍	藍長衫，已婚有袖，未婚無袖。		
礁溪(A)	白頭帛綴藍，男喪左短，女喪右短，雙亡齊長。	白長衫，已婚有袖，未婚無袖。		
礁溪(B)	同右	同右		
基隆	白頭帛綴苧加藍	苧衫，已婚有袖，未婚無袖。		
石門	白頭帛綴紅	白袍，斜襟，有袖。		
三芝	白帽綴紅加藍	同右		
淡水	白荖包或手臂紮白布			

北投	白苧包綴苧加紅	白袍，斜襟，有袖。		
三重	白頭帛綴苧加紅			
竹南(A)	白頭帛綴紅	腰飾綴紅，男喪自左肩向右披，女喪自右肩向左披。		
竹南(B)	白頭帛綴苧	腰飾	白襪布鞋	
梧棲(A)(B)	白頭帛			
草屯	白頭帛綴苧			
鹿港(A)	白頭帛綴苧加藍加紅（昔日尚須縫一枚銅錢）。			
鹿港(B)	白頭帛綴紅			
土庫	白苧包綴紅	白長衫，有袖。	白襪白鞋	
斗南	黃毛巾綴紅			
台西	白頭帛綴紅			

大林	白頭帛（死者高壽則以七尺二白布爲頭帛，下壽則以七尺白布爲之）。			
太保	白頭帛綴紅	白布長衫，有袖。		
嘉義市(A)	同右			
佳里	白頭帛			
新化(A)	粉紅色布帽			
新化(B)	手臂紮白布			
關廟	白布帽			
馬公	白頭帛綴苧			
湖西	手臂紮白布或白毛巾			
白沙	白苧包綴紅			
新屋	白苧包綴紅，或白布三角帽綴紅	腰飾綴紅		

楊梅	白苧包或白頭帛綴紅	白布披肩，綴紅。	素色鞋襪	
新豐	白頭帛綴紅			
關西	白苧包綴紅	白布長衫，有袖。		
竹東	同右	白長袍，無袖（今多簡化用「腰飾」）。		
寶山	白頭帛綴紅	白布長衫，無袖（今多改用一白布條斜掛於肩，名爲「大服」，即「腰飾」也。）		
頭屋	同右	白布長衫，無袖。		
美濃	白布三角帽	同右	草鞋	
佳冬(A)	（略）	白布長衫，有袖。		
佳冬(B)	白苧包綴紅	同右		

一八、外甥女及外甥媳

外甥女及外甥媳的孝服，文獻上缺乏資料；田野調查，全省絕大多數地區外甥女與外甥媳的孝服，除首服形式男女有別外，其餘均與外甥男相同，只有台西出嫁的外甥女白布蔽頭所綴爲小藍布而非紅布，與外甥男不同。

茲將田野調查所得各地外甥女及外甥媳孝服資料，表列於後以供參考。

外甥女及外甥媳孝服表（田野部分）

地區	首服	身服	足服	備註
蘇澳	白布箍頭綴苧（第一次穿者要綴紅），其尾左右長短視男喪女喪而定。	（略）		
羅東	白布箍頭綴紅，其尾左右長短視男喪女喪而定。			
宜蘭市	白布箍頭綴苧加藍，其	藍長衫，已婚有袖，未		

	尾左右長短視男喪女喪而定。	婚無袖。		
礁溪(A)	白簌頭綴藍，其尾左右長短視男喪女喪而定。	白布衫，已婚有袖，未婚無袖。		
礁溪(B)	苧簌頭綴藍，其尾左右長短視男喪女喪而定。	同右		
基隆	白布簌頭綴苧加藍，其尾左右長短視男喪女喪而定。	苧衫，已婚有袖，未婚無袖。		
石門	白布簌頭綴紅，其尾左右長短視男喪女喪而定。			
三芝	白布簌頭綴紅加藍，其尾左右長短視男喪女喪而定。			

淡水	白布箃頭或手臂紮白布。			
北投	白布箃頭綴苧加紅，其尾左右長短視男喪女喪而定。	白長衫，斜襟，有袖。		
三重	同右			
竹南(A)	白布箃頭綴紅，其尾左右長短視男喪女喪而定。			
竹南(B)	白布箃頭綴苧，尾一律左長右短。	苧衫，有袖，懷孕者於腰間加一條比棺布。		
梧棲(A)	白布箃頭，其尾左右長短視男喪女喪而定。			
梧棲(B)	白布箃頭，尾一律左長右短。			

草屯	白布箃頭綴苧，尾一律左長右短。			
鹿港(A)	白布箃頭綴苧綴藍加紅（昔日尚須再縫一枚銅錢），尾左短右長。			
鹿港(B)	白布箃頭綴紅，尾一長一短。			
土庫	同右			
斗南	黃箃頭綴紅，尾一律左短右長。			
台西	白布箃頭綴紅（外甥媳及在室外甥女） 白布箃頭綴藍（出嫁外甥女）尾一律一長一			

	短。			
大林	白布筊頭，尾一律左長右短。	在室者：（略）。出嫁者：白長衫。		
太保	白布筊頭綴紅，尾一長一短。	白布長衫，有袖。		
嘉義市(A)	同右	同右		
佳里	白布筊頭綴紅，尾巴長短隨人意。			
新化(A)	粉紅色筊頭，尾一律左短右長。			
新化(B)	白布筊頭，尾一律左長右短。			
關廟	白布筊頭，其尾左右長短視男喪女喪而定。			
馬公	白布筊頭綴苧，尾長短			

	隨人意。			
湖西	白布箍頭，尾長短隨人意。			
白沙	白布箍頭，尾一律左長右短。			
新屋	白布箍頭綴紅，其尾左右長短視男喪女喪而定。	腰飾綴紅		
楊梅	白布箍頭綴紅，其尾左右長短視男喪女喪而定。	白布披肩加紅		
新豐	同右			
關西	同右	白布長衫，有袖		
竹東	白布箍頭，其尾左右長短視男喪女喪而定。			

寶山	白布箣頭（無尾）綴紅	白布長衫，無袖（今略）。		
頭屋	白布箣頭綴紅，尾一律左長右短。	白布長衫，無袖。		
美濃	白布箣頭，尾齊長。		草鞋	
佳冬(A)	白布箣頭綴紅，尾一律左長右短。			
佳冬(B)	白布箣頭綴紅，尾齊長。			

一九、曾孫男

為曾祖父母之喪，在儀禮喪服篇中為齊衰三月，與為祖父母齊衰期年，同為齊衰，只是喪期較短而已；但在近代台灣的孝服制度的麻、苧、藍、黃、紅五等級中，曾孫輩的孝服是屬於藍布，與孫輩的苧不同。台灣私法稱清末日據初期，本省人大家族的服制，曾孫是服大功，即以白麻布為首服，以三麻為身服。日據中晚期五服改用顏色來區別，鈴木清一郎云：

「淺：以淺黃布為孝服者，限曾孫及其同輩者。」（注九六）

案：鈴木清一郎稱曾孫用「淺」布，當是「青」字之誤，閩南語「青」「藍」音同，「淺」字正確寫法應是「藍」。光復以後許多文獻談到孝服都襲用鈴木的資料，連「淺」字也加襲用而未改。

此外，洪氏串珠云：

「曾孫，當曾祖父母死亡時，穿白衫，戴青頭帛。」（注九七）

洪氏所說的「青」是因閩南語「青」「藍」音同而混淆，其正確寫法應寫做「藍」，光復以後有些文獻談到曾孫的孝服說是「青」色，實際上也應改正為「藍」色。

鈴木的「淺」字，洪氏串珠的「青」字，都應改成「藍」字才正確，從田野資料中便可得到强而有力的證明；因爲田野調查，全省不論閩南或客家，曾孫男以藍布做首服與身服的地區佔最多。由於能有曾孫誠屬不易，因而有些地區（如馬公、湖西、新屋、寶山、內埔Ⓐ、佳冬Ⓑ）便在首服上綴紅；有些地區（如鹿港Ⓑ）則將身服改用紅布衫；更有些地區甚至以全紅來表示死者福壽雙全，如竹南ⒶⒷ、台西、太保、嘉義市Ⓐ、新化Ⓑ等地即然；而大林、新化Ⓐ及楠梓用粉紅（桃紅）布，與用紅布意思相同，有人說這叫做「假五代」或「充五代」，因爲根據正統的算法，要到第五代來孫的孝服才是用紅布做的。除此之外，羅東、北投與土庫，有用黃布做為曾孫孝服的例子，依照麻、苧、藍、黃、紅等級推算，本服藍改服黃這是多算了一代。

曾孫男較孫男又隔一層，因而有些地區便將身服省略（南部地區省略的較多）。至於足服，絕大多數地區都未硬性規定，將孝男、孫男、曾孫三者的孝服相比較，可以看出，往上越親的孝服規定得越嚴，往下越疏的孝服便不太嚴格，甚至有從簡或省略的情形發生。

茲將文獻及田野調查所見各地曾孫男之孝服資料，分別表列於後以供參考。

曾孫男孝服表（文獻部分）

出處	首服	身服	足服	備註
台灣私法	白麻布（苧包）	三麻	從定禮	
台灣舊慣	（淺布頭帛）	淺布孝衫（案：「淺」字當作「藍」，以下各種文獻資料的「淺」字皆與此同，不再贅述，其說詳見第一章第二節附注一二）		
葬式之民俗（民俗台灣二：一一）	青（藍）頭帛	白衫，已婚有袖，未婚無袖。		

南投縣之婚喪禮俗	白頭帛，前額加青（藍）布。	青（藍）布衫或白布衫，已婚有袖，未婚無袖。		
台灣省通志	用淺布			
台灣民俗	用淺布			
台北市志	用淺布			
雲林縣志稿	用淺布			
台灣喪葬習俗的研究（台灣文獻二九：二）		藍色衣		
台南市志	用淺布			
最新婚喪喜慶禮儀大全	青（藍）帽	青（藍）衣		
改善民俗之研	用淺布			

究—改善民間喪葬禮俗之研究				
台灣地區現行喪葬禮俗研究報告	白頭帛綴藍，或整條藍頭帛。	藍布衣		台南市之外曾孫穿粉紅色布衣。
同右（臺西）		紅布條		
望八文存	青（藍）	青（藍）		
草屯鎮志	藍	藍		
台灣禮俗語典	白苧包綴藍	藍布衫		
苗栗縣志	昔：用稍粗麻布爲之，緝其兩旁及下邊。 今：白布長衫，上披麻衣，緝其下邊。			
台灣喪俗談	用麻布爲服，縫下端。			

六堆客家鄉土誌	黃布			
中原客家實用禮俗範例	用稍粗熟布爲服（小功）			
台灣區客家民俗文物專輯	藍布巾	藍布巾		

曾孫男孝服表（田野部分）

地區	首服	身服	足服	備註
蘇澳	藍苧包	藍布衫，已婚有袖，未婚無袖。		
羅東	黃苧包		白鞋	
宜蘭市	藍頭帛	藍長衫，已婚有袖，未婚無袖。		

礁溪(A)(B)	同右	同右		
基隆	同右	同右	布鞋	
石門	藍頭帛，或白頭帛綴藍（幼年者戴藍荖包）。	同右		
三芝	白頭帛綴藍			
淡水	藍荖包	藍長衫，已婚有袖，未婚無袖。		
北投	黃頭帛	黃布衫，已婚有袖，未婚無袖。		
萬華	藍荖包	藍長衫		
公館	藍頭帛	同右		
新竹市	白頭帛綴苧加藍			
竹南(A)(B)	紅帽	紅衫	紅鞋	
梧棲(A)(B)	藍頭帛	藍長衫		
大肚	白頭帛綴藍	同右		

草屯	同右	同右		
鹿港(A)	白頭帛綴藍或藍頭帛	藍長衫（昔有今略）		
鹿港(B)	白頭帛綴藍	紅袍		
土庫	黃頭帛	黃布衫		
斗南	藍頭帛或藍苧包	藍長衫		
台西	白頭帛綴紅	紅衫		
大林	粉紅頭帛	粉紅長衫，有袖。		
太保	紅頭帛			
嘉義市(A)	同右			
佳里	白頭帛綴紅			
台南市	藍老包	藍長衫（今略）		
新化(A)	粉紅苧包			
新化(B)	紅頭帛			
關廟	藍苧包，或於臂上紮藍布			

楠梓	粉紅苧包	粉紅長衫		
左營(A)(B)	藍頭帛	藍布衫，無袖。		
馬公	藍布帽，雙角綴紅。			
湖西	藍布帽，雙角綴紅，或逕用紅布帽以充五代。			
白沙	白布帽			
西嶼	藍布帽			
新屋	藍頭帛綴紅	藍長衫，有袖。		
楊梅	藍苧包	同右	素色鞋襪	
關西	藍頭帛	同右		
竹東	藍苧包	同右		
寶山	藍苧包或藍頭帛綴紅	同右		
新豐	藍頭帛			
頭份(A)(B)	藍布三角帽	藍長衫		
苗栗市	藍頭帛	同右		

東勢	同右	同右		
美濃	藍布三角帽	同右		
內埔(A)	藍布三角帽，額加紅。			
佳冬(A)	藍帽	幼年：身服略 成年：藍布衫	草鞋	
佳冬(B)	藍布三角帽綴紅（長曾孫另加黃布）			

二〇、曾孫女及曾孫媳

曾孫女及曾孫媳，與曾孫男同屬曾孫輩，從文獻資料看，兩者除首服因性別不同而形式差異之外，其餘大都相同，只有民俗台灣稱出嫁的曾孫女無身服，苗栗縣志稱曾孫女用布較細與曾孫男不同。從田野調查資料看，各地曾孫女及曾孫媳孝服資料也均比照曾孫男，用到藍布的最多，少數地區用紅、粉紅或黃布；只有斗南、新化(A)、左營(A)(B)稍有不同，新化(A)曾孫男用粉紅苙包，曾孫女媳則用紅笳頭；斗南及左營(A)(B)則是將曾孫女、媳分開，曾孫媳用藍與曾孫男同，曾孫女降等使用粉紅。

茲將文獻及田野調查所見各地曾孫女及曾孫媳之孝服資料，分別表列於後以供參考。

曾孫女及曾孫媳孝服表（文獻部分）

出處	首服	身服	足服	備註
台灣私法	白麻布	三麻	從定禮	
台灣舊慣	（淺布箍頭）	淺布孝衫		
葬式之民俗（民俗台灣二・二）	青（藍）箍頭	白衫，曾孫媳有袖，曾孫女未婚者無袖，已婚者只有首服，身服省略。		
南投縣之婚喪禮俗	白布蓋頭綴青（藍），尾左長右短。	青（藍）布衫，或白布衫，已婚有袖，未婚無袖。		
台灣省通志	用淺布			
台灣民俗	用淺布			

台北市志	用淺布			
雲林縣志稿	用淺布			
台南市志	用淺布			
最新婚喪喜慶禮儀大全	藍蓋頭			
改善民俗之研究—改善民間喪葬禮俗之研究	用淺布			
台灣地區現行婚喪禮俗研究報告	（白筱頭綴藍）（或整個藍筱頭）	藍布衣		
同右（臺西）		紅布條		
望八文存	青（藍），（曾孫女出嫁者綴紅）。	青（藍）		

草屯鎮志	藍	藍		
台灣禮俗語典	白簕頭綴藍	藍布衫		
苗栗縣志	曾孫媳昔：用稍粗麻衣為服，緝其兩旁及下邊。今：白布長衫，上披麻衣，緝其下邊。曾孫女昔：用細白布為服。今：白布長衫。			
台灣喪俗談	用麻布為服，縫下端。			
六堆客家鄉土誌	黃布			
中原客家實用禮俗範例	用稍粗麻布為服			
台灣區客家民俗文物專輯	藍簕頭	藍布衣		

曾孫女及曾孫媳考服表（田野部分）

地區	首服	身服	足服	備註
蘇澳	藍布箃頭，其尾左右長短視男喪女喪而定。	藍布衫，已婚有袖，未婚無袖，懷孕者於腰間加一條比棺布。		
羅東	黃布箃頭，其尾左右長短視男喪女喪而定。	黃布衫，袖之有無視其婚否，懷孕者於腰間加一條比棺布。		
宜蘭市	藍布箃頭，其尾左右長短視男喪女喪而定。	藍長衫，袖之有無視其婚否，懷孕者於腰間加一條比棺布。		
礁溪(A)	同右	同右		
礁溪(B)	同右			
基隆	同右	藍長衫，袖之有無視其		

		婚否，懷孕者於腰間加一條比棺布。		
石門	藍布箣頭或白箣頭綴藍，其尾左右長短視男喪女喪而定。	同右		
三芝	白箣頭綴藍，其尾左右長短視男喪女喪而定。			
淡水	藍布箣頭，其尾左右長短視男喪女喪而定。	藍長衫，袖之有無視其婚否，懷孕者於腰間加一條比棺布。		
北投	黃布箣頭，其尾左右長短視男喪女喪而定。	黃布衫，袖之有無視其婚否，懷孕者於腰間加一條比棺布。		
萬華	藍布箣頭，其尾左右長短視男喪女喪而定。	藍長衫，有袖，懷孕者於腰間加一條比棺布。		

公館	同右	同右		
新竹市	白箍頭綴苧加藍，其尾左右長短視男喪女喪而定。			
竹南(A)	白箍頭綴紅，其尾左右長短視男喪女喪而定。	紅衫，懷孕者於腰間加一條比棺布。		
梧棲(A)	藍箍頭，其尾左右長短視男喪女喪而定。	藍長衫，懷孕者於腰間加一條比棺布。		
大肚	白箍頭綴藍，尾一律左長右短。	藍長衫，懷孕者於腰間加一條比棺布。		
草屯	同右	同右		
鹿港(A)	藍布箍頭或白箍頭綴藍（曾孫女已嫁者加紅）。其尾左右長短視			

	男喪女喪而定。			
土庫	黃布筊頭，尾一長一短。	黃布衫，懷孕者於腰間加一條比棺布及一支鑰匙。		
斗南	曾孫女：粉紅筊頭。曾孫媳：藍布筊頭。尾一律右長左短。	曾孫女：粉紅長衫。曾孫媳：藍長衫。懷孕者於腰間加一條比棺布。		
台西	紅筊頭，尾一長一短。	紅衫，懷孕者於腰間加一條比棺布或一支鑰匙。		
大林	粉紅色筊頭，尾一律左長右短。	粉紅長衫，懷孕者於腰間加一條比棺布。		
太保	紅筊頭，尾一長一短。			
嘉義市(A)	同右			

佳里	白布簪頭綴紅，尾長短隨人。		
台南市	藍簪頭，尾長短隨人。		
新化(A)	紅簪頭，尾一律右長左短		
新化(B)	紅簪頭，尾一律左長右短。		
關廟	藍簪頭，其尾左右長短視男喪女喪而定。		
楠梓	粉紅色簪頭，尾一律左長右短。		
左營(A)(B)	曾孫女：粉紅色簪頭。 曾孫媳：藍簪頭。 尾一律左長右短。	曾孫女：粉紅布衫。 曾孫媳：藍布衫。	
馬公	藍布簪頭，雙角綴紅，		

	尾長短隨人意。			
湖西	同右			
白沙	白布簌頭，尾一律左長右短。			
西嶼	藍簌頭，尾長短隨人意。			
新屋	藍簌頭綴紅，其尾左右長短視男喪女喪而定。	藍長衫，有袖。		
楊梅	藍簌頭，其尾左右長短視男喪女喪而定。	藍長衫，曾孫女有袖，曾孫媳無袖。	素色鞋襪	
新豐	同右			
關西	同右	藍長衫，有袖。		
竹東	同右	同右		
寶山	藍簌頭綴紅，其尾左右長短視男喪女喪而定。	藍長衫，有袖，懷孕者於腰間加一條比棺布。		
頭份(B)	同右	藍長衫，無袖。		

苗栗市	藍簕頭，其尾左右長短視男喪女喪而定。	藍長衫，懷孕者於腰間加一條比棺布。	
東勢	同右	同右	
美濃	藍簕頭，尾齊長。	藍長衫，懷孕者加腰帕及一筷。	
內埔(A)	藍簕頭綴紅		
佳冬(A)	同右		
佳冬(B)	同右		

二一、姪孫男

姪孫是姪子之子，即稱死者爲伯（叔）祖父（母）的人；雖屬孫輩，但根據旁系降一等的原則，他的孝服和曾孫屬於同等級。台灣私法稱日據初期姪孫是服大功服，日據中晚期的鈴木清一郎則稱穿用「淺」（藍）布，因爲姪孫與曾孫服級相同，故其孝服之變化與曾孫輩呈同步發展。

近年姪孫參與葬禮的例子逐漸稀少，一方面是因爲旁系較疏遠只要其父（姪子）去就不至於失禮，一方面是能有姪孫出頭的例子也不多，因而田野調查時，有半數以上地區受訪者皆稱不知姪孫之服，或逕稱侄孫無服。

就所得二十六個地區資料分析，侄孫男的孝服是以藍色爲正統，斗南及其以北地區與楠梓、佳冬(B)等地仍遵守這項傳統；左營(A)、馬公、湖西及絕大多數的客家地區全部簡化爲只綁白頭帛；台西、大林、太保、新化(A)則改戴白頭帛綴紅或紅（粉紅）頭帛，以充五代；只有嘉義市(A)是白頭帛綴苧加紅。由於侄孫是疏親，因此大多只有首服，而將身服省略，足服也是因此而未硬性規定。

茲將文獻及田野調查所得各地侄孫男孝服資料，分別表列於後以供參考。

侄孫男孝服表（文獻部分）

出處	首服	身服	足服	備註
台灣私法	白麻布著包	三麻	從定禮	
台灣舊慣	（淺布頭帛）著包	淺布孝衫		
台灣省通志	用淺布			
台灣民俗	用淺布			
台北市志	用淺布			
雲林縣志稿	用淺布			

侄孫男孝服表（田野部分）

台南市志	用淺布			
最新婚喪喜慶禮儀大全	頭白綴苧內加一小青（藍）布	苧衣	白襪草鞋	
改善民俗之研究—改善民間喪葬禮俗之研究	用淺布			
苗栗縣志	昔：用稍細白布為服。今：白布長衫。			
台灣喪俗談	小功			
中原客家實用禮俗範例	用稍粗熟布為服			

地區	首服	身服	足服	備註
蘇澳	藍苧包	（略）		
礁溪(A)	白頭帛綴藍			
礁溪(B)	同右	白衫		
基隆	同右		布鞋	
三芝	同右			
北投	藍頭帛（生平第一次帶孝者於額上綴紅）	藍布衫		
公館	同右	同右		
竹南(A)	同右	同右	布鞋	
梧棲(A)(B)	同右	同右		
大肚	白頭帛綴藍	同右		
鹿港(A)	白頭帛綴苧加藍			
斗南	藍頭帛			
台西	白頭帛綴紅			

大林	粉紅布頭帛			
太保	紅頭帛			
嘉義市(A)	白頭帛綴苧加紅			
新化(A)	粉紅布帽			
楠梓	藍布披肩			
左營(A)	白頭帛			
馬公	白荖包			
湖西	白頭帛			
楊梅	白頭帛	白布長衫，無袖。	素色鞋襪	
竹東	同右			
寶山	同右			
美濃	白布三角帽			
佳冬(A)	白帽			
佳冬(B)	白布三角帽綴藍			

二二、侄孫女及侄孫媳

侄孫女及侄孫媳與侄孫男係同輩，只是性別不同，因而兩者僅首服形式不同而已。文獻資料，只有楊烱山最新婚喪喜慶禮儀大全及苗栗縣志，兩者稍有不同；田野調查，也只有鹿港(A)出嫁者另綴小紅，佳冬(A)(B)侄女媳均加小紅，此外各地侄孫男女媳孝服用布及身服、足服省略的情形均相同。

茲將文獻及田野調查所見各地侄孫女及侄孫媳孝服資料，分別表列於後以供參考。

侄孫女侄孫媳孝服表（文獻部分）

出處	首服	身服	足服	備註
台灣私法	白麻布	三麻	從定禮	
台灣舊慣	（淺布箍頭）	淺布孝衫		
台灣省通志	用淺布			
台灣民俗	用淺布			
台北市志	用淺布			
雲林縣志稿	用淺布			

台南市志	用淺布			
最新婚喪喜慶禮儀大全	侄孫女：白布蓋頭覆下貼一青（藍）布。侄孫媳：白布蓋頭綴苧下貼一小青（藍）布。	苧衣		
改善民俗之研究—改善民間喪葬禮俗之研究	用淺布			
苗栗縣志	侄孫媳：昔：用細白布爲服。今：白布長衫。侄孫女：昔：用稍細白布爲服（出嫁則用細白布）。今：白布長衫。			
台灣喪俗談	小功			

中原客家實用禮俗範例	用稍粗熟布爲服			

侄孫女侄孫媳孝服表（田野部分）

地區	首服	身服	足服	備註
蘇澳	藍布箛頭，其尾左右長短視男喪女喪而定。	（略）		
礁溪(A)	白布箛頭綴藍，其尾左右長短視男喪女喪而定。			
礁溪(B)	同右	白衫		
基隆	白布箛頭綴藍，其尾左右長短視男喪女喪而定。		布鞋	

三芝	同右			
北投	藍簕頭（生平第一次帶孝者，於額上綴紅）。其尾左右長短視男喪女喪而定。	藍布衫		
公舘	同右	同右		
竹南(A)	同右	同右	布鞋	
梧棲(A)	同右	同右		
大肚	白布簕頭綴藍，尾一律左長右短。	同右		
鹿港(A)	白簕頭綴苧加藍（出嫁侄孫女另加小紅布），尾一律左短右長。			
斗南	藍布簕頭，尾一律左短右長。	粉紅色長衫		
台西	白布綴紅罩頭，尾一長			

	一短。
大林	粉紅色⿱竹敢頭，尾一律左長右短。
太保	紅布⿱竹敢頭，尾一長一短。
嘉義市(A)	白布⿱竹敢頭綴苧加紅，尾一長一短。
新化(A)	粉紅布⿱竹敢頭，尾一律左短右長。
楠梓	藍布披肩
左營(A)	白⿱竹敢頭，尾一律左長右短。
馬公	白布⿱竹敢頭，尾長短隨人意。
湖西	同右

楊梅	白布簕頭，其尾左右長短視男喪女喪而定。	白布長衫，無袖。	素色鞋襪	
竹東	同右			
寶山	同右			
美濃	白布簕頭，尾齊長。			
佳冬(A)	白簕頭綴紅，尾一律左長右短。			
佳冬(B)	白簕頭綴藍加紅，尾齊長。			

二三、外曾孫男、外曾孫女及外曾孫媳

爲母之祖父母，不論儀禮或家禮大成之類的禮書，均稱無服，台灣私法以及光復以後的文獻資料，也均未提到外曾孫有服；但在田野調查時，却發現有二十三個地區外曾孫有爲外曾祖父母穿孝服的習俗。

曾孫男、女、媳的孝服用藍布，玄孫用黃布，根據外孫較內孫降一等的說法推衍，則外曾孫輩的

孝服當屬於黃布。但田野調查發現各地的情形相當紛歧，用黃布的只見於羅東、北投；不降等而用藍布（純藍首服或白色首服再綴藍意思相同）的有礁溪(B)、基隆、淡水、萬華、鹿港(A)、馬公、楊梅、關西、竹東、美濃、佳冬(A)(B)等地；其中有些地區另綴小紅布以表示異姓之人。斗南外曾孫男、媳用藍頭帛、藍簕頭，外曾孫女則用粉紅簕頭，略有不同；竹南、大林、太保、嘉義市(A)、佳里、台南市、關廟、楠梓等地，則以紅或粉紅爲首服及身服以充五代，這種情形在中南部閩南地區有逐漸流行的趨勢，因爲本省人的觀念世界裏，若喪禮中有穿紅（粉紅）色的後代，表示死者很有福氣。當直系血親系統中找不到適當的卑親屬可以穿紅（粉紅）之後，便往旁系或外孫系統尋找，而外曾孫則是各地共同會考慮到的對象。

茲將田野調查所得各地外曾孫男、外曾孫女及外曾孫媳孝服資料，表列於後以供參考。

外曾孫男、外曾孫女及外曾孫媳孝服表（田野部分）

地區	首服	身服	足服	備註
羅東	黃苧包（男） 黃簕頭（女、媳） 皆綴紅			各地女性簕頭尾巴長短之分法，與當地孝媳相同，本表不一一注明。

礁溪(B)	藍頭帛（男） 藍箣頭（女、媳）			
基隆	同右			
淡水	同右			
北投	黃頭帛（男） 黃箣頭（女、媳）			
萬華	藍荖包（男） 藍箣頭（女、媳） 皆綴紅	藍布衫 藍布衫		
竹南(A)	白頭帛（男） 白箣頭（女） 皆綴紅	紅衫 紅衫		
鹿港(A)	白頭帛綴藍加紅（男） 白箣頭綴藍加紅（女）			
斗南	藍頭帛（男、媳）	藍布衫（男、媳）		

	粉紅簕頭（女）			
大林	粉紅頭帛（男） 粉紅簕頭（女、媳）	粉紅長衫 粉紅長衫		
太保	紅頭帛（男） 紅簕頭（女、媳）			
嘉義市(A)	同右			
佳里	粉紅頭帛（男） 粉紅簕頭（女、媳）			
台南市	粉紅荖包（男） 粉紅簕頭（女、媳）			
關廟	同右			
楠梓	同右			
馬公	藍布帽、雙角綴紅，或逕戴紅布帽以充五代（男）			

	藍箴頭，雙角綴紅，或逕戴紅箴頭以充五代（女、媳）			
楊梅	藍苧包綴紅（男） 藍箴頭綴紅（女、媳）	藍長衫，有袖（男） 藍長衫（女有袖，媳無袖）	素色布鞋	
關西	藍布頭帛綴紅（男） 藍布箴頭綴紅（女、媳）			
竹東	同右			
美濃	藍苧包（男） 藍箴頭（女、媳）	藍布衫 藍布衫		
佳冬(A)	藍苧包綴紅（男） 藍箴頭綴紅（女、媳）	藍布衫無袖（男） （女、媳略）		
佳冬(B)	藍布三角帽綴紅（男）			

	藍布簽頭綴紅（女、媳）			

二四、玄孫男、玄孫女及玄孫媳

玄孫爲死者之第四代，儀禮喪服篇未言爲高祖有服，其文僅及曾祖而已；漢儒鄭玄以爲高祖應有小功或緦麻的喪服。演變至清初的家禮大成、家禮會通等書則以爲爲高祖父母服齊衰三月。然台灣私法則以爲台灣的習慣是爲高祖父母服小功，以白麻布爲首服，以苧爲身服。日據中期以後，台灣孝服分成麻、苧、藍、黃、紅五等，根據世代下推，玄孫屬於黃布這一等級，鈴木清一郎台灣舊慣即稱玄孫輩用黃。但稍後一點的洪氏串珠却說玄孫的孝服是靑（藍）冠頭、紅衫，顯然當時玄孫已不一定用黃布爲孝服。光復以後，一些不是沿用鈴木清一郎的資料而比較能反映實情的文獻資料，均說玄孫是用紅布爲孝服。

田野調查，玄孫仍以黃布做孝服的，全台灣只有淡水、萬華、公舘、竹南(A)、梧棲(B)、內埔(A)、佳冬(B)等地可見，其他地區不論閩南或客家均改用紅布做首服及身服，石門徐有田云：

「玄孫本以黃布爲頭服及身服，唯因來孫百年難得一見，玄孫亦極罕有，因此多以玄孫服紅充五代，以示死者爲壽高福厚也。」（注九八）

徐氏此言道盡臺灣人以少報多假充代數的心理背景。

茲將文獻及田野調查所見各地玄孫男、玄孫女及玄孫媳孝服資料，分別表列於後以供參考。

玄孫男、玄孫女及玄孫媳孝服表（文獻部分）

出處	首服	身服	足服	備註
台灣私法	白麻布	苧	從定禮	
台灣舊慣	（黃布頭帛—男）（黃布簕頭—女、媳）	黃布衫		
民俗台灣	青（藍）頭帛（男）青（藍）簕頭（女、媳）	紅衫		
南投縣之婚喪禮俗	紅布狀元帽（男）紅布蓋頭，尾左長右短（女、媳）	紅衫，已婚有袖，未婚無袖。		
台灣省通志	用黃布			

台灣民俗	用黃布			
台北市志	用黃布			
雲林縣志稿	用黃布			
臺灣喪葬習俗的研究（台灣文獻二九：二）		紅色麻衣		
台南市志	用黃布			
最新婚喪喜慶禮儀大全	紅帽（男）紅蓋頭（女、媳）			
改善民俗之研究—改善民間喪葬禮俗之研究	用黃布			
台灣地區現行				

喪葬禮俗研究報告	（紅頭帛—男）（紅簕頭—女、媳）	紅衣		
同右（關廟）	（粉紅頭帛—男）（粉紅簕頭—女、媳）	粉紅衣		
同右（臺西）	（紅頭帛—男）（紅簕頭—女、媳）	紅衫		
望八文存	紅	紅		
草屯願志	紅	紅		
台灣禮俗語典	白苧包綴黃	黃布衫		
苗栗縣志	玄孫男及玄孫女：昔：用稍粗麻布爲服，緝其兩旁及下邊。今：白布長衫，上披麻衣，緝其下邊。 玄孫媳：昔：用細白布			

	為服。今：白布長衫。			
台灣喪俗談	用麻布為服，縫下端。			
六堆客家鄉土誌	黃布			
中原客家實用禮俗範例	用細熟布為服			
臺灣區客家民俗文物專輯	紅布	紅布衣		

玄孫男、玄孫女及玄孫媳孝服表（田野部分）

地區	首服	身服	足服	備註
蘇澳	紅荖包（男） 紅簕頭（女、媳）	紅長衫		各地女性簕頭尾巴長短分法，一律與當地孝媳相同，本表不一一注

				明。
羅東	同右			
宜蘭市	同右	紅長衫		
礁溪(A)	紅頭帛（男） 紅箃頭（女、媳）			
礁溪(B)	同右	紅長衫		
基隆	同右	同右		
石門	同右	同右		
淡水	黃頭帛（男） 黃箃頭（女、媳）	黃長衫		
北投	紅頭帛（男） 紅箃頭（女、媳）			
萬華	黃頭帛（男）			

	黃箙頭（女、媳）			
公館	同右			
新竹市	紅頭帛或苧包（男） 紅箙頭（女、媳）			
竹南(A)	黃頭帛（男） 黃箙頭（女、媳）			
梧棲(A)	紅頭帛（男） 紅箙頭（女、媳）			
梧棲(B)	黃頭帛（男） 黃箙頭（女、媳）			
大肚	白頭帛綴紅（男） 白箙頭綴紅（女、媳）	紅長衫 紅長衫		
草屯	同右	同右		
鹿港(A)	紅頭帛（男） 紅箙頭（女、媳）	紅長衫 紅長衫		

斗南	紅帽（男） 紅簪頭（女、媳）	紅衫 紅衫		
大林	紅頭帛（男） 紅簪頭（女、媳）	紅長衫 紅長衫，懷孕者腰間加一條比棺紅布。		
太保	同右			
佳里	同右			
台南市	紅荖包（男） 紅簪頭（女、媳）（或逕披紅布於身上）			
新化(A)	同右			
關廟	同右			
左營(A)	粉紅頭帛（男） 粉紅簪頭（女、媳）			

馬公	紅帽（男） 紅篏頭（女、媳）			
湖西	同右			
白沙	同右			
西嶼	同右			
新屋	紅頭帛（男） 紅篏頭（女、媳）	紅長衫，有袖。 紅長衫，有袖。		
楊梅	紅荖包（男） 紅篏頭（女、媳）	紅長衫，有袖。 紅長衫（女有袖，媳無袖）		
新豐	同右	玄孫媳身上須縫錢		
關西	紅頭帛（男） 紅篏頭（女、媳）	紅長衫，有袖。 紅長衫，有袖。		
竹東	同右	同右		

寶山	紅頭帛或荖包（男） 紅簌頭（女、媳）	紅長衫，有袖。 紅長衫，有袖。		
頭份(B)	紅頭帛（男） 紅簌頭（女、媳）	紅長衫 紅長衫		
苗栗市	同右	同右		
東勢	同右	同右		
美濃	紅布三角帽（男） 紅簌頭（女、媳）	紅長衫 紅長衫		
內埔(A)	黃布三角帽綴紅（男） 黃布簌頭綴紅（女、媳）			
佳冬(A)	紅帽（男） 紅簌頭（女、媳）			
佳冬(B)	黃布三角帽綴紅（男） 黃布簌頭綴紅（女、			

媳）

二五、侄曾孫男、侄曾孫女及侄曾孫媳

台灣私法稱爲曾伯叔祖父母小功，與爲高祖父母同，用白麻布爲首服，用苧爲身服。鈴木清一郎台灣舊慣稱玄孫輩用黃布做孝衫，侄曾孫因爲是旁系降一等與玄孫同，所以也是用黃布做孝服。光復後的文獻多沿襲鈴木的說法，只有楊烱山的最新婚喪喜慶禮儀大全稱侄曾孫只有首服，用靑（藍）布做成，苗栗縣志與中原客家實用禮俗範例稱用細白布或細熟布等製成，與鈴木所說不同。

在田野調查方面，各地皆稱侄曾孫之服與玄孫完全相同，此處不再贅述，僅將文獻資料表列於後以供參考。

侄曾孫男、侄曾孫女及侄曾孫媳孝服表（文獻部分）

出處	首服	身服	足服	備註
台灣私法	白麻布	苧	從定禮	
台灣舊慣	（黃布簪頭）	黃布衫		

台灣省通志	用黃布		
台灣民俗	用黃布		
台北市志	服黃布		
雲林縣志稿	服黃布		
台南市志	用黃布		
最新婚喪喜慶禮儀大全	青（藍）帽（男） 藍布蓋頭（女、媳）		
改善民俗之研究—改善民間喪葬禮俗之研究	用黃布		
苗栗縣志	昔：用細白布爲服 今：白布長衫		
中原客家實用禮俗範例	用細熟布爲服		

二六、來孫男、來孫女及來孫媳

來孫爲死者之第五代，即俗話所說的「正五代」，台灣私法未提到來孫的孝服，鈴木清一郎台灣舊慣稱來孫用紅布爲孝服，以後的文獻也都如此記載。田野調查，石門徐有田云：

「來孫爲正五代而非假充，不論男女媳皆以紅布爲頭服及身服。」（注九九）

由於來孫穿孝服，百年難得一見，因此許多地區已不知來孫當穿何種孝服，只有十三處有人提供答案，但並非都是紅布，其中稱紅（粉紅）布的有七處，而稱黃布的則有六處，例如礁溪林簡阿惜及陳淑惠稱當地玄孫才用紅，來孫用黃，這可能是麻、苧、藍、黃、紅排列順序不同所致。

茲將文獻及田野所見來孫孝服資料，分別表列於後以供參考。

來孫男、來孫女及來孫媳孝服表（文獻部分）

出處	首服	身服	足服	備註
台灣舊慣	（紅布頭帛或著包—男）	紅衫		

	（紅布簌頭—女、媳）			
台灣省通志	用紅布			
台灣民俗	用紅布			
台北市志	服紅布			
雲林縣志稿	服紅布			
台南市志	用紅布			
改善民俗之研究—改善民間喪葬禮俗之研究	用紅布			
台灣地區現行喪葬禮俗研究報告	紅布頭帛（男） 紅布簌頭（女、媳）	紅衫		
台灣禮俗語典	白苧包（簌頭）綴紅	紅布衫		
六堆客家鄉土	紅布			

誌

來孫男、來孫女及來孫媳孝服表（田野部分）

地區	首服	身服	足服	備註
礁溪(A)	黃布頭帛（男） 黃布簕頭（女、媳）			各地女性簕頭尾巴長短分法，一律與當地孝媳相同，本表不一一註明。
礁溪(B)	同右			
石門	紅布頭帛（男） 紅布簕頭（女、媳）	紅長衫，已婚有袖，未婚無袖。		
淡水	同右	同右		
萬華	同右	同右		
梧棲(A)	同右	同右		
梧棲(B)	黃布頭帛（男）	黃長衫		

	黃布箃頭（女、媳）			
太保	粉紅頭帛（男） 粉紅箃頭（女、媳）			
楊梅	黃布苧包（男） 黃布箃頭（女、媳）	黃長衫（男、女有袖，媳無袖）		
關西	同右	黃長衫		
苗栗市	黃布頭帛（男） 黃布箃頭（女、媳）	黃長衫，有袖。		
內埔(A)	紅布三角帽（男） 紅布箃頭（女、媳）			
佳冬(B)	同右			

二七、夫妻之間

傳統喪服制度，因為有夫為妻之所天重男輕女的觀念，所以妻須為夫服斬衰，而夫僅為妻齊衰，台灣私法稱清末台灣的風俗亦然。但日據中期以後，鈴木清一郎的台灣舊慣卻只稱妻須為夫服麻，而未提到夫須爲妻穿何種孝服；光復後姚漢秋從閩南風俗談台灣的移風易俗一文稱：夫死而子女尚未成人時，則妻要披麻帶孝，若已成人則否。由這三分文獻，約略可以看出台灣地區夫妻觀念改變的歷史過程。

田野調查，四分之三以上的地區，均稱現代夫妻「平大」，彼此都不爲對方穿孝服，只有少數較保守的地區，夫妻之間仍有服：礁溪(A)(B)，妻爲夫戴麻箍頭，夫爲妻紮白布綴苧，這是仍遵守古制爲夫斬衰（麻）、爲妻齊衰（苧）；蘇澳和礁溪(A)(B)一樣夫妻互相有服，夫爲妻服苧，妻爲夫服麻，但妻若欲改嫁則不服麻而服苧；羅東、石門、北投、公舘、寶山、美濃爲妻無服，爲夫是麻箍頭，身服從略；馬公、湖西、佳冬(A)(B)，爲妻無服，爲夫則與孝媳全同；西嶼爲妻也是無服，爲夫則簡化爲在腰際圍一條白布帶。

茲將文獻及田野調查所見夫妻之間孝服資料，分別表列於後以供參考。

夫爲妻孝服表（文獻部分）

出處	首服	身服	足服	備註
台灣私法	麻盔	二麻、麻絰。	從定禮	
苗栗縣志	用稍粗麻布爲服，緝其			

	兩旁及下邊。父母不在者爲之杖，父母在者不杖。			
台灣喪俗談	用麻布爲服，縫下端。			
中原客家實用禮俗範例	用粗麻布爲服，縫下邊。			

妻爲夫孝服表（文獻部分）

出處	首服	身服	足服	備註
台灣私法	麻布蓋頭，長垂至背。	大麻、麻絰。	從定禮	
台灣風俗誌	服麻			
台灣舊慣	麻箍頭	麻衫		
從閩南風俗談台灣的移風易	夫死而子女尚未成人時則披麻帶孝，但不送出			

俗（台灣文獻三二：二）	山，如子女已成人則否。			
苗栗縣志	昔：用至粗麻布爲服，兩旁及下邊不緝。今：白布長衫，上披麻衣，其下邊不緝。			
台灣喪俗談	用粗麻布爲服，不縫下端。			
中原客家實用禮俗範例	用最粗麻布爲服，不縫下邊。			

妻爲夫、夫爲妻孝服表（田野部分）

地區	首服	身服	足服	備註
蘇澳	爲妻：無服或白頭帛綴			

	苧。為夫：白布箍頭綴麻（不再嫁者），白布箍頭綴苧（要再嫁者），尾左短右長。		
羅東	為妻：無服 為夫：麻箍頭，尾左短右長。	白布鞋	
礁溪(A)	為妻：無服，或手臂紮白布綴苧。 為夫：麻箍頭，尾左短右長。		
礁溪(B)	為妻：手臂紮白布綴苧。 為夫：麻箍頭（內著烏		

	衫烏褲），尾左短右長。			
石門	爲妻：無服。 爲夫：麻箍頭，尾左短右長。			
北投	同右			
公舘	爲妻：無服。 爲夫：白箍頭綴麻，尾左短右長。			
馬公	爲妻：無服。 爲夫：內著藍衫藍褲，頭包烏巾，罩麻箍頭。	麻衫、麻裙。	烏布鞋綴麻。	
湖西	同右	麻衫，有袖。	同右	
西嶼	爲妻：無服。 爲夫：於腰際圍一條白			

	布帶。			
寶山	爲妻：無服。爲夫：已少見，有者同孝媳。			
美濃	爲妻：無服。爲夫：麻箍頭，尾齊長。			
佳冬(A)	爲妻：無服。爲夫：麻箍頭，尾左長右短。	麻衫，無袖。	草鞋	
佳冬(B)	爲妻：無服。爲夫：麻箍頭，尾齊長。	麻衫，無袖。	草鞋	

二八、兄弟姊妹之間

台灣私法稱：大清律例規定同列親間互相同服，台灣卻爲男重而爲女輕，爲長重而爲幼輕，這點在兄弟姊妹之間表現得最爲明顯。台灣私法即云迄日據初期爲止，台灣的慣例爲兄期年（齊衰），爲弟大功；爲在室姊大功，出嫁則降爲小功；爲在室妹小功，出嫁降爲緦麻。兄弟姊妹本是同輩，卻因長幼、性別不同而穿不同的孝服。這種區別至日據中晚期鈴木清一郎的台灣舊慣便看不出來，鈴木稱兄弟姊妹一律用白布爲首服、身服。光復後的文獻多半沿襲鈴木氏的說法，只有苗栗縣志等三分客家文獻提到有用粗麻布爲服的情形與鈴木不同，而且對姊妹之已出嫁者布料也與在室不同。閩南方面的文獻，姚漢秋的台灣喪葬習俗的研究稱：爲兄弟及在室姊妹是白布綴苧麻（苧），爲出嫁姊妹是白布綴藍加紅；草屯鎭志稱爲姊妹孝服的形式，在室與出嫁不同，爲在室者身服省略，爲出嫁者首服、身服全備，這兩分文獻的說法也與鈴木不同。

田野調查，兄弟姊妹之間以白布爲首服、身服的地區最多，它通行於本省中南部地區與澎湖的馬公、湖西、白沙、西嶼，以及桃、竹、苗三縣和美濃、內埔(A)的客家。大林及台南市，有用到苧布的例子，苧在近代台灣孝服制度中是第二級的孝布；兄弟姊妹之間的孝服使用到苧布的情形，在羅東、宜蘭市、礁溪(A)(B)、基隆、石門、北投、三重、公館等地仍可見到，這幾個地區兄弟姊妹之間的孝服，分得很細密，而且各地略有不同。大體而言，爲兄弟及在室姊妹較重用苧（參照片⑦），爲出嫁姊妹較輕用白布（參照片㊴），這是共通之處。對出嫁姊妹之子女而言，死者之兄弟即其母舅，母舅穿白袍（或白長衫），戴白帽（或綴紅）（參照片㉟），昔日是全台灣通行的形式，不過目前中南部地區多已加以簡化。

田野調查中，有些地區，如萬華、左營等地，稱兄弟姊妹是同輩，不穿不戴，而在佳冬地區則發現兄弟姊妹之間的孝服有用到麻布的例子，相當特殊。佳冬Ⓐ與佳冬Ⓑ，均稱兄不爲弟妹服，而弟妹爲兄之服則用麻。佳冬Ⓐ，父歿後弟妹爲兄之服如同孝服、孝女；父在，除無首服外，餘同孝男、孝女。佳冬Ⓑ，不論父母在否，弟妹爲兄姊皆全身麻。這種長不爲幼服，而幼須爲長服麻的現象，大概是受到「長兄如父」這類觀念的影響。

茲將文獻及田野調查所見各地兄弟姊妹之間的孝服資料，分別表列於後以供參考。

爲兄弟孝服表（文獻部分）

出處	首服	身服	足服	備註
台灣私法	麻（爲兄） 白麻布（爲弟）	二麻、麻絰（爲兄） 三麻（爲弟）	從定禮	爲兄與爲弟因長幼不同而有別。
台灣舊慣	白帽（兄弟） 白箛頭（姊妹）（最簡陋者只在衣服上戴一塊	白長衫		

	白布）		
南投縣之婚喪禮俗	白頭帛（兄弟）白箃頭（姊妹）		
台灣省通志	用白布		
台灣民俗	用白布		
台北市志	用白布		
雲林縣志稿	用白布		
台灣喪葬習俗的研究（台灣文獻二九：二）	白布綴苧麻		
台南市志	用白布		
最新婚喪喜慶禮儀大全	白布繫手臂		
改善民俗之研	用白布		

究—改善民間喪葬禮俗之研究				
草屯鎮志	白頭帛尾左長右短（兄弟） 白箣頭，尾左長右短（姊妹）			
苗栗縣志	昔：用稍粗麻布為服，緝其兩旁及下邊。 今：白布長衫上披麻衣緝其下邊。			
台灣喪俗談	用麻布為服，縫下端。			
中原客家實用禮俗範例	用粗麻布為服，縫下邊。			

兄弟姊妹爲在室姊妹孝服表（文獻部分）

出處	首服	身服	足服	備註
台灣私法	白麻布著包（兄弟） 白麻布箍頭（姊妹）	三麻（爲在室姊） 苧（爲在室妹）	從定禮	爲在室姊及在室妹因長幼不同而有別。
台灣舊慣	白帽（兄弟） 白箍頭（姊妹）（最簡略者只在衣服上綴一塊白布）	白長衫		
南投縣之婚喪禮俗	白頭帛（兄弟） 白蓋頭（姊妹）			
台灣省通志	用白布			
台灣民俗	用白布			
台北市志	用白布			
雲林縣志稿	用白布			

台灣喪葬習俗的研究（台灣文獻二九：二）	白布綴苧麻			
台南市志	用白布			
最新婚喪喜慶禮儀大全	以白布繫手臂			
改善民俗之研究——改善民間喪葬禮俗之研究	用白布			
草屯鎮志	白頭帛尾左長右短（兄弟） 白箍頭尾左長右短（姊妹）			

苗栗縣志	昔：用稍粗麻布爲服，緝其兩旁及下邊。今：白布長衫，上披麻衣，緝其下邊。			
台灣喪俗談	用粗麻布爲服，縫下端。			
中原客家實用禮俗範例	用粗麻布爲服，縫下邊。			

兄弟姊妹爲出嫁姊妹孝服表（文獻部分）

出處	首服	身服	足服	備註
台灣私法	白麻布荖包（兄弟） 白麻布箍頭（姊妹）	苧（爲出嫁姊） 白苧（爲出嫁妹）	從定禮	爲出嫁姊及出嫁妹，因長幼不同而有別。
台灣舊慣	白帽（兄弟）	白長衫		

	白簸頭（姊妹）（最簡略者只在衣服上戴一塊白布）		
南投縣之婚喪禮俗	白頭帛（兄弟）白蓋頭（姊妹）		
台灣省通志	用白布		
台灣民俗	用白布		
台北市志	用白布		
雲林縣志稿	用白布		
台灣喪葬習俗的研究（台灣文獻二九：二）	白方帽綴藍、紅（兄弟）白簸頭綴藍紅（姊妹）	白長衫	
台南市志	（用白布		
改善民俗之研	用白布		

究—改善民間喪葬禮俗之研究				
草屯鎮志	兄（即孝男之母舅）：白長衫白荖包。 嫂（即孝男之母妗）：白圍裙白箙頭。 姊妹：白箙頭			
苗栗縣志	昔：用粗白布爲服。 今：白布長衫			
台灣喪俗談	大功			
中原客家實用禮俗範例	用粗熟布爲服			

兄弟姊妹之間孝服表（田野部分）

地　區	首　服	身　服	足　服	備　註
蘇澳	男子爲兄弟及姊妹在室者：白布條綴苧紮於手臂。 男子爲姊妹已嫁者：白帽綴紅。 女子爲兄弟及姊妹不論嫁否：白布簌頭綴苧	白長衫		各地女性簌頭尾巴長短分法與當地孝媳相同，本表不一一注明
羅東	男子爲兄弟及在室姊妹：苧頭帛 男子爲出嫁姊妹：白帽綴紅。 在室女爲兄弟及在室姊妹：苧簌頭 在室女爲出嫁姊妹：苧			

	筱頭綴紅 出嫁女爲兄弟及姊妹不分嫁否：苧筱頭綴紅			
宜蘭市	男子爲兄弟及在室姊妹：手臂紮白布綴苧。 男子爲出嫁姊妹：白帽。 女子爲兄弟：白筱頭綴苧 女子爲姊妹不問嫁否：苧筱頭綴紅	白長袍		
礁溪(A)	男子爲兄弟及在室姊妹：手臂紮白布綴苧。 男子爲出嫁姊妹：白帽。 在室女爲兄弟及姊妹不	白長衫		

	分嫁否：苧箣頭 出嫁女爲兄弟及姊妹不分嫁否：苧箣頭	白衫		
礁溪(B)	同右			
基隆	男子爲兄弟及在室姊妹：白頭帛綴苧 男子爲已嫁姊妹：白帽綴紅 在室女爲兄弟及在室姊妹：白箣頭綴苧 在室女爲出嫁姊妹：白箣頭綴苧加紅 出嫁女爲兄弟及姊妹不分嫁否：白箣頭綴苧	 白袍 苧衫 		
石門	男子爲兄弟及在室姊妹：白頭帛綴苧			

	男子爲已嫁姊妹：白帽綴紅	白長衫		
	女子爲兄弟及在室姊妹：白箴頭綴苧			
	女子爲出嫁姊妹：白箴頭	白布裙		
三芝	男子爲出嫁姊妹：白布帽	白長衫		
	女子爲出嫁姊妹：白箴頭綴紅	白布裙		
淡水	同右			
北投	男子爲兄弟及在室姊妹：手臂紮白布（男喪左手）（女喪右手）			
	男子爲出嫁姊妹：白帽	白袍		

	綴紅。 在室女爲兄弟及在室姊妹：白箴頭綴苧。 在室女爲出嫁姊妹：白箴頭綴苧。 出嫁女爲兄弟及在室姊妹：白箴頭綴苧。 出嫁女爲出嫁姊妹：白箴頭	在室女爲出嫁姊妹：白衫白裙 出嫁女爲出嫁姊妹：白衫白裙		
三重	男子爲兄弟及在室姊妹：白頭帛綴苧 女子爲兄弟及在室姊妹：白箴頭綴苧 男子爲出嫁姊妹：白苧包綴紅	苧衫 苧衫 白袍		

	女子爲出嫁姊妹：白箍頭綴紅	白衫白裙		
萬華	同輩免穿			
公館	男子爲兄弟及在室姊妹：手臂紮白布綴苧二 男子爲出嫁姊妹：白帽綴紅 女子爲兄弟及在室姊妹：苧箍頭 女子爲出嫁姊妹：白箍頭綴紅	 白長袍 苧衫 白裙		
新竹市	男子爲出嫁姊妹：白帽 女子爲出嫁姊妹：白箍頭	白長袍 白裙		
竹南(A)(B)	白頭帛（男）			

	白簕頭（女）			
梧棲(A)(B)	男子爲出嫁姊妹：白帽中綴紅布條 女子爲出嫁姊妹：白簕頭	白長衫 白長衫		
大肚	男子爲已嫁姊妹：白帽綴紅 女子爲已嫁姊妹：白簕頭綴紅	白長衫		
草屯	白頭帛（男） 白簕頭（女）			
鹿港(A)	白頭帛（男） 白簕頭（女）（爲已嫁姊妹或已嫁姊妹爲兄弟姊妹其首服上綴紅）	白長衫 白長衫		

土庫	男子爲兄弟及在室姊妹：白頭帛 男子爲出嫁姊妹：白帽 在室女爲兄弟及姊妹不論嫁否：白簕頭 出嫁女爲兄弟及姊妹不分嫁否：白簕頭綴紅	白長衫		
台西	白布條（男） 白布罩頭（女）			
大林	男子爲兄弟及姊妹不論嫁否：白頭帛 女子（不論嫁否）爲兄弟：白簕頭綴苧 姊妹之間不論嫁否：白簕頭	 苧衫（今略）		

嘉義市(A)	白頭帛綴紅（男） 白箛頭綴紅（女）			
北門	手臂紮白布			
佳里	男子爲出嫁姊妹：佩白布綴紅			
台南市	男子爲兄弟及在室姊妹：手臂紮苧圈 女子爲兄弟及在室姊妹：苧箛頭	苧衫（今略）		
新化(A)(B)	男子爲兄弟：手臂紮黃布			
關廟	白帽（男） 白箛頭（女）			
楠梓	一律白布披肩			
左營(A)(B)	不穿不戴			

馬公	手臂紮白布或白毛巾			
湖西	同右			
白沙	同右			
西嶼	手臂紮白布或白毛巾			
新屋	白帽（男）（為出嫁姊妹則綴紅） 白䉤頭（女）	白長衫、無袖（今不論男女皆省略為僅用腰飾而已）		
楊梅	男子為兄弟：若其有子女則無服，無子女者為之服：白頭帛 男子為在室姊妹：白頭帛 男子為出嫁姊妹：白布披肩 在室女為兄弟：白䉤頭	白長衫，無袖。 白長衫，無袖。		

	在室女爲出嫁姊妹：白布披肩 出嫁女爲兄弟及在室姊妹：白簸頭 出嫁女爲出嫁姊妹：無服	白長衫，無袖。		
關西	白頭帛（男） 白簸頭（女）	白長衫，有袖。 白長衫，有袖。		
竹東	略帶黃色白頭帛（男） 略帶黃色白簸頭（女）	略帶黃色白長衫，無袖。 略帶黃色白長衫，無袖。 （身服今多省略）		
寶山	男子爲兄弟及姊妹：白頭帛 在室女爲兄弟及在室姊妹：白簸頭	白長衫，無袖。		

	在室女爲出嫁姊妹：白箍頭綴紅 出嫁女爲姊妹不論嫁否：白箍頭綴紅.	白布斜掛肩，白裙。		
苗栗市	白箍頭（女）	腰飾（男）		
美濃	白帽（男） 白箍頭（女）	白長衫 白長衫		
內埔(A)	白箍頭（女）	白布披肩（男） 白長衫		
佳冬(A)	兄不爲弟服 父歿，弟爲兄服同孝男，妹爲兄服同孝女。父存，弟爲兄，無首服，餘同孝男，妹爲兄亦無首服，餘同孝女。在室姊妹之喪，兄無			

	服，弟妹僅著麻衫，無首服。 出嫁姊妹之喪：兄弟戴白帽，姊妹戴白簪頭。			
佳冬(B)	兄不爲弟妹服 弟爲兄及在室姊：全身麻，同孝男。 弟爲出嫁姊：白布三角帽 在室女爲兄及在室姊：全身麻，同孝女。 在室女爲出嫁姊：白簪頭綴紅 出嫁妹爲兄及出嫁姊：白簪頭綴紅	白長衫		

二九、爲堂兄弟姊妹

傳統喪服制度爲堂兄弟是大功，爲堂姊妹在室者大功，出嫁者降服小功。台灣私法稱至日據初期止，台灣的慣例是爲堂兄弟及堂姊妹在室者皆小功，出嫁者爲緦麻。日據中晚期鈴木清一郎台灣舊慣稱死者之同輩皆用白布，光復以後的文獻大部分沿襲鈴木的說法。

田野調查，有半數以上地區稱堂兄弟姊妹是同輩，已無服；只有二十幾個地區尚有服，但爲堂姊妹多只是當其在室時才有服，出嫁後多半即不再爲他穿孝服。在這二十幾個地區中，只有蘇澳、羅東、礁溪ⒶⒷ、基隆、石門、北投及南部客家佳冬ⒶⒷ等地，尚有使用苧布或綴苧布的情形，其他地區一律全用白布。

茲將文獻及田野調查所見各地爲堂兄弟姊妹孝服資料，分別表列於後以供參考。

爲堂兄弟姊妹孝服表（文獻部分）

出處	首服	身服	足服	備註
台灣私法	白麻布	苧	從定禮	爲出嫁堂姊妹，身服用

				白苧。
台灣舊慣	白帽（最簡略者只在衣服上戴一塊白布）	白長衫		
南投縣之婚喪禮俗	白頭帛（男）白簕頭（女）			
台灣省通志	用白布			
台灣民俗	用白布			
台北市志	用白布			
雲林縣志稿	用白布			
台南市志	用白布			
改善民俗之研究—改善民間喪葬禮俗之研究	用白布			
草屯鎮志	白頭帛（男）			

	白簕頭（女）			
苗栗縣志	昔：用粗白布爲服 今：白布長衫			堂姊妹出嫁則降服，用粗細白布爲服。
台灣喪俗談	大功			含在室堂姊妹

爲堂兄弟及堂姊妹在室者孝服表（田野部分）

地　區	首　服	身　服	足　服	備　註
蘇澳	男子爲堂兄弟：白布條綴苧紮於手臂 男子爲堂姊妹已嫁者：白帽綴紅 女子爲堂兄弟及堂姊妹不論嫁否：白簕頭綴苧	白長衫		各地女性簕頭尾巴長短分法與當地孝媳相同，本表不一一注明。
羅東	苧頭帛（男）			

	苧箍頭（女）（已婚綴紅）			
礁溪(A)	同右			
礁溪(B)	同右			
基隆	與爲兄弟姊妹同			
石門	白頭帛綴苧（男） 白箍頭綴苧（女）	苧衫 苧衫		
淡水	手臂綁白布			
北投	白頭帛綴苧（男） 白箍頭綴苧（女）	苧衫 苧衫		
三重	白頭帛（男） 白箍頭（女）			
竹南(B)	白頭帛（男） 白箍頭（女）			
鹿港(A)	白頭帛（男）	白長衫		

	白簑頭（女）（爲已嫁之堂姊妹，首服綴紅，已嫁女子爲堂兄弟姊妹亦綴紅。）	白長衫	
土庫	白頭帛（男） 白簑頭（女）		
台西	白布條（男） 白布蓋頭（女）		
大林	白頭帛（男） 白簑頭（女）		
嘉義市(A)	無服		
北門	手臂紮白布		
楠梓	一律白布披肩		
馬公	手臂紮白布		
湖西	同右		

白沙	同右			
西嶼	同右			
楊梅	無服			
關西	白頭帛綴紅（男） 白簕頭綴紅（女）	白長衫，有袖。		
竹東	白頭帛（男） 白簕頭（女）	腰飾綴紅 腰飾綴紅		
寶山	白頭帛綴紅（男） 白簕頭綴紅（女）			
苗栗市		腰飾綴紅		
美濃	白頭帛（男） 白簕頭（女）	白長衫 白長衫		
內埔	白布披肩（男） 白簕頭（女）	 白長衫		
佳冬(A)	為堂弟妹：無服			

	爲堂兄姊：服苧			
佳冬(B)	同右			

三〇、妯娌之間

儀禮喪服篇稱娣姒（即妯娌）之間爲小功，台灣私法未言妯娌間當服何種服，光復後僅有的兩條文獻資料均稱以白布爲服。

田野調查，有許多地區均稱妯娌之間，同輩無服。就有服地區歸納分析，妯娌之間大多只有首服，而且是白布簸頭不綴任何物者最多。台西簸頭簡化爲只是白布塊蓋頭而不縫（參照片㊳），淡水及澎湖地區改將白布紮於手臂，只有蘇澳、羅東、礁溪(A)(B)、基隆、石門、北投、大林及佳冬(A)(B)等地區有用苧布的情形。佳冬地區小嬸（弟婦）爲大姆（兄婦）用苧頭、苧衫；大姆爲小嬸，佳冬(A)云無服，佳冬(B)云降而用白簸頭綴紅，這就是台灣私法所謂雖同輩而長幼卻有不同的現象。

茲將文獻及田野調查所見各地妯娌之間之孝服資料，分別表列於後以供參考。

妯娌之間孝服表（文獻部分）

出處	首服	身服	足服	備註
最新婚喪喜慶禮儀大全	白布蓋頭	白布裙		
苗栗縣志	昔：用稍細白布為服 今：白布長衫			

妯娌之間孝服表（田野部分）

地區	首服	身服	足服	備註
蘇澳	白箍頭綴苧其尾左長右短，若死者之夫先亡則齊長。			
羅東	同右			

礁溪(A)	同右		
礁溪(B)	同右		
基隆	同右		
石門	白箛頭綴苧（今多不綴），其尾左長右短，若死者之夫先亡，則尾齊長。		
淡水	手臂紮白布		
北投	白箴頭綴苧，其尾左長右短，若其夫已亡，則尾齊長。（或手臂紮白布綴苧）		
萬華	無服		
公館	白箴頭，其尾左長右短，若死者之夫先亡，		

	則尾齊長。	
竹南(B)	白篏頭，尾一律左長右短。	
梧棲(B)	同右	
大肚	同右	
鹿港(A)	白篏頭，尾一律左短右長。	白衫裙（今略）
土庫	白篏頭，尾一長一短。	
台西	白布塊罩頭	
大林	白篏頭綴苧，尾一律左長右短。	
嘉義市(A)	白篏頭綴紅，尾一長一短。	
北門	白篏頭綴紅，其尾左長右短，若死者之夫先	

	亡，則尾齊長。			
佳里	白箃頭，尾長短隨人意。			
台南市	同右			
新化(A)	無服			
楠梓	白箃頭，尾一律左長右短。			
馬公	手臂紮白布			
湖西	同右			
白沙	同右			
西嶼	同右			
新屋	白箃頭，其尾左長右短，若死者之夫先亡，則尾齊長。			
楊梅	無服			

關西	白箃頭，其尾左長右短，若死者之夫先亡，則尾齊長。			
竹東	同右			
寶山	同右			
頭份(A)	白箃頭，尾一律左長右短。			
苗栗市	白箃頭，其尾左長右短，若死者之夫先亡，則尾齊長。			
美濃	無服			
內埔(A)	白箃頭，尾齊長。	白長衫		
佳冬(A)	小嬸為大姆：白箃頭綴苧尾一律左長右短。大姆為小嬸：無服	苧衫		

佳冬(B)	小嬸爲大姆：苧簑頭綴紅。大姆爲小嬸：白簑頭綴紅。尾一律左長右短。	苧衫		

三一、姑嫂之間

此處所謂姑嫂，包含婦人爲夫之姊妹及姊妹爲兄弟之妻。此於儀禮喪服篇屬於小功，互爲報服。有關台灣姑嫂之服的文獻資料很少，只有三條；田野調查，資料頗多，其中姑嫂間之服以用純白布爲服者最多，當姑已嫁人爲異姓時且綴紅；而北部宜蘭、基隆、台北一帶及嘉義的大林，姑爲嫂及嫂爲姑之在室者則用苧簑頭，爲第二級孝服；美濃、佳冬(A)(B)，嫂爲姑無服，佳冬(A)(B)姑爲嫂則用麻爲服，是第一級孝服，這也充分顯示同輩却因長幼而有懸殊之別。

茲將文獻及田野調查所見各地姑嫂間之孝服資料，表列於後以供參考。

姑嫂間孝服表（文獻部分）

出處	首服	身服	足服	備註
台灣喪葬習俗的研究（台灣文獻二九：二）	苧麻與白布			此為嫂為出嫁姑之服
最新婚喪喜慶禮儀大全	白布蓋頭	白布裙		此為婦人為夫之姊妹之服
苗栗縣志	昔：用稍細白布為服 今：白布長衫			此為婦人為夫之兄弟姊妹（不分嫁否）之服。

姑嫂間孝服表（田野部分）

地區	首服	身服	足服	備註
蘇澳	白篏頭綴苧，其尾左長			

	右短，若死者之夫先亡則尾齊長。			
羅東	姑爲嫂及嫂爲在室姑：白布簌頭綴苧 嫂爲出嫁之小姑：白布簌頭綴紅，其尾左長右短，若死者之夫先亡，則尾齊長。	白衫、白裙。		
宜蘭市	同右			
礁溪(A)	同右			
礁溪(B)	同右			
基隆	同右			
石門	同右			
淡水	手臂紮白布			
北投	姑爲嫂及嫂爲在室姑：			

	白布箍頭綴苧 嫂爲已嫁之小姑：白布箍頭綴紅 其尾左長右短，若死者之夫先亡則尾齊長。	苧衫 白裙		
公館	同右			
新竹市	白箍頭綴紅，其尾左長右短若死者之夫先亡則尾齊長。	白布裙		
竹南(B)	白箍頭，尾一律左長右短。			
梧棲(B)	同右	白布裙		
大肚	同右			
草屯	嫂爲姑：白箍頭 姑爲嫂：白箍頭。	白布裙 （身服略）		

	尾一律左長右短。		
鹿港(A)	白簪頭（已嫁之姑爲嫂，或嫂爲已嫁之姑則綴紅），尾一律左短右長。	白衫、白裙（或略）。	
土庫	嫂爲姑：白布簪頭綴紅，尾一長一短。姑爲嫂：白簪頭（爲已嫁之姑則綴紅），尾一長一短。		
台西	白布塊罩頭		
大林	白布簪頭綴苧，尾一律左長右短。		
嘉義市(A)	白布簪頭綴紅，尾一長一短。		

北門	白布筱頭綴紅，其尾左長右短，若死者之夫先亡，則尾齊長。			
佳里	白箃頭，尾長短隨人。			
楠梓	白箃頭，尾一律左長右短。			
左營(A)	同右	白裙		
馬公	手臂紮白布			
湖西	同右			
白沙	同右			
西嶼	同右			
新屋	白箃頭，其尾左長右短，若死者之夫先亡則尾齊長。			
關西	同右			

寶山	同右			
苗栗市	同右			
美濃	嫂爲姑：無服 姑爲嫂：白篏頭尾齊長。	白長衫		
內埔(A)	白篏頭，尾齊長。	白長衫		
佳冬(A)	嫂爲姑：無服。 姑爲嫂：麻苧篏頭，尾一律左長右短。	麻苧衫	草鞋	
佳冬(B)	嫂爲姑：無服。 姑爲嫂：白篏頭綴紅（在室）苧篏頭綴紅（出嫁）尾齊長。	麻衫		

三二、叔嫂之間

叔嫂之間，即婦人爲夫之兄弟與兄弟爲兄弟之妻，簡言之即以「叔嫂」代稱。古代强調男女授受不親，爲別嫌疑因而儀禮喪服篇無叔嫂之服，直到南北朝仍遵守此項規定；但到了唐朝，唐律卻定「爲兄弟妻」及「爲夫之兄弟」爲小功五月，其後歷朝禮書都加以沿襲。

台灣私法稱妻爲夫族之服完全從夫，即爲夫兄服齊衰，爲夫弟服大功，此係因長幼而有別。男子爲兄弟之妻則除有長幼之別外，還因其有無生育而有別，如爲兄嫂有子則大功，無子則小功；爲弟媳有子則小功，無子則緦麻。鈴木清一郎台灣舊慣稱：爲同輩者只用白布爲服。光復後的文獻，姚漢秋台灣喪葬習俗的研究則稱用苧麻與白布。

田野調查，有近半數地區稱叔嫂是同輩，互相無服。另外半數有服地區當中，淡水、竹南(B)、鹿港(A)、土庫、台西、嘉義市(A)、北門、佳里、楠梓、馬公、湖西、白沙、西嶼及客家的新屋、關西、竹東、寶山、美濃等地皆是用白布爲服。而蘇澳、羅東、宜蘭市、礁溪(A)(B)、北投、三重等地，是男女互相以白布綴苧爲服；基隆、大林雖也有白布綴苧的風俗，但基隆大伯不爲弟媳服，大林伯叔爲弟媳及大嫂只是純白布而已，與蘇澳等地的風俗略有不同。佳冬(A)大伯爲弟媳無服，小叔爲大嫂無首服只穿苧衫，弟媳爲大伯及大嫂爲小叔是麻苧　頭、麻苧衫；佳冬(B)大伯爲弟媳及大嫂爲小叔均無服，弟媳爲大伯是麻　頭綴紅、麻衫、草鞋，小叔爲大嫂是三角形麻帽綴紅，這是叔嫂之間孝服最重的地區。

茲將文獻及田野調查所得叔嫂的孝服資料，表列於後以供參考。

叔嫂之間孝服表（文獻部分）

出處	首服	身服	足服	備註
台灣私法	麻布	二麻	從定禮	此爲爲夫兄之服
台灣私法	白麻布	三麻	從定禮	此爲爲嫂之有子者之服，爲夫弟之服與此同。
台灣私法	白麻布	苧	從定禮	此爲爲嫂之無子者及弟媳之有子者之服。
台灣私法	白麻布	白苧	從定禮	此爲爲弟媳之無子者之服。
台灣舊慣	白布	白布		
台灣喪葬習俗的研究（台灣文獻二九・二一）	苧麻與白布			

苗栗縣志	昔：用稍細白布爲服。 今：白布長衫。			
台灣喪俗談	小功			此爲爲兄弟妻之服。

叔嫂之間孝服表（田野部分）

地區	首服	身服	足服	備註
蘇澳	白頭帛綴苧（男） 白布箍頭綴苧（女）			各地婦人箍頭尾巴長短分法一律與當地孝媳相同，本表不一一注明。
羅東	白頭帛綴苧（男） 白箍頭綴苧（女）			
宜蘭市	手臂紮白布綴苧（男） 白箍頭綴苧（女）			

礁溪(A)	白頭帛綴苧（男） 白箁頭綴苧（女）			
礁溪(B)	同右	苧衫		
基隆	伯爲娣：無服 叔爲嫂：白頭帛綴苧 娣爲伯、嫂爲叔：白箁頭綴苧			
淡水	手臂紮白布			
北投	白頭帛綴苧（男） 白箁頭綴苧（女）	苧衫		
三重	同右			
竹南(B)	白頭帛（男） 白箁頭（女）			
鹿港(A)	同右	白長衫（或略）		
土庫	同右			

台西	同右			
大林	白頭帛（男） 白箃頭綴苧（女）			
嘉義市(A)	白頭帛綴苧紅（男） 白箃頭綴苧紅（女）			
北門	同右			
佳里	白頭帛（男） 白箃頭（女）			
楠梓	白布披肩（男） 白箃頭（女）			
馬公	手臂紮白布			
湖西	同右			
白沙	同右			
西嶼	同右			
楊梅	白頭帛（男）（多不			

	服） 白簕頭（女）			
關西	白頭帛（男） 白簕頭（女）			
竹東	土黃白布頭帛（男） 土黃白布簕頭（女）			
寶山	白頭帛（男）（多不服） 白簕頭（女）			
美濃	白頭帛（男） 白簕頭（女）	白長衫		
內埔(A)	白布披肩（男） 白簕頭（女）	白長衫		
佳冬(A)	伯爲娣：無服 叔爲嫂：無首服	苧衫		

	娣爲伯、嫂爲叔：麻苧箍頭	麻苧衫		
佳冬(B)	伯爲娣：無服 嫂爲叔：無服 娣爲伯：麻箍頭綴紅 叔爲嫂：三角形麻帽綴紅	麻衫	草鞋	

三三、女婿（附訂婚而尚未娶之婿）

女婿是半子，岳父母之喪不能不到，而且出殯日必須準備豬頭五牲祭拜才不失禮。台灣私法只說女婿爲岳父母服七七日或百日，未說其服級，因而無法知道女婿該穿什麼孝服。光復後的文獻，多稱女婿之服是白布帽、白袍或白長衫，只有望八文存及草屯鎮志稱女婿戴荖包（白方帽）綴苧，穿白袍（白長衫）。昔日傳統社會，各地的女婿在喪禮中都要穿白長袍，祭拜時要行跪拜禮，必須將前襬踢開才能下跪，因而俗稱女婿拜岳父母爲「踢白長衫」。

田野調查，女婿的首服，不論閩客，其基本式樣都是白荖包。其他親屬的首服也有採用荖包形式的，然多已採用簡化的做法，即將一塊單層孝布對摺後縫成袋狀即成。但女婿及重要的外親，他們的荖包則一直採用比較複雜的做法，姜仁崴云：

「取寬一尺六、長五尺左右之白布，一端摺入九寸許，將未摺入之另一端摺壓其上至八寸處即折回，到距另外一端一寸處復折回，至對邊一寸處折回，至對邊一寸處再折回，至距邊一寸處又折回，最後在距邊一寸處將餘布反摺藏於內，乃成一長一尺六寸而底寬九寸之形，將其對摺，使原先層疊之摺處在外，並將一端反摺出為純，縫其兩邊，即成一荖包（參照片②）。」（注一〇〇）

荖包做法示意圖：

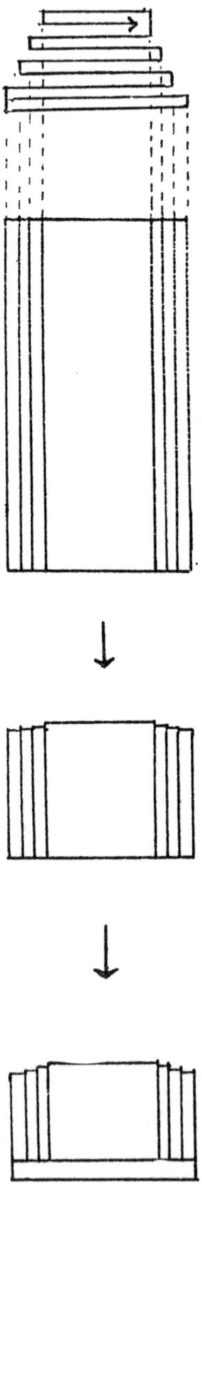

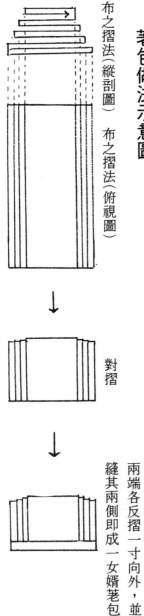

全台灣各地女婿的首服大致可以歸納爲兩大類：一類是白苧包（頭帛）綴紅，見於閩南地區的台西、北門、新化(A)(B)及桃、竹、苗、東勢、佳冬(A)(B)等地的客家（參照片⑯）。這一類也有不綴紅的，見於佳里及澎湖地區，澎湖地區的女婿，一般均是不綴紅，只有特殊情況才綴紅，馬公吳克文云：

「當年結婚，若是雙方父母很高興同意，結婚翌日女方父母請女婿、女兒回門相認，且宴請親友，表示對這門親事很滿意；則岳父母去世時，女婿戴白土地公帽（即苧包）穿白袍，不必紅綾披肥（參照片㉜）。反之，若女方父母不滿意這親事，結婚翌日不請女婿、女兒回門宴請賓客，則岳父母死亡時，女婿的白土地公帽左右兩角要綴紅，白袍要紅綾披肥。」（注一〇一）

湖西、白沙、西嶼等地都有相同的說法，這種以結婚第二天有無「請女婿」來決定孝服要不要綴紅，是澎湖地區一項特殊的風俗。

女婿首服第二類是在白苧包（頭帛）上綴第二級孝布—苧，台灣從北到南，絕大部分的閩南地區都採用此類，客家的內埔(A)也是，關廟的苧帽及美濃的黃布三角帽也應歸入此類。其中大部分地區除苧之外，均另綴紅布以表示外姓；一般親屬首服綴紅多半只是綴一小塊紅布，而女婿綴紅則是將一長條紅布從額前通過帽頂縫於後沿，這是帶有尊重女婿的意味在（參照片㉚）。

除了上述兩大類之外，宜蘭市有白苧包綴苧加藍的例子；台南市是採用當地人稱爲「成巾」（類似苧包）的白布帽，不綴苧，而於帽後垂兩條麻布，這是比較特殊的情形。

女婿的身服，不論閩客，都還是採用白長袍與白長衫這種傳統的形式（這也是因爲尊重女婿之故才一直保持），白長袍與白長衫名略異而實則相同。僅有極少數地區簡化爲腰飾（參照片㉛），甚至將身服省略（參照片㊳）。美濃女婿的身服由半件黃布半件白布縫合而成（參照片㉝），這和當地女婿在岳父母出殯隊伍走出門外一段路之後，女婿必須備妥牲儀在半路舉行「路祭」，同爲美濃地區有關女婿的特殊風俗（注一〇二）。

女婿的足服，大多數地區均未硬性規定，只有少數地區言明要穿白布鞋，美濃、佳冬(B)甚至還要穿草鞋。

孝媳項中有所謂「借送山」者，即指已訂婚而尚未入門之媳婦。本項女婿也有已訂婚而尚未結婚之女婿。基於人情，習慣上準女婿都會去參加葬禮，因此也必須爲他準備孝服。他與一般女婿之服，田野調查，發現各地風俗不一，有的完全相同，有的以綴紅區別，有的則穿紅戴紅，爲便於比較，本文將他附于本項下。

茲將文獻及田野所見各地女婿孝服資料，分別表列於後以供參考：

女婿孝服表（文獻部分）

出處	首服	身服	足服	備註
南投縣之婚喪禮俗	白布狀元帽	白布長衫		
台灣喪葬習俗的研究（台灣文獻二九：二）	白方帽	白長衫		
最新婚喪喜慶禮儀大全	白布帽，帽中從前貫後縫一寸寬之苧布。	白袍白腰帶		訂婚尚未結婚之女婿：白布帽，正中央縫一條三寸寬之紅巾，由前貫後，披紅袍繫白腰帶，並須包紅包予他。新婚四個月內之女婿：白布帽，正中央先縫一紅布條再綴一苧布條，

				皆由前貫後，穿白袍、白腰帶。
中華文化叢書禮俗組座談會紀錄（台灣文獻二三：一）	頭白綴紅（若本身父母已亡者可不綴紅）	白布服	白鞋	
台灣地區現行喪葬禮俗研究報告（埔里）		兩條白浴巾掛於胸前		
望八文存	著包綴苧、紅。	白袍、白腰帶。		
草屯鎮志	白著包綴苧	白長衫		
苗栗縣志	昔：用細白布爲服 今：白布長衫			
台灣喪俗談	緦麻			
中原客家實用	用細熟布爲服			

女婿（附訂婚而尚未娶之婿）孝服表（田野部分）

地區	首服	身服	足服	訂婚而尚未娶之婿（凡未加說明者表與一般女婿同）
蘇澳	白荖包綴苧	白長衫		
羅東	白荖包綴苧加紅	同右		
宜蘭市	白荖包綴苧加藍	同右		
礁溪(A)	白荖包綴苧	白長袍		首服綴紅
礁溪(B)	同右	同右		同右
基隆	白荖包綴苧（生平從未帶孝者額上加紅）	白長衫	白布鞋	
石門	同右	同右		

三芝	同右	同右		
淡水	同右	同右		
北投	同右	白長袍		
三重	同右	同右		
萬華	同右	白長袍（斜襟）		無服
公館	同右	白長袍		
新竹市	白苧包綴苧	昔：白長袍 今：以白布條披肩（岳父之喪自左肩向右披，岳母之喪反之）腰部另以白布條爲絰繫紅絲帶。		首服綴紅
竹南(A)(B)	同右	白長袍		首服綴紅
梧棲(A)(B)	白苧包中綴紅布條外加苧	白長袍（無袖）		

大肚	同右	同右		
草屯	同右	同右		首服綴紅
鹿港(A)(B)	同右	同右		
西螺	同右	同右		
土庫	白苧包綴紅布條外加苧	同右	白布鞋	紅帽、紅衫。
台西	白苧包綴紅	白長衫（今或省略）	白鞋	身服改用紅綾披胛，綾上縫十二張紙鈔。
大林	白苧包，額中綴苧布條向後垂至背部，帽上兩角綴黃白線各半。	白長衫		紅苧包中綴苧布條向後垂至背部，帽上兩角各結黃白線各半，身服改用紅長袍。
太保	白苧包，額上綴苧布下垂，另綴以紅布。	同右		紅苧包綴苧，紅長袍。
嘉義市(A)(B)	同右	同右		同右
北門	白頭帛綴紅	同右	白布鞋	身服雙肩加披紅布條

佳里	白頭帛			白頭帛綴紅
台南市	白布帽（名爲「成巾」）帽後左右各綴一麻布條下垂。	白長袍		首服綴紅
新化(A)	白苧包以紅布條爲絰，結於項上，垂尾至臀部。	白長袍繫白腰帶綴紅布條	白（黑）布鞋	首服額上加一圓形紅布
新化(B)	白苧包綴紅，帽後左右各有布條下垂。	白長袍	白布鞋	
關廟	苧布帽	同右		首服綴紅
楠梓	白苧包綴苧	白長衫		首服加紅
左營(A)(B)	同右	同右		同右
馬公	白苧包（結婚未請子壻者帽上左右兩角各綴一紅布條）	白長袍（結婚時未請子壻者紅綾披胛）		首服帽上左右兩角各綴一條紅布，身上紅綾披胛。
湖西	同右	白長袍（結婚時未請子		首服帽上左右兩角各綴

		壻者以紅綾綴錢披肩胛）		一條紅布。
白沙	同右	白長袍		同右
西嶼	同右	同右		身上紅綾披胛
新屋	白苧包綴紅	昔：白長袍　今：腰飾		
楊梅	同右	白布衫或八尺二大服（加小紅帶）		六尺二腰飾加小紅帶
關西	白苧包或頭帛綴紅	白長衫，有袖。		無服
竹東	粗白布苧包綴紅	粗白布長袍	白鞋	
寶山	白苧包或頭帛綴紅	白長衫無袖		
頭屋	同右	同右		白長衫上紅綾披胛
東勢	昔：白苧包綴紅	白長袍 今僅有腰飾，岳父之喪自左肩向右披，岳母之喪反之。		

美濃	黃布三角帽	左用黃布右用白布合縫之長衫	草鞋	首服綴紅
內埔(A)	白苧包綴苧	白長衫		同右
佳冬(A)	白苧包額上加圓形紅布（直徑一寸）	白長衫無袖		白苧包邊緣滾紅布
佳冬(B)	白布三角帽頂加八卦紅布	白長衫	草鞋	白長衫外另披四尺紅布（紅綾披胛）

三四、孫婿

傳統喪服制度中，男子僅爲妻之父母服緦麻，爲妻之祖父母則無服，台灣私法亦云然；但事實上台灣習俗孫婿、曾孫婿、乃至玄孫婿都有服。爲姻親的服比傳統重且多，這反應出台灣習俗中對夫妻以及外姻的觀念與傳統不同。

孫婿較女婿小一輩，依理其服亦應降一級，文獻資料中最新婚喪喜慶禮儀大全及望八文存都說孫婿比女婿多加青（藍）布，但南投縣之婚喪禮俗與草屯鎮志則說與女婿相同。

田野調查，草屯是白苧包綴苧，而礁溪(A)與新化(A)，不僅白苧包綴苧不綴藍或逕以苧布爲帽，而且連身服也用苧衫，整體而言，其服反而比女婿重，這是比較特殊的情形。台南市的「成巾」垂後兩條雖用苧，但比女婿用痲已降一等。除此以外，其他各地都以形式從簡或顏色不同等方法來表示較女婿降一等。

以形式從簡表示與女婿不同的，例如北門、佳里、白沙、西嶼、楊梅等地，佳里、白沙、西嶼不只形式改變而且加綴紅布。以顏色不同來表示孫婿與女婿有別的，一般皆用苧布的下一級——藍，其中有首服、身服全用純藍的，如土庫、台西及湖西等地；有只有首服白荖包直接加藍加紅的，這種情形最多，如蘇澳、羅東、宜蘭市、基隆、石門、三芝、淡水、公館、鹿港Ⓑ及客家的佳冬Ⓑ等地；也有白荖包上加苧再加藍加紅的，如北投、萬華、新竹市、大肚、鹿港Ⓐ。另外，只用純白布不加綴任何物的，如礁溪Ⓑ、關廟、楠梓、馬公等地。此外有二個地方是加黃或用純黃布爲孫婿之服，大林是白荖包綴黃兩角再各綴黃白各半之線；美濃客家則用純黃布爲帽及衫。

孫婿的身服，除前曾述及少數地區用苧衫或藍布衫或黃布衫外，其餘各地均用白長衫或白袍，也有加以省略的情形。其足服，大多未硬性規定。

茲將文獻及田野調查所得各地孫婿孝服資料，分別表列於後以供參考。

孫婿孝服表（文獻部分）

出處	首服	身服	足服	備註
南投縣之婚喪禮俗	白布狀元帽	白布長衫		
最新婚喪喜慶禮儀大全	白布帽，正中縫一長條苧布，由額前至腦後，苧下加一小青(藍)布。	白長袍		外孫婿孝服同此
台灣地區現行喪葬禮俗研究報告（埔里）		兩條粉紅色浴巾掛於胸前		
望八文存	苧包綴苧、青(藍)、紅。	白袍、腰帶。		
草屯鎮志	白苧包綴苧	白長衫		

孫婿孝服表（田野部分）

地區	首服	身服	足服	備註
蘇澳	白苧包綴藍	白長衫		
羅東	白苧包綴藍布及紅布	同右		
宜蘭市	同右	同右		
礁溪(A)	白苧包綴苧	苧衫		
礁溪(B)	白苧包	白長衫		
基隆	白苧包綴藍布及紅布	同右	布鞋	
石門	同右	同右		
三芝	同右	同右		
淡水	同右	（略）		
北投	白苧包綴苧、藍布及紅布。	白長袍		
萬華	同右	同右		
公館	白苧包綴紅布條再綴藍	同右		
新竹市	白苧包綴苧、藍、紅。	白長袍（今多簡化爲		

		「腰飾」）		
竹南(B)	白苧包綴紅	白長袍		
大肚	白苧包綴紅布條、加苧及藍布。	同右		
草屯	白苧包綴苧	同右		
鹿港(A)	白苧包綴苧、藍、紅布。	同右		
鹿港(B)	白苧包綴藍、紅布。	同右		
土庫	藍布苧包	藍長衫		
台西	同右	同右	白布鞋	
大林	白苧包綴黃布，兩角綴黃白各半之線。	白長衫		
太保	白苧包綴紅	同右		
嘉義市(A)	白苧包綴苧布、紅布。	同右		
北門	白布綴紅披肩			
佳里	同右			

台南市	白布帽（名爲「成巾」）帽之後左右各有一條苧布條	白長袍		
新化(A)	苧帽	苧衫	白或黑布鞋	
關廟	白苧包	白長袍		
楠梓	同右	同右		
左營(A)	白苧包綴紅	白長衫		
馬公	白苧包	白袍		
湖西	藍布帽	藍袍		
白沙	手紮白布綴紅			
西嶼	同右			
楊梅	白頭帛或苧包綴紅	六尺二腰飾綴紅絲帶		
關西	白頭帛綴紅	白長衫有袖		
寶山	同右	白長衫無袖		
美濃	黃布三角帽	黃布衫	草鞋	

佳冬(A)	白苧包，額上綴一直徑一寸圓形紅布。	白長衫無袖		
佳冬(B)	白布三角帽上加八卦藍布	白長衫	草鞋	

三五、外孫婿

文獻上，楊烱山最新婚喪喜慶禮儀大全稱外孫婿的孝服與孫婿同。田野調查，目前約有二十九個地區外孫婿仍有孝服，其中有二十二個地區其服且與當地之孫婿相同；其餘七個不同的地區中，礁溪(A)爲藍布苧包、藍袍；台西只有白頭帛；美濃爲白布三角帽、白長衫；佳冬(A)是白布綴紅披肩，佳冬(B)爲白布三角帽綴紅、白長衫，都較孫婿之服爲輕或簡略；而羅東手紮細苧綴紅，鹿港(A)白苧包綴苧加紅，則反較當地孫婿爲重。

茲將田野調查所得各地外孫婿孝服資料，表列於後以供參考。

外孫婿孝服表（田野部分）

地區	首服	身服	足服	備註
蘇澳	白著包綴藍	白長衫		
羅東	手紮細苧綴紅			
礁溪(A)	藍布著包	藍袍		
礁溪(B)	白著包	白長衫		
基隆	白著包綴藍加紅	同右	布鞋	
石門	同右	白袍		
北投	白著包綴苧、藍、加紅。	同右		
竹南(B)	白著包綴紅	同右		
鹿港(A)	白著包綴苧加紅	白長袍		
土庫	藍布著包	藍布長衫		
台西	白頭帛			
大林	白著包綴黃，兩角各綴黃、白各半之線。	白長衫		

太保	白苧包綴紅	同右		
嘉義市(A)	白苧包綴苧加紅	同右		
北門	白布綴紅披肩			
佳里	同右			
台南市	白布帽（名爲成巾）帽之後左右各有一條苧布條	白長袍		
新化(A)	苧帽	苧衫	白或黑布鞋	
楠梓	白苧包	白長衫		
馬公	同右	白袍		
湖西	藍帽	藍袍		
白沙	手紮白布綴紅			
西嶼	同右			
楊梅	白頭帛或苧包，綴紅。	六尺二腰飾綴紅絲帶		
關西	白頭帛綴紅	白長衫有袖		

寶山	白頭帛	白長衫無袖		
美濃	白布三角帽	白長衫		
佳冬(A)	白布綴紅披肩			
佳冬(B)	白布三角帽綴紅	白長衫		

三六、侄婿

文獻上，楊烱山最新婚喪喜慶禮儀大全云侄婿之服爲白布帽綴苧加紅，與女婿相比，多了紅布，而苧布也較小；望八文存則說侄婿之服與女婿完全相同。

田野調查，各地侄婿的孝服顯得相當紛歧，其中有些地區侄婿的孝服與女婿相同，如北投、鹿港(A)、太保、嘉義市(A)、湖西等地用布與形式均和孝婿相同；有些則與孫女婿同，如公館、大林、北門、佳里、台南市、關廟、楠梓、左營(A)、楊梅等地；有的則簡化爲只有首服而無身服，如礁溪(B)、台西、馬公、關西、寶山等地；有的更簡化爲把代表孝服的布條紮在手臂或披在肩上，如羅東、礁溪(A)、新化(A)、佳冬(A)(B)等地。

茲將文獻及田野所見各地侄婿孝服資料，分別表列於後以供參考。

侄婿孝服表（文獻部分）

出處	首服	身服	足服	備註
最新婚喪喜慶禮儀大全	白布帽，額上綴苧加一小紅布。	白長袍		
望八文存	荖包綴苧、紅。	白袍、腰帶。		

侄婿孝服表（田野部分）

地區	首服	身服	足服	備註
羅東	手臂紮細苧綴紅			
礁溪(A)	手臂紮白布綴苧			
礁溪(B)	白頭帛			
北投	白荖包綴苧、紅。	白長袍		
公館	白荖包綴紅布條再綴藍	同右		

竹南(B)	白苧包綴藍、紅。	同右		
鹿港(A)	白苧包額上綴紅加苧	同右		
台西	白頭帛			
大林	白苧包綴黃，兩角綴黃白各半之線。	白長衫		
太保	白苧包綴苧、紅。	同右		
嘉義市(A)	同右	同右		
北門	白布綴紅披肩			
佳里	同右			
台南市	白布帽（名爲「成巾」），帽之後左右各有一條苧布條。	白長袍		
新化(A)	手臂紮白布			
關廟	白苧包	白長袍		
楠梓	同右	同右		

左營(A)	白苧包綴紅	同右		
馬公	白苧包			
湖西	同右	白袍		
白沙	手臂紮白布			
西嶼	同右			
楊梅	白頭帛或苧包綴紅	六尺二腰飾綴紅絲帶		
關西	白頭帛綴紅			
寶山	同右			
佳冬(A)	白布綴紅披肩			
佳冬(B)	同右			

三七、外甥婿

田野調查，大多數地區都說外甥婿無服，只有十八個地區稱外甥婿尚有孝服。其中北投的外甥婿是白苧包上綴苧、紅，鹿港(A)白苧包上綴苧、藍、紅，其他地區均是使用純白布的苧包或頭帛，或將白布紮於手臂或披於肩上，頂多只加綴紅布而已。外甥婿的身服多半已簡化，足服更是全部都沒有硬性規定。

茲將田野調查各地外甥婿孝服資料，分別表列於後以供參考。

外甥婿孝服表（田野部分）

地區	首服	身服	足服	備註
羅東	手臂紮白布綴紅			
礁溪(B)	白頭帛			
北投	白苧包綴苧、紅。	白袍		
竹南(B)	白苧包綴紅	同右		
鹿港(A)	白苧包綴苧、藍、紅。	同右		
台西	白頭帛			
嘉義市(A)	白苧包綴紅	白長衫		
北門	白布綴紅披肩			
新化(A)	手臂紮白布			
楠梓	白苧包	白長衫		

馬公	手臂紮白布			
湖西	同右			
白沙	同右			
西嶼	同右			
楊梅	白頭帛	六尺二腰飾綴紅絲帶		
寶山	同右			
佳冬(A)	白布綴紅披肩			
佳冬(B)	同右			

三八、曾孫婿

文獻方面，楊烱山最新婚喪喜慶禮儀大全稱：曾孫婿是青（藍）帽、青（藍）袍，林坤元望八文存云其首服爲茬包綴青（藍）加紅；藍布在近代台灣孝服制度中，它是第三級，屬於曾孫輩的。田野調查，不論其孝服形式如何，用藍布做成或在其上綴藍布的，見於蘇澳、礁溪(A)(B)、鹿港(A)、楊梅及寶山等地，與兩分文獻資料所說相符。由於爲讓人覺得死者福壽全備，臺灣近年有假充代數的新興風俗，羅東、北投、佳冬(B)等地曾孫婿用黃布爲服，事實上即是第三代而用第四代的布；竹南(E)、台西、大林用紅布為服，則是標準的「假充五代」。此外，有只用白苲包的，見於楠梓、馬公；有將白布紮於手臂的，見於新化(A)、湖西、白沙、西嶼；也有白布上綴紅的，見於嘉義市(A)、北門、佳冬(B)。

茲將文獻及田野調查所見各地曾孫婿孝服資料，分別表列於後以供參考。

曾孫婿孝服表（文獻部分）

出處	首服	身服	足服	備註
最新婚喪喜慶禮儀大全	青（藍）布帽	藍布袍		
望八文存文	苲包綴青（藍）加紅	白袍腰帶		

曾孫婿孝服表（田野部分）

地區	首服	身服	足服	備註
蘇澳	藍苲包綴紅	藍長衫		

羅東	黃布荖包	黃長衫		
礁溪(A)	手紮白布綴藍			
礁溪(B)	同右			
北投	黃布荖包	黃布長袍		
竹南(B)	紅布荖包	紅布長袍		
鹿港(A)	藍布荖包綴紅	藍布長袍		
台西	紅布荖包	紅布長袍		
大林	紅布荖包，兩角綴粉紅、紅線各半。	紅布長衫		
嘉義市(A)	白荖包綴紅	白長衫		
北門	白布綴紅披肩			
新化(A)	手臂紮白布			
楠梓	白荖包			
馬公	同右			
湖西	手臂紮白布			

白沙	同右			
西嶼	同右			
楊梅	藍頭帛或苧包	六尺二藍腰飾綴紅絲帶		
寶山	藍布頭帛			
佳冬(A)	白布綴紅披肩			
佳冬(B)	白布三角帽綴紅	黃布長袍		

三九、侄孫婿

楊烱山最新婚喪喜慶禮儀大全稱侄孫婿戴白布帽，綴苧加紅及一小青（藍）布，穿白長袍；望八文存也說是戴苧包綴苧加青（藍）及紅，穿白長袍。

田野調查，稱侄孫婿有服的有二十處，形式與用布均相當紛歧，用到藍布的有羅東、礁溪(A)(B)、北投、鹿港(A)及楊梅；台西用全紅，大林用粉紅；竹南(B)、嘉義市(A)、佳冬(A)是白帽綴紅配白長衫；北門、佳冬(B)是白布綴紅；楠梓、馬公、寶山只有白頭帛；而湖西、白沙、西嶼等地則將白布紮於手臂。

茲將文獻及田野調查所得侄孫婿孝服資料，分別表列於後以供參考。

侄孫婿孝服表（文獻部分）

出處	首服	身服	足服	備註
最新婚喪喜慶禮儀大全	白布帽額上綴苧加紅及一小青（藍）布	白長袍		
望八文存	荖包綴苧、青（藍）、紅。	白袍、腰帶。		

侄孫婿孝服表（田野部分）

地區	首服	身服	足服	備註
羅東	手紮白布綴藍			
礁溪(A)	同右			
礁溪(B)	同右			
北投	白荖包綴苧、藍及紅布。	白袍		

竹南(B)	白苧包綴紅	同右		
鹿港(A)	白苧包綴苧、藍、紅。	同右		
台西	紅布苧包	紅袍		
大林	粉紅色苧包，兩角綴粉紅、紅線各半。	粉紅長衫		
嘉義市(A)	白苧包綴紅	白長衫		
北門	白布綴紅披肩			
新化(A)	手臂紮白布			
楠梓	白苧包			
馬公	同右			
湖西	手臂紮白布			
白沙	同右			
西嶼	同右			
楊梅	藍布頭帛或苧包	六尺二藍布腰飾綴紅絲帶		

寶山	白頭帛			
佳冬(A)	白布綴紅披肩			
佳冬(B)	白布三角帽綴紅	白長衫		

四〇、玄孫婿

楊烱山最新婚喪喜慶禮儀大全稱玄孫婿全用大紅，即紅帽、紅袍。田野調查，只有二十一個地區知道玄孫婿之服，其中蘇澳、羅東、北投、竹南(B)、鹿港(A)、台西、大林、嘉義市(A)及寶山等地皆用純紅；佳冬(B)用紅衫，但首服綴黃；楊梅則全用黃，黃是第四級孝布。礁溪(A)、礁溪(B)及北門，均是白布綴紅後紮於手臂或披在肩上，新化(A)、楠梓及澎湖地區則只用白布為服，這即是簡化後的結果。

茲將田野調查所得各地玄孫婿孝服資料，分別表列於後以供參考。

玄孫婿孝服表（田野部分）

地區	首服	身服	足服	備註
蘇澳	紅苧包	紅長衫		
羅東	同右	同右		
礁溪(A)	手臂紮白布綴紅			
礁溪(B)	同右			
北投	紅布苧包	紅袍		
竹南(B)	同右	同右		
鹿港(A)	同右	同右		
台西	同右	同右		
大林	紅布苧包，兩角綴紅線。	同右		
嘉義市(A)	紅布苧包	同右		
北門	白布綴紅披肩			
新化(A)	手臂紮白布			
楠梓	白苧包			

馬公	同右			
湖西	手臂紮白布			
白沙	同右			
西嶼	同右			
楊梅	黃布頭帛或苧包	六尺二黃布腰飾綴紅絲帶		
寶山	紅布頭帛			
佳冬(A)	白布綴紅披肩			
佳冬(B)	白布三角帽綴八卦黃	紅布長衫		

四一、義　子

傳統喪服制度中，只有血親、姻親或君臣關係才有喪服，除此之外，雖情誼重如師生者亦只能心喪而無服。然而台灣的習慣，卻有因尊認或結義而產生孝服的關係，如義子、義媳、義女……等均有其服。所謂尊認即俗話所說「認義父」、「認義母」。本省人傳統習慣當幼兒出生不久即爲他算命批八字，遇有會刑剋父母或命中不好養育者，相命師常會建議其父母認神明或一般人做父母。認神明做父母的要在神明誕辰日去祭拜，並將一枚銅錢串紅絲線，在神明爐上過火後，掛在幼兒脖子上，俗稱「頷錢」。掛三天後，取下供於家中神桌上。以後每年神明生日都要去拜，並換新紅絲線，掛三天，直到長大成人爲止。認一般人做父母，俗稱「呷耶水米」，也有一套儀式，此後幼兒即須稱對方爲爹娘，這是因爲尊認而產生的義子關係。另外本省民間受三國演義影響頗深，朋友間常因志同道合或興趣相投，結拜成異姓兄弟，結拜兄弟對彼此之父母均依其結拜時之約定，而視同自己之父母，這是因結義而產生的義子關係。現代人自幼認人做父母的情形比以前少，但長大後結拜兄弟的情形，則因可結合政治、經濟等利益因素，反較以前多，而且人數也比以前龐大。

台灣私法稱義子對義父母無服，這點與事實不太相符。實際上，清代台灣父母會的成員便有互相爲對方父母之喪而穿孝服的約定（注一〇三）。有關義子（含因尊認及結義而生的兩種）孝服的文獻資料有四條，有與孝男全同而於首服加紅以資區別的，有雖不加紅但用頭苧身麻或麻上加苧以資區別的。

田野調查，發現台灣義子的孝服與孝男的孝服相比，最大差別在於絕大部分地區的義子都沒有孝杖，而其首服及身服則有與孝男全同且不加紅的，如土庫、太保、新化Ⓑ、西嶼、關西、內埔ⒶⒷ、佳冬ⒶⒷ等地；有與孝男相同但於首服上加紅以資區別的，見於羅東、石門、公館、竹南Ⓑ、梧棲ⒶⒷ、草屯、鹿港Ⓐ、北門、關廟、新化Ⓐ、左營ⒶⒷ、大樹、竹東等地（參照片㊷）；有以孝布質料不同來區分的，如礁溪ⒶⒷ是以麻頭苧身做爲義子之服，宜蘭市是頭白布而身麻；以苧頭麻身做爲義子之服的則見於北投、三重、草屯、楠梓等地；苧頭苧身的，見於蘇澳、大林等地。另外也有比較輕不用麻、苧，只用白布爲服的，如台西、新屋、楊梅、寶山等地。

一般而言，各地因尊認而生的義子與因結義而生的義子，其孝服均相同，只有基隆、鹿港(A)、土庫、關西、馬公、湖西以及白沙等地，兩者稍有區別，前四地是孝男的結拜兄弟孝服輕於認死者爲義父母的義子，而馬公、湖西、白沙等地則反而是孝男的結拜兄弟服較重。

茲將文獻及田野調查所得各地義子孝服資料，分別表列於後以供參考。

義子孝服表（田野部分）

出處	首服	身服	足服	孝杖	備註
台灣喪葬習俗的研究（台灣文獻二九：二）	白布綴苧麻、麻（亦有與孝男相同披麻帶孝者）				
最新婚喪喜慶	頭苧（依約定而服）	身麻			

禮儀大全					
台灣地區現行喪葬禮俗研究報告	草箍套麻布貼紅布	麻衫麻絰	白襪草鞋		
草屯鎮志	依約定而穿				

義子孝服表（田野部分）

地區	首服	身服	足服	孝杖	備註
蘇澳	白頭帛綴苧，其尾義父喪義母存左短右長，反之左長右短，雙亡則左右齊長，埋葬後，回程時捲起，不可留尾。	苧衫，已婚有袖，未婚無袖。	白布鞋	無	養子義子無杖

羅東	草箍套麻白布綴紅，其尾義父喪義母存左短右長，反之左長右短，雙亡則左右齊長，出山埋葬，反主時捲起，不可留尾。	麻衫，已婚有袖，未婚無袖，腰經麻。	白布草鞋		
宜蘭市	白布三角帽（不綴他物）	同右	同右		
礁溪(A) ○	草箍套麻布、白布，有頭帛，其尾義父喪義母存左短右長，反之左長右短，雙亡則左右齊長，出山日告窆後，祭祀前須便捲起，不可留尾。	苧衫，已婚有袖，未婚無袖，腰經苧。	同右		

礁溪(B)	同右	同右	同右		
基隆	草箍套苧加麻、白布，已婚有耳塞。	麻衫，已婚有袖，未婚無袖，腰絰麻。	白布、草鞋或白布鞋。		死者所認之義子戴草箍套苧加麻。孝男之結拜兄弟則用白頭帛綴麻。
石門	草箍套麻布、白布，綴紅，已婚有耳塞。	同右	同右		
三芝	白頭帛綴麻加紅				
北投	草箍套苧布、白布，已婚有耳塞。	麻衫，已婚有袖，未婚無袖，腰絰白布。	白布草鞋	（依約定而行）	
三重	同右	同右	不拘		
萬華	手臂紮白布綴紅				
公館	草箍（已婚者有梁，	麻衫（長至	白布草鞋		

	未婚者無梁）套麻布、白布綴紅。	課），有袖。			
竹南(B)	草箍套麻布、白布，無耳塞，綴紅。	麻衫無袖	白襪草鞋		
梧棲(A)(B)	草箍套麻布、白布綴紅。	長麻衫，無袖，腰絰麻。	白布草鞋		
草屯	草箍（已婚者有梁，未婚者無梁）套麻布、白布綴紅，或白頭帛綴苧。	麻衫，已婚有袖，未婚無袖。	同右		
鹿港(A)	草箍套麻布、白布，已婚有耳塞，綴紅，另有一白頭帛綴麻，其尾單亡左長右短，雙亡則齊長。	昔：長麻衫有袖。今：白布長衫，有袖，自左肩向右披一	同右		孝男之結拜兄弟只戴白頭帛綴紅，白布長衫。

		條麻布。			
土庫	草箍套麻布、白布，無耳塞。	白布長衫，有袖，腰經麻。	同右		同右
台西	白頭帛	白衫褲	白布鞋		
大林	草箍（已婚者有梁，未婚者無梁）套苧布、白布，無耳塞。	苧衫	同右		
太保	草箍套麻布、白布，已婚有耳塞，另有一白頭帛防脫落。	麻衫，有袖，白布腰經。	白布草鞋		
北門	草箍套麻布、白布，綴紅。	黑衫	白襪綴麻草鞋		
新化(A)	昔：草箍套麻布、白布綴紅，已婚者有二耳塞。	麻衫，斜襟，長過膝，有袖，腰經白	昔：白布草鞋		

	今：方形麻帽，前沿下垂，綴紅，已婚者有二耳塞。	布。	今：白襪白布鞋		
新化(B)	四方形麻帽，前後沿下垂，無耳塞。	麻衫，對襟，有袖，不縫邊。	白襪綴麻草鞋	義父—竹 義母—苦苓	
關廟	昔：草箍套麻布，白布綴紅，已婚者有二耳塞。 今：四方形麻帽，綴紅，前沿低垂，已婚者有二耳塞。	長麻衫有袖	白布草鞋		
楠梓	草箍套苧布，白布。 或：苧布四方帽（簡化者僅有苧布披肩）	麻衫	白布草鞋	義父—竹 義母—苦苓 長一尺二，頭包苧	

				布、銀紙、紅布。	
左營(A)(B)	草箍套麻布白布，綴紅。	同右			
大樹	麻帽，綴紅。	同右			
馬公	苧帽，兩角綴紅。	苧衫		（視約定而行）	孝男之結拜兄弟，戴麻帽綴紅，穿麻衫，白布草鞋。
湖西	苧帽、兩角綴紅。	同右			同右
白沙	（無）	麻衫	白布草鞋	義父—竹 義母—竹	認死者爲父母者，首服省略，孝男之結拜兄弟則戴方形麻帽，無耳塞，加麻衫與白布草鞋。
西嶼	四方形麻帽，無耳塞。	麻衫，長至膝，對襟，有	白襪草鞋	義父—竹 義母—杉	

		袖，腰絰麻。			
新屋	白布帽，綴紅。	白長衫無袖，或用腰飾。			
楊梅	白頭帛或白布帽綴紅	白布衫無袖	素色鞋襪		
關西	草箍套麻布，粗黃布，有耳塞，義父喪左耳塞，義母喪右耳塞，雙亡左右皆有。	土黃布長衫，斜襟，長至踝，有袖。	白布鞋		孝男之結拜兄弟首服上要綴紅
竹東	草箍套麻布、白布、綴紅，有耳塞，義父喪左耳塞，義母喪右耳塞，雙亡左右皆有。	昔：長麻衫。今：帶黃色之白布長衫。	昔：白布鞋 今：赤足白布鞋		
寶山	白頭帛綴紅	白長衫，無袖。	素色鞋襪		
內埔(A)(B)	草箍套麻布、白布，	麻衫，斜襟，	昔：草鞋		

	無耳塞。	無袖，腰絰麻。	今：素色便鞋		
佳冬(A)	同右	麻衫，長至膝，無袖，不縫邊，黑布腰絰。	草鞋（土字綁法）		
佳冬(B)	同右	麻衫，已婚長至脚踝，未婚長至膝，無袖，白布腰絰。	草鞋	義父—竹 義母—血桐	

四二、義媳（即義子之妻）

義子不論是尊認或結義而生，依照台灣的習慣或結義的約定，義父母去世時，他必須參加喪禮。至於義子之妻，並無硬性要求，因此文獻方面的資料很少，只有楊烱山最新婚喪喜慶禮儀大全一書說明義媳之服形同媳婦，但要加一塊紅布。

由於義媳不一定參加喪禮，因而田野調查義媳孝服的資料便較義子爲少，就所得的資料加以分析比較，它大體與義子之服相配合：例如太保、佳冬(A)(B)等地義子之服與孝男全同，其義媳之服也與孝媳全同；羅東、公館、竹南(B)、梧棲(A)、北門、新化(A)等地，義子之服與孝男同而於首服上加紅，其義媳之服也與孝媳同而於首服上加紅；礁溪(B)義子麻頭苧身，義媳也是麻頭苧身；北投、楠梓，義子苧頭麻身，義媳也是苧頭麻身；蘇澳、大林、湖西義子苧頭苧身，義媳也苧頭苧身，台西、楊梅、寶山等地也都是義子義媳均用白布爲服；只有少數地區略有不同。

各地義媳之服都未分是尊認或結義的，只有鹿港(A)尊認的服較重，與孝媳同而綴紅；結拜的則較輕，用白布爲服而綴紅。

義媳的足服，大多未加硬性規定，若有規定的也都是素色鞋襪；鞋尖除北門、楠梓二地外都不綴孝布。

玆將田野調查各地義媳孝服資料，表列於後以供參考。

義媳孝服表（田野部分）

地區	首服	身服	足服	備註
蘇澳	白布箍頭綴苧，其尾義	苧衫，有袖，懷孕者於		

	父喪義母存左短右長，反之左長右短，雙亡則左右齊長。	腰間加一條比棺布。		
羅東	純麻箍頭綴紅，其尾義父喪義母存左短右長，反之左長右短，雙亡則左右齊長。	麻衫，有袖，腰絰麻，懷孕者於腰間加一條比棺布。		
礁溪(A)	麻箍頭內襯苧，其尾義父喪義母存左短右長，反之左長右短，雙亡則左右齊長。			
礁溪(B)	麻箍頭，其尾義父喪義母存左短右長，反之左長右短，雙亡則左右齊長。	苧衫，有袖，懷孕者於腰間加一條比棺布。		

基隆	白布箃頭加麻布、苧布，其尾義父喪義母存左短右長，反之左長右短，雙亡則左右齊長。	麻衫，有袖，懷孕者於腰間加一條比棺布。		
北投	白布箃頭加苧布，其尾義父喪義母存左短右長，反之左長右短，雙亡則左右齊長。	麻衫，懷孕者於腰間加一條比棺布。	白襪布鞋	
公舘	白布箃頭綴麻加紅，其尾義父喪義母存左短右長，反之左長右短，雙亡則左右齊長。	長麻衫，有袖，腰經麻，懷孕者於腰間加一條比棺布。		
竹南(B)	同右	麻衫，昔有袖，今無，懷孕者於腰間加一條比棺布。	白襪布鞋	

梧棲(A)	同右	長麻衫無袖（今或省略，或只穿白布長衫）懷孕者於腰間加一條比棺布。		
鹿港(A)	其夫認死者爲父母者：麻箍頭，尾左短右長，綴紅。 其夫與孝男結拜者：白箍頭，綴紅。	長麻衫 白長衫	白襪白布鞋	
土庫	白布箍頭綴紅，尾一長一短。	白布長衫		
台西	白布箍頭，尾一長一短。	白衣褲	白鞋	
大林	白布箍頭綴苧，一律左長右短。	苧衫	藍布鞋	

太保	白布簕頭綴麻，尾一長一短。	麻衫，無袖，懷孕者於腰間加一條比棺布。	白襪白鞋	
北門	白布簕頭綴麻加紅，其尾義父喪義母存左短右長，反之左長右短，雙亡則左右齊長。	黑衫	白襪黑鞋，鞋尖綴麻。	
新化(A)	純麻簕頭綴紅，尾一律左長右短。			
楠梓	白布簕頭綴苧，尾一律左長右短。	麻衫，昔有袖，今無，懷孕者於腰間加一條比棺布或白帶子。	白襪黑布鞋，鞋尖綴麻。	
馬公	苧簕頭，尾巴長短隨人意。			
湖西	苧簕頭綴紅，尾巴長短隨人意。	苧衫		

楊梅	白簕頭綴紅，其尾義父喪義母存左短右長，反之左長右短，雙亡則左右齊長。	白長衫，無袖，懷孕者於腰間加一條比棺布。	素色鞋襪	
寶山	同右	同右		
關西	同右	同右		
佳冬	純麻簕頭頂加小紅，尾一律左長右短。	麻衫，長至膝，無袖，懷孕者加白布腰帶。		
佳冬(B)	純麻簕頭頂加小紅，尾齊長。	麻衫，有袖，懷孕者加紅布，將臨盆者背後繫一支筷子。		

四二、義 女

義子產生的原因有買認、結義兩種，義女也是因買認或結義而產生；但因台灣是一個相當保守的社會，迄今爲止仍很少聽到女性公然結義活躍於社會的例子，因此本項所稱的義女以買認後產生的爲主。

田野調查，義女孝服與孝女相同，也分嫁否，只是在首服以爲區別者最多，如羅東、基隆、石門、北投、公館、竹南Ⓑ、梧棲Ⓐ、北門、新化Ⓐ、關廟、左營Ⓐ、關西等地即是；與孝女相同而未綴紅的有太保、佳冬ⒶⒷ等地；苧頭苧衫（衫或省略）的有蘇澳、大林、嘉義市Ⓐ、楠梓、馬公、湖西等地；土庫、楊梅、寶山是白簕頭綴紅與白長衫；台西是在室義女只有白簕頭，出嫁者加綴藍布；礁溪Ⓐ是麻簕頭內襯苧；鹿港Ⓐ義女分兩類：會認的義女，其服與孝女同而於首服綴紅，結拜的義女則較輕，只是白布簕頭綴紅與白布衫。

玆將田野調查所得各地義女孝服資料，表列於後以供參考。

義女孝服表（田野部分）

地區	首服	身服	足服	備註
蘇澳	白布簕頭綴苧，其尾義父喪義母存左短右長，反之左長右短，雙亡則左右齊長。			

羅東	同孝女，分嫁否，首服綴紅			凡言「同孝女」者，表首服、身服均同，非獨首服相同而已。
礁溪(A)	麻箍頭內襯苧，其尾義父喪義母存左短右長，反之左長右短，雙亡則左右齊長。			
基隆	同孝女，分嫁否，首服綴紅。			
石門	同孝女，分嫁否，首服綴紅。			
北投	同孝女，分嫁否，首服綴紅。			
公館	同孝女，分嫁否，首服綴紅。			

竹南(B)	同孝女，分嫁否，首服綴紅。			
梧棲(A)	同孝女，分嫁否，首服綴紅。			
鹿港(A)	認死者爲父母者：同孝女，分嫁否，首服綴紅。 與孝女結拜者：白簕頭綴紅，尾左短右長。	白長衫	白布鞋	
土庫	白布簕頭綴紅，尾一長一短。	同右	同右	
台西	在室：白布蓋頭 已嫁：白布綴藍蓋頭			
大林	白布簕頭綴苧，左長右短。	苧衫	藍布鞋	

太保	同孝女，分嫁否。			
嘉義市(A)	白布簸頭綴苧，尾一長一短。	懷孕者於腰間加一條比棺布。		
北門	同孝女，分嫁否，首服綴紅。			
新化(A)	同孝女，分嫁否，首服綴紅。			
關廟	同孝女，分嫁否，首服綴紅。			
楠梓	白布簸頭綴苧，尾一律左長右短	苧衫，無袖（或略去身服）		
左營(A)	同孝女，分嫁否，首服綴紅。			
馬公	苧簸頭（不分在室與否）	苧衫		

湖西	同右	同右		
西嶼	同孝女，分嫁否。			
楊梅	白布簑頭綴紅	白布長衫無袖		
關西	同孝女，首服綴紅。			
寶山	白布簑頭綴紅	白布長衫無袖，懷孕者於腰間加一條比棺布。		
佳冬(A)	同孝女			
佳冬(B)	同孝女			

四四、義女婿（即義女之夫）

義女與義父母之關係，在出嫁之後仍繼續維持者所佔比例不低，因此遇到義父母去世時，義女固須隨俗祭拜，禮貌週到者義女婿也會去參加葬禮。

田野調查，大約有二十個地區義女婿均會參加義岳父母的葬禮。根據義女孝服與孝女同而另外加紅這項原則類推，義女婿孝服也應與孝婿相同而另外加紅，但因女婿孝服本來多半就已經加紅（也有未加紅的），不必再重複，因而義女婿之服便與女婿相同；只有少數幾個地區如鹿港(A)、嘉義市(A)、北門、楊梅、寶山等地，義女婿之服比義女輕或簡略些。

茲將田野調查所得各地義女婿孝服資料，表列於後以供參考。

義女婿孝服表（田野部分）

地區	首服	身服	足服	備註
蘇澳	與女婿同			凡言「與女婿同者」，表首服、身服均同，非僅首服同而已。
羅東	與女婿同			
礁溪(A)	與女婿同			
北投	與女婿同			
公館	與女婿同			
竹南(B)	與女婿同			
鹿港(A)	白苧包綴紅	白長袍		
台西	與女婿同			

大林	與女婿同			
太保	與女婿同			
嘉義市(A)	白荖包，額上綴苧，前沿下垂，苧上加一小紅布。			
北門	與女婿同，或僅以白布綴紅紮於手臂。			
新化(A)	與女婿同			
楠梓	與女婿同			
馬公	與女婿同			
湖西	與女婿同			
楊梅	白頭帛綴紅	六尺二腰飾，綴紅絲帶。		
關西	與女婿同			
寶山	白頭帛綴紅			
佳冬(B)	與女婿同			

四五、義孫男與義孫媳

義孫與義孫媳之產生原因，與義子及義媳同；當義祖父母去世，參加葬禮時，義孫與義孫媳習慣上也都有孝服。文獻資料方面，楊烱山最新婚喪喜慶禮儀大全稱義孫之服制如孫，誼孫一律按約定而著。楊氏此謂義孫是指因尊認而生的義孫，誼孫是指與死者之孫結拜而生的義孫，二者略有不同。

田野調查，有二十幾個地區有義孫男與義孫媳的孝服資料，但並未區分尊認者或結義者。根據這些資料分析，其服與孫男、孫媳相同的，有：北投、太保、新化(A)、馬公、西嶼等地；其服與孫男、孫媳同而於首服綴紅的，有石門（參照片㊸）、公舘、鹿港(A)、台西、關廟、左營(A)等地；有的簡化為只有首服，例如礁溪(A)是首服與孫男孫媳同而無身服；三芝、萬華、嘉義市(A)等地是首服與孫男孫媳同再綴紅，但無身服；蘇澳、北門、湖西、白沙等地則其服未見有代表孫輩的苧布。客家地區大都用白布為首服綴紅，也用白布為身服：身服或者有略，或簡化為腰飾。

茲將田野調查所得各地義孫男與義孫媳孝服資料，表列於後以供參考。

義孫男孝服表（文獻部分）

出處	首服	身服	足服	備註
最新婚喪喜慶	頭白綴苧加一小青	苧衣	白襪草鞋	
禮儀大全	（藍）及紅布			
草屯鎮志	依約定而穿			

義孫男及義孫媳孝服表（田野部分）

地區	首服	身服	足服	備註
蘇澳	白頭帛（男） 白簽頭（媳）			各地女性籤頭尾巴長短分法與當地孝媳相同，本表不一一註明。
礁溪(A)	白布頭帛綴紅（男） 白布簽頭綴苧（媳）			
礁溪(B)	白布頭帛加苧（男） 白布簽頭加苧（媳）	苧衫（略）		

石門	白布頭帛綴苧加紅（男） 白布箃頭綴苧加紅（媳）	苧衫 苧衫		
三芝	白布頭帛綴苧加紅（男） 白布箃頭綴苧加紅（媳）			
北投	與孫男孫媳同			凡言「與孫男孫媳同」者，表首服、身服均同，非僅首服相同而已。
萬華	白布頭帛綴苧加紅（男） 白布箃頭綴苧加紅			

	（媳）			
公舘	與孫男孫媳同，首服綴紅。			
鹿港(A)	與孫男孫媳同，首服綴紅。			
土庫	屬外客，一般皆不送山，故無服。			
台西	與孫男孫媳同，首服綴紅。			
大林	白頭帛（七尺白布綁於頭上）（男） 義孫媳與孫媳同。		布鞋	
太保	與孫男孫媳同			
嘉義市(A)	苧布頭帛綴紅（男） 苧布簌頭綴紅（媳）			

北門	白布條披肩			
新化(A)	與孫男孫媳同			
關廟	與孫男孫媳同，首服綴紅。			
楠梓	苧布條披肩			
左營(A)	與孫男孫媳同，首服綴紅。			
馬公	與孫男孫媳同			
湖西	白頭帛（男） 白箃頭（媳）			
白沙	手臂紮白毛巾綴紅			
西嶼	與孫男孫媳同			
楊梅	白頭帛綴紅（男） 白箃頭綴紅（媳）	六尺二腰飾綴紅絲帶		
關西	白布三角頭帛綴紅	白布衫有袖		

	（男） 白布箃頭（媳）			
寶山	白布頭帛綴紅（男） 白布箃頭綴紅（媳）			
佳冬(A)	（義孫男無首服） 白布箃頭（媳）	白布衫（男） （義孫媳無身服）		
佳冬(B)	白布三角帽綴紅（男） 白布箃頭綴紅（媳）	白布衫	白襪白鞋	

四六、義孫女與義孫女婿

義孫女與義孫婿的孝服，文獻方面缺乏資料；田野調查，只在二十幾個地方獲得資料。根據田野資料看，各地義孫女的孝服與義孫男的孝服頗相配合，大致也可以分爲：與孫女相同，與孫女相同而於首服上綴紅，簡化爲只有孫女的首服，簡化爲只有孫女的首服但要綴紅，白布箃頭綴紅等類。各類的分佈地區，與義孫男也互相一致。

義孫婿的孝服，閩南系統除大林、楠梓、馬公、湖西之外，均與孫婿相同；客家系統，僅楊梅與孫婿全同，關西、寶山、佳冬(B)較孫婿簡略，兩者之間略有區分。

茲將田野調查各地義孫女與義孫女婿之服，分別表列於後以供參考。

義孫女孝服表（田野部分）

地區	首服	身服	足服	備註
礁溪(A)	白布箍頭綴苧，其尾左右長短視男喪女喪而定。			
礁溪(B)	同右	苧衫		
北投	與孫女同			凡言「與孫女同」者，表首服、身服全部相同。
公館	與孫女同，首服綴紅。			
竹南(A)	與孫女同，首服綴紅。			
鹿港(A)	與孫女同，首服綴紅。			

台西	白箍頭綴紅（未嫁）白箍頭綴藍（已嫁）尾一長一短。			
大林	與孫女同			
太保	與孫女同			
嘉義市(A)	白布箍頭綴苧加紅，尾一長一短。			
北門	白布條披肩			
新化(A)	與孫女同			
關廟	與孫女同，首服綴紅。			
楠梓	白布條披肩			
左營(A)	與孫女同，首服綴紅。			
馬公	苧布箍頭，尾巴長短隨人意。			
湖西	白布箍頭，尾巴長短隨			

	人意。			
楊梅	白布箍頭綴紅，其尾左右長短視男喪女喪而定。	六尺二腰飾，綴紅絲帶。		
關西	同右			
寶山	同右			
佳冬(A)	與孫女同，首服綴紅。			
佳冬(B)	白布箍頭綴紅，尾齊長。			

義孫婿孝服表（田野部分）

地區	首服	身服	足服	備註
礁溪(A)	與孫婿同			凡言「與孫婿同」者，表首服、身服全部相

				同。
北投	與孫婿同			
公館	與孫婿同			
竹南(B)	與孫婿同			
鹿港(A)	與孫婿同			
台西	與孫婿同			
大林	白苧包，額中綴黃布，帽上兩角各綴黃線。	白長衫	布鞋	
太保	與孫婿同			
嘉義市(A)	與孫婿同			
北門	與孫婿同			
新化(A)	與孫婿同			
關廟	與孫婿同			
楠梓	白布條披肩			
左營(A)	與孫婿同			

馬公	白荖包			
湖西	同右			
楊梅	與孫婿同			
關西	白頭帛綴紅	六尺二腰飾綴紅絲帶		
寶山	同右	同右		
佳冬(B)	白布條綴紅披肩			

四七、義兄弟與義姊妹

台灣傳統社會之結拜，大多數是性別相同者結拜，而且是以男性結拜兄弟爲多，結拜者之間彼此以義兄義弟相稱。女性結拜爲姊妹者較少聽聞，但因有尊認義父義母的風俗，推而廣之，於是義父母之子女便成爲尊認者的義兄弟義姊妹，昔日義姊妹大都出於這個關係而產生。

根據田野調查，義兄弟、義姊妹之間的孝服，其形式多半已省略爲只有首服而無身服，更有簡化成以白布紮於手臂的形式；客家地區也很少有首服、身服全備的，關西與寶山且簡化爲只有腰飾而已。然不論其形式是否已從簡（如僅用白布紮於手）或從略（如將身服省略），而仍依照兄弟姊妹同輩用苧來類推也在服上綴苧的，僅有礁溪(A)(B)、北投、三重、公館、大林等地，其他地區則全係只用白布爲服，或另外綴紅。

茲將田野調查所得義兄弟與義姊妹的孝服資料，表列於後以供參考。

義兄弟、義姊妹孝服表（田野部分）

地區	首服	身服	足服	備註
礁溪(A)	手臂紮白布條綴苧（男） 白布箛頭綴苧（女）			各地女性箛頭尾巴長短分法，與當地孝媳相同，本表不一一註明。
礁溪(B)	白頭帛綴苧（男） 白箛頭綴苧（女）			
基隆	（依約定而行）			
淡水	白頭帛（男） 白箛頭（女）			
北投	與兄弟姊妹同			凡言「與兄弟姊妹同」者，表各項情況及首

				服、身服均相同。
三重	白布頭帛綴苧（男） 白布簕頭綴苧（女）			
公館	手臂紮白布條綴苧			
竹南(A)	白頭帛綴紅（男） 白簕頭綴紅（女）			
鹿港(A)	白頭帛綴紅（男） 白簕頭綴紅（女）	白長衫（男） 白長衫（女）		
土庫	白頭帛綴紅（男） 白簕頭綴紅（女）			
台西	白布頭帛（男） 白布簕頭（女）			
大林	卓箍（已婚有梁，未婚無）套苧布、白布(男) 白布簕頭綴苧（女）	略（男） 苧衫（女）	布鞋	

北門	白布條披肩			
新化(A)	手臂紮白布			
關廟	與兄弟姊妹同，首服綴紅。			
楠梓	白布披肩			
左營(A)	手臂紮白布			
馬公	同右			
湖西	同右			
白沙	同右			
西嶼	手臂紮白毛巾綴紅			
楊梅	（男子首服省略） 白布箍頭掛紅（女）	六尺二腰飾綴紅絲帶 （男） （女子身服從略）		
關西		六尺二腰飾綴紅絲帶 （男、女）		

寶山		同右		
佳冬(A)	白布條披肩（男） （女子首服省略）	白布衫（女）		
佳冬(B)	白布披肩			

四八、爲同居繼父繼母

父母之一方不幸去世，爲了撫育幼兒，日後另一方再婚，因而產生的父或母，一般稱爲繼父或繼母，閩南話稱之爲「後叔」或「後母」。傳統的喪服制度，有所謂「三父八母」，大清律例以及禮部則例均有三父八母圖。根據三父八母圖，爲繼母如親生之母，要服斬衰三年，爲繼父則分成：同居繼父、曾同居繼父、不同居繼父三種，即所謂「三父」。依律例，爲不同居繼父是無服，爲曾同居繼父是齊衰三月，爲同居繼父則視雙方有無大功親而分爲期年或齊衰三月。台灣私法稱當時台灣的慣例，完全不認定不同居繼父及曾同居繼父，而同居繼父則視雙方情誼服期年或百日或無服（註一〇四）

田野調查．有二十幾個地區的受訪者能提供本項資料，而從所獲得的資料加以分析，可以看出凡是父或母在子女幼小時，因喪偶而再婚且同居一室的，日後繼父或繼母死亡，前夫之子或前妻之子，爲死者所穿戴的孝服，各地差不多都是與爲親生父母同，爲繼父之服顯得比傳統喪服制度還重；有些地區，如羅東、公舘、鹿港(A)等地，除一直同居之外，還要看彼此情感關係，情感好的才與爲親生父母同；除此以外，蘇澳爲繼父母是苧頭麻身；基隆爲繼父母之服雖同親生父母，但在麻下要加苧以資區別；大林爲繼母如親生母，爲繼父則是苧頭麻身；嘉義市(A)與親生父母同，但首服要綴紅；內埔(A)則是以白布加苧爲服；馬公、湖西、西嶼等地爲同居繼父繼母之服取決於養育之恩，自幼養育者與親生父母同，非自幼養育者降一等，無養育之恩者無服。

茲將田野調查所得各地爲同居繼父繼母的孝服情形，表列於後以供參考。

爲同居繼父繼母孝服表（田野部分）

地區	首服	身服	足服	孝杖	備註
蘇澳	白頭帛綴苧（男） 白布箃頭綴苧（女媳）（其尾亦分長短，葬後捲起）	麻衫 麻衫			凡言「與爲親生父母同」者，表首服、身服、足服等全部相同。
礁溪(A)	與爲親生父母同				
基隆	與爲親生父母同，唯				

	於麻下多一層苧。			
石門	與爲親生父母同			
北投	與爲親生父母同			
公舘	若有養育之恩且感情佳者，與爲親生父母同。			
竹南(A)	與爲親生父母同			
鹿港(A)	感情佳者與爲親生父母同			
土庫	與爲親生父母同			
台西	與爲親生父母同			
大林	爲繼父，首服用苧（苧頭麻身） 爲繼母，與爲親生母全同。	麻衫		

太保	與爲親生父母同				
嘉義市(A)	與爲親生父母同，首服緦紅。				
北門	與爲親生父母同				
新化(A)	與爲親生父母同				
楠梓	與爲親生父母同				
馬公	自幼撫育成人者則與爲親生父母同，用麻。非自幼撫育起者降服一等，用苧。無撫育之恩者無服。				
湖西	同右				
白沙	與爲親生父母同				
西嶼	自幼撫育成人者則與爲親生父母同，用				

	廍。非自幼撫育起者降服一等，用苧。無撫育之恩者無服。				
楊梅	與為親生父母同				
關西	與為親生父母同				
寶山	與為親生父母同				
內埔(A)	白布加苧				
佳冬(A)	與為親生父母同				
佳冬(B)	與為親生父母同				

四九、郎舅之間與連襟之間

郎舅之間是指姊（妹）夫與小（大）舅子之間，連襟之間是指襟兄（閩南話稱為「大善」）與襟弟（閩南話稱為「細善」）之間，這兩類因婚姻關係而產生的平輩姻親，依理是無孝服可言，依風俗習慣則於葬禮時有不忍不參加之情，此時便不能不有服，這種服不是孝服而是弔服，因輩分相等，弔服相同，故本文將他們合在一起討論。

文獻方面，楊烱山最新婚喪喜慶禮儀大全稱：爲姊妹夫、內兄弟、褳襟是白布帽、白長袍（現多已改用腰飾）。田野調查，各地全部省略爲只有白頭帛，或簡化成白布紮於手臂，客家系統則全部簡化成只有腰飾（參照片㊱）。爲了表示是異姓姻親，有些地區則於白布上綴紅以示區別。礁溪ⒶⒷ在白布上綴苧（第二級孝布），北投爲姊妹夫也有綴苧的情形，這是比較特殊的例子。

茲將田野調查各地郎舅之間與褳襟之間弔服，表列於後以供參考。

郎舅之間與褳襟之間弔服表（田野部分）

地區	首服	身服	足服	備註
蘇澳	白布條綴紅斜披肩上			
羅東	手臂紮白布或毛巾綴紅			
礁溪Ⓐ	手臂紮白布綴苧			
礁溪Ⓑ	同右			
石門	手臂紮白布綴紅			
淡水	手紮白布			
北投	爲姊妹夫：白頭帛綴苧			

	加紅。為內兄弟：白頭帛綴紅，褳襟之間無服。		
竹南(A)	白頭帛		
鹿港(A)	白頭帛綴紅		
土庫	同右		
台西	白頭帛		
大林	同右		
嘉義市(A)	白頭帛綴紅		
北門	同右		
新化(A)	手臂紮白布綴紅		
楠梓	白布披肩		
馬公	手臂紮白布		
湖西	同右		
白河	同右		

西嶼	同右			
新屋		腰飾綴紅，自左肩向右披。		
楊梅		腰飾加紅絲帶。		
關西		腰飾綴紅，自左肩向右披。		
竹東		同右		
寶山		白布條綴紅（大服），斜披於肩上。		
頭份(A)		腰飾綴紅，自左肩向右披。		
苗栗市		同右		
內埔(A)		白布條披肩綴紅		
佳冬(A)		同右		
佳冬(B)		同右		

五〇、各級媳婦（如子媳、孫媳、曾孫媳等）之娘家親人

台灣的傳統習慣，遇到喪事，重要的親戚都必須出面參加葬禮，否則會被視爲失禮；媳婦之娘家、孫媳婦之娘家……這些兒女親家，在一般人的觀念中都是屬於重要的外親，出殯之日皆要參加弔祭，也有弔服，他們的弔服皆相同，因此本文將他們合在一起討論。

文獻方面，楊烱山的最新婚喪喜慶禮儀大全稱：媳婦、孫媳婦、曾媳婦之娘家是戴白布帽，穿白長袍（現已改用腰飾）。田野調查結果，各級媳婦娘家親人之弔服，和郎舅之間、褳襟之間的弔服相同，都是用白布做爲弔服，有些地區並綴紅以示異姓；而在羅東、礁溪(B)、基隆、淡水、北投、竹南(B)等地，各級媳婦娘家親人之弔服猶是首服、身服齊全，不像郎舅或褳襟之間已經加以省略或簡化，這是因爲前者與死者的關係較疏，因爲較疏反而不便簡化以免貽人失禮之譏，不過其他地區還是都簡化了（參照片㊲）。

茲將田野調查各地各級媳婦（如子媳、孫媳、曾孫媳等）之娘家親人之弔服，表列於後以供參考。

各級媳婦（如子媳、孫媳、曾孫媳等）之娘家親人之弔服表（田野部分）

地區	首服	身服	足服	備註
蘇澳	白頭帛（男） 白布箍頭（女）			各地女性箍頭尾巴長短之分法，與當地孝媳相同，本表不一一明。
羅東	白苧包綴紅（男） 白箍頭綴紅（女）	白長衫		
礁溪(A)		白布披肩		
礁溪(B)	白苧包（男） 白箍頭（女）	白長衫		
基隆	同右	同右		
石門	昔：白苧包綴紅(男) 白箍頭綴紅（女） 今：手臂紮白布綴紅（左右依死者性別而定）	白長衫 白布裙		
淡水	白苧包綴紅（男）	白長衫		

	白箍頭綴紅（女）	白長衫		
北投	同右	同右		
萬華	手臂紮白布綴紅			
公館	白頭帛綴紅（男） 白箍頭綴紅（女）			
竹南(B)	白頭帛綴紅（男） 白箍頭綴紅（女）	白長衫 白布裙		
大肚	白頭帛（男） 白箍頭（女）			
鹿港(A)	白頭帛綴紅（男） 白箍頭綴紅（女）			
台西	白頭帛（男） 白箍頭（女）			
嘉義市(A)	白頭帛綴紅（男） 白箍頭綴紅（女）			

北門	同右			
台南市	白頭帛綴紅（男） 白簌頭綴紅（女）			
新化(A)	白頭帛綴紅（男） 白簌頭綴紅（女）			
關廟	左手臂紮白布綴紅 （男） 白簌頭綴紅（女）			
楠梓	（男子首服從略） 白簌頭（女）	白布披肩（男） （女性身服從略）		
左營(A)	白頭帛（男） 白簌頭（女）	白布裙		
馬公	手臂紮白布			
湖西	同右			
白沙	同右			

西嶼	同右			
新屋	（男性首服從略） 白箴頭綴紅（女）	腰飾綴紅（男）（男喪自左肩向右披，女喪反之） （女性身服從略）		
楊梅	同右	同右		
湖口	同右	同右		
關西	同右	同右		
竹東	同右	同右		
寶山	同右	同右		
頭份(A)	同右	同右		
苗栗市	同右	同右		
內埔(A)	白荖包綴紅	白長衫		
佳冬(A)	（男性首服略） 白箴頭綴紅（女）	白布條綴紅披肩（男） （女性身服略）		

佳冬(B)		白布條綴紅披肩		

【附注】：

注一：訪問地區與受訪者芳名，請參緒論第一節所附之表格。本文於敍述各地孝服制度時，常以受訪人之說做爲該地習俗之代表，並據此以做地區與地區之比較，此並非作者以偏概全；作者深知取樣調查訪問再怎樣謹慎周密都無法涵蓋全部，但爲了便於行文及做區域比較，不得已乃以地名代替人名。此外同一地區却有部分分成(A)(B)的現象，這是因爲不同的受訪人所說的習俗不同，才加以區分。

注二：李瀚章等纂，〔大清律例彙輯便覽〕，（清光緒三年京都善成堂刋本，台北成文出版社民國六四年影印），頁二〇九—二一一。

注三：張汝誠輯，〔家禮會通〕，（雍正甲寅序刋本，台北大立出版社民國七四年影印），頁二一四—二一六。

注四：〔台灣私法〕，（臨時台灣舊慣調查會第一部調查第三回報告書，明治四三、四四年出版），第三卷下，頁一一七—一一八。

注五：〔本島人の服裝の解〕，（台灣慣習記事第三卷第八號，明治三六年），頁六五—六六。

注六：洪秀桂，〔南投縣之婚喪禮俗〕，（南投文獻叢輯第十九輯，民國六一年），頁六七。

注七：徐福全，〔宜蘭采訪錄〕，（未刋本），頁六。

注　八：徐福全，〔台南市采訪錄〕，（未刊本），頁二六。
注　九：鈴木清一郎，〔台灣舊慣冠昏葬祭與年中行事〕，（台灣日日新報社，昭和九年），頁二六〇。
注一〇：楊烱山，〔最新婚喪喜慶禮儀大全〕，（新竹南興行，民國七一年再版），頁二三。
注一一：徐福全，〔鹿港孝服制度調查問題表〕，頁三。
注一二：同注八，頁二六。
注一三：徐福全，〔新屋觀音采訪錄〕，（未刊本），頁一三。
注一四：徐福全，〔寶山孝服制度調查問題表〕，頁三。
注一五：洪氏串珠，〔葬式の民俗〕，（民俗台灣，二：十一），頁一八。
注一六：同注七，頁六。
注一七：徐福全，〔石門采訪錄〕，（未刊本），頁三一。
注一八：徐福全，〔大肚采訪錄〕，（未刊本），頁四。
注一九：同注一三，頁一二。
注二〇：徐福全，〔竹東采訪錄〕，（未刊本），頁七。
注二一：〔苗栗縣志〕，（苗栗縣文獻委員會），卷二，頁五六。
注二二：同注一三，頁二五。
注二三：同前，頁一三。

注二四：同注二〇，頁七—八。
注二五：徐福全，〔苗栗采訪錄〕，（未刊本），頁二七。
注二六：徐福全，〔鹿港采訪錄〕，（未刊本），頁六。
注二七：同前，頁二一。
注二八：徐福全，〔東勢石岡新社采訪錄〕，（未刊本），頁二。
注二九：〔台灣私法〕完成於日據初期，根據其文字及內容推斷，它所記載的喪葬禮俗比較接近當時台灣的文化中心台南市；鈴木清一郎日據中晚期完成的〔台灣舊慣冠昏葬祭與年中行事〕一書，所記載的喪葬禮俗則比較接近當時台灣的新文化中心台北市。
注三〇：徐福全，〔梧棲采訪錄〕，（未刊本），頁二七。
注三一：同注二六，頁六。
注三二：同注八，頁二二。
注三三：同注二五，頁二八。
注三四：同注一八，頁五。
注三五：徐福全，〔頭份采訪錄〕，（未刊本），頁七。
注三六：徐福全，〔美濃采訪錄〕，（未刊本），頁十七。
注三七：同注三，頁二一四—二一五。

注三八：呂子振，〔家禮大成〕，（台中瑞成書店，民國六三年五月再版），卷六，頁七三。
注三九：同注五，頁六六。
注四〇：同注七，頁六。
注四一：徐福全，〔新竹采訪錄〕，（未刊本），頁四。
注四二：同注一三，頁一四。
注四三：同注二〇，頁八。
注四四：同注一三，頁二五。
注四五：同注二〇，頁八。
注四六：同注三五，頁七。
注四七：同注二六，頁六。
注四八：徐福全，〔基隆孝服制度調查問題表〕，頁三。
注四九：同注三〇，頁三八。
注五〇：同注八，頁二六。
注五一：同注一三，頁一四。
注五二：同注三五，頁七。
注五三：同注三六，頁十七。

注五四：同注六，頁六七。
注五五：同注七，頁六。
注五六：徐福全，〔左營采訪錄〕，（未刊本），頁一七。
注五七：同注一三，頁一三。
注五八：徐福全，〔西螺采訪錄〕，（未刊本），頁三。
注五九：洪秀桂，〔台灣人居喪百期嫁娶婚禮俗的研究〕，（思與言六：一），頁三七。
注六〇：同注四一，頁五。
注六一：同注八，頁二七。
注六二：同注二〇，頁八。
注六三：同注一〇，頁二五。
注六四：同注一五，頁一八—一九。
注六五：同注六，頁六六—六七。
注六六：同注七，頁六。
注六七：同注一七，頁三一。
注六八：同注一〇，頁二五。
注六九：同注七六，頁六。

注七〇：同注一七，頁三一。
注七一：同注八，頁二六。
注七二：同注一八，頁五。
注七三：同注五六，頁一七。
注七四：同注一三，頁一四。
注七五：同注二〇，頁八。
注七六：同注二八，頁二。
注七七：同注九，頁二六〇。
注七八：同注一五，頁一九。
注七九：同注七，頁六。
注八〇：同注五八，頁三。
注八一：徐福全，〔佳里孝服制度調查問題表〕，頁四。
注八二：同注三五，頁六。
注八三：同注一七，頁三一。
注八四：同注三〇，頁三四。
注八五：徐福全，〔台南縣采訪錄〕，（未刊本），頁四。
注八六：徐福全，〔馬公孝服制度調查問題表〕，頁四。

注八七：同注一七，頁三一。
注八八：同注一七，頁三一。
注八九：同注五六，頁一七。
注九〇：同注二六，頁七。
注九一：同注一七，頁三一。
注九二：同注二〇，頁九。
注九三：同注一七，頁三一。
注九四：同注一〇，頁二七。
注九五：同注二〇，頁九。
注九六：同注九，頁二六〇。
注九七：同注一五，頁一九。
注九八：同注一七，頁三一。
注九九：同前，頁三一。
注一〇〇：同注一三，頁一四。
注一〇一：同注八六，頁九。
注一〇二：詳參徐福全，〔台灣民間傳統喪葬儀節研究〕，（師大國文研究所七三年博士論文），頁三七七—三七八。
注一〇三：詳參徐福全，〔談父母會—昔日台灣的喪葬互助團體〕，（史聯雜誌第三期），頁六五—七〇。

注一〇四：同注四，頁一六四——一六八。

第三節　台灣傳統孝服制度中之帶孝及其變除

第二節所論的是狹義的孝服，不論閩南系統或客家系統，都只有舉行儀式時才穿戴（注一），儀式以外則不穿；它不像儀禮的喪服制度，成服之後，不管是否舉行儀式，均須一直穿在身上，並且依喪禮節目的階段而轉換，由重而輕，三年喪滿，除服復吉。

台灣的風俗，只有舉行儀式才穿戴孝服；因此，對死者親屬本身而言，儀式以外無服足以表其哀戚之情，也沒有變除之道供其遵循，俾能逐漸由哀轉敬；對社會人士而言，也缺乏足以分別初遭重喪者、守孝期中者、喪期將滿者的憑藉。果眞如此，則只有在喪家舉辦儀式場合時，孝眷人人穿著孝服，才分得出吉凶；儀式以外，孝眷走入人羣社會當中，便吉凶難辨了。然而，仔細觀察，台灣地區雖然儀式以外不穿孝服，而且也沒有受服制度，但卻另外有一套制度，孝眷在儀式中及儀式外皆須遵守，而且隨著喪禮節目做階段性蛻換以表示其哀由重轉輕，這一套制度即本省人所謂的「帶孝」。

台灣的帶孝制度，可以上溯到清代辮髮時期，直到清末日據初期，這項制度仍被嚴格遵守，當時的民俗學者灣太郎云：

「辮髮之帶，通常是採用黑色；然端詳視之，或者有用白色，或青色，或綠色，此即台灣人居喪時之表示。其顏色依爲父母、伯叔父母等而有區別。父母之喪，百日內辮尾結麻，且不能剃頭；百日後，辮尾由麻帶換結白色，而且要剃頭髮，辮髮則不限制。爲父母守孝，要穿白色鞋子，帽上所附之帽球也要改用白色（平常是紅色），如此維持三年不變。伯叔父之喪，四十九天之內，辮尾用麻帶，而且不可剃頭，過此期，麻帶換成綠帶，帶一年或一年半，帽球換成綠色，也是要維持一年到一年半。夫之喪，四十九日或百日之內，在髮髻上綁麻，過此期，換成白色，繼續三年。婦人平常只有挽面毛而無所謂剃頭，但守夫喪四十九日或百日內則不可挽面毛。妻之喪，百日或四十九日之內，辮尾綁青色帶，過此期則恢復正常用黑帶，帽球亦然。兄之喪，百日或四十九日之內，綁青色帶，帽球同樣用青色，過此期則皆回復正常。祖父母之喪，四十九日之內，辮尾用麻帶，而且不可剃頭，過此期則換成青色帶，帶一年半，帽球換成青色，亦帶一年半。」（注二）。

台灣私法第二卷，將清代台灣地區帶孝制度，分爲大家之服、小家之服、鄉村小家之服三類，描述得比灣太郎還詳細，而且附有圖表，台灣私法云：

「一、大家之服：⑴斬衰三年之服：最初一年內，帽、帽頂及鞋皆白色，以後換青色。業務繁忙之商人等，通常在最初一年內百日間，帽、帽頂及鞋皆用白色，以後換青色，一年後換黑色。辮尾最初用白色，百日後換藍色，九個月後換青色，期年後換綠色，二十五個月後換黃色，二十七個月後換紅色。⑵齊衰之服：期年、五月及三月，帽、帽頂及鞋皆用藍色。辮尾最初用藍色，百日後換青色，五個月後換綠色，九個月後換黃色，期年服終。五月及三月之服同於小功及緦麻。⑶大功九月之服：用黑帽、青頂及粗布鞋。辮尾最初用青色，百日後換綠色，五個月後換黃色，九個月後服終。⑷小功五月之服：用黑帽、綠頂、布鞋。辮尾最初用綠色，百日後換黃色，五個月後服終。⑸緦麻三月之服：用黑帽、黑頂、布鞋。辮尾在喪期內用黃色。二、小家之服：⑴斬衰三年之服：辮尾最初用白色，四十九日後換藍色，百日後換青色，期年後換黃色，三年服終。⑵齊衰期年之服：辮尾最初用藍色，四十九日後換白色，百日後換黃色，期年服終。五月及三月之服同於小功及緦麻。⑶大功九月之服：辮尾最初用青色，四十九日後換綠色，百日後換黃色，九個月服終。⑷小功五月之服：辮尾最初用綠色，四十九日後換黃色，五個月後服終。⑸緦麻三月之服：辮尾最初用黃色，四十九日後換黑色，三個月後服終。三、鄉村小家之服：⑴斬衰三年之服：辮尾最初用白色，四十九日後換綠或藍色，期年後換黃色，三年服終。⑵齊衰期年之服：辮尾最初用藍或綠色，四十九日後換黃色，期年服終。⑶大功、小功、緦麻之服：概稱爲百日之服，亦有不超過二週或四十九日、百日者，依亡者尊卑老幼而不一定。辮尾在所謂百日期中用黃色。上述辮尾色彩變化，以圖表示如下：

大家之服：

五服	設靈內	除靈四十九日或百日	五月	九月	期年	二十五個月	二十七個月
斬衰	白	藍	｜	青	綠	黃	紅
齊衰	藍	青	綠	黃	紅		
大功	青	綠	黃	紅			
小功	綠	黃	紅				
緦麻	黃	紅					

小家之服：

五服	設靈中	除靈四十九日	百日	五月	九月	期年	三年
斬衰	白	藍	青	｜	｜	黃	紅
齊衰	藍	青	黃	｜	｜	紅	
大功	青	綠	黃	｜	紅		
小功	綠	黃	｜	紅			
緦麻	黃	黑	紅				

鄉村小家之服：

服	設靈中	除靈後	期年	三年
斬衰	白	綠或藍	黃	紅
齊衰	藍或綠	黃	紅	
百日	黃	紅		

」（注三）

以上兩分資料皆寫於清朝末葉日據初期，當時本省男性同胞猶遵清制薙頭辮髮，故帶孝皆帶於辮尾。辛亥革命成功以後，清室覆滅，中華民國成立，國人不再留辮子；本省同胞雖在日本政府統治之下，亦隨祖國大陸之風氣而剪辮，此後帶孝即改帶在帽上或衣袖上。

帶孝有所謂「粗孝」、「幼孝」、「脫孝」，日據中晚期的鈴木清一郎說：

「帶孝，即服喪之意，不論在儀式中或儀式以外皆要帶用，其種類分爲『粗孝』與『幼孝』。所謂『粗孝』是指從死後到除靈間，孝眷各依其親疏，將喪服同等之布裁一塊結於辮尾；斷辮以後，改結於帽上。此期內孝最重，最須謹慎，不可理髮、化妝、行房事，亦禁止看戲、宴會與一切社交遊樂活動，且謝絕赴寺廟及親友家；不得已而須拜訪親友，亦只能立於門外交談，不可入其屋內。所謂『幼孝』，指從服完『粗孝』到『脫孝』期內，死者之子女，將『粗孝』換成黑或青色等。服『幼孝』期間，禁忌稍輕。所謂『脫孝』，即除服。先於靈前供上祭品祭拜，再將帶孝之孝解下火化。普通泉州人是在『做對年』（一周年）或『做三年』（二年）時脫孝，而漳州人則於滿三個年時才脫孝。」（注四）

以上為目前可見清末及日據時期有關台灣帶孝制度之文獻資料；光復以後有關這方面的文獻資料不多，而且相當簡略，無法詳窺其全貌。作者從事田野調查時，特別詳細設計一套問題及表格，分別在全台灣數十個地點進行訪問與觀察，希望藉此以了解台灣帶孝制度的詳細情形。調查結果，發現它與孝服一樣，除了少數比較保守的地區仍遵守古制外，都逐漸在改變或簡化當中，有些客家地區甚至已經完全不帶孝。

以下本文將以親屬別為綱目，論述台灣的帶孝制度。由於「孝」是「孝服」的具體而微，只要是孝服等級相同的，他們所帶的「孝」的質料及變除情形也大體相同，男女之間只有形狀或所帶部位略有不同而已，因此本文將同等級的親屬加以合併成一項；此外，晚近有許多親屬在葬禮時雖穿孝服，但整個喪事從頭到尾他並不帶孝，由於這兩個因素，所以本節親屬別的項目，在數量上要比上一節減少很多。

下文的寫法與上一節相同，每一項親屬別下先做論述，次將文獻及田野資料分別列表於其後；文獻部分，略依出版年代先後安排，最後附上客家系統的資料；田野部分，先閩南後客家；閩南地區從蘇澳、羅東開始，再由北而南，次及澎湖地區，接著爲客家地區，也是由北而南排列。本節田野資料表較上一節多出湖西(B)與觀音、湖口；這是因爲湖西許金前與許老太太的說法，有關孝服部分與許春夏相同，而在帶孝部分則與許春夏略有不同，故特別列出湖西(B)；而觀音與湖口兩個客家地區，孝服部分資料較少，故上一節未單獨列出。另外竹南、鹿港、頭份、內埔等地，因爲受訪者在帶孝方面的說法互相一致，故未再區分爲(A)(B)。

一、孝男（含養子、招贅婿、承嗣子）、孝媳（含養子媳、在家招夫之女、承嗣子媳）、在室女（含養女在室者、童養媳未婚者）。

孝男、孝媳、在室女三者初喪期間所帶的孝和孝服相同，均是麻質，因爲他們與死者的關係最密切，哀情最深，喪期最長，故帶麻且須經過多次變換才能平復。

孝男等一般在喪事之初即須帶麻，最慢的在大殮後即不能不帶，在筆者所調查的地區當中百分之九十以上都是如此，只有極少數地區初終不帶麻而帶白毛線（關廟）或白布帶（湖西(B)及白沙），或綠毛線（佳里），或黑布圈（楊梅）；更有少數地區於頭七（土庫）或出山（台西、北門、湖西(A)）始帶孝，土庫、台西、北門帶綠毛線，湖西(A)帶白布帶。

孝男、孝媳、在室女等在喪事之初，第一次帶的孝叫粗孝，均以麻爲之，其形式各地略有不同。女性由於多數是別在髮上，故其形式以將麻布摺成長方塊，從中紮住，使成兩頭寬中間細的「蝶」狀最爲普遍；男性絕大多數是帶在衣袖上，其形式較多，約可歸納爲四類：第一類爲麻布圈：取一寬二寸長一尺二左右的麻布，縫其兩端而成一圓圈，再將它套在衣袖上，用別針別住即成。此類流行於北部（宜蘭除外）及中部地區，有些地區更以上下邊之緝與不緝來分別父喪或母喪，如洪秀桂即云：

「男孝子的孝，形制較特別，即用約一寸多寬，長約一尺的麻布縫成圈狀，穿在手臂袖子上。如果父死母存，則上邊不緝縫，僅緝縫下邊；如果父存母亡則反之，緝縫上邊不緝縫下邊，如果父母皆雙亡，則上下兩邊不緝縫。」（注五）

第二類爲麻皮環：它不用麻布而用槁黃的麻皮，將麻皮做成環狀，串於衣袖上，此類通行於宜蘭縣境內；麻皮環因單亡雙亡而有不同的做法，宜蘭賴火樹云：

「此項腕章是用麻做的，父喪帶於左邊，母喪帶於右邊，父母雙亡者，其麻是被捻合起來的。父死母在，不捻合其麻。」（注六）

第三類爲方形白布塊上加麻布塊：將麻布裁成二寸見方，其下襯以白布，用別針綴於衣袖，此類見於大林及其以南地區。第四類爲僅用方形麻布塊其下不襯白布，此類於楠梓、左營(B)、大樹一帶即常見之。

孝男、孝媳、在室女等帶孝時，帶在左邊或右邊，各地方各有其傳統，姚漢秋說：

「閩南父喪繫左手，母喪繫右手，……台灣帶孝係以麻絲或苧絲繫於上臂衣袖中，……但帶孝父左母右有的分不清楚。」（注七）

姚氏稱今人左右分不清楚，有些不懂得傳統禮俗的人的確會分不清楚；但根據文獻及田野資料看，帶孝的方向並非如姚氏所說只有父母左右一種而已，歸納起來應有三種，第一種如姚氏所稱父左母右，楊烱山最新婚喪喜慶禮儀大全云：

「遺族男臂誌與女髮誌（麻箍）即古來帶孝之意，仍然與前手吊錢一樣，男性歿者，全部家族與親友一律戴左方，女性歿者全部家族與親友一律戴右方，即男左女右之意。」（注八）

宜蘭陳炎珠亦云：

「帶孝，男亡結於左手，女亡結於右手。」（注九）

這種以死者的性別來決定左右方向，男喪帶左，女喪帶右的習俗，通行於北部各地及大林、太保、嘉義市(A)(B)、佳里、新化(A)(B)、左營(A)(B)、澎湖及大部分的客家地區。第二種也是男左女右，但不是以死者爲準而是以帶者爲準，嘉義縣志云：

「帶孝以色彩區別其親疏，喪章是凸紗或綉線；從前男子留辮髮，都紮於辮，斷髮後結於帽子左邊或左袖之上段，女子結於髮上。」（注一〇）

梧棲蔡成義亦云：

「帶孝，左右方以生人爲準而非死人，即不論父喪抑母喪，男性子孫皆繫誌左臂，女性子孫則簪於頭上右側髮間。」（注一一）

同是「男左女右」，但第一種是以死者爲準，而第二種則是以帶者爲準，它通行於中部梧棲(A)(B)、大肚、草屯、鹿港、西螺、土庫及南部北門、台南市、關廟等地。第三種情形爲左右不分或一律在左，如台西、楠梓、大樹及佳冬(B)等地即然；這些地區，早年可能也是有男左女右之分，後來由於帶孝漸漸不受重視，才會導致左右不分或一律在左。

台灣的「孝服」已無儀禮的受服與變除，但「帶孝」却有隨喪禮節目由重轉輕，最後喪滿脫孝，一整套完整的變除制度。前引灣太郎、台灣私法及台灣舊慣等早期文獻資料皆曾談到這項風俗，台灣私法所記變除之節最多者有六次，蓋當時社會保守，一切均遵古制。其後由於時移世易，社會結構變遷，也影響到傳統的風俗習慣。近年來，帶孝變除之節與喪期均有所簡化與縮短，中南部海口地區簡縮得最明顯，古老的聚落簡縮得較少，因而形成參差不齊的現象。田野調查結果，當前變除節數最多者爲五節，台南市洪錕鎔云：

「初喪，帶孝帶小方塊白布加麻於左臂上（不論男女喪），孝媳、在室女插於右邊髮際；做尾日（滿七）變（換）孝，將麻改爲藍布；百日換藍布爲綠毛線；對年換綠毛線爲黃毛線；三年換黃毛線爲紅毛線，帶二、三日即可除去，俗稱變紅。」（注一一二）

楠梓及左營(B)目前也採五節變化，但與台南市略有不同。當前以採四節或三節變除者最爲常見，石門徐有田云：

「初喪，孝男媳、女子子未嫁者俱帶麻孝，孝男帶麻箍於臂上（參照片㊹），媳女簪麻布於髮上，左右依死者性別而定，男左女右，是謂粗孝。滿七時換孝，換爲白毛線，其形狀乃將毛線繞數圈後自中束之而成蝶狀（參照片㊼），並將粗孝於祭拜時焚之，此後所帶者稱爲幼孝。對年時，父喪易爲綠毛線（參照片㊽），母喪黃毛線。三年，易爲紅毛線（參照片㊾），帶一兩日後脫除，並將所帶蝶狀紅毛線分解掛於竹或樹之枝尾，以祈螽斯衍慶子孫繁昌（參照片㊿）。」（注一三）

宜蘭陳炎珠云：

「新喪，孝男、媳、在室女帶麻，孝男用麻布絞成麻環繫於臂，……或用麻布製成箍狀，然蘭地少見此狀；媳女將麻皮紮成蝶狀，插於髮上。帶法以亡人爲準，男左女右。百日換幼孝，帶『白帶』，以白布製成鷄腸狀。對年，父喪換青（綠）毛線，母喪黃毛線。三年，皆換成紅毛線，帶三天即解除，謂之脫孝。」（注一四）

大肚趙日成云：

「初終，孝男帶麻箍，孝媳、在室女帶麻蝶。滿七換孝，皆帶白毛線。對年換孝，父喪帶青（綠）毛線，母喪帶黃毛線。三年變紅，帶紅毛線，三兩日即解除。」（注一五）

鹿港黃清泉云：

「孝男帶麻箍，孝媳女帶麻蝶。出山後換白毛線，對年黃毛線，三年紅毛線，由粗而幼，以示哀減而平復也。」（注一六）

嘉義市賴祈旭云：

「初終，孝男帶麻箍，孝媳、在室女帶麻蝶。百日換青（綠）毛線，對年換黃毛線，三年換紅毛線，帶數日，解開張於竹尾。」（注一七）

關廟葉銀樹云：

「初終，孝男、媳、在室女皆帶白毛線，百日換青（綠）色，對年換黃色，三年換紅色。」（注一八）

以上所引諸條說法，全是採四節變除；採三節變除的，較前述少一節，而其「變紅」則或於三年或於對年舉行，如羅東、嘉義市(A)、馬公、西嶼等地是於三年變紅，而礁溪(B)、淡水、北投、三重、萬華、新竹市、西螺、大林、太保、湖西(B)等地係於對年變紅。更有也是採三節變除，卻提早到百日即除孝變紅的情形，曹甲乙云：

「服父母之喪，古時至百日服麻布衣，……今僅不剃髮，用麻布條紮腕，以表父母之喪，至七旬換白布條，至百日即脫喪服，俗稱『脫孝』。」（注一九）

這種情形，在竹南、梧棲(A)等地有人行之。除了上面所述之外，尙有其他變除情形，請參附表。

所謂帶孝，除臂上或髮上之孝誌外，另有所謂「手尾錢」。閩南話稱死者之遺物爲「手尾」，昔日喪禮，在大殮之前，將有孔的制錢或鑽孔之硬幣若干枚象徵性地由死者衣袖中滾下，並將舁屍入柩靠近腰部的白布條撕下，將它再分析爲若干條，孝男、媳、在室女等帶麻孝者，每人取一枚制錢或鑽孔之硬幣串上白布條結於手腕處，其方向與帶孝之方向同；如此用以表示死者遺下財物傳諸子女，此即所謂帶手尾錢（參照片㊺）。清代的制錢及日據時期的硬幣中間皆有方孔或圓孔，是以帶手尾錢取材頗爲方便。光復初期，民間還有許多清代制錢或日本錢，因此雖然當時政府所鑄的硬幣已無孔洞，而帶手尾錢的材料仍可找到古錢來使用；即使找不到古錢，以當時鋁質或銅質的硬幣，要加以打洞，也不會太困難。因此，民國六十年以前，帶手尾錢的風氣仍相當普遍。近二十年以來，清代制錢及日本錢已成稀有之物，而政府所鑄的硬幣又全面使用高硬度的鎳爲材料，鑽洞極爲不易，因此這項禮俗已逐漸被省略，在南部地區幾乎已瀕臨失傳。

手尾錢雖然與孝誌同時佩帶，然孝有變除，而手尾錢則是有除而無變；各地通常都是在第一次換孝時便將它脫除。布條與粗孝同時置於銀紙堆中焚燒，錢幣依傳統習俗須拿去買甜的食物吃，以祈求好運。昔日在商店買東西找零時，常常會發現有被鑽過孔的硬幣，那就是曾被當作手尾錢的痕跡。

以上所論爲閩南（漳泉）系統地區孝男、媳、在室女等之帶孝風俗，至於客家系統地區（包含桃、竹、苗、東勢及南部六堆地區），其帶孝制度，昔日亦當如閩南系統，由粗孝而幼孝而脫孝，有變有除。唯田野調查時，發現北、中、南的客家地區，帶手尾錢的習俗已經完全消失，有半數地區甚至連初喪亦不佩帶孝誌，僅有楊梅、竹東、寶山、頭屋、苗栗市、東勢、美濃及佳冬⒝尚於初喪時帶麻或黑布，然多於滿七（客語稱爲「圓七」）即變紅。觀音、新屋、湖口一帶，初喪不帶孝，滿七則帶紅毛線以示除孝。客家帶孝何以逐漸廢除？新屋道士姜仁歲云：

「客家人短喪，還山（即出山）後即須各還本業，甚至謀食他鄉，因嫌帶孝不方便，不能隨便

進別人住宅，不能參與忌諱喪氣之典禮與聚會，是以今人多不帶孝與手尾錢，此二者今已失傳。」（注二〇）

姜氏的說法頗中肯綮。本省客家人大多分布在相當貧瘠的地區，農業時代單憑土地的生產不足以維持家庭生活，是以農暇時必須流入城鎮打零工或經營小生意以維持家計；假如帶孝，引人忌諱，將會失去許多工作機會而影響到生計，因而不得不將帶孝制度加以省略。竹東古煥堂、頭份陳敬禮、東勢劉耆章、美濃林享新等人也都有類似的說法。

茲將文獻及田野調查所得各地孝男、孝媳及在室女的帶孝及其變除情形，分別表列於以後參考。

孝男、孝媳、在室女帶孝及其變除表（文獻部份）

出處	帶孝方位 男左女右		初		頭七	三七	五七	滿七	出山	百日	對年	三年
	以死者為準	以帶者為準	孝誌	手尾錢								
台風雜記			辮髮綰絲用白色，帽頂用黑色。									

頭鬃尾、本島人の服裝の解（台灣慣習記事二・五、三・八）			辮髮用麻皮，且只辮一半，下半麻髮共散。							辮髮用白布		紅
台灣私法（大戶人家）			白					除靈（四十九日或百日）藍		九月 青	綠	二十五個月 黃 二十五個月 紅
同右（城市小戶人家）			白					藍		百日 青	黃	紅
同右（鄉村小戶人家）			白					綠或藍			黃	紅

台灣風俗誌			麻							白色（帶至三年）		
台南縣志		V	白					藍		青	黃	紅
台灣之喪葬（台灣文獻九：四）			古麻布衣 今麻布條紮腕					白布條		白布衣 脫孝		藍布衣
台灣的古昔喪禮（台北文物八：四）		V V	孝之輕重以色彩分之，有白、藍、青、黃四色。卒哭之日，喪事已告一段落，依次變換顏色誌孝，俗稱換孝。									
南投縣之婚喪禮俗		麻，孝男用麻				白，白毛					父—青 母—黃	紅

圈套在手臂上，父死母存，上邊不緝，緝下邊，父存母亡則反之，緝上邊，不緝下邊，父母雙亡
線，蓮花狀（或於七七時換孝）。

	高雄縣志稿	台灣民俗（喪葬）座談會紀錄（台灣文獻
則上下皆不緝。孝媳、孝女則用麻塊夾於頭髮或袖。		
	麻結或白線花（男子結於衣袖，女子繫於髮上）。	
		白絨帶串銅錢
		紅

二四：三、四、二五：二、三）。（澎湖）												
台灣民俗喪葬調查座談會紀錄（台灣文獻二五：二）（宜蘭礁溪）	V		麻皮，父母雙亡時捻合之，單亡則否。									
台灣民俗		V	孝依其輕重分為白、藍、青、黃四色，用絨線摺縫小球佩之。待至除靈後，依次換其顏色。									

台北市志		V	孝依其輕重分為白、藍、青、黃四色，用絨線摺縫小球佩之，待至除靈後，依次換其顏色									
最新婚喪喜慶禮儀大全	V		麻圈（男）麻塊（媳、女）	白布帶串銅錢								
嘉義縣志		V	白					藍		青	黃	紅
從閩南風俗談台灣的移風易俗（台灣文獻（三三：二）		V	麻									
中華文化叢書禮俗組座談會紀錄（台灣文			麻							白布	換孝	

獻三三：一）												
台灣地區現行喪葬禮俗研究報告			麻					白毛線			紅	
同右（新店）			（麻）					白毛線			紅	
同右（苗栗）			黑腕章					脫孝				
同右（台中市）			麻							白	父—藍 母—黃	紅
同右（南投）				麻							苧	紅
同右（埔里）											脫孝	
同右（嘉義）		V										
同右（布袋）			麻					出山反主 苧			紅	
同右（台南）			（麻）					返主除靈 藍			除孝	

同右（關廟）			（麻）					尾日除靈 白		綠	黃	紅
頭城鎮志			腕掛麻皮，腰纏六尺白布。									
草屯鎮志			麻，男用麻圈或麻塊別於袖上，女用麻蝶別於髮上。							白	父－青 母－黃	紅
台灣禮俗語典（漳俗）			麻，男帶麻手箍於手臂，女結麻蝶於髮。								白或青	紅
同右（泉俗）			麻，男帶麻手箍於手臂，女結麻蝶於髮。							白或青（甚或褪孝換紅）		紅
苗栗縣志			麻布，男紮於臂，女佩於髮。									

地區	帶孝方位 男左女右 以死者為準	帶孝方位 男左女右 以帶者為準	初 孝誌	初 手尾錢	頭七	三七	五七	滿七	出山	百日	對年	三年
台灣喪俗談（曾朝東）			麻布							脫孝		

孝男（含養子、招贅婿、承嗣子）帶孝及其變除表（田野部分）

地區	帶孝方位 男左女右 以死者為準	帶孝方位 男左女右 以帶者為準	初 孝誌	初 手尾錢	頭七	三七	五七	滿七	出山	百日	對年	三年
蘇澳	V		麻皮環	白布條串一枚銅錢						白	父—綠 母—黃	紅
羅東	V		麻皮環	白布條串一枚銅錢							白	紅
宜蘭市	V		麻皮環	白布條串古制錢或繫今之紙鈔						白布帶	父—綠 母—黃	紅

礁溪(A)	V		麻皮環	白布條串一枚銅錢						白線	父—綠 母—黃	紅
礁溪(B)	V		麻皮環	白布條串一枚銅錢						藍布	紅	
基隆	V		麻布圈	白布條串一枚銅錢				父—白 母—黃（或於百日之時換之）				紅
石門	V		麻布圈	白布條串銅錢或硬幣				白（或於百日換之）			父—綠 母—黃	紅
淡水	V		麻布圈	白布條串銅錢				白			紅	
北投	V		麻布圈	白布條串銅錢				白			紅	
三重	V		麻布圈	白布條串銅錢				白			紅	
萬華	V		麻布圈	白布條串清制錢				白			紅	
公館	V		麻布圈	白布條串銅錢				白			昔：父—綠，母—	紅

											黃；今：紅	
新竹市	V		麻布圈	白布條串銅錢				白			紅	
竹南	V		麻布圈	白布條串銅錢（已不多見）				白		紅		
梧棲(A)		V	麻布圈	白布條串銅錢					白	紅，或於對年、或於三年始變紅。		
梧棲(B)		V	麻布圈	白布條串銅錢					紅			
大肚		V	麻布圈	白布條串銅錢（今已罕見）				白			父—綠 母—黃	紅
草屯		V	麻布圈（今多編成蝶狀）	白布條串硬幣（今已不多見）						白	父—綠 母—黃	紅
鹿港		V（亦有以死	麻布圈（或用方形白布上加麻塊）	白布條串銅錢					白		黃（或用綠）	紅

		者爲準者）										
西螺		V	痲布圈	白布條串銅錢						綠	紅	
土庫		V		白布條串銅錢	綠						紅	
臺西	不限左右			白布條串銅錢（死者高壽才有）					綠	紅		
大林	V		白布塊上加痲塊	黑毛綿串銅錢						綠	紅	
太保	V		白布塊上加痲塊	白布條串銅錢（今已罕見）					綠		紅	
嘉義市(A)	V		白布塊上加痲塊	白布條串銅錢					綠			紅
嘉義市(B)	V		痲布圈	昔有今無						綠	黃	紅
北門		V		無					綠		紅	
佳里	V		綠	無							紅	
台南市		V	白布塊上加痲布塊	無				藍布		綠	黃	紅

新化(A)	V		白布塊上加麻布塊	白布條串銅錢					苧	黃	紅	
新化(B)	V		白布塊上加麻布塊	無					綠		黃	紅
關廟		V	白毛線	無						綠	黃（今人對年即變紅）	紅
楠梓	一律左邊		麻塊	無	白布			綠		黃	紅	
左營(A)	V	（或V）	麻布圈	無						紅		
左營(B)	V		方形麻布塊	無	白布				綠		黃	紅
大樹	左右不拘		方形麻布塊	無					綠		紅	
馬公	V（或云一律在左）		麻	白布條串清制錢					白布			紅

湖西(A)	V			白布條串清制錢					白			紅
湖西(B)	V		白布帶	白布條串清制錢						綠	紅	
白沙	V		白帶								紅	
西嶼	V		麻						白			紅
觀音	V		無	無				紅				
新屋	V		無	無				紅				
楊梅	V		黑布圈	（古無今有）				紅				
新豐			無	無								
湖口	V		無	無				紅				
關西			無	昔：用黃麻皮串二十四枚銅錢繫於腰。今無。								
竹東	V		麻塊	無				紅				
寶山	V		麻布圈	白布條串銅錢，昔有今無。								紅

孝媳（含養子媳、在家招夫之女、承嗣子媳）帶孝及其變除表（田野部分）

頭份			無	無								
頭屋	V		麻	無				紅				
苗栗市	V		麻塊（今或用黑布或不帶）	無				紅				
東勢		V	麻塊	白布條串銅錢（昔有今無）			白			紅		
美濃	V		麻布圈	無				紅				
內埔			無	無								
佳冬(A)			光復以後即不流行帶孝之俗									
佳冬(B)	一律在左邊		方形麻塊	無					紅			

地區	帶孝方位（男左女右）以死者為準	帶孝方位（男左女右）以帶者為準	初終 孝誌	初終 手尾錢	頭七	三七	五七	滿七	出山	百日	對年	三年
蘇澳	V		麻皮蝶	白布條串一枚銅錢						白	翁—綠 姑—黃	紅
羅東	V		麻皮蝶	白布條串銅錢							白	紅
宜蘭市	V		麻皮蝶	白布條串古制錢 或繫今之紙鈔						白布條	翁—綠 姑—黃	紅
礁溪(A)	V		麻皮蝶	白布條串銅錢						白布條	翁—綠 姑—黃	紅
礁溪(B)	V		麻皮蝶	白布條串銅錢							藍布	紅
基隆	V		麻布蝶	白布條串銅錢				翁—白 姑—黃 （或於百日時換				紅

								之）				
石門	V		麻布蝶	白布條串銅錢或硬幣				白			翁—綠 姑—黃	紅
淡水	V		麻布蝶	白布條串銅錢				白			紅	
北投	V		麻布塊	白布條串銅錢				白			紅	
三重	V		麻布蝶	白布條串銅錢				白			紅	
萬華	V		麻布蝶	白布條串清制錢				白			紅	
公館	V		麻布蝶	白布條串銅錢				白			昔：翁—綠、姑—黃 今：變紅	紅
新竹市	V		麻布蝶	白布條串銅錢				白			紅	
竹南	V		麻布蝶	白布條串銅錢（今已不多見）				白		紅		
梧棲(A)		V	麻布蝶	白布條串銅錢					白	紅，或於對年		

										或於三年始變紅。		
梧棲(B)		V	麻布蝶	白布條串銅錢					紅			
大肚		V	麻布蝶	白布條串銅錢				白			翁—綠 姑—黃	紅
草屯		V	麻布蝶	白布條串銅錢（今已不多見）						白	翁—綠 姑—黃	紅
鹿港		V（亦有以死者爲準者）	麻布蝶	白布條串銅錢					白		黃（或用綠）	紅
西螺		V	麻布蝶	白布條串銅錢						綠	紅	
土庫		V		白布條串銅錢	綠						紅	
臺西	左右不拘			白布條串銅錢（死者高壽才					綠	紅		

				有）							
大林	V		白布塊上加麻塊	黑毛線串銅錢						綠	紅	
太保	V		白布塊上加麻塊	白布條串銅錢（今罕見）					綠		紅	
嘉義市(A)	V		白布塊上加麻塊	白布條串銅錢					綠			紅
嘉義市(B)	V		麻布蝶	昔有今無						綠	黃	紅
北門		V		無					綠		紅	
佳里	V		綠	無							紅	
台南市		V	白布塊上加麻塊	無				藍布		綠	黃（今多於對年即變紅）	紅
新化(A)	V		麻方塊上加白毛線	白布條串銅錢					苧	黃	紅	
新化(B)	V		白布塊上加麻塊	無					綠		黃	紅
關廟		V	白毛線	無						綠	黃	紅
楠梓	一律左		麻布蝶	無	白布			綠		黃	紅	

	邊											
左營(A)	V	（或V）	麻布蝶	無						紅		
左營(B)	V		方形麻布塊	無	白布				綠		黃	紅
大樹	左右不拘		方形麻布塊	無					綠		紅	
馬公	V（或云一律在左）		麻	白布條串清制錢					白布			紅
湖西(A)	V			無					白			紅
湖西(B)	V		白布帶	白布條串清制錢						綠	紅	
白沙	V		白布條								紅	
西嶼	V		麻						白			紅
觀音	V		無	無				紅				
新屋	V		無	無				紅				

楊梅	V		黑布圈（在臂）	無				紅				
新豐			無	無								
湖口	V		無	無				紅				
關西			無	無								
竹東	V		麻布蝶	無				紅				
寶山	V		麻圈（在臂）	白布條串銅錢（昔有今無）								紅
頭份			無	無								
頭屋	V		麻布蝶	無				紅				
苗栗市	V		麻布蝶（今或用黑布或不帶）	無				紅				
東勢		V	麻布蝶	白布條串銅錢（昔有今無）			白布			紅		
美濃	V		白布	無				紅				
內埔			無	無								

地區	帶孝方位 男左女右 以死者為準	帶孝方位 男左女右 以帶者為準	初 孝誌	終 手尾錢	頭七	三七	五七	滿七	出山	百日	對年	三年
佳冬(A)			光復以後即不流行帶孝之俗									
佳冬(B)	一律在左邊		白布塊上加麻塊	無					紅			

在室女（含養女在室者及童養媳未婚者）帶孝及其變除表（田野部分）

地區	帶孝方位 男左女右 以死者為準	帶孝方位 男左女右 以帶者為準	初 孝誌	終 手尾錢	頭七	三七	五七	滿七	出山	百日	對年	三年
蘇澳	V		麻皮蝶	白布條一枚串銅錢						白	父—綠 母—黃	紅
羅東	V		麻皮蝶	白布條串銅錢							白	紅
宜蘭市	V		麻皮蝶	白布條串古制錢						白布條	父—綠	紅

				或繫今之紙鈔							母—黃	紅
礁溪(A)	V		麻皮蝶	白布條串銅錢						白布條	父—綠 母—黃	紅
礁溪(B)	V		麻皮蝶	白布條串銅錢						藍布	紅	
基隆	V		麻布蝶	白布條串銅錢				藍				紅
石門	V		麻布蝶	白布條串銅錢或硬幣				白			父—綠 母—黃	紅
淡水	V		麻布蝶	白布條串銅錢				白			紅	
北投	V		麻布塊	白布條串銅錢				白			紅	
三重	V		麻布蝶	白布條串銅錢				白			紅	
萬華	V		麻布蝶	白布條串銅錢				白			紅	
公館	V		麻布蝶	白布條串銅錢				白			昔：父—綠、母—黃 今：變紅	紅

新竹市	V		麻布蝶	白布條串銅錢				白			紅	
竹南	V		麻布蝶	白布條串銅錢（今已不多見）				白		紅		
梧棲(A)		V	麻布蝶	白布條串銅錢					白	紅，或於對年或於三年始變紅。		
梧棲(B)		V	白毛線	白布條串銅錢					紅			
大肚		V	麻布蝶	白布條串銅錢				白			父—綠 母—黃	紅
草屯		V	麻布蝶	白布條串硬幣（今已不多見）						白	父—綠 母—黃	紅
鹿港		V（亦有以死者爲準者）	麻布蝶	白布條串銅錢					白		黃（或用綠）	紅

西螺		V	麻布蝶	白布條串銅錢						綠	紅	
土庫		V		白布條串銅錢	綠						紅	
臺西	左右不拘			白布條串銅錢（死者高壽才有）					綠	紅		
大林	V		白布塊上加麻塊	黑毛線串銅錢						綠	紅	
太保	V		白布塊上加麻塊	白布條串銅錢（今已罕見）					綠		紅	
嘉義市(A)	V		白布塊上加麻塊	白布條串銅錢					綠			紅
嘉義市(B)	V		麻布蝶	昔有今無						綠	黃	紅
北門		V		無					綠		紅	
佳里	V		綠	無							紅	
台南市		V	白布塊上加麻塊	無				藍布		綠	黃（今人多於對年即變紅）	紅

新化(A)	V		麻方塊上加白毛線	白布條串銅錢					苧	黃	紅	
新化(B)	V		白布塊上加麻塊	無					綠		黃	紅
關廟		V	白毛線	無						綠	黃	紅
楠梓	一律左邊		麻布蝶	無	白布			綠		黃	紅	
左營(A)	V	（或V）	麻布蝶	無						紅		
左營(B)	V		方形麻布塊	無	白布				綠		黃	紅
大樹	左右不拘		方形麻布塊	無					綠		紅	
馬公	V（或云一律在左）		麻	白布條串清制錢					白布			紅
湖西(A)	V			無					白			紅
湖西(B)	V		白布帶	白布條串清制錢						綠	紅	

白沙	V		白布帶								紅	
西嶼	V		麻						白			紅
觀音	V		無	無				紅				
新屋	V		無	無				紅				
楊梅	V		黑布圈（在臂）	無			紅（或於三七變紅或於五七或滿七以五七為最多					

新豐			無	無								
湖口	V		無	無				紅				
關西			無	無								
竹東	V		麻布蝶	無				紅				
寶山	V		麻圈（在臂）	白布條串銅錢，昔有今無。								紅
頭份			無	無								
頭屋	V		麻布蝶	無				紅				
苗栗市	V		麻布蝶（今或用黑布或不帶）	無				紅				
東勢		V	麻布蝶	白布條串銅錢（昔有今無）			白布			紅		
美濃	V		白布	無				紅				
內埔			無	無								
佳冬(A)			光復以後即不流行									

	佳冬(B)
	一律在左邊
帶孝之俗	白布塊上加痲塊
	無
	紅

二、出嫁女（含養女出嫁者）

同樣是女兒，出嫁者的孝服與所帶的孝比在室者減一等，此即禮經所謂「降服」（注二一）。台灣私法稱當時出嫁女的粗孝爲藍或綠，其變除之節，城市大家爲五節，小家四節，鄉村小家則爲三節，最後都是在對年變紅脫孝，因爲出嫁女所服的是齊衰期年之孝。

從光復後的文獻資料及作者田野調查所得的資料看，各地出嫁女的粗孝以用苧布製成蝶狀別於髮上者爲最多，因爲出嫁女的孝服質料就是苧布。苧蝶以外，各地尚有痲蝶、黃毛線、白布、白布加苧、藍布、綠毛線、苧布上加綠毛線、藍毛線、黑布等。少數地區，如宜蘭市、佳里等地，出嫁女之翁姑若皆已亡故，則其爲父母帶孝可以完全與在室女相同。除孝誌之外，出嫁女與在室女相同，也有手尾錢，但她的布條大多不用白布而用藍布，以示區別。

其變除之節，半數以上地區爲三節，並遵古制於對年始變紅脫孝。其中以左營(B)爲最早換孝，其次爲基隆與石門；基隆與石門兩地於三七時依「父青（綠）母黃」原則蛻變，此因閩南系統有三七是

「女兒七」的說法之故。昔日出嫁女若翁姑健在，爲避忌諱，一般皆在回夫家之前將孝誌與手尾錢解下置於魂帛香爐前，俗稱「寄孝」；若逢夫家將辦喜事，更可以提前變紅脫孝，但這是特例而非常規。不過由於目前有短喪的趨勢，因此從田野資料看，三重、竹南、梧棲(A)(B)、關廟、楠梓、左營(A)(B)、馬公、湖西(A)等地，於出山或滿七或百日即變紅脫孝。

客家地區出嫁女帶孝之風，僅楊梅、竹東、頭屋、苗栗市、東勢、美濃、佳冬(B)尚可見之，唯均於出山或圓七或百日即變紅，而無長達一年者。

茲將文獻所見及田野調查所得各地出嫁女帶孝及其變除情形，分別表列於後以供參考。

出嫁女（含養女出嫁者）帶孝及其變除表（文獻部分）

出處	帶孝方位 男左女右		初終		頭七	三七	五七	滿七	出山	百日		對年	三年
	以死者爲準	以帶者爲準	孝誌	手尾錢									
台灣私法（大家之服）			設靈內 藍					除靈（四九日或百日）		五月 綠	九月 黃	紅	

								青				
同右（城市小家之服）			藍					除靈四十九日 青		百日 黃	紅	
同右（鄉村小家之服）			藍或綠					除靈後 黃			紅	
台南縣志		V	藍					青		黃	紅	
台灣之喪葬（台灣文獻九：四）				手尾錢寄孝								
南投縣之婚喪禮俗			苧			父—青 母—黃					紅	
最新婚喪喜慶禮儀大全	V		苧	青（藍）布帶串銅錢								

嘉義縣志		V	藍					青		黃	紅	
台灣地區現行喪葬禮俗研究報告（淡水）			苧麻					綠毛線			紅	
同右（新店）			（苧）					藍毛線			紅	
同右（台中市）			（苧）							白	紅	
同右（南投）			（麻）							（苧）	紅	
同右（台南）			（苧）					返主除靈 綠			紅	
草屯鎮志			苧			父—青 母—黃					紅	
台灣喪俗談			麻布							脫孝		

出嫁女（含養女出嫁者）帶孝及其變除表（田野部分）

地區	帶孝方位 男左女右 以死者為準	帶孝方位 男左女右 以帶者為準	初終 孝誌	初終 手尾錢	頭七	三七	五七	滿七	出山	百日	對年	三年
蘇澳	V		苧蝶	白布條串一枚銅錢						父—綠 母—黃	紅	
羅東	V		苧蝶	白布條串銅錢						白	紅	
宜蘭市	V		苧蝶（若其翁姑均歿，則可服麻，一切如同在室女）	白布條串古錢或繫今之紙鈔						白線（或父—綠、母—黃）	紅	
礁溪(A)	V		苧蝶	藍布條串銅錢						綠	紅	
礁溪(B)	V		苧蝶	藍布條串銅錢						白	紅	

基隆	V		苧蝶	藍布條串銅錢		父—綠 母—黃					紅	
石門	V		苧蝶	藍布條串銅錢		父—綠 母—黃					紅	
淡水	V		苧蝶	藍布條串銅錢				白			紅	
北投	V		苧蝶	藍布條串銅錢				綠			紅	
三重	V		苧蝶	藍布條串銅錢					紅			
萬華	V		苧蝶	藍布條串銅錢				父—綠 母—黃			紅	
公館	V		苧蝶	藍布條串銅錢				紅				

新竹市	V		苧蝶	藍布條串銅錢				黃			紅	
竹南	V		苧蝶	無				綠		紅		
梧棲(A)		V	麻蝶	白布條串銅錢					紅			
梧棲(B)		V	黃毛線	白布條串銅錢					紅			
大肚		V	苧蝶	藍布條串銅錢				父—綠 母—黃			紅	
草屯		V	苧蝶	藍布條串銅錢（今已罕見）		父—綠 母—黃					紅	
鹿港		V（亦有以死者爲準者）	苧蝶	藍布條串銅錢（或云已嫁者無手尾錢）					黃		紅	
西螺		V	白布	無						黃	紅	

土庫		V		白布條串銅錢	黃（大多不重視矣）						紅	
臺西	左右不拘			白布條串銅錢（死者高壽才有）					綠（有翁姑者不帶孝）		紅	
大林	V		黃毛線	黑毛線串銅錢							紅	
太保	V		黃毛線	無							紅	
嘉義市(A)	V		白布加苧	白布條串銅錢					綠		紅	
嘉義市(B)	V		苧蝶	藍布條串銅錢						黃（夫家將辦喜事者，百日	紅	

										即可換紅）		
北門		V		無					黃		紅	
佳里	V		黃毛線（翁姑已歿者可帶綠）	無							紅	
台南市		V	藍布	無				綠		黃	紅	
新化(A)	V		苧布上加綠毛線	藍布條串銅錢（不帶回夫家）					綠	黃	紅	
新化(B)	V		綠毛線	無					黃		紅	
關廟		V	綠毛線	無						紅		
楠梓	一律左邊		藍毛線	無				黃		紅		
左營(A)	V	或V	苧蝶	無						紅		
左營(B)	V		初終苧蝶，入木後換藍。	無					昔：黃、		昔：紅	

									今：紅			
大樹	左右不拘		苧蝶	無								
馬公	V（或云一律在左）		藍毛線	無						紅		
湖西(A)	V			無					藍毛線	紅（或於對年變紅）		
湖西(B)	V		綠毛線	無							紅	
白沙	V		綠毛線	無							紅	
西嶼	V		苧	無					綠毛線		紅	
觀音	V		無	無				紅				
新屋	V		無	無				紅				

楊梅	V		黑布圈（在臂）	無			紅，或於三七或於五七，或於滿七，以五七變紅者爲最多。					
新豐			無	無								
湖口	V		無	無				紅				

關西			無	無								
竹東	V		麻蝶					紅				
寶山	V		無（出嫁女不帶孝）	無								
頭份			無	無								
頭屋	V		白布	無				紅				
苗栗市	V		苧布或黑布	無				紅				
東勢		V	白布	無		藍				紅		
美濃	V		白布	無				紅				
內埔			無	無								
佳冬(A)			光復以後即不流行帶孝之俗									
佳冬(B)	一律在左邊		白布	無					紅			

三、長孫男及長孫媳

台灣私法等早期文獻，對長孫男與長孫媳的孝無特別說明，蓋視同一般孫男、孫媳；目前澎湖地區，長孫男、長孫媳所帶的孝即與衆孫男、衆孫媳的完全相同。但台灣本島自古即流行兩句諺語：「大孫頂尾子」、「大孫尾子孝」，因此田野調查時發現各地長孫男、長孫媳之孝皆有別於一般孫男與孫媳。其中有一部分地區其孝與孝男、孝媳完全相同，如蘇澳、宜蘭市、礁溪Ⓐ Ⓑ、鹿港Ⓐ、西螺、關廟、左營Ⓐ Ⓑ等地即然。大部分地區則採「半（外）兒輩半（內）孫輩」之方式帶孝，亦即帶「半（外）麻半（內）苧）」的孝誌，與其孝服相似（參照片㊹）。其手尾錢，若是其孝與孝男、孝媳完全相同的，則手尾錢也是用白布條串；若其孝是「半（外）麻半（內）苧」，則用白布及藍布各一條串之（參照片㊺），彼等行於途中，使人一望即知其爲長孫男或長孫媳。

有關變除之節，其孝與孝男、孝媳完全相同者，其節數及最後脫孝之期亦相同；其孝爲「半（外）麻半（內）苧」者，其節數與脫孝之期與孝男、孝媳亦相同，而蛻換的方法則可分成兩種：一爲自第二節起即與孝男、孝媳採同色孝誌變換，如公館、大肚、草屯等地即然；二爲自第二節起採麻、苧各自減退一等，合起來仍是「半兒半孫」的方法變換，這種習俗普見於基隆、石門、北投、萬華、新竹市、鹿港Ⓑ、大林、太保、嘉義市Ⓐ Ⓑ等地。

客家地區，長孫男、長孫媳帶孝的不多，其有帶者，多數與孝男、孝媳相同，僅佳冬Ⓑ略有不同而已。

茲將文獻及田野調查所得各地長孫男、長孫媳帶孝及其變除情形，分別表列於後以供參考。

長孫男、長孫媳帶孝及其變除表（文獻部分）

出處	帶孝方位 男左女右：以死者為準	帶孝方位 男左女右：以帶孝者為準	初：孝誌	終：手尾錢	頭七	三七	五七	滿七	出山	百日	對年	三年
最新婚喪喜慶禮儀大全	V		麻加苧	白青（藍）各一半之布帶串銅錢								
台灣地區現行喪葬禮俗研究報告（淡水）			麻					白毛線			紅	
同右（新店）			（麻）					白毛線			紅	
同右（布袋）			麻					出山返主			紅	

地區		同右（台南）	同右（關廟）	草屯鎮志
帶孝方位 男左女右 以死者為準				
以帶者為準				
初終 孝誌		（麻）	（麻）	麻苧各半
初終 手尾錢				
頭七				
三七				
五七				
滿七	黃	返主除靈 藍	尾日除靈 白	
出山				
百日			綠	白
對年		紅	黃	祖父—青 祖母—黃
三年			紅	紅

長孫男、長孫媳帶孝及其變除表（田野部分）

地區	蘇澳
帶孝方位 男左女右 以死者為準	V
以帶者為準	
初終 孝誌	麻皮環（孫）
初終 手尾錢	白布條串一枚銅
頭七	
三七	
五七	
滿七	
出山	
百日	白
對年	祖父—綠
三年	紅

			麻皮蝶（媳）	錢							祖母—黃	
羅東	V		麻加苧	白布及藍布條串銅錢							祖父：白加綠 祖母：白加黃	紅
宜蘭市	V		麻皮環（孫） 麻皮蝶（媳）	白布條串古錢或繫今之紙鈔						白布條	祖父—綠 祖母—黃	紅
礁溪(A)	V		麻皮環（孫） 麻皮蝶（媳）	白布條串銅錢						白布條	祖父—綠 祖母—黃	紅
礁溪(B)	V		麻皮環（孫） 麻皮蝶（媳）	白布條串銅錢						藍	紅	
基隆	V		麻外苧內臂圈(孫) 麻苧布蝶（媳）	白布及藍布條串 銅錢				祖父—藍加白 祖母—藍加黃				紅
石門	V		麻外苧內臂圈(孫) 麻苧布蝶（媳）	白布及藍布條串 銅錢				祖父—白加綠 祖母—白加黃			祖父—綠 加紅	紅

											祖母—紅加黃	
淡水	V		麻苧各半	白布及藍布條串銅錢							紅	
北投	V		麻苧各半	白布及藍布條串銅錢				白加綠			紅	
三重	V		麻苧各半	白布條及藍布條串銅錢					紅			
萬華	V		麻苧各半	白布條及藍布條串銅錢				祖父—白加綠 祖母—白加黃			紅	
公館	V		麻外苧內臂圈(孫) 麻苧布蝶(媳)	白布條及藍布條 串銅錢			白				昔：祖父紅—綠，祖母—黃 今：紅	
新竹	V		麻外苧內臂圈(孫)	白布條及藍布條				白加黃			紅	

			麻苧布蝶（媳）	串銅錢								
竹南	V		麻苧各半	無				綠		紅		
梧棲(A)		V	半環麻半環苧之臂圈（孫） 麻苧布蝶（媳）	白布條及藍布條串銅錢					半白半藍	紅（或於對年或於三年始變紅）		
梧棲(B)		V	半環麻半環苧之臂圈（孫） 麻苧布蝶（媳）	白布及藍布條串銅錢					紅			
大肚		V	麻外苧內臂圈（孫） 麻苧布蝶（媳）	白布條及藍布條串銅錢				白			祖父—綠 祖母—黃	紅
草屯		V	麻外苧內臂圈（孫） 麻苧布蝶（媳）	白布條及藍布條串銅錢（昔有今無）						白	祖父—綠 祖母—黃	紅
鹿港(A)		V	麻	白布條串銅錢					白		黃或綠	紅

鹿港(B)		（亦有以死者爲準者）	麻加苧	同右					白加黃		黃加紅	紅
西螺		V	麻	白布條串銅錢						綠	紅	
土庫		V		白布條串銅錢	綠加黃						紅	
臺西	左右不拘			白布條串銅錢					黃	紅		
大林	V		父母在：白布塊上加麻加苧 父母已逝：白布塊上加麻	黑毛線串銅錢						綠加黃	紅	
太保	V		白布塊上加麻加苧	無					綠加黃		紅	

嘉義市(A)	V		白布塊上加麻加苧	白布條串銅錢					綠加黃			紅
嘉義市(B)	V		麻外苧內臂圈(孫) 麻苧布蝶(媳)	白布條串銅錢						綠加黃	黃	紅
北門		V		無					藍		紅	
佳里	V		綠	無							紅	
台南市		V	白布塊上加麻加藍毛線	無					綠	黃	紅	
新化(A)	V		白布塊上加綠毛線	無					綠	黃	紅	
新化(B)	V		白布塊加麻	無					綠	黃	紅	
關廟		V	白毛線	無						綠	黃	紅
楠梓	一律左邊		藍毛線	無				黃		紅		
左營(A)	V	(或V)	麻	無						紅		
左營(B)	V		麻	無	白布				綠		黃	紅

大樹	左右不拘	方形麻布塊綴紅	無									
馬公	V（或云一律在左）		綠毛線	無						紅		
湖西(A)	V			無					綠	紅（或延至對年始變紅）		
湖西(B)	V		綠毛線	無							紅	
白沙	V		藍色布條或毛線	無							紅	
西嶼	V		苧	無					綠		紅	
觀音	V		無	無				紅				
新屋	V		無	無				紅				
楊梅	V		黑布圈（在臂）	古有今無				紅				
新豐			無	無								

湖口	V		無	無				紅				
關西			無	無								
竹東	V		麻塊（孫）麻蝶（媳）	無				紅				
寶山	V		麻圈（孫）麻（媳）	白布條串銅錢（昔有今無）								紅
頭份			無	無								
頭屋	V		無	無				紅				
苗栗市	V		無	無				紅				
東勢	V		麻				白			紅		
美濃	V		麻（孫）白布（媳）					紅				
內埔			無	無								
佳冬(A)			光復以後即不									

			流行帶孝									
佳冬(B)	一律在左邊		黑布（孫）白布（媳）						紅			

四、衆孫男、衆孫媳、衆孫女

衆孫男、媳、女的孝服與出嫁女相同，台灣私法以爲是齊衰期年，因此兩者所帶的粗孝與變除之節也完全相同；其後的文獻資料，則兩者之間有完全一致的，也有相當紛歧的。田野調查，兩者的孝服均是以苧布爲主，因此其所帶的孝誌也是用以苧布做成的爲最多。

衆孫男、媳、女的粗孝，北部地區傳統上孫男以手臂帶苧布圈，孫媳女以頭髮夾苧布蝶爲主，晚近或簡化爲男女皆在手臂上帶苧布塊（參照片㊹）。中南部地區除苧布塊外，或用綠毛線、或用黃毛線、或用藍毛線等，頗爲紛歧。孝女有在室與出嫁之別，孫女在文獻上僅台南縣志、嘉義縣志列有出嫁孫女與一般不同；田野調查，亦僅礁溪(B)、鹿港、楠梓等三個地方有分嫁否，其餘皆不分；易言之，大部分地區孫女並不因出嫁而降服其祖，與儀禮的精神相符。衆孫男、媳、女除孝誌外，傳統上也有手尾錢，其布條爲藍色（參照片㊺），有極少數地區是用白布條或黑毛線串之，南部及澎湖地區帶手尾錢的習俗則已失傳。

田野調查，其變除之節，以採三節及在對年變紅脫孝者為最多；第二節有於五七行之者，如蘇澳、礁溪(B)、石門、公館、草屯等地即然，此因閩南系統有五七是「孫仔七」的說法之故。除五七之外，或於滿七，或於出山，或於百日行第三節換孝。中南地部地區，如竹南、梧棲(A)、西螺、台西、新化(A)、關廟、楠梓、左營(A)等地，有於百日甚至出山即變紅脫孝者，這是受到晚近「海口例」「安清氣靈」短喪的影響。

客家地區為祖父母帶孝者很少見，僅楊梅、竹東、寶山、東勢、美濃、佳冬(B)等地有之。

茲將文獻及田野調查所見各地孫男、孫媳、孫女帶孝及其變除情形，分別表列於後以供參考。

孫男、孫媳、孫女帶孝及其變除表（文獻部分）

出處	帶孝方位 男左女右		初	終	頭七	三七	五七	滿七	出山	百日	對年	三年
	以死者為準	以帶者為準	孝誌	手尾錢								
頭鬃尾（台灣			麻					青（帶一年半）				

慣習記事二：五）												
台灣私法（大家之服）			設靈內 藍					除靈（四七日或百日） 青		五月 綠 九月 黃	紅	
同右（城市小家之服）			藍					除靈（四十九日） 青		百日 黃	紅	
同右（鄉村小家之服）			藍或綠					除靈後 黃			紅	
台灣風俗誌			痲服					青（帶一年半）				
台南縣志（出嫁孫女）		V	白（藍）					藍（青）		青（黃）	黃（紅）	紅
台灣之喪葬（台灣文獻）			苧布條紮腕					脫孝				

九：四）												
南投縣之婚喪禮俗			苧				祖父—青　祖母—黃				紅	
最新婚喪喜慶禮儀大全	V		苧	青（藍）布帶串銅錢								
嘉義縣志（出嫁孫女）		V	白（藍）					藍（青）		青（黃）	黃（紅）	紅
台灣地區現行喪葬禮俗研究報告（台中市）			苧							白	紅	
同右（南投）			（苧）							黃	紅	
同右（布袋）			（苧）					出山反主			紅	

孫男、孫媳、孫女帶孝及其變除表（田野部分）

								白					
同右（台南）			（苧）					返主除靈 黃			紅		
同右（關廟）			（苧）					尾日除靈 綠			黃	紅	
草屯鎮志			苧				祖父—青 祖母—黃				紅		
台灣喪俗談			（白）					脫孝					

地區	帶孝方位 男左女右：以死者為準	帶孝方位 男左女右：以帶者為準	初終：孝誌	初終：手尾錢	頭七	三七	五七	滿七	出山	百日	對年	三年
蘇澳	V		苧圈（男） 苧蝶（女）	藍布條串銅錢			祖父—綠 祖母—黃				紅	
羅東	V		苧圈（男） 苧蝶（女）	藍布條串銅錢				祖父—綠 祖母—黃（孫女已婚者於五七換孝）			紅	
宜蘭市	V		苧圈（男） 苧蝶（女）	藍布條串古錢或繫今之紙鈔						白	紅	

礁溪(A)	V		苧圈(男) 苧蝶(女)	藍布條串銅錢			祖父—綠 祖母—黃				紅	
礁溪(B)	V		苧圈(男) 苧蝶(女)	藍布條串銅錢						藍(已嫁孫女換白)	紅	
基隆	V		苧圈(男) 苧蝶(女)	藍布條串銅錢				藍			(已嫁孫女對年換紅)	紅
石門	V		苧圈(男) 苧蝶(女)	藍布條串銅錢			祖父—綠 祖母—黃				紅	
淡水	V		苧圈(男) 苧蝶(女)	藍布條串銅錢				白			紅	
北投	V		苧圈(男)	藍布條串銅錢				綠			紅	

			苧蝶（女）									
三重	V		苧圈（男） 苧蝶（女）	藍布條串銅錢					紅			
萬華	V		苧圈（男） 苧蝶（女）	藍布條串銅錢				祖父—綠 祖母—黃			紅	
公館	V		苧圈（男） 苧蝶（女）	藍布條串銅錢			黃				紅	
新竹市	V		苧圈（男） 苧蝶（女）	藍布條串銅錢				黃			紅	
竹南	V		苧圈（男） 苧蝶（女）	無				綠		紅		
梧棲(A)		V	苧圈（男） 苧蝶（女）	藍布條串銅錢					藍	紅		
梧棲(B)		V	黃毛線	藍布條串銅錢					紅			
大肚		V	苧圈（男）	藍布條串銅錢				祖父—綠			紅	

			苧蝶(女)					祖母—黃			紅	
草屯		V	苧圈(男) 苧蝶(女)				祖父—綠 祖母—黃 (亦有於三七換者)				紅	
鹿港		V(亦有以死者為準者)	苧圈(男) 苧蝶(女)	藍布條串銅錢					黃(已嫁孫女此時換)		紅	

									紅）			
西螺		V	綠毛線	無						紅		
土庫		V		白布條串銅錢	黃						紅	
臺西	左右不拘			白布條串銅錢（高壽者始有之）					黃	紅		
大林	V		黃毛線	黑毛線串銅錢							紅	
太保	V		黑布（男）白布（女）	無					黃		紅	
嘉義市(A)	V		苧圈（男）苧蝶（女）	白布條串銅錢					綠		紅	
嘉義市(B)	V		苧塊	（昔有今無）						黃	紅	
北門		V	紅	無								
佳里	V		黃毛線	無							紅	
台南市		V	藍	無				綠		黃	紅	

新化(A)	V		黃毛線	無					紅			
新化(B)	V		綠毛線	無					黃		紅	
關廟		V	綠毛線	無						紅		
楠梓	一律左邊		藍毛線（出嫁孫女帶黃毛線）	無				黃（出嫁孫女不換）		紅		
左營(A)	V	（或V）	苧方塊	無						紅		
左營(B)	V		苧方塊	無	藍				黃		紅	
大樹	左右不拘		苧方塊	無								
馬公	V（或云一律延左）		綠毛線	無						紅		
湖西(A)	V			無					綠	紅（或延至對年始變紅）		

湖西(B)	V		綠毛線	無							紅	
白沙	V		藍色布條或毛線	無							紅	
西嶼	V		苧	無					綠		紅	
觀音	V		無	無				紅				
新屋	V		無	無				紅				
楊梅	V		黑布圈（在臂）	古有今無			紅（或於三七或於五七或於滿七，以五七爲					

								最多）				
新豐			無	無								
湖口	V		無	無				紅				
關西			無	無								
竹東	V		白布	無				紅				
寶山	V		白布（男） 白線花（女）	藍布條串銅錢 （古有今無）								紅
頭份			無	無								
頭屋	V		無	無				紅				
苗栗市	V		無	無				紅				
東勢	V		白布				藍			紅		
美濃	V		黃布	無				紅				
內埔			無	無								
佳冬(A)			光復以後即不流行									

			帶孝									
佳冬(B)	一律在左邊		黃布						紅			

五、侄男、侄媳、侄女

台灣私法侄輩之孝，分為為伯叔父母及為姑兩種，而姑又有在室與出嫁之分；田野調查則顯示侄輩係與伯叔父母對稱，若姑雖亦與侄對稱，然僅當其在室時始為之帶孝，其孝與為伯叔父母同，若出嫁則極罕有帶孝的例子。

侄輩所帶的孝，台灣慣習記事二卷五號灣太郎稱以麻為粗孝，台灣私法云以藍為粗孝，其他文獻資料以及筆者田野調查所訪問的人士，則多稱以苧為粗孝，因侄輩的孝服是屬於苧布這一級。由於侄輩與孫輩孝服等級相同，其孝等重，因此其所帶孝誌的質料、形狀、變除之節，各地亦大體相同；只有象徵遺產傳承的手尾錢，各地孫輩大多都有，而侄輩則僅少數地區才有。

晚近因為社會變遷，帶孝的範圍逐漸萎縮到僅重視直系子、孫二代，因此旁系侄輩的孝已漸由帶在身上而改採寄孝甚至完全廢弛，客家地區更是僅有美濃一地侄子輩尚有帶孝的習俗。

茲將文獻及田野調查所得各地侄男、侄媳、侄女帶孝及其變除情形，分別表列於後以供參考。

侄子、侄媳、侄女帶孝及其變除表（文獻部分）

出處	帶孝方位（男左女右）以死者為準	帶孝方位（男左女右）以帶者為準	初（孝誌）	終（手尾錢）	頭七	三七	五七	滿七	出山	百日	對年	三年
頭鬃尾（台灣慣習記事二：五）			麻					綠（帶一年或一年半）				
台灣私法（大家之服）			設靈內 藍					除靈（四七日或百日） 青		五月 綠 九月 黃	紅	
同右（城市小家之服）			藍					除靈（四十九日） 青		百日 黃	紅	
同右（鄉村小家之服）			藍或綠					除靈後			紅	

家之服）								黃				
台灣風俗誌			麻服					綠（帶一年或一年半）				
台南縣誌		V	青					黃			紅	
台灣之喪葬（台灣文獻九：四）			苧布條紮腕					脫孝				
南投縣之婚喪禮俗			苧				伯叔—青　姆嬸—黃				紅	
最新婚喪喜慶禮儀大全	V		苧									
嘉義縣誌		V	青					黃			紅	
台灣地區現行			（苧）							黃	紅	

喪葬禮俗研究報告（南投）												
同右（布袋）			（苧）					出山返主 白			紅	
草屯鎮志			苧				伯叔 —青 姆嬸 —黃				紅	

為在室姑

台灣私法（大家之服）			設靈內 青					除靈（四九日或百日） 綠		五月 黃	九月 紅		
同右（城市小家之服）			青					除靈（四九日） 綠		百日 黃	九月 紅		

同右（鄉村小家之服）			黃					除靈後 紅				

為出嫁姑

台灣私法（大家之服）			設靈內 黃					除靈（四九日或百日） 紅				
同右（城市小家之服）			黃					除靈（四十九日） 黑		百日 紅		
同右（鄉村小家之服）			黃					紅				

為父之姊妹

台南縣志		V	青					黃		紅		
最新婚喪喜慶	V		苧									

地區	以死者為準	以帶者為準	孝誌	手尾錢	頭七	三七	五七	滿七	出山	百日	對年	三年
禮儀大全												
嘉義縣志		V	青					黃		紅		

侄子、侄媳、侄女帶孝及其變除表（田野部分）

地區	帶孝方位 男左女右		初	終	頭七	三七	五七	滿七	出山	百日	對年	三年
	以死者為準	以帶者為準	孝誌	手尾錢								
蘇澳	V		苧圈（男） 苧蝶（女）				伯叔—綠 姆嬸—黃				紅	
羅東	V		苧圈（男） 苧蝶（女）						紅			

宜蘭市	V		苧圈（男） 苧蝶（女）（帶數日之後便寄孝）							白線	紅	
礁溪(A)	V		苧圈（男） 苧蝶（女）				伯叔—綠 姆嬸—黃				紅	
基隆	V		苧圈（男） 苧蝶（女）				伯叔—綠 姆嬸—黃			紅		
石門	V		苧圈（男） 苧蝶（女）				伯叔—綠 姆嬸—黃				紅	

北投	V		苧圈（男） 苧蝶（女）					綠			紅	
三重	V		苧圈（男） 苧蝶（女）	藍布條串銅錢					紅			
公館	V		苧塊（男） 苧蝶（女）	藍布條串銅錢			黃				紅	
大肚		V	苧塊（男） 苧蝶（女）					伯叔—綠 姆嬸—黃			紅	
草屯		V	苧塊（男） 苧蝶（女）				伯叔—綠 姆嬸—黃				紅	
鹿港		V	苧塊（男） 苧蝶（女）						黃（今人多		紅	

									於出山即脫孝）			
土庫		V			黃毛線						紅	
大林	V		黃毛線	黑毛線串銅錢							紅	
嘉義市(A)	V		苧塊（男）苧蝶（女）						紅			
嘉義市(B)	V		苧塊（男）苧蝶（女）							黃	紅	
新化(A)	V		黃毛線（帶不帶隨人意）						紅			
新化(B)	V		黃毛線（要送山者才帶否則不帶）						紅			

楠梓	一律左邊		黃毛線							紅		
美濃	V		黃布					紅				

六、外孫男、外孫媳、外孫女

外孫輩屬於異姓卑親屬，文獻方面有關其帶孝的資料很少；田野方面，其雖與內孫同爲孫輩，但在孝服上大多於苧之外加綴藍布或紅布以示降等，以別異姓；因此在帶孝方面，其孝亦較內孫輕且短，宜蘭陳炎珠云：

「外孫男、女等，初喪時帶白線，百日時即換紅脫孝。」（注二二二）

台南市洪錕鎔亦云：

「外孫男、女於初終時帶綠線，尾日換黃布，百日變紅。」（注二二三）

只有北投、草屯、嘉義市(A)的粗孝是用苧與內孫同；而喪期亦唯少數地區如礁溪(A)、北投、草屯有長達一年才脫孝的，其餘大多於百日或百日之前即脫孝。由於外孫係異姓，因此除北投外，各地均無象徵遺產之手尾錢。

由於外孫是異姓之卑親屬，較爲疏遠，因此晚近各地均是出山時到場穿孝服送山而已，至於帶孝則多已省略，如石門徐有田即云：

「外孫有頭帛，但不帶孝。」（注二四）

因此田野調查時，除蘇澳等十一個地方之外，各地之受訪者均稱外孫有服無孝；客家系統地區，更是全無外孫帶孝的資料。

茲將文獻及田野調查所得各地外孫男、外孫媳、外孫女帶孝及其變除情形，分別表列於後以供參考。

外孫男、外孫媳、外孫女帶孝及其變除表（文獻部分）

出處	帶孝方位 男左女右		初終		頭七	三七	五七	滿七	出山	百日	對年	三年
	以死者為準	以帶者為準	孝誌	手尾錢								
台南縣志		V	青				黃			紅		
嘉義縣志		V	青				黃			紅		

外孫男、外孫媳、外孫女帶孝及其變除表（田野部分）

地區	帶孝方位（男左女右）以死者為準	帶孝方位（男左女右）以帶者為準	初終 孝誌	初終 手尾錢	頭七	三七	五七	滿七	出山	百日	對年	三年
蘇澳	V		白線				外公—綠 外婆—黃			紅		
羅東	V		苧加紅							紅		
宜蘭市	V		白線							紅		
礁溪(A)	V		白線			外公—綠 外婆					紅	

						—黃						
北投	V		苧	藍布條串銅錢				綠			紅	
草屯		V	苧			外公—綠 外婆—黃					紅	
臺西	左右不拘				黃							
嘉義市(A)	V		苧						紅			
台南市		V	綠					黃		紅		
新化(A)	V		黃						紅			
楠梓	一律左邊		紅									

七、曾孫男、曾孫媳、曾孫女及侄孫男、侄孫媳、侄孫女

文獻資料如台灣私法、台南縣志及嘉義縣志，均列有侄孫輩之孝，與曾孫輩完全相同；而其他文獻及田野資料，均顯示侄孫輩帶孝之俗已省略。

田野調查，曾孫輩的孝服以藍布製成者爲多，是以各地曾孫輩的粗孝亦以帶藍布或藍毛線者爲最多；少數地區或用白、綠、黃線（布）爲之；更有少數地區以爲死者能有曾孫可稱福壽雙全，乃以粉紅或大紅線（布）做爲粗孝，如大林、太保、嘉義市(A)、台南市、新化(B)等地即然。手尾錢僅少數地區如公館、新竹市等地尚有，係以藍布條串銅錢做成。手尾錢的布條，只有白、藍兩種；一般而言，除孝男、孝媳、在室女用白布條外，其餘凡有手尾錢者皆使用藍布條。

其變除之節，有採三節者，如礁溪(A)、北投、草屯等地即然；而以採二節者爲最多，如蘇澳、宜蘭市、石門、公館、新竹市、梧棲(A)(B)、大肚、鹿港、大林、嘉義市(A)(B)、楠梓、馬公等地皆然。脫孝變紅之期，各地頗爲參差，有滿七、出山、百日、對年四種，而以百日脫孝者爲最多。

客家地區，僅楊梅帶黑布滿七變紅、佳冬(B)帶黃布出山變紅，其餘地區皆不帶。

茲將文獻及田野調查所得各地曾孫男、曾孫媳、曾孫女及侄孫輩帶孝及其變除情形，分別表列於後以供參考。

曾孫男、曾孫媳、曾孫女帶孝及其變除表（文獻部分）

出處	帶孝方位（男左女右）以死者為準	帶孝方位（男左女右）以帶者為準	初：孝誌	終：手尾錢	頭七	三七	五七	滿七	出山	百日	對年	三年
台灣私法（大家之服）			設靈內 青					除靈（四九日或百日） 綠		五月 黃；九月 紅		
同右（城市小家之服）			青					除靈（四九日） 綠		百日 黃；九月 紅		
同右（鄉村小家之服）			黃					除靈後 紅				
台南縣志		V	青					黃		紅		
南投縣之婚喪禮俗			青布								紅	
最新婚喪喜慶	V			青（藍）布帶串								

地區	帶孝方位 男左女右 以死者為準	帶孝方位 男左女右 以帶者為準	初 孝誌	終 手尾錢	頭七	三七	五七	滿七	出山	百日	對年	三年
禮儀大全				銅錢								
嘉義縣志		V	青					黃		紅		
草屯鎮志			藍									
台灣喪俗談			青									

曾孫男、曾孫媳、曾孫女帶孝及其變除表（田野部分）

地區	帶孝方位 男左女右 以死者為準	帶孝方位 男左女右 以帶者為準	初 孝誌	終 手尾錢	頭七	三七	五七	滿七	出山	百日	對年	三年
蘇澳	V		藍							紅		
宜蘭市	V		白線							紅		
礁溪(A)	V		綠線				青毛線			紅		

石門	V		藍毛線							紅		
北投	V		黃布					黃毛線			紅	
公館	V		藍布塊	藍布條串銅錢						紅		
新竹市	V		藍布塊	藍布條串銅錢				紅				
梧棲(A)(B)		V	藍布塊							紅		
大肚		V	藍布塊					紅				
草屯		V	藍布塊				藍毛線				紅	
鹿港		V	苧加藍布						紅			
大林	V		粉紅線								紅	
太保	V		紅毛線						脫孝			
嘉義市(A)	V		紅布塊						脫孝			
嘉義市(B)	V		黃毛線							紅		
台南市		V	紅									
新化(B)	V		紅									

侄孫男、侄孫媳、侄孫女帶孝及其變除表（文獻部分）

出處	帶孝方位（男左女右）以死者為準	帶孝方位（男左女右）以帶者為準	初（孝誌）	終（手尾錢）	頭七	三七	五七	滿七	出山	百日	對年	三年
楠梓	一律左邊		黃毛線（已嫁曾孫女帶紅毛線）					紅				
左營(B)	V		藍						黃	紅		
馬公	V		綠毛線						紅			
楊梅	V		黑布圈（在臂）					紅				
佳冬(A)			光復後即不流行帶孝									
佳冬(B)	一律左邊		黃布						紅			

台灣私法（大家之服）			設靈內 青					除靈（四九日或百日） 綠		五月 黃 九月 紅		
同右（城市小家之服）			青					除靈（四九日） 綠		百日 黃 九月 紅		
同右（鄉村小家之服）			黃					除靈後 紅				
台南縣志		V	青					黃		紅		
嘉義縣志		V	青					黃		紅		

八、外曾孫男、外曾孫女

外曾孫輩爲異姓卑親屬，與死者隔兩代，其與死者之關係有三種可能性：一係死者孫女之子女，二係死者外孫男之子女，三係死者外孫女之子女。以其異姓且隔兩代，因此僅文獻上台南縣志及嘉義縣志有其帶孝資料，其他的文獻及田野調查，均無外曾孫男、女帶孝的紀錄。

茲將台南、嘉義二縣志有關外曾孫男、外曾孫女的帶孝及其變除情形，表列於后以供參考。

外曾孫男、外曾孫女帶孝及其變除表（文獻部分）

出處	帶孝方位（男左女右）以死者爲準	帶孝方位（男左女右）以帶者爲準	初（孝誌）	終（手尾錢）	頭七	三七	五七	滿七	出山	百日	對年	三年
台南縣志		V	黃					紅				
嘉義縣志		V	黃					紅				

九、玄孫男、玄孫媳、玄孫女及侄曾孫男、侄曾孫媳、侄曾孫女

侄曾孫輩帶孝，僅文獻資料有；台灣私法所載與玄孫輩完全相同；台南縣志及嘉義縣志所列則與曾孫輩完全相同。台灣私法云侄曾孫輩之孝與玄孫同，蓋根據侄輩旁系降一等與孫輩同的原則，而呈同步之遞減。

玄孫輩的孝服，根據近代本省人所謂五服：子麻、孫苧、曾孫藍、玄孫黃、來孫紅，應當以黃布裁製，其粗孝即以黃布爲之；然而田野調查結果並非如此，由於玄孫（四代）不易見，來孫（五代）

更困難，乃有所謂以玄孫「假五代」的變俗，將玄孫的孝服由原來的黃布改爲紅布，於是其粗孝也由黃布改爲紅布（線）。其變除情形，或於五七時換成紅毛線以示脫孝，或謂帶紅布任其脫落即可，無所謂脫孝。總之，玄孫輩爲目前死者直系卑親屬中最後一代帶孝的人。

客家地區，僅楊梅葉雲淡稱當地凡有喪事，直系子孫（含玄孫在內）皆須帶黑布圈，圓七變紅脫孝，其餘各地皆已不帶孝。

茲將文獻及田野調查所見各地玄孫男、玄孫媳、玄孫女及侄曾孫輩帶孝及其變除情形，分別表列於後以供參考。

玄孫男、玄孫媳、玄孫女帶孝及其變除表（文獻部分）

出處	帶孝方位 男左女右		初終		頭七	三七	五七	滿七	出山	百日	對年	三年
	以死者爲準	以帶者爲準	孝誌	手尾錢								
台灣私法（大家之服）			設靈內					除靈（四九日或百日）		五月		

玄孫男、玄孫媳、玄孫女帶孝及其變除表（田野部分）

			綠					黃		紅		
同右（城市小								除靈（四十九日）		五月		
家之服）			綠					黃		紅		
同右（鄉村小								除靈後				
家之服）			黃					紅				
南投縣之婚喪			青布								紅	
禮俗												
最新婚喪喜慶	V			青（藍）布帶串								
禮儀大全				銅錢								
草屯鎮志			黃				紅					
台灣喪俗談			黃									

地區	帶孝方位 男左女右：以死者為準	帶孝方位 男左女右：以帶者為準	初終：孝誌	初終：手尾錢	頭七	三七	五七	滿七	出山	百日	對年	三年
礁溪(A)	V		紅線				紅毛線					
北投	V		紅布				紅毛線					
公館	V		紅布	藍布條串銅錢			紅毛線					
梧棲		V	紅布									
大肚		V	紅布									
草屯		V	昔：黃布 今：紅布									
鹿港		V	紅布									

出處	帶孝方位（男左女右）以死者為準	帶孝方位（男左女右）以帶者為準	初終 孝誌	初終 手尾錢	頭七	三七	五七	滿七	出山	百日	對年	三年
楠梓	一律左邊	紅布（或紅毛線）										
楊梅	V		黑布圈（在臂）					紅				

侄曾孫、侄曾孫媳、侄曾孫女帶孝及其變除表（文獻部分）

出處	帶孝方位（男左女右）以死者為準	帶孝方位（男左女右）以帶者為準	初終 孝誌	初終 手尾錢	頭七	三七	五七	滿七	出山	百日	對年	三年
台灣私法（大家之服）			設靈內線					除靈（四九日或百日）黃		五月紅		
同右（城市小								除靈（四十九日）		五月		

家之服）			綠					黃		紅		
同右（鄉村小家之服）			黃					除靈後紅				
台南縣志		V	青					黃		紅		
嘉義縣志		V	青					黃		紅		

一〇、夫爲妻、妻爲夫

文獻資料有夫爲妻及妻爲夫帶孝之紀錄，兩者輕重不同；夫爲妻部分，台灣慣習記事二卷五號灣太郎頭鬃尾一文及片岡巖台灣風俗誌皆以爲初喪帶青，滿七或百日除孝；台灣私法則以藍或綠爲粗孝，經五節或四節或三節之變除，而於對年脫孝。妻爲夫部分，灣太郎與片岡巖以爲初喪帶麻，滿七或百日換白，三年變紅除孝；台灣私法則以白爲粗孝，歷經六節或五節或四節之變除，而於三年變紅除孝。簡言之，台灣私法所載妻爲夫之孝爲斬衰，與孝男孝媳同等；而夫爲妻則爲齊衰，與孫男孫媳同等。

近百年來，台灣地區夫妻之間帶孝風俗產生很大的變化，田野調查時，各地受訪者多稱：「平輩無孝」或「夫妻不相送，無服亦無孝」。因此，夫爲妻帶孝這一部分幾乎已完全消失，而妻爲夫也只有礁溪(A)等七個地方仍然遵守古制，帶與孝媳相等或相近之重孝，有手尾錢，其變除亦相同。其中楠梓是當死者年輕孝男尚未成家時，其妻始服重孝，若已娶媳則不然；而馬公地區妻子之孝略減於孝媳，係以白布爲粗孝，而於百日即變紅脫孝。客家地區，如今已全無夫妻之間帶孝的資料，可見其俗早已消失。

夫爲妻帶孝及其變除表（文獻部分）

茲將文獻及田野調查所得各地夫爲妻、妻爲夫帶孝及其變除之情形，分別表列於後以供參考。

出處	帶孝方位 男左女右 以死者爲準	帶孝方位 男左女右 以帶者爲準	初 孝誌	終 手尾錢	頭七	三七	五七	滿七	出山	百日	對年	三年
頭鬃尾（台灣慣習記事二：五）			青（帶至滿七或百日）									
台灣私法（大			設靈內					除靈（四七日或		五月 九月		

家之服）			藍					百日）青		綠 黃	紅	
同右（城市小家之服）			藍					除靈（四十九日）青		百日黃	紅	
同右（鄉村小家之服）			藍或綠					除靈後黃			紅	
台灣風俗誌			青（帶到滿七或百日）									
台南縣志		V	青					黃			紅	
嘉義縣志		V	青					黃			紅	

妻爲夫帶孝及其變除表（文獻部分）

出處	帶孝方位 男左女右 以死者爲準	帶孝方位 男左女右 以帶者爲準	初 孝誌	終 手尾錢	頭七	三七	五七	滿七	出山	百日	對年	三年
頭鬃尾（台灣慣習記事二：五）			痲					滿七或百日 白				紅
台灣私法（大戶人家）			白					除靈（四九日或百日） 藍		九月 青	綠	二十五個月 黃 二十七個月 紅
同右（城市小戶人家）			白					除靈（四十九日） 藍		百日 青	黃	紅
同右（鄉村小戶人家）			白					除靈後 綠或藍			黃	紅

地區	帶孝方位 男左女右		初終		頭七	三七	五七	滿七	出山	百日	對年	三年
	以死者為準	以帶者為準	孝誌	手尾錢								
台灣風俗誌			以麻結髮					滿七或百日 白色				紅
台南縣志		V	白					藍		青	黃	紅
最新婚喪喜慶禮儀大全	V			白布帶串銅錢								
嘉義縣志		V	白					藍		青	黃	紅

妻為夫帶孝及其變除表（田野部分）

地區	帶孝方位 男左女右		初終		頭七	三七	五七	滿七	出山	百日	對年	三年
	以死者為準	以帶者為準	孝誌	手尾錢								
礁溪(A)	V		麻皮蝶	白布條串銅錢						白線	綠	紅
北投	V		夫妻之間不帶孝	白布條串銅錢								

三重	V		麻蝶	白布條串銅錢				白			紅		
公館	V		麻蝶	白布條串銅錢				白			昔：綠 今：紅	紅	
草屯		V	麻蝶（夫年輕而亡者始爲之帶孝）	白布條串銅錢						白	綠	紅	
嘉義市(A)	V		白布塊上加麻	白布條串銅錢					綠			紅	
楠梓	一律左邊		麻布蝶（未娶媳者始服重孝）	無				綠		黃	紅		
馬公	V		白布	白布條串清制錢（或不帶）						紅			

二、兄弟姊妹之間（附爲兄弟之妻、爲堂兄弟姊妹、姑表兄弟姊妹、舅表兄弟姊妹、姨表兄弟姊妹）

台灣私法將兄弟姊妹的孝，分得很細，弟爲兄、兄爲弟、爲在室或出嫁姊或妹，各有不同；爲兄嫂與爲弟媳亦不同，其有生育與無生育又有不同；同輩之中復因年長年幼、在室出嫁、有子無子而有區別。此外，文獻資料尚有堂兄弟姊妹、姑表兄弟姊妹、舅表兄弟姊妹、姨表兄弟姊妹互相帶孝的記載。

上述諸類親屬皆屬同輩，由於「同輩無孝」的觀念正日漸普遍，是以田野調查時，發現堂兄弟姊妹及三表（姑表、舅表、姨表）兄弟姊妹互相帶之俗業已消失；爲兄弟之妻亦不帶孝，甚至兄弟姊妹之間亦幾乎全不帶孝；在將近六十個調查地區中，僅宜蘭市等五地尚有兄弟姊妹爲兄弟帶孝之資料。

茲將文獻資料及田野調查所得各地兄弟姊妹、爲兄弟之妻、堂兄弟姊妹及三表兄弟姊妹帶孝及其變除情形，分別表列於後以供參考。

兄弟姊妹之間帶孝及其變除表（文獻部分）

弟爲兄

出處	帶孝方位 男左女右		初終		頭七	三七	五七	滿七	出山	百日	對年	三年
	以死者爲準	以帶者爲準	孝誌	手尾錢								
頭鬃尾（台灣			青（帶至滿七或百									

慣習記事二：五）			日）										
台灣私法（大家之服）			設靈內　藍					除靈（四九日或百日）　青		五月　綠	九月　黃	紅	
同右（城市小家之服）			藍					除靈（四十九日）　青		百日　黃		紅	
同右（鄉村小家之服）			藍或綠					除靈後　黃				紅	
台灣風俗誌			青帶到滿七或百日										

兄爲弟

台灣私法（大家之服）			設靈內					除靈（四九日或百日）		五月	九月		

			青					綠		黃	紅		
同右（城市小家之服）			青					除靈（四九日）綠		百日 黃	九月 紅		
同右（鄉村小家之服）			黃					除靈後 紅					

爲兄弟姊妹

台南縣志		V	青					黃				紅	
最新婚喪喜慶禮儀大全	V		白布										
嘉義縣志		V	青					黃				紅	

爲在室姊

台灣私法（大家之服）			設靈內					除靈（四九日或百日）		五月	九月		

			青					綠		黃；紅		
同右（城市小家之服）			青					除靈（四九日） 綠		五月 黃；九月 紅		
同右（鄉村小家之服）			黃					除靈後 紅				

為出嫁姊及在室妹

台灣私法（大家之服）			設靈內 綠					除靈（四九日或百日） 黃		五月 紅		
同右（城市小家之服）			綠					除靈（四十九日） 黃		五月 紅		
同右（鄉村小家之服）			黃					除靈後 紅				

為出嫁妹

台灣私法（大家之服）			設靈內 黃					除靈（四九日或百日） 紅				
同右（城市小家之服）			黃					除靈（四十九日） 黑		百日 紅		
同右（鄉村小家之服）			黃					紅				
台南縣志		V	青					黃			紅	
最新婚喪喜慶禮儀大全	V		白布									
嘉義縣志		V	青					黃			紅	

爲兄弟之妻帶孝及其變除表（文獻部分）

爲嫂之有子者

出處	帶孝方位 男左女右 以死者為準	帶孝方位 男左女右 以帶者為準	初終 孝誌	初終 手尾錢	頭七	三七	五七	滿七	出山	百日	對年	三年
台灣私法（大家之服）			設靈內 青					除靈（四九日或百日） 綠		五月 黃；九月 紅		
同右（城市小家之服）			青					除靈（四九日） 綠		五月 黃；九月 紅		
同右（鄉村小家之服）			黃					除靈後 紅				

為嫂之無子者、為弟媳之有子者同

出處	帶孝方位 男左女右 以死者為準	帶孝方位 男左女右 以帶者為準	初終 孝誌	初終 手尾錢	頭七	三七	五七	滿七	出山	百日	對年	三年
台灣私法（大家之服）			設靈內					除靈（四九日或百日）		五月		

			綠					黃		紅		
同右（城市小家之服）			綠					除靈（四十九日） 黃		五月 紅		
同右（鄉村小家之服）			黃					除靈後 紅				

為弟媳之無子者

台灣私法（大家之服）			設靈內 黃					除靈（四十九日或百日） 紅				
同右（城市小家之服）			黃					除靈（四十九日） 黑		百日 紅		
同右（鄉村小家之服）			黃					紅				

為兄弟姊妹及兄弟之妻

台南縣志		V	青					黃			紅	
嘉義縣志		V	青					黃			紅	

爲堂兄弟及姊妹帶孝及其變除表（文獻部分）

爲堂兄弟

出處	帶孝方位 男左女右 以死者爲準	帶孝方位 男左女右 以帶者爲準	初 孝誌	終 手尾錢	頭七	三七	五七	滿七	出山	百日	對年	三年
台灣私法（大家之服）			設靈內 綠					除靈（四九日或百日） 黃		五月 紅		
同右（城市小家之服）			綠					除靈（四十九日） 黃		五月 紅		

出處	帶孝方位 男左女右 以死者為準	帶孝方位 男左女右 以帶者為準	初 孝誌	終 手尾錢	頭七	三七	五七	滿七	出山	百日	對年	三年
同右（鄉村小家之服）			黃					除靈後紅				

為堂兄弟姊妹

出處	帶孝方位 男左女右 以死者為準	帶孝方位 男左女右 以帶者為準	初 孝誌	終 手尾錢	頭七	三七	五七	滿七	出山	百日	對年	三年
台南縣志		V	黃							紅		
最新婚喪喜慶禮儀大全	V		白布									
嘉義縣志		V	黃							紅		

姑表、舅表、姨表兄弟姊妹帶孝及其變除表（文獻部分）

出處	帶孝方位 男左女右 以死者為準	帶孝方位 男左女右 以帶者為準	初 孝誌	終 手尾錢	頭七	三七	五七	滿七	出山	百日	對年	三年

地區	帶孝方位（男左女右）以死者爲準	帶孝方位（男左女右）以帶者爲準	初終 孝誌	初終 手尾錢	頭七	三七	五七	滿七	出山	百日	對年	三年
台南縣志		V	黃					紅				
嘉義縣志		V	黃					紅				

兄弟姊妹爲兄弟帶孝及其變除表（田野部分）

地區	帶孝方位（男左女右）以死者爲準	帶孝方位（男左女右）以帶者爲準	初終 孝誌	初終 手尾錢	頭七	三七	五七	滿七	出山	百日	對年	三年
宜蘭市	V		白線						紅			
礁溪(A)	V		白線				白毛線			紅毛線		
大林	V		黃毛線								紅	
楠梓	一律左邊		黃毛線					紅				

馬公	V		綠毛線						紅			

二、女婿

女婿雖然名爲半子，但因是異姓姻親，所以其孝服自古即不重。本省女婿之孝服，多以白布爲主體，製成白苧包、白長袍，各地再依其習俗於苧包上加綴苧布或紅布等以別於其他外親。有關女婿帶孝，文獻上僅台南縣志、嘉義縣志二書提及，其顏色與變除之節與出嫁女完全相同。田野調查，各地受訪者多稱：女婿是外人，有服而無孝。僅閩南系統中礁溪(A)(B)、草屯、嘉義市(A)(B)、佳里、台南市、新化(A)、楠梓等少數地區，女婿尙有帶孝之俗，但其受訪者亦均附帶聲明：女婿帶孝係「看人心意」，而非强制性。其中礁溪(A)(B)、草屯、佳里、台南市、新化(A)女婿之孝與變除，與出嫁女完全相同，而嘉義市(A)(B)、楠梓則比出嫁女稍減一等

茲將文獻及田野調查所得各地女婿帶孝及其變除情形，分別表列於後以供參考。

女婿帶孝及其變除表（文獻部分）

女婿帶孝及其變除表（田野部分）

出處	帶孝方位 男左女右：以死者為準	帶孝方位 男左女右：以帶者為準	初：孝誌	終：手尾錢	頭七	三七	五七	滿七	出山	百日	對年	三年
台南縣志		V	藍					青		黃	紅	
嘉義縣志		V	藍					青		黃	紅	

地區	帶孝方位 男左女右：以死者為準	帶孝方位 男左女右：以帶者為準	初：孝誌	終：手尾錢	頭七	三七	五七	滿七	出山	百日	對年	三年
礁溪(A)	V		苧（女婿任由其帶不帶）							綠	紅	

礁溪(B)	V		苧							白	紅	
草屯		V	苧			岳父—綠 岳母—黃					紅	
嘉義市(A)	V		苧						紅			
嘉義市(B)	V		黃毛線							紅		
佳里		V	黃								紅	
台南市		V	藍布					綠		黃	紅	
新化(A)	V		苧布上加綠毛線						綠	黃	紅	
楠梓	一律左邊		黃					紅				

一三、孫婿

孫女婿較女婿又隔一層，文獻資料方面，台南縣志及嘉義縣志皆稱其孝初終用青，滿七用黃，百日脫除，相當於侄孫或曾孫之孝。田野調查，各地受訪者多稱孫婿有服無孝，只有嘉義市(A)以及楠梓二地稱孫婿之孝與女婿同。

茲將文獻及田野調查所得各地孫婿帶孝及其變除情形，分別表列於後以供參考。

孫婿帶孝及其變除表（文獻部分）

出處	帶孝方位 男左女右 以死者為準	帶孝方位 男左女右 以帶者為準	初終 孝誌	初終 手尾錢	頭七	三七	五七	滿七	出山	百日	對年	三年
台南縣志		V	青					黃		紅		
嘉義縣志		V	青					黃		紅		

孫婿帶孝及其變除表（田野部分）

地區	帶孝方位（男左女右）以死者為準	帶孝方位（男左女右）以帶者為準	初終 孝誌	初終 手尾錢	頭七	三七	五七	滿七	出山	百日	對年	三年
嘉義市(A)	V		苧						紅			
楠梓	一律左邊		黃					紅				

一四、外甥男、外甥女及襟侄男、襟侄女

台南縣志及嘉義縣志二書「親戚之孝」一類中，有「母之同胞及其配偶之喪」一項，即有外甥為舅父母、襟侄為姨父母帶孝之俗；初喪帶青，滿七換黃，百日脫孝。但田野調查，各地均無是項資料，足見此俗已廢。僅將台南縣志及嘉義縣志之資料，表列於後以供參考。

外甥男、外甥女及襟侄男、襟侄女帶孝及其變除表（文獻部分）

出處		台南縣志	嘉義縣志
帶孝方位 男左女右	以死者爲準		
	以帶者爲準	V	V
初終	孝誌	青	青
	手尾錢		
頭七			
三七			
五七			
滿七		黃	黃
出山			
百日		紅	紅
對年			
三年			

一五、爲妻之同胞及其配偶

爲妻之同胞及其配偶帶孝，亦僅台南縣志及嘉義縣志有資料，田野調查時未曾有所聞，僅將二書之資料表列於後以供參考。

爲妻之同胞及其配偶帶孝及其變除表（文獻部分）

出處	帶孝方位男左女右：以死者爲準	帶孝方位男左女右：以帶者爲準	初終（孝誌、手尾錢）	頭七	三七	五七	滿七	出山	百日	對年	三年
台南縣志		V	黃				紅				
嘉義縣志		V	黃				紅				

一六、養子爲生身父母

台灣諺語云：「養的功勞卡大天，生的請一邊。」因此養子對養父母之孝，一般皆是與孝男相同，而對其生身父母則減輕，洪秀桂云：

「出嫁女、被收養之子、孫輩、侄輩則帶絰（全案：即苧字）孝，而出嫁女及被收養之子，在三七時免孝，即將絰孝換成青孝或黃孝，……至對年祭時換成紅孝。」（注二五）

由洪氏這段話，可知民國六十年左右南投地區被收養之子的孝，與出嫁女完全相同。筆者進行田野調查時，受訪者或稱「隨人意」，或稱「看其父子關係」，或稱「看其養父母尚在否而決定」，或稱「與生家斷絕關係不帶孝」，因此缺乏詳細的資料，僅將上述洪氏的說法列成表格附於後，以便參考比較。

養子為生身父母帶孝及其變除表（文獻部分）

出處	帶孝方位 男左女右		初	終	頭七	三七	五七	滿七	出山	百日	對年	三年
	以死者為準	以帶者為準	孝誌	手尾錢								
南投縣之婚喪禮俗			苧			父—青、母—黃					紅	

【附注】：

注一：閩南人於喪事一開始便自製或租借孝服供孝眷穿戴，舉凡乞水、沐浴、接棺、大歛、出山、做七（旬）等儀式場合皆穿孝服；客家人則於出山前做法事時始舉行成服賜杖之禮，此後凡舉行儀式時也均須穿戴。

注　二：灣太郎，〈頭鬃尾〉，（台灣慣習記事第二卷第五號），頁六〇—六二。

注　三：〈台灣私法〉，（臨時台灣舊慣調查會第一部調查第三回報告書，明治四十三、四十四年出版），第二卷下，頁一二〇—一二三。

注　四：鈴木清一郎，〈台灣舊慣冠昏葬祭與年中行事〉，（台灣日日新報社，昭和九年），頁二六一—二六二。

注　五：洪秀桂，〈南投縣之婚喪禮俗〉，（南投文獻叢輯第十九輯，民國六一年），頁六七—六八。

注　六：賴氏之說見〈台灣民俗（喪葬）座談會紀錄〉，（台灣文獻二五：二），頁一一六。

注　七：姚漢秋，〈從閩南風俗談台灣的移風易俗〉，（台灣文獻三十二：二），頁一〇二。

注　八：楊烱山，〈最新婚喪喜慶禮儀大全〉，（新竹南興行，民國七十一年再版），頁二二。

注　九：徐福全，〈宜蘭采訪錄〉，（未刊本），頁七。

注一〇：〈嘉義縣志〉，（嘉義縣文獻委員會，民國六九年），人民志，頁二七八。

注一一：徐福全，〈梧棲采訪錄〉，（未刊本），頁四。

注一二：徐福全，〈台南市采訪錄〉，（未刊本），頁二七。

注一三：徐福全，〈石門采訪錄〉，（未刊本），頁二七。

注一四：同注九，頁八。閩南話「青」字除常與「藍」混淆，說是「青」字實指「藍」色外，同時與「綠」字也不甚分別，要看它用在什麼場合才能確定它是指「青」色或「藍」色或「綠」色。台灣人在喪事用品上（如魂帛、道場對聯紙、魂旛旛仔頭及帶孝等），常強調「父青母黃」四個字，此時所謂「青」色即指綠色；一般而言，漳州人在帶孝方面特別强調父青母黃的性別差異。

注一五：徐福全，〔大肚采訪錄〕，（未刋本），頁七。

注一六：徐福全，〔鹿港采訪錄〕，（未刋本），頁十七。

注一七：徐福全，〔嘉義采訪錄〕，（未刋本），頁八。

注一八：徐福全，〔台南縣采訪錄〕，（未刋本），頁六。

注一九：曹甲乙，〔台灣之喪葬〕，（台灣文獻九：四），頁六六。

注二〇：徐福全，〔新屋觀音采訪錄〕，（未刋本），頁十六。

注二一：所謂「降服」是指本服重，降之而從輕。禮經上的降服，大約有：以尊降、以厭降、以旁尊降、以出降、以殤降、以從服降等六種。在室女爲父斬衰三年，出嫁女爲父改爲齊衰不杖期，就是屬於「以出降」。有關降服之說，可參章景明，〔先秦喪服制度考〕，（中華書局，民國六十年），頁三七—三八。

注二二：同注九，頁八。

注二三：同注一二，頁二七。

注二四：同注一三，頁三九。

注二五：同注五，頁六八。

第三章　台灣民間傳統孝服制度研究(下)

第四節　喪　期

所謂喪期，是指服喪期間之長短，它與五服名稱成正比，例如喪父之痛最鉅，爲表示其哀慟而服斬衰；痛鉅者其平復時間較長，因此爲父守孝三年，喪叔父之痛比較輕，只服齊衰；痛輕者平復較快，因此喪期只有一年。儀禮喪服篇分喪服爲斬衰、齊衰、大功、小功、緦麻五服，五服配上喪期長短及杖之有無，再加上繐衰，於是儀禮喪服篇所載喪服共有十三類：斬衰三年、齊衰三年、齊衰杖期、齊衰不杖期、齊衰三月、成人大功九月、繐衰七月、成人小功五月、成人緦麻三月、殤大功九月、殤大功七月、殤小功五月、殤緦麻三月。降至明清頗加簡化，大清律例卷二所列喪服總圖便只有斬衰三年、齊衰杖期、齊衰不杖期、齊衰五月、齊衰三月、大功九月、小功五月、緦麻三月八種，將禮經中的殤服及繐衰皆加以删除。清初正是中國法系亦禮亦法時代，因此大清律例卷二列有服圖，卷三即爲服制，將喪服冠於律例之首，可見其受重視之一斑，當時台灣同胞之喪期應該是遵照律例之規定而行。此可由康熙年間陳夢林諸羅縣志云：

「期而小祥，再期而大祥。……中月而禫，猶素服，餘哀未忘也。」（注一）

證明清初本省人三年之喪的確依照律例規定：期年小祥、再期大祥、中月禫。但陳氏諸羅縣志又云：

「大祥計首尾二十四個月，今人有數月前而舉大祥之祭者，有計閏而扣除者。」（注二）

可見當時本省人三年之喪也有減月縮日的情形。其後三年，陳文達台灣縣志云：

「期年後數月，隨擇吉日，爲大祥之祭，實未及大祥之期也。」（注三）

由此可知當時民間固有遵照律例而行者，但隨俗擇吉減月的情形也不少。乾隆元年黃叔璥台海使槎錄云：

「小祥致祭如禮，大祥竟有先三、四月擇吉致祭除服，此則背禮之尤者。」（注四）

乾隆六年劉良璧重修福建台灣府志亦云：

「卒哭後，小祥致祭如禮。大祥竟有先三、四月擇吉致祭除服，罕行禫服之禮者。揆之於義，未免有乖。」（注五）

其後范咸重修台灣府志、王必昌重修台灣縣志、余文儀續修台灣府志、吳棠福建通志，均有相同說法，足見自清初到同治年間，台灣人三年之喪期年小祥仍依照禮書而行，而大祥則有人「擇吉」於再期（二十五月）前三、四個月即舉行，並於是日除服，已蔚然成俗，大祥之後未嘗再舉行禫祭。由於大祥之後即除服而無禫祭，無形中大祥便兼具有禫祭的功能，再加上本省人稱小祥爲「對年」，稱大祥爲「做三年」，因此到後來便有人將「做三年」視爲禫祭，日據初期台灣私法即云：

「台俗甚少舉行大祥，……台俗稱禫爲『做三年』，於死後第十五個月至二十四個月爲之，而不依通禮之二十七個月爲之。」（注五）

喪服以斬衰三年爲最重，齊衰、大功、小功、緦麻依次而輕，當斬衰喪期由二十七個月縮到十五至二十四個月之間時，其他四服之喪期自然也會受到影響，清初到中葉的情形，缺乏文獻資料，其詳情不得而知，清末的情形則日據初期編成的台灣私法有一段頗爲詳盡的記載：

「喪期：(1)三年之服等於斬衰，但最久亦不超過滿二年，亦有在滿十五個月除服者，原因是忌在喪期內過兩次正月及端午。子孫衆多時，亦有依子孫人數減少喪期月數，或期年後加一兩個月者。(2)期年之服是滿十二個月，有閏月亦不超過十三個月，且無杖期及不杖期之別。(3)九月之服等於大功，實際上却四個月或百日等不一定。亦有以亡者生日爲斷者，例如亡者的生日在四月，而在十一月亡故時，翌年三月中屆滿四個月，但延至四月的生日始除服。如今，據說台南地區只有兩三家從此服而已，可謂已廢。(4)五月之服等於小功，但在四個月或百日除服，可謂已廢。(5)三月之服等於緦麻，但依設靈日數長短有四十九日或兩三週等，不一定。台人對上述喪服等級亦說同於定制有八等，但只是稱爲功服而已，不分大功、小功，鄉村人甚至無功服之名。齊衰亦不分五月、三月、杖期、不杖期，且不知喪服之名，僅以辮尾的白及綠等色彩分別，或稱爲三年、對年、百日（或除靈）而已。雖然稱爲百日，但依亡者老幼及喪家貧富，而在二週或百日除靈，並無一定之日數，是以台灣的服級可謂紛雜而不一。」（注六）

五服的喪期至清末日據之初，斬衰三年之月數爲避免遇兩次正月或端午，已有短至期年後加一兩個月者，斬衰期年之月數尚能遵守一年之制，但已無杖期與不杖期之別，大功、小功之月數則縮爲四個月或百日，緦麻縮爲四十九日或二三週；大功、小功等服在首府台南區僅有二三家尚能知其名且遵守，一般鄉村地區連功服之名都無更遑論遵守其制。簡言之，日據初期本省五服喪期都逐漸遠離禮制之規定而趨向於俗說，明顯縮短，而且只有斬衰（父母之喪）及齊衰（祖父母、伯叔父母之喪）兩者尚被重視，喪期長達一年或一年以上，其餘則幾乎已廢。

日據中期、晚期，乃至光復後到民國六十年代以前，台灣的喪期基本上仍舊是沿襲既有的風俗，期年之喪到「對年」結束，三年之喪則在「對年」之後數月擇吉舉行「做三年」而結束；至於大功、小功、緦麻等服其名稱幾乎已無人知曉。這類卑親屬舉行葬禮時仍必須到場穿孝服，而帶孝服喪便較以前更爲縮短，在滿七或百日之時即變紅除服。一般而言，本省人之祖先多數是來自閩、粵二省，閩省又以來自漳州、泉州兩府爲最多，泉州人多數居住在沿海港口或大城市，以漁、商爲主；漳州人多數居住在稍爲內線的農業地區，以務農爲生；客家人也是住在農業地區或丘陵地區以農林爲業。交通便捷與經濟活動等因素，使泉州人顯得比較開放，而漳州、客家則相對地令人覺得比較保守；因此在喪期方面，日據時期鈴木清一郎即曾云泉人四十九天或百日即將靈桌撤除，漳人則要等到三年時才撤；孝男媳之脫孝，泉人是做對年或做三年即脫除，漳人則於做三年脫除（注八）。由於泉州人比較開放，因此擇吉做三年除喪，與做對年之間距，便會較爲縮短，甚至惟吉是從，做對年當天若是吉日，便接著做三年，這種情形在六十年代工商繁榮之後，相當常見，連保守的漳州人也受到影響，南投洪秀桂云：

「現在以台灣一般而言，在人死後約一年多或做完期年祭的當天或後幾天，喪家就接著做三年合爐。大致上，三年祭視擇日而定，因之有早上做期年祭而下午做三年祭者。」（注八）

七十年代以後工商更加繁榮，社會型態改變更大，社會上短喪的趨勢更爲明顯，此可由所謂「海口例」的出山後即安「清氣靈」（注一〇），以及少數地區孝男孫等於百日即變紅脫孝看出端倪；然而大體言之，目前台灣地區期年之喪仍到對年爲止；而三年之喪由田野調查顯示，從北到南都是於對年之後請日師擇日爲之。在日師擇吉這個通則之下，有些地區尚須遵守一些舊俗：一、爲有些地區做三年須知單雙月之忌，宜蘭市楊滄海云：

「做三年，僅夫或妻單亡者，則須於單月做；若夫妻雙亡者，則於雙月爲之。」（注一一）

礁溪林簡阿惜云：

「對年要對日，三年是於做對年後看時看日，只有父亡或母亡則挑單月，父母雙亡則挑雙月。以往對年後三月才可做三年，現在則不拘。」（注一二）

宜蘭地區漳州人大都有此舊規。二、爲有些地區做三年要在「飽冬」（農產收成）之後舉行，這是農業社會兼顧農忙與求取好吉兆的一種心理表現，梧棲蔡成義云：

「對年後擇吉做三年合爐，讓新亡者與祖先共同生活。一般人皆喜於五、六月或十、十一月刈

稻時爲之，因是時爲『飽冬』穀倉滿儲，此時做三年，日後必有大發展。」（注一三）

收割之後，農家較有餘閒與經費，此時做三年，對孝子而言相當適宜，因此在許多純農業地區仍遵守這項舊俗。三、爲有些地區做三年須要「二節夾一年」或「二年夾一節」，石門徐有田云：

「三年係擇日爲之，有『二節夾一年』及『二年夾一節』之說，如今年二月死者，經端午節、新年、再過明年端午節後，即可做三年，此之謂『二節夾一年』。若今年十二月死者，經新年、明年之端午節，又一新年之後乃可做三年，此之謂『二年夾一節』。」（注一四）

台南市洪錕鎔亦云：

「做三年憑擇日，然須經一年二節，以二節充二年，以符三年之名，如七月死者，經中秋、過年、三日節，俟翌年七月過後，即可擇日做三年。」（注一五）

澎湖地區有一句「過兩個七，無過兩個十一；過兩個十一，就無過兩個七」的諺語，說明做三年時間之上限不可超過兩年，文獻上顏其碩云：

「澎湖諺語：『過兩個七，無過兩個十一。』就是說服喪不需要過兩個十一月；換句話說，服喪二年就可以當作三年之喪已經期滿了。」（注一六）

田野調查時，馬公吳克文云：

「古人做三年是眞的三年，今則有句諺語：『過兩個七，無過兩個十一；過兩個十一，就無過兩個七。』故今人做三年實際僅約一年半左右。」（注一七）

客家地區，目前多已不帶孝，然仍有「對年」、「三年」之祭。其三年之祭，客家名為「合火」，田野調查，少數地區仍依古禮而行，觀音林金運云：

「合火：三年滿後始合火，將香火袋之灰加入祖公爐，自是即與祖宗共享子孫祭祀。」（注一八）

竹東古煥堂云：

「合火：三十六個月後，擇日做合火，將香火袋之灰傾入公媽爐，並將死者名諱、生卒年月日時寫入公媽牌中。」（注一九）

美濃林享新云：

「美濃有鄉諺云：『對年對作，三年超過。』昔日確係死之翌年忌日做對年，三十六個月之後做三年，唯今人則已罕有做三年者矣。」（注二〇）

大多數客家地區做三年都如閩南人擇日為之，甚至也有「二節夾一年」或「二年夾一節」之約束，楊梅葉雲淡云：

「做三年，擇日為之，端午節之後死者，做三年是『二年夾一節（端午節）』；端午節前死者，做三年是『二節（端午節）夾一年』，實際上只有一年多。」（注二一）

頭份陳運棟云：

「死後翌年忌日做對年，『三年』合火，所謂三年只要『二節夾一年』或『二年夾一節』即可做三年

合火。」（注二二）

苗栗市黃茂生云：

「死後翌年之死日做對年，對年以後做三年，也有擇在對年當天做三年者。」（注二三）

石岡劉雨金云：

「對年之後擇日做三年。昔日做三年要經過二節一年或二年一節，亦即要經過兩個五月節一個新年，或兩個新年一個五月節。今人對年做完即擇日做三年，甚或有三年與對年同一天舉行的。」（注二四）

東勢劉耆章云：

「三年是看日子做的，對年當天日子若大吉，早上做對年，下午便可做三年。」（注二五）

總之，台灣的喪期，自清初的遵守律例到如今的按照俗說，已經顯著地縮短。五服之中，只有孝男媳、在室女、長孫男、長孫媳帶孝到「做三年」或「對年」，出嫁女、孫輩及侄輩帶孝到「對年」，始變紅除孝，各地大致仍普遍遵守外；其餘各類較疏之親屬或者只於出山時穿孝服而不帶孝，或者僅於初喪帶孝，其後便「寄孝」於靈位香爐畔而不帶；縱或不寄孝而隨節目變除，其喪期終止點（即脫孝變紅之日），各地亦相當當紛歧，其詳細情形請參閱上一節所列的表格。

【附　注】：

注一：陳夢林，〔諸羅縣志〕，（清康熙五十六年原刋，台灣銀行重印），頁八七。

注二：同前，頁八七。

注三：陳文達，〔臺灣縣志〕（清康熙五十九年原刋，台灣銀行重印）頁五五。

注四：黃叔璥，〔臺海使槎錄〕，（清乾隆元年原刋，台灣銀行重印），頁四〇。

注五：劉艮璧，〔重修福建臺灣府志〕，（清乾隆六年原刋，台灣銀行重印），頁九四。

注六：〔臺灣私法〕，（臨時台灣舊慣調查會，明治四三、四四年）第二卷上，頁六九。

注七：同前，第二卷下，頁一一八—一二〇。

注八：鈴木清一郎，〔臺灣舊慣冠婚葬祭與年中行事〕，（臺灣日日新報社，昭和九年），頁二六二。

注九：洪秀桂，〔南投縣之婚喪禮俗〕，（南投文獻叢輯第十九輯，民國六一年），頁六四。

注一〇：本省人常說的「海口例」是指中南部沿海泉州人居住地區的風俗，它比較容易因時代不同而改變，其名「海口」，和居住在「內山」的漳州人的風俗，隱然有相對之意。所謂淸氣靈，是指停殯十幾或二十幾天，或再長一點，在此殯期內以減日的方法將七旬全排進去，並於出殯日做百日，反主後不再設靈桌，將魂帛上部貼紅紙供於祖宗牌位右側，使喪事氣氛減至最低，稱爲「淸氣（意謂淸潔、無不吉祥）靈」。

注一一：徐福全，〔宜蘭采訪錄〕，（未刋本），頁四四。

注一二：徐福全，〔礁溪孝服制度調查問題表〕(A)，頁一四。

注一三：徐福全，〔梧棲采訪錄〕，（未刋本），頁二七。文獻方面，日據時期鈴木清一郎曾云：「合爐之時間，若對年在上半年，則於六月收冬後爲之；若對年在下半年，則於十月收冬後爲之。」見所著〔臺灣舊慣冠婚葬祭與年中行事〕，頁二六二。今人黃增進亦云：「鄉下人家不一定等到週年，人死後經過一次『飽冬』，就可以『隔爐』。『飽冬』就是秋收，秋季收穫以後，農家也有錢也有時間，在這時舉行『隔爐』是很適宜的。」見〔臺灣民俗（喪葬）座談會紀錄（第九次）〕，（台灣文獻二五：三），頁一〇三。

注一四：徐福全，〔石門采訪錄〕，（未刊本），頁二八。

注一五：徐福全，〔台南市采訪錄〕，（未刊本），頁二七。

注一六：〔臺灣喪葬調查座談會紀錄（第一次）〕，（台灣文獻二四：四），頁一一四。

注一七：徐福全，〔馬公孝服制度調查問題表〕，頁一四。

注一八：徐福全，〔新屋觀音采訪錄〕，（未刊本）頁三三。

注一九：徐福全，〔竹東采訪錄〕，（未刊本），頁二一。

注二〇：徐福全，〔美濃采訪錄〕，（未刊本），頁三九。

注二一：徐福全，〔楊梅孝服制度調查問題表〕，頁一四

注二二：徐福全，〔頭份采訪錄〕，（未刊本），頁一二。

注二三：徐福全，〔苗栗采訪錄〕，（未刊本），頁四。

注二四：徐福全，〔東勢石岡新社采訪錄〕，（未刊本），頁一三。

注二五：同前，頁二三。

第五節　喪　制

台灣人的傳統風俗，死者的家屬除於舉行儀式時穿孝服及在一定期間內帶孝以表示悲傷的心情之外，同時在帶孝未變紅以前，他們在生活上也必須遵守許多「禮制」的規定，而且以死者死亡之時為基準點，越接近基準點規定越嚴。大致上說來，死者初終到出殯或換幼孝前這段期間規定最嚴，出殯或換幼孝後稍輕，做對年之後又減輕，做三年之後則一切恢復正常。就個人而言，這些禮制規定對孝男、孝女、孝媳等兒子輩的要求最嚴，而孫輩以下便不是很嚴，台灣諺語說：「孫，隔一崙」，便說明孫輩與祖父母的關係是隔一層。然而由於本省人的生活是以家庭為一個單位，當這個家庭的家長是孝男，猶在居喪守制期間，這個家庭的「家庭活動」便須以他為中心而做取捨；因此讓人覺得除了服飾儀容的規定很明顯地可以看出是針對個人而設之外，其他的規定便好像與整個家庭都有關係。

台灣自明末開始有漢人從閩南來墾殖，並經過鄭成功父子刻意經營；其後歸入清朝版圖，移民來得更多更有規模。當明鄭或清朝統治台灣時期，由於明清兩朝的法律大部分沿襲唐律，因此也將禮經中孝眷居喪守制的事項定為法律條文，如大清律例即規定居喪期間，不得男女混雜、飲酒食肉、演戲、作樂、著吉服、赴宴、嫁娶、犯姦、別財異籍、薙髮等，犯禁者或杖或徒刑，各有責罰；此外，讀書人不得參加科舉，官吏須解職守制，這些全都是律例所明文規定的（注一）。當時本省士民大體皆能遵守，因此清初鳳山縣志即云：

「台俗最樸厚，凡身有重喪，慶賀之禮皆廢；不得已往來親友家，俱用白衣冠，蓋以誰無父母？原無一毫避忌之迹也。……未百日，男不剃頭；未闋服，女不簪珥。」（注二）

直到清末日據之初，居喪守制之風仍然十分受人重視，猶被完整保留，當時日本人佐倉孫三即云：

「台人君父之喪，三年不著文繡，百日不飲酒、不入戲場、不列宴席、不剃頭髮，而辮髮綰絲用白色，帽之頂子又用黑色。唯兄弟之喪，綰子用藍色，以表哀情。」（注三）

明治三十四年，日本據台之後第六年，成立「臨時台灣舊慣調查會」，在台灣北、中、南部調查舊有的風俗習慣，予以有系統的整理，分批刊行報告書，最後加以綜合整理，於明治四十三、四十四年（一九一〇、一九一一）刊行台灣私法及附錄參考書。台灣私法第二卷對當時台灣人居喪守制曾做比較詳細之描述，雖說「難免雜亂」，但仍可以看出當時的人，大致還是遵守亦禮亦法的大清律例之規定，台灣私法曰：

「台灣之喪制大體亦從大清律例之規定，唯難免雜亂耳：㈠喪服：喪服僅於成服、旬祭及出葬時服之，平時則唯著素服耳。㈡舉哀：除靈前朝夕奠舉哀，除靈後朔望奠舉哀。㈢作樂筵賓：有喪家於出葬或除靈時奏鼓樂、演劇，且設宴招客，有悖律例之規定。又喪中不參與他人之吉禮、不入公門，則合律例；唯又不忌喝酒食肉，則又不合也。㈣婚姻及生子：設靈中忌嫁娶，故凡居大功以上之喪者皆不婚姻，然亦有脫去孝服而婚者。又居父母之喪而生子者，衆人無所

指責。㈤異財：台俗必俟喪期屆滿始分遺產。㈥薙髮：通常除靈後始薙之。」（注四）

清朝政府於宣統二年頒行大清現行刑律，共一千三百二十七條，繼之宣統三年又修成大清民律草案總則八章三百二十條，從此歐美法系侵入我國，取代了禮法不分的中國法系（注五）。新的民律、刑律並無居喪守制的條文，當然亦無違反者須受處罰之規定，因而民間對於喪制的遵守情況便漸不如從前。甲午戰爭之後，台灣雖在日本統治之下，而其風俗習慣則常以其祖籍地之風尚爲依歸，以辮髮爲例，民國元年以前大陸辮髮，台灣亦辮髮；民國元年以後大陸斷髮，台灣亦隨之斷髮；居喪守制方面，大陸若逐漸鬆弛，台灣當然也會受到影響；由於台灣社會「世族」不多，而以庶人佔絕大多數，文化累積層不很深，因而可能會鬆弛得更快。但庶人社會在喪葬方面有許多禁忌，當居喪守制規矩失去法律條文支持之後，由於有這些禁忌使得喪制並未立即渙散瓦解。直到近年社會變遷、工商興起、整個社會的生活方式以及價值觀的逐漸傾向西方的型態之後，禁忌也失去作用，居喪守制才眞正比較不受重視，有人甚至認爲改變昔日喪制的規定，是一種「開化」的表徵。以下本文將把文獻可見及作者田野調查所得台灣民間傳統居喪守制的資料，依哭泣、容體（衣飾）、飲食、居住、行止及其他等項論敍於後。

一、哭泣

本省人稱爲「做孝」，即台灣私法及典籍上所謂「擧哀」。通常親長一死，不分男女即須圍其屍而哭泣；此後乞水回家沐浴、接棺、大斂等儀節也都要哭泣；弔者至，除焚香供他祭靈外，也要有一位女眷在旁「做孝」，尤其若是長輩來弔而無人做孝，其子孫將被視爲極端不孝。自死亡到出殯，可以說凡是有移動屍體或棺柩的場合，其子孫（大多數是女眷）均須圍繞屍柩做孝，這是不分古今不分閩南客家都是相同的。

出嫁女或孫女等，若未能於彌留時隨侍在側，則既絕後必須立刻奔喪，望門即要悲號，不可無聲而入，清代倪贊元云：

「出嫁女及其兒孫女歸，至中途即泣，曰哭路頭。」（注六）

日據時期鈴木清一郎云：

「死者之已嫁女，聞耗後，即刻素服奔喪，接近娘家時即號哭，一路哭入娘家，此之謂『哭路頭』，其意爲一路奔喪也。娘家聞有哭聲，自遠而近，聞之益悲，哭聲益大，與之相應相和。」（注七）

「哭路頭」不是只有哭聲，而且還有哭詞，日據時期洪氏串珠曾錄了一段母喪的哭路頭詞云：

「娘禮娘禮！我今歸來搜無娘禮娘禮！無疑娘禮和我分開去，永過回來，有我娘禮笑頭笑面，卜來共我有言有語，今回來搜無娘禮，乎子想不過娘禮。一日看過一日，想卜娘禮能好，我今有三四事無娘禮，可憐子，叫子看卜怎樣。娘禮，望卜娘禮加食十年二十年，不知娘禮行到此路永遠不歸來，永遠無娘禮娘禮！」（注八）

其詞很口語化，不講求押韻與修飾，但能將失母之慟及恨天不假年的悲切心情充分表露出來。出嫁女回娘家要「哭路頭」，辦完事要回夫家時，步出娘家後也要哭一程，閩南、客家均同，竹東江雪雲云：

「出嫁女回娘家及夫家，均須哭唸，其辭如：『我好命的阿妹（阿爸），你走得這麼早，丟下我們，讓我們沒娘（爸）可看……』回到喪家門口時匍匐進入。返夫家時，亦須哭路頭，唯只哭一小段而已。」（注九）

哭路頭不限於父母之喪，凡近親如祖父母、伯叔父母、兄弟姊妹等死亡，皆可哭路頭。自初終到出葬期間，出嫁女性往來娘家之時，皆須罩簸頭哭路頭，因此從前凡是有喪之家，即可聞婦女哭泣於道淒絕之聲與悲傷之詞。唯自教育普及之後，此俗反而日漸式微，今日哭路頭僅見於中年以上的婦人，年輕一代不僅缺乏作詞能力，甚至連哭聲也快消失，林萬榮云：

「從前的婦女，雖然不識字，但在『哭路頭』的時候，人人都唸唸有詞，能把她悲悲切切的情懷編成一篇輓歌也似的白話詩，一面哭，一面唸，使衆人聆餘都得到深深的感動，現時受過教育的婦女，已經沒有這種創造能力了。」（注一〇）

前引台灣私法云「除靈前朝夕奠舉哀，除靈後朔望奠舉哀」，是指七七四十九日或百日之前每天早晚捧飯（注一一）媳婦或女兒要哭泣，早晨先哭後捧洗臉水再供飯，俗稱「叫起」；晚上先供飯再捧洗脚水然後才哭泣，俗稱「叫睏」。七七或百日之後「寄飯」，不再每天捧飯，只有逢到朔（初一）望

（十五）時才早晚捧飯，這時也要像前者一樣早晚各哭一場。這種情形一直持續到對年爲止，對年以後風俗上便沒有要求一定要哭泣。對年可以說是哭泣與否的分界線，因此台灣諺語「對年對哀哀，三年無人知」就是描述這件事，舉行對年祭必須哭泣，左鄰右舍都可聞其聲；舉行三年祭，變紅脫孝，一切復吉，不用哭泣，沒有哭泣聲，故左鄰右舍可能無人知曉。

二、容體（衣飾）

左倉孫三海東雜記、台灣慣習記事二卷五期灣太郎頭鬃尾及台灣私法、片岡巖台灣風俗誌等，皆稱居父母之喪百日不剃頭，而祖父母及伯叔父母四十九日不剃頭。居喪之容體，重孝期間除不可剃頭外，也不可刮鬚，婦女不可挽面化妝戴首飾及華服等。有不少文獻特別強調這方面的禮制，台南縣志云：

「服內男女不理髮不化妝，衣服冠履遵守樸素，停止嫁娶，不可參加宴會或觀劇取樂，女人不帶金銀玉珠等裝飾品。」（注一二）

曹甲乙台灣之喪葬云：

「服父母之喪，古時至百日服麻布衣，不斬衰，不剃髮；過百日始剃髮，換白布衣，不斬衰，至三年換藍布衣一年半，今僅不剃髮，用麻布條紮腕，以表父母喪。」（注一三）

朱鋒台灣的古昔喪禮云：

「死後第六天起開始帶孝，先行發放數文以資理髮，俗稱『分剃頭錢』。從此以後至尾日止，嚴禁理髮整容，一任蓬頭垢面無洗，狀如囚犯，以重喪制。時至四十九日撤靈換孝時，再行發放剃頭錢一次，以資理髮整容。」（注一四）

台東林得水云：

「日據時期，父母死後四十九天才能理髮，子女要在棺材前睡覺，現在這種現象已經有改變。」（注一五）

台北黃泰山云

「死者的兒子們不得理髮和刮鬍，不得夫妻同牀，不得參拜寺廟，不得參加宴會等。」（注一六）

吳瀛濤台灣民俗云：

「居喪之孝子禁理髮，夫婦不能同房。禁晤賓友、赴宴、參詣寺廟等。此類居喪之俗，尤以斂葬以前爲嚴格，以後直至除靈仍遵守之，以昭孝道。」（注一七）

儲一貫改善民俗之研究云：

「孝子不可理髮剃鬚，夫婦不能同房，並不可訪友、赴宴及參詣寺廟，以示奉先思孝。」（注一八）

以上七則文獻資料皆將孝子不可理髮、剃鬚列爲居喪守孝第一切忌之事，而其期限或云四十九天，或云百日，或籠統說「服內」，可見各地長短不一；至於「剃髮」「理髮」究竟是剃光或只剪短，也說得不夠清楚。作者於進行田野調查時，曾特別將它列為詢問重點，請教各地人士，謹將各地人士說法條陳如后：

羅東許升卿云：

「家中若有長輩往生，男子馬上剃光頭髮和鬍子，開始守孝，百日後始可再剃。」（注一九）

宜蘭市陳炎珠云：

「昔日親歿，孝男孫等須立即剃光頭，此後至百日始可再理髮刮鬚；而今初終時，子孫多僅剪髮而不剃光；再者，百日前做七之際，如有需要亦可修整容貌。」（注二〇）

礁溪林簡阿惜云：

「出殯後方可剃頭，滿百日才可再剃，唯現大多無此拘束。」（注二一）

同上陳淑惠則云滿七即可理髮修容。

基隆吳燕郎云：

「百日後孝男才可剃頭（今多只剪短而已不剃光）刮鬍子」（注二二）

石門徐有田云：

「親人初終，立即理髮（今僅理短而不剃光），此後須至換線（孝）時始可再理（參照片㊻）。」（注二三）

萬華李金運云：

「親人死亡入棺之前，子孫要趕緊理髮刮鬍子，入棺後即不可修容；此後要到換孝才可以再理。」（注二四）

公舘林添財云：

「長輩死亡，子孫在帶孝之前即要去剃髮，昔日要剃光，今只剪短；帶孝後，要到出山換幼孝才能再理髮。婦人在守孝期間，不可化妝、戴首飾。」（注二五）

竹南陳枝旺云：

「出山前，不可理髮、刮鬍子。」（注二六）

梧棲蔡成義云：

「親人危急前，子孫即須理髮，親人既終則不可理，須俟散飯除靈後始可爲之。」（注二七）

大肚趙日成云：

「昔日，父母死亡，孝男甚至孝孫須立即剃光頭，穿草鞋，所穿衣服皆放邊不緝。死日剃光頭後，須至百日除靈方可再剃，此期間不可理髮鬚，蓬頭垢面，以約束孝男使其不涉足歡樂場所，以盡人子之情。百日除靈，其髮鬚俗稱『孝毛』，不可留，要再次剃光。」（注二八）

鹿港黃來春云：

「孝男守靈，不可理髮刮鬚；昔日是對年甚至三年後始可理之，今則出山後即可修容矣。俗稱

孝男若犯忌剃髮，將傷及亡靈之雙目。」（注二九）

同上林坤元云：

「居喪中不能理頭、刮鬍子，蓬頭垢面，出山後才可以理。」（注三〇）

土庫張洪粉云：

「出山後要理頭、刮鬍鬚；頭髮若不理也要洗，方不致得白髮。」（注三一）

台西許金云：

「出山前不可理髮、刮鬍鬚。」（注三二）

大林蘇許盞云：

「孝男及長孫出山後剃光頭（今或以剪小平頭代替），百日後再剃一次。若出山後未剃，則百日後一定要剃。」（注三三）

嘉義市梁茂源云：

「親人死亡，孝男要剃光頭。」（注三四）

同上賴祈旭、施炬錫等亦云孝男要剃光頭。

北門黃昆野云：

「出山以前孝男等不可剃頭、刮鬍子。」（注三五）

台南市吳讚成云：

「有喪事之家，其子孫須俟尾日方可剃髮、刮鬚。」（注三六）

同上洪錕鎔云：

「四十九日之內，孝子不可剃頭美容。」（注三七）

新化周皆得云：

「未見遺容，尚可理髮、刮鬍子，既見遺容，須等出殯後撤靈方可理容。」（注三八）

同上陳比松云：

「出山後，當天孝男等即去剪頭髮、刮鬍鬚。」（注三九）

關廟葉銀樹云：

「子孫必須百日後方可剃頭（理髮）。」（注四〇）

楠梓陳和瑞云：

「居喪不用剃光頭，但不可刮鬍鬚，做旬排五旬停飯之後即可洗頭理容。」（注四一）

左營李水忍云：

「出山後才可以理髮和刮鬍子。」（注四二）

馬公吳克文云：

「昔日父母死亡，孝男要眞剃光頭，百日後再剃一次；今則很少人剃光（只剪短而已），而且也不太遵守到百日再剃一次之古制。」（注四三）

湖西許金前云：

「有三種風俗，一、爲百日內不可剃頭，二、爲親人死後即刻去剃頭，三、爲出山後當天剃頭。昔日皆要剃光頭，今日剃光的比較少，多半只是剪短而已。」（注四四）

白沙吳富海云：

「父母死亡，昔日孝男要剃光頭，不可刮髫鬚，現在只是剪小平頭而已，要到百日後才能再剃。」（注四五）

西嶼呂自西云：

「初終，孝男要剃光頭（今只剪短一點而已），然後要到百日才能再剃頭。」（注四六）

根據以上三十則田野資料，可以看出閩南人仍相當遵守重孝期內不理容之規定。唯各地重孝期長達四十九日或百日，恐平日鬚髮已相當長，若再加上重孝期不能理將更蔓亂，因而又衍生另一規定，即於親人死亡之初，入棺或帶孝之前，孝男等須立即理髮；昔日係全部剃光，如今僅少數保守地區如嘉義市、宜蘭市等地尚可見到外，其餘絕大多數地區之孝男皆僅剪短而已。約有近半數地區須要到百日之後才可理髮修容。理完後，孝男須給理髮師一個小紅包，讓他討個吉祥；其次是出山後始可理髮修容，如竹南、鹿港、台西等地即然，這些地方大多是泉州人地區或海口地區，晚近正流行出山反主安「清氣靈」，故云出山後即可理髮修容；其餘還有以四十九天或五旬爲界的，過此界限即可修容。客家人也有這項風俗，昔日甚至還有不可沐浴的規定。

新屋彭武雄云：

「昔日孝子須守三年，不得理髮、刮鬚、沐浴。」（注四七）

楊梅余石木云：

「昔人親喪百日內不理髮、刮鬍鬚，百日時始剃光之，今人則理而不剃。」（注四八）

楊梅葉雲淡云：

「成服後到三七前，不能剃頭刮鬍子。」（注四九）

關西陳葉招妹云：

「四十九天之內，不可理髮、刮鬍子。」（注五〇）

頭份吳盛源云：

「滿七之前不能剃髮、刮鬍鬚；滿七後，昔人要剃光頭，今人則剪短頭髮。」（注五一）

東勢劉耆章云：

「除靈前，孝男不可剃頭；又昔日父母之喪，出山前不可沐浴。」（注五二）

美濃林享新云：

「昔日還山當天，孝男、孝孫等必須剃光頭，今人則只剪短而已。」（注五三）

佳冬曾海祥云：

「父母死亡之初，不可理髮、刮鬍鬚，且須打赤脚；出山完當天，孝男等要修剪頭髮（不必剃

光）和髫鬟，同時可以穿便鞋不打赤脚。」（注五四）

居喪的衣服，當父母初終之際，孝男媳等必須依各地的風俗，換穿黑色或白色或藍色的變服以示哀傷（詳參第二章第一節），直到出葬爲止。葬後雖未要求一定穿著純黑或白或藍衣褲，然仍以素服爲限，不可穿著紅艷華麗，徐有田云：

「變紅之前，喪家子孫須著素服，忌著紅衣也。」（注五五）

三、飲　食

飲食之制有：出葬之前子孫不可坐而食、不可抽煙嚼檳榔飲酒、做三年之前年節不可蒸年糕做鹼粽等項。昔日出葬之前，子孫三餐飲食皆立食或蹲食，不能坐椅安食，直到出葬日的喪宴仍須如此；晚近閩南系統仍遵守此制者已不多。石門徐有田云：

「昔日喪事呷散餕（喪宴），每桌僅有澆醬油之鷄肉一碗、三層肉一碗（富者始有紅燒肉）、蔬菜、米酒一瓶，一次出齊而非出巡，但求果腹耳。所謂『桌』，亦僅以簌壺代之，置於地，孝眷及佐事者皆露天而食（僅親戚有桌椅）。今日之散餕，則多辦『幼桌』，菜肴依巡而出，酒亦不限瓶，但以不划拳吆喝爲原則，親戚及孝眷皆坐椅靠桌而食，桌布用白布。」（注五六）

大肚趙日成云：

「直到出山回去，孝男孫等仍須圍在地上吃飯，地上置一桌面板，菜肴置於其上，子孫圍著

吃，不可坐椅子。」（注五七）

嘉義市施炬錫云：

「直到出山完，當天吃午餐時，孝男孝女仍須站著吃，不可坐而食。」（注五八）

七股陳金臨云：

「出山前，子孫飲食皆立食或蹲食，不坐椅凳。今尚有許多地區仍遵守此俗。」（注五九）

關廟葉銀樹云：

「昔日孝男等吃散餕時，將菜肴置於地上簸壺中，子孫圍繞蹲著吃，蓋哀親之在地並求兄弟團結同心也。」（注六〇）

閩南系統當前仍遵守出山前不坐食者，已不多見，這可能與其殯期普遍較昔日爲長有關，因而殯期較短的客家系統一直仍有許多地區保持這項傳統，新屋彭武雄云：

「古禮，一旦有老人過身，自死亡起至出山止，其家人爲表示哀傷及孝順之心，便不可安坐椅上飲食，三餐皆以桌蓋或簸壺反置於地，陳菜肴於內，子孫立食。」（注六一）

楊梅余石木云：

「孝男等自親人死後，三餐皆立食而不可坐椅。」（注六二）

竹東古煥堂云：

「孝子自親之卒迄還山午餐止，皆立食而不坐。昔日飯菜皆置於地，今改用桌，然而立吃猶不

改，還山日後始坐而食之。」（注六三）

石岡劉雨金云：

「喪宴，孝眷不上桌，以簸壺（今改用圓形桌面）盛菜肴置於地，子孫圍蹲而食，意謂父（母）已故，子孫更須團結。」（注六四）

東勢劉耆章云：

「還山回去，孝男孝女等，昔日要用簸壺置於地上，其內陳菜肴，今因簸壺稀少或改用圓形桌面，但只桌面而已不裝桌脚，孝男等蹲繞簸壺或桌面團圓吃飯，意謂父（母）已亡故，爾後兄弟姊妹應當加倍聯絡與團結。」（注六五）

出山之前，孝男孫等因哀親死，不忍安坐而食，乃改為以圓形簸壺或桌面置於地上，再陳列菜肴，子孫圍繞而食，除可表達哀傷之情外，兼有提醒其子孫必須更加團結之功能。客家系統一向强調「團結」二字，因此這項風俗比閩南系統保存得完整。居喪不抽煙、嚼檳榔、飲酒，往昔守之頗嚴，而今不論閩南或客家，率多已廢弛而不受重視，蓋因昔人視抽煙、嚼檳榔、飲酒為一種享樂行為，而今人則將它們歸為生活之一部分。宜蘭市陳炎珠云：

「昔日孝男居喪，不可觀劇、抽煙、飲酒，……而今則即使身著麻衫時猶抽煙不輟。」（注六六）

關廟葉銀樹云：

「百日內不可觀劇、剃頭、抽煙、嚼檳榔、喝酒。」(注六七)

台南市洪錕鎔云:

「依古禮,七天一旬,七七四十九天,此後則守孝三年,不可虛華上茶店或抽煙喝酒及行房;今則不然,守孝只十幾二十天便告結束。」(注六八)

客家系統昔日若有孝男違制,必遭族長(父喪)或母舅(母喪)責罵甚至用孝杖或煙斗敲打,如今已完全鬆弛。新屋彭武雄云:

「昔日孝子須守孝三年,不得理髮、刮鬚、沐浴、抽煙、嚼檳榔、喝酒……,現在則一旦大斂完畢,照常理髮、刮鬍子、沐浴、抽煙……。」(注六九)

石岡劉雨金云:

「自親死至出山,子孫不可吃檳榔、抽香煙,犯者其族長或外家會取孝杖杖之;然今人多已不遵守此禮,披麻戴孝,照吃檳榔抽香煙不誤。」(注七〇)

東勢劉耆章云:

「昔日居喪守制,出山之前孝男不可抽煙,違者被伯叔或母舅看見,煙斗會被搶走且用煙斗敲打。……今天的孝男則煙也抽,檳榔也吃,無人責怪。」(注七一)

做三年(合爐)之前,逢年過節喪家不可蒸年糕、綁鹼粽,文獻上曾有人述及,鈴木清一郎台灣舊慣云:

「合爐以前，過年不可做『甜粿』（年糕也），只許做『菜頭粿』（蘿蔔糕也）；端午及中元亦不可綁『粽』，過節時以上諸物皆由親友餽贈，曰『贈粿』。合爐前，尤其不可做『紅龜』（龜甲形之紅饅頭）。」（注七二）

新竹縣志稿云：

「未合爐時，有不能看戲、參加喜宴、做年糕、做粽等禁忌。」（注七三）

張功啓云：

「喪家在掛孝期中，端午節不得包粽子，因而戚家要贈送些粽子給他們過節。」（注七四）

根據田野資料，合爐前喪家不可蒸年糕、綁粽子之風俗，迄今猶流行不墜，許多親戚因須「贈粿」予喪家而加强彼此間之聯繫，使其情誼更加堅固。喪家不能蒸年糕，因年糕用糖製作；而粽子部分，文獻稱不能綁，田野資料則顯示可以綁肉粽只是不可以綁鹼粽，此因鹼粽係用鹼製作。不許喪家蒸年糕、綁鹼粽，卻允許由親戚贈送及食用，意在使喪家有所節制不致恣口慾而忘哀情。閩南系統除年糕、鹼粽之外，有些地區連湯圓也不可做，或由外家送「粿脆」，喪家自己搓，但要壓扁。羅東許升卿云：

「做三年以前，不可做年糕、鹼粽、湯圓。」（注七五）

宜蘭市陳炎珠云：

「出嫁女及重要親戚，逢年過節須送粿予喪家：過年送年糕、端午送鹼粽、冬至送圓仔脆，供

喪家過節祭祀之用（以上諸物喪家不可自製）。因禮尚往來，故喪家須以象徵吉祥之糖包或味素等酬答之。」（注七六）

基隆市吳燕郎云：

「喪家不可做年糕、鹼粽，由親戚贈送；『圓仔脆』由外家送，搓好後要一個一個壓扁，才可以下鍋煮。」（注七七）

公館林添財云：

「喪家不可做年糕、鹼粽，由親戚送來拜，喪家要以味素或糖或肥皂答謝。七月半、七月二十九日或冬至，若搓湯圓，必須壓扁。」（注七八）

梧棲蔡成義云：

「未合爐前，端午節及過年不可綁鹼粽與蒸年糕，而由親友贈之。」（注七九）

鹿港黃來春云：

「居喪不可炊甜粿，犯之，將糊住亡人之眼；亦不可綁鹼粽，犯之，亦將傷其雙目。」（注八〇）

嘉義市施炬錫云：

「過年節時，喪家不可蒸年糕、製鹼粽，而家祭又不可廢，故由親友、出嫁女等送之，曰『壓孝』，喪家須以豆仔或糖或味素等物答之。」（注八一）

客家系統也有不可做年糕、綁粽之風俗，竹東古煥堂云：

「親亡一年內不可做粽、年糕，逢年過節由親友贈之用以祭拜。」（注八二）

東勢劉者章云：

「死後頭一年之端午、過年，出嫁女須送粽及年糕。」（注八三）

因客家以七七四十九天為「圓七」，有些地區其習俗反而規定當天必須搓湯圓，楊梅葉雲淡云：

「三年以內不可做年糕、綁粽；但圓七當天有許多人家皆搓湯圓吃。」（注八四）

關西陳葉招妹云：

「三年之內不可以包粽、蒸年糕；而七七滿了，要搓湯圓請孝子及其他帶孝的人吃。」（注八五）

四、居　住

居住之制有：守靈不可上牀、夫婦不可行房、門楹不貼紅聯等。父母死亡，未殯或未葬，孝男每夜均須守靈或守棺，於地上鋪稻草或麻布袋，席地而寢（注八六），不得安臥於牀，俗稱「守靈」或「睏棺脚」，夫婦絕不可以同房。文獻方面除上引林得水、黃泰山、吳瀛濤、儲一貫等曾言之之外，姚漢秋台灣喪葬習俗的研究亦云：

「自死者逝世守靈以及舉靈做百日那段時間，孝子、孝婦、孝女乃至孝孫，都不能上牀睡覺，

須席地而臥，以表孝思不匱，即古俗苫塊而眠之意。」（注八七）

田野調查資料中，閩客二系均有葬前子孫守棺、喪中夫婦不可同房之習俗，謹各舉一二說以爲例證，

閩籍台南市洪鋸鎔云：

「尊親死亡，未入斂要守屍，防止白蹄貓跳過屍身；入斂後要守棺，子孫於棺柩旁舖稻草或麻袋爲席。……依古禮，七天一旬，七七四十九天，此後則守孝三年，不可虛華上茶店或抽煙喝酒及行房。」（注八八）

客籍東勢劉耆章云：

「父母死亡，即使停殯七天，孝男也七天不可上牀，必須在大廳守孝。」（注八九）

石岡劉雨金云：

「守喪三年，不可生育；若有受孕於守喪期中者，會被族長或外家責備，或藉機敲詐。」（注九〇）

客家話有「血淋棺」一詞，即指受孕於喪期中而生育之事。喪家之宅第，若有紅聯者必須撕除或加貼白紙條，初喪期間門楣要懸麻布或五彩布（由麻、苧、藍、黃、紅五色布組成），大門外除大門燈外左右兩側要懸掛孝燈（麻燈），吊到百日（泉）或做三年（漳）爲止（參照片①）。這種風俗，二十年前中等以上人家都能遵守，路人只要看到某家門楣掛麻或五彩布，或看到其門口懸吊寫著「幾代大父（母）」的孝燈，便知其家有喪事或在守制當中。近年一方面由於工商興起，生意人怕吊孝燈顧客

會不願上門，影響營業；一方面由於居住型態改變，由四合院變成現代化的公寓，不便吊燈，影響所及，於是不論閩南或客家地區，便很少再看到有吊孝燈的風俗。

居喪守制，一切要簡素樸拙，不能講求華麗美觀，因此未做三年之前，喪家不可大興土木，油漆粉刷，甚至連民間傳統一年一度大掃除—農曆十二月二十四日的清塵日，也不可以舉行大掃除。作者曾以居喪期中「可以粉刷房屋嗎？十二月二十四日可以大掃除嗎？」詢問各地受訪者，閩南地區絕大多數受訪者均稱不可。民國七十五年冬　先父見背，即遵鄉俗，是年十二月二十四日未大掃除，而有一窗戶破損亦不動釘鎚，僅用紙板支撐，直到做三年始請木匠修理。客家地區由於大部分圓七即除靈，因此在四十九天之後即多無不可粉刷房屋及大掃除之禁忌。

台灣昔日凡人過年皆有貼春聯之習俗，喪家則絕不可用紅聯，且聯語之內容亦與凡人不同，片岡巖台灣風俗誌云：

「守制：春紅桃葉鶯啼濕，夜雨梅花蝶夢寒。（黃紙）。守制：天不留耆舊，人皆惜老成。（白色）。守制：桃花流水杳然去，明月清風何處遊。（青色）。」（注九一）

徐阿興手抄本客家家禮云：

「孝子聲聲喚不語。奉先。思親渺渺見無形。思孝。……守孝不知紅日落，思親只望白雲飛。」（注九二）

其後鈴木清一郎台灣舊慣云：

「若家內有父母或其他長輩死亡，喪期三年之內，其春聯，死者爲男性用青(綠)紙，女性則用黃紙。又初終至殯斂時不可更易春聯，而係以細長之白紙斜貼其上以示有喪事。」（注九三）

又云：「喪中之春聯聯語：守孝不知紅日上，思親唯念白雲飛。又例：愼終須盡三年禮，追遠常存一片心。除服（服喪三年後）之聯語：三年之喪雖已畢，五十而慕尚無窮。又例：虞舜慕親尚五十，周公制禮定三年。」（注九四）

光復後修成的台南縣志云：

「喪家常於四十九日內門楣門柱或門扉貼以長方形白紙，百日內貼藍紙，對年內貼青紙，三年（二週年）內貼黃紙，服期屆滿之翌日即照常貼紅紙。」（注九五）

田野調查，本項風俗已大爲簡化，竹南陳金田云：

「昔日喪家過年須貼門聯，父青（綠）母黃，內容多爲哀思之文字，今人則以不貼任何聯對以示居喪。」（注九六）

梧棲蔡成義云：

「喪中過年，須貼綠色門聯，然目前大多不貼，過年而不貼門聯即表示有喪氣。」（注九七）

同上柯瑞文云：

「喪中過年本應貼綠色門聯，由於不雅觀，今人多不貼，是以過年時看某家未貼紅聯，即知其家可能在守制之中。」（注九八）

鹿港王世祥云：

「古者居喪，對年前不得貼紅春聯，僅可貼綠聯，三年後始貼紅聯。」（注九九）

喪中過年貼青（綠）或黃紙對聯的風俗已經式微，現在看到的大多數喪家均以不貼紅春聯表示當年爲守孝年，使人不致貿然登門恭喜拜年。他們必須等到做三年當天，才可以貼紅門聯，表示制滿喪終一切均可以復吉。

五、行止及其他

行止及其他之制有：不進別人家廳堂（不訪友）、不進廟宇、不參加廟會、不進電影院歌廳等歡樂場所、不看戲、不參與他人任何婚喪喜慶之聚會、本家停止婚嫁、不可殺豬公辦慶典、不拜天公……等。這些禁忌在初喪帶粗孝期間，要求特別嚴，孝男本身即使不知避忌，也會因其身上帶孝而惹別人嫌。這點可以充分反應帶孝對孝男之「賢者」而言是一種內發的哀傷之標誌，對孝男之「不及者」而言則具有一種外爍的約束作用，使他不得不暫時離羣索居靜思父母養育之恩。重孝換爲幼孝以後，禁忌便稍爲放寬，鈴木清一郎台灣舊慣云：

「此期（粗孝）內孝最重，最須謹愼，不可理髮、化妝、行房事，亦禁止看戲、宴會與一切社交遊樂活動，且謝絕赴寺廟及親友家；……服幼孝期間，禁忌稍輕。」（注一〇〇）

文獻資料提到行止及其他喪制的，除台灣舊慣之外，尙有台風雜記、台灣私法、台南縣志、新竹縣志稿、台灣民俗等，其文本節前面皆已引過，不再贅述。田野調查方面，各地這一類的禁忌仍很多，重孝期間要求很嚴，換幼孝或出山或百日或四個月後便稍寬，比較保守地區則仍須等到對年或變紅以後才解禁。羅東許升卿云：

「守孝之人不可去歡樂場所、電影院，也不宜前往寺廟，四個月之內不可參加任何應酬。」（注一〇一）

礁溪林簡阿惜云：

「粗孝期間，喜事不插手；換孝後就不限制，但大多數人還是在對年過後才參加應酬。」（注一〇二）

石門徐有田云：

「居喪不應酬，凡親朋殺豬公、娶新娘皆不可去。昔人不對喪家發帖，今人雖發帖予喪家，喪家亦僅禮到而人不到。……死者子孫遇到廟會不可去看戲，犯之，死者在陰間會扛戲棚板。」（注一〇三）

北投陳水泉云：

「守孝之人不可以去戲院及參加廟會、婚慶喜宴等應酬。」（注一〇四）

萬華李金運云：

「帶孝時，喜喪事皆不可參加。」（注一〇五）

公舘林添財云：

「守孝之人不可以去虛花場所，也不參加任何婚喪喜慶之事。」（注一〇六）

竹南陳枝旺云：

「帶重孝不可進人家廳堂及寺廟，亦不參加任何應酬活動。」（注一〇七）

鹿港王世祥云：

「守孝期間要與世俗一切應酬活動切斷，不聞不問。」（注一〇八）

台西許金云：

「守孝之人不參加別人之喜事，不賀禮亦不可吃喜宴。」（注一〇九）

大林蘇許蓋云：

「百日內不可到喜事人家中。」（注一一〇）

嘉義市黃賴霞云：

「百日以後，先到土地廟拜拜並告知，以後就可不避忌一般應酬。」（注一一一）

北門黃昆野云：

「守孝人之不可進入寺廟及別人家的廳堂，不參加一切應酬」（注一一二）

佳里林裕章云：

「謝神及喜事，守孝人自己要避諱，不去參加。」（注一一三）

新化陳比松云：

「出山以後，已經安淸氣靈，就比較沒禁忌了。」（注一一四）

馬公吳克文云：

「守孝時不參加應酬，不去公共場所、茶店、酒家等地方。」（注一一五）

湖西許金前云：

「百日內不參加別人娶新娘、殺猪公等喜事，百日後較馬虎。」（注一一六）

西嶼呂自西云：

「帶孝時不參加別人的喜事，如結婚、生育、做壽、新屋落成等；也不去寺廟拜神佛，社區慶祝神佛誕辰，迎神賽會演戲時，也不會向喪家收取緣錢。」（注一一七）

以上爲閩南地區的田野資料，客家地區傳統上也有守孝期內不可進入別人家屋、寺廟、歡樂場所及不參加應酬等禁制，但大多於圓七之後便加以放寬，甚至解除，這與客家帶孝制度已經不傳或者最多只於圓七帶紅毛線以表示變紅有關。至於本家停止嫁娶、不可殺猪公辦慶典、不拜天公、拜神祭祖不放鞭炮等禁制，不論閩南或客家目前尚多能遵守，而且是必須等到亡靈合爐之後才解禁。雖說喪中不可嫁娶，但是台灣民間（含閩南與客家）卻有一種與本條禁制互相矛盾的風俗，那就是乘百日之前趕緊辦理嫁娶，過了百日即必須等到做三年以後，才能辦婚嫁（注一一八）。這個風俗常被中下層社會做爲權宜之計，因此直到今天仍常聽到這種例子，但此事終究不太合乎人情。

由前文大致可以看出台灣居喪守制，古今之間的確有些改變。綜括地說，在程度上有由嚴轉鬆的趨勢，在期限上也有由長轉短的趨勢。這些變化，有的是因適應社會大環境之變化而生，如公務員居喪，短暫的喪假使他無法在帶孝期間不出入公門不進出公共場所；有的則是古人與今人觀念不同而生的變化，如帶孝期間可否抽煙即爲一例。不過根據目前猶仍普遍被遵守的喪制看來，其設定的目的幾乎都是在約束孝子孝孫摒除享受玩樂的心情，一方面在氣氛上能夠和親人死亡這件悲傷的事情相配合，一方面能因守制免除許多俗務而有更多的時間去治喪與追思親人之恩德。就人類學的生命儀禮理論而言，喪期內守制，暫時放下俗務離開社會生活的一般軌道，過這種分割的生活之目的，並非要讓這個家庭（族）與大社會脫節；而是要讓他們有較充足的時間與專一的心情好作心理調整，以便喪滿除服之後重新踏回社會，能走得更穩健。

昔日民智未開，除二三君子能知而行之外，大多數人可能都是迫於律例之罰則而不得不守制；中國法系結束之後，守制之風，在鄉野間有時不得不賴一些近乎迷信的禁忌來支撐；近年教育普及，民智大開，迷信的禁忌已一一破除，而此時仍有許多人能恪遵這項禮俗，表示喪制雖失去法律罰則、禁忌之支撐，但已有人能從倫理道德等人文的觀念來認識這項文化遺產，這是一種進步而且可喜的現象。

【附　注】：

注　一：大清律例十七卷「匿父母喪律」云：「凡聞父母喪及夫之喪，匿而不舉哀者，杖六十，徒一年；若喪制未終，釋服從吉，忘哀作樂及參預筵宴者，杖八十。」又云：「若官吏父母死應丁憂，詐稱祖父母伯叔姑兄姊之喪不丁憂者，杖一百，罷職役，不敘。」條例云：「凡文武生員及舉貢監生遇本生父母之喪，期年內不許應歲科兩考及鄉會二試；其童生亦不許應府州縣及院試，有隱匿不報朦混干進者，事發照匿喪例治罪。」以上引文見〈文淵閣四庫全書影印本〉第六七二冊，頁六三七，（台灣商務印書館印行）

注　二：王瑛曾，〈重修鳳山縣志〉（清乾隆二十九年原刊，台灣銀行重印），頁五八。

注　三：佐倉孫三，〈臺風雜記〉，（清光緒二十九年原刊，台灣銀行重印），頁五。

注　四：〈台灣私法〉，（臨時台灣舊慣調查會，明治四三、四四年），第二卷上，頁七六—七七。

注　五：參楊鴻烈，〈中國法律思想史〉，（台灣商務印書館，民國七十年九月），第五章「歐美法系侵入時代」。

注　六：倪贊元，〈雲林縣采訪册〉；（清光緒二十年原刊，台灣銀行重印），頁二四。

注　七：鈴木清一郎，〈台灣舊慣冠婚葬祭與年中行事〉，（台灣日日新報社，昭和九年），頁二一五。

注　八：洪氏串珠，〈葬式之民俗〉，〈民俗台灣二：一二〉，頁十九

注　九：徐福全，〈竹東采訪錄〉，〈未刊本〉，頁二三。

注一〇：〈台灣民俗（喪葬）調查座談會紀錄（第六、七、八次）〉，〈台灣文獻二五：二〉，頁一一五。

注一一：本省有些地區的喪家每天捧飯早晚各一次，也有按三餐捧的，參拙著，〈台灣民間傳統喪葬儀節研究〉，（師範大學國文研究所博士論文，民國七十三年），頁二四九—二五〇。

注一二：〔台南縣志〕，（台南文獻委員會，民國四十六年九月），卷二第四篇，頁九。

注十三：曹甲乙，〔台灣之喪葬〕，（台灣文獻九：四），頁六六。

注十四：朱鋒，〔台灣的古昔喪禮〕，（台北文物八：四），頁五。

注十五：〔台灣喪葬調查座談會紀錄（第一、二次）〕，（台灣文獻二四：四），頁一一九。

注一六：〔台灣民俗（喪葬）座談會紀錄（第九次）〕，（台灣文獻二五：三），頁一〇三。

注一七：吳瀛濤，〔台灣民俗〕，（台北衆文圖書公司，民國六四年），頁一五〇。

注一八：儲一貫、李海鈺，〔改善民俗之研究——改善民間喪葬禮俗之研究〕，（高雄市政府民政局，民國七一年），頁三。

注一九：徐福全，〔羅東孝服制度調查問題表〕，頁一四。

注二〇：徐福全，〔宜蘭采訪錄〕，（未刊本），頁四—五。

注二一：徐福全，〔礁溪孝服制度調查問題表〕(A)，頁一四。

注二二：徐福全，〔基隆孝服制度調查問題表〕，頁一四。

注二三：徐福全，〔石門采訪錄〕，（未刊本），頁三七。

注二四：徐福全，〔萬華孝服制度調查問題表〕，頁一四。

注二五：徐福全，〔石牌公館三重采訪錄〕，（未刊本），頁一三。

注二六：徐福全，〔竹南孝服制度調查問題表〕，頁一四。

注二七：徐福全，〔梧棲采訪錄〕，（未刋本），頁二六。
注二八：徐福全，〔大肚采訪錄〕，（未刋本），頁四。
注二九：徐福全，〔鹿港采訪錄〕，（未刋本），頁五。類似黃氏這種說法：孝男若犯忌於粗孝期間內動刀、動剪剃髮修面，會刮傷死者雙目；筆者在全省各地進行訪問時，老一輩的受訪者都曾說過，特引黃氏之說以爲代表。
注三〇：徐福全，〔鹿港孝服制度調查問題表〕，頁一四。
注三一：徐福全，〔土庫孝服制度調查問題表〕，頁一四。
注三二：徐福全，〔台西孝服制度調查問題表〕，頁一四。
注三三：徐福全，〔大林孝服制度調查問題表〕，頁一四。
注三四：徐福全，〔嘉義市孝服制度調查問題表〕，頁一四。
注三五：徐福全，〔北門孝服制度調查問題表〕，頁一四。
注三六：徐福全，〔台南市采訪錄〕，（未刋本），頁六。
注三七：同前，頁一九。
注三八：徐福全，〔新化孝服制度調查問題表〕(A)，頁一四。
注三九：徐福全，〔新化孝服制度調查問題表〕(B)，頁一四。
注四〇：徐福全，〔台南采訪錄〕，（未刋本），頁八。
注四一：徐福全，〔楠梓孝服制度調查問題表〕，頁一四。

注四二：徐福全，〔左營孝服制度調查問題表〕，頁一四。
注四三：徐福全，〔馬公孝服制度調查問題表〕，頁一四。
注四四：徐福全，〔湖西孝服制度調查問題表〕(B)，頁一四。
注四五：徐福全，〔白沙孝服制度調查問題表〕，頁一四。
注四六：徐福全，〔西嶼孝服制度調查問題表〕，頁一四。
注四七：徐福全，〔新屋觀音采訪錄〕，（未刋本），頁七。
注四八：徐福全，〔湖口楊梅采訪錄〕，（未刋本），頁九。
注四九：徐福全，〔楊梅孝服制度調查問題表〕，頁一四。
注五〇：徐福全，〔關西孝服制度調查問題表〕，頁一四。
注五一：徐福全，〔頭份孝服制度調查問題表〕，頁一四。
注五二：徐福全，〔東勢石岡新社采訪錄〕，（未刋本），頁二〇。
注五三：徐福全，〔美濃采訪錄〕，（未刋本），頁三五。
注五四：徐福全，〔佳冬孝服制度調查問題表〕(B)，頁一四。
注五五：同注二三，頁三一。
注五六：同注二三，頁一四。
注五七：同注二八，頁一四。

注五八：徐福全，〔嘉義市采訪錄〕，（未刊本），頁一八。
注五九：同注四〇，頁一八。
注六〇：同注四〇，頁八。
注六一：同注四七，頁七。
注六二：同注四八，頁八。
注六三：同注九，頁一八。
注六四：同注五二，頁一四。
注六五：同注五二，頁二〇。
注六六：同注二〇，頁二五。
注六七：同注四〇，頁八。
注六八：同注三六，頁二五。
注六九：同注四七，頁七。
注七〇：同注五二，頁十四。
注七一：同注五二，頁二〇。
注七二：同注七，頁二六三。此外，川原端源〔遣ひ物としての粿と粽〕，（民俗台灣二：一二，頁二八—三一）也有相同的說法。

注七三：〔台灣新竹縣志稿〕，（新竹縣文獻委員會，民國四六年），卷四，頁七七。
注七四：同注一六，頁一〇三。
注七五：同注一九，頁一四。
注七六：同注二〇，頁二四。
注七七：同注二二，頁一四。
注七八：同注二五，頁一三。
注七九：同注二七，頁二八。
注八〇：同注二九，頁五。孝家犯禁在喪期內炊甜粿（年糕）、綁鹼粽，其糖與鹼會滲進死者雙目而使其受傷，類似黃氏的說法，筆者在全省各地訪問時，老一輩的受訪者也都曾說過；石門徐有田且說：孝家不得已而須搓湯圓時（如冬至），若不壓扁再拜，死者在另一個世界走路將會經常踩到圓滾滾的石頭而跌倒。
注八一：同注五八，頁二〇。
注八二：同注九，頁二一。
注八三：同注五二，頁二六。
注八四：同注四九，頁一四。
注八五：同注五〇，頁一四。
注八六：台灣習俗，死者斷氣之後，皆直陳於大廳內，脚朝外。孝男孫等守屍或守棺時，忌與死者平行躺於大廳內，尤忌脚朝外，必須與死者之屍體或棺柩成丁字形。

注八七：姚漢秋，〈臺灣喪葬習俗的研究〉，（台灣文獻二九：二），頁一四四。

注八八：同注三六，頁二五。

注八九：同注五二，頁二〇。

注九〇：同注五二，頁一四。

注九一：片岡巖，〈台灣風俗誌〉，（陳金田譯本，台北衆文圖書公司，民國七十年），第一集，頁五〇。

注九二：徐阿與，〈手抄本客家家禮〉，（大正十四年抄錄），頁四一。此手抄本承頭份陳運棟先生惠借影印，特此誌謝。

注九三：同注七，頁五一三。

注九四：同注七，頁五一四—五一五。

注九五：同注一二，頁九八。

注九六：徐福全，〈竹南采訪錄〉，（未刊本），頁五。

注九七：同注二七，頁三〇。

注九八：同注一七，頁三七。

注九九：同注二九，頁二八。

注一〇〇：同注七，頁二六一—二六二。

注一〇一：同注一九，頁一四。
注一〇二：同注二一，頁一四。
注一〇三：同注二三，頁三二。
注一〇四：徐福全，〔北投孝服制度調查問題表〕，頁一四。
注一〇五：同注二四，頁一四。
注一〇六：同注二五，頁一三。
注一〇七：同注二六，頁一四。
注一〇八：同注二九，頁二八。
注一〇九：同注三二，頁一四。
注一一〇：同注三三，頁一四。
注一一一：同注五八，頁一八。
注一一二：同注三五，頁一四。
注一一三：徐福全，〔佳里孝服制度調查問題表〕，頁一四。
注一一四：同注三九，頁一四。
注一一五：同注四三，頁一四。
注一一六：同注四四，頁一四。

注一一七：同注四六，頁一四。

注一一八：台灣人的習俗，死者子孫中如有已訂婚者，常利用百日之內完婚，有關這項習俗，可參考：洪秀桂，〈台灣人居喪百期嫁娶婚禮俗的研究〉，（思與言六：一），頁三六—四〇。

第四章　結　論

第一節　台灣民間傳統孝服制度與禮經及歷代喪服制度之關係

台灣雖然遲至十七世紀才正式進入中國的版圖，但是由於台灣人絕大多數都來自福建與廣東，因此台灣的禮俗文化也是屬於中華文化體系的一部分，這是不容置疑的。凡是研究中華文化，探溯其根源，最後一定會上溯到儒家的六經，而研究禮俗儀節者尤其非問本於三禮不可。秦漢以下，歷朝的典章制度，禮儀規範，雖然因爲時移世易，不得不有所損益或更張，但無不奉儒家的三禮爲圭臬；因此，不論它再怎麼損益或更張，依舊可以看見儒家禮學的精神與風貌，這種現象代代相傳，便構成了現代文化人類學家所習稱的「大傳統」（great tradition）。大傳統藉文字著述及知識分子乃至政治力量之維護，容易保持「斯文不墜」；但對大多數不認識字的各地民衆而言，他們缺乏閱讀典章的能力，官方的政令宣導又不見得能普及到每一個村落、每一個人心裡，進一步對他們產生絕對性的約束力，因此各地區的民衆便會在「大傳統」這一支大雨傘之下，根據各地的地理條件、生產情形以及當地民衆的心理認知與心理需求等各種客觀與主觀因素，逐漸發展出一套各具地方色彩的風俗習慣。由於農業社會時代，人民屬地性極强，遷徙頻率很低，因此這一套風俗習慣也會代代相傳，而成爲文化人類學家所稱的「小傳統」（little tradition）。大傳統與小傳統之間，也許會有不相一致之處，但並非完全對立，有了這種微妙的彈性關係，才使得「小傳統」不致被封殺而獲得存活、延續的空間，也使得「大傳統」不致過度僵化而失去主導地位。我國各省的冠、婚、喪、祭禮俗，既共有儒家文化通性，又各具地方特殊色彩，便是大傳統與小傳統交互影響下的產物。

對中國大陸各省而言，它們「久沾王化」，其孝（喪）服制度含有相當高比例的「大傳統」是可想而知的；而僻處東南海隅的台灣，進入中國版圖未滿四百年，清朝統治時「三年一小反，五年一大亂」，光緒甲午年之後又割讓日本長達五十年，在這個區域所發展、形成的孝服制度，與大傳統到底還維繫著什麼關係？儒家的禮經、歷朝官修及私修禮書對它還具有主導作用嗎？這是一個很值得探討的問題。

記載儒家喪服制度最重要的文獻是儀禮喪服篇以及禮記曾子問、喪服小記、雜記上下、服問、間傳、三年問、喪服四制等有關篇章，根據這些文獻我們可以歸納出，當初制定喪服制度時有幾項重要原則。禮記大傳云：「服術有六：一曰親親；二曰尊尊；三曰名；四曰出入；五曰長幼；六曰從服。」（註一）這就是儒家制定喪服制度的六大原則：一、親親：即以血緣關係之親疏遠近做爲制定喪服輕重的一個原則，喪服小記說：「親親，以三爲五，以五爲九，上殺、下殺、旁殺，而親畢矣。」（注二）這就是說以己身爲中心，直系方面上推四代有父、祖、曾祖、高祖，下推四代有子、孫、曾孫、玄孫，又由己旁推四代有昆弟、從父昆弟、從祖昆弟、族昆弟，以此縱橫骨幹，由親往疏依次遞減而構成菱形本宗五服親屬圖，越靠近自己的服越重。二、尊尊：儒家除了親親之外，最重視尊尊，故喪服四制，首爲恩（親親），次即爲理（尊尊）。尊尊之例，如臣爲君服斬衰三年即是，而爲外祖父母本只應服緦麻，但喪服篇却規定服小功，喪服傳就說是「以尊加也」。三、名：名就是名分，雖非血親，但有名分，即須爲之服喪，例如世母（伯母）、叔母與自己本爲沒有血親關係的路人，但因配於世父（伯父）、叔父，而有「母」的名分，所以須爲她們服齊衰期年之喪。四、出入：這是指女子或男子因出嫁或爲人後，宗族歸屬不同，於是喪服輕重也有不同；如在室女在家從父本屬於父宗，故爲父斬衰三年，父母爲之齊衰期年；出嫁從夫改屬夫宗，婦人不二斬衰，因此爲夫斬衰之後，爲其父母便降爲齊衰期，父母爲她也降爲大功九月；又如男子爲人後者，爲其本生父母之服因「出」而降爲齊衰期，但爲所後之人則因「入」而加重爲斬衰三年，這都是屬於「出入」的例子。五、長幼：這是指死者死亡時之年齡長幼，若爲成人則依照一般服等服喪，但未成年則依其死亡的年齡分爲長殤、中殤、下殤，要降等爲他服喪，年齡再小的則無服。六、從服：這是指因從某一種關係人之服而服的一個原則，例如子從母而爲母黨服喪、妻從夫而爲夫族服喪、夫從妻而爲妻黨服喪都屬於這一類。另外在喪服篇中常看到一後世經學家稱它爲報服的「報」字，如齊衰杖期章云：「父卒，繼母嫁，從爲之服，報。」齊衰不杖期章云：「爲人後者爲其父母，報。」所謂「報服」，徐駿五服集證說得最清楚：「報者，互相報服，謂如兄爲弟服期，弟爲兄亦服期。姒婦爲娣婦服小功，娣婦爲娰婦亦服小功。蓋兄弟、妯娌遞互相報之類，故曰報服。」（注三）除了上述六項基本原則及報服之外，由於研究角度不同，後世學者另外歸納出正服、義服、降服、加服、生服等名目；儀禮喪服篇便是透過這些原則而建立出一張極爲緜密的喪服網，玆將喪服篇經、傳及記文所列五服親屬條例如左，以見其緜密。

斬衰三年：父（所謂「父」即子爲父，以下單舉名詞皆同此例）。諸侯爲天子。君。父爲長子。爲人後者（爲其所後）。妻爲夫。妾爲君。女子子在室爲父。女子子嫁反在室爲父。父卒然後爲祖父後者爲祖父（即承重孫）。公士大夫之衆臣布帶繩屨。

齊衰三年：父卒爲母。繼母如母。慈母如母。母爲長子。妾爲君之長子。祖父卒而爲祖母後者。

齊衰杖期：父在爲母。妻。出妻之子爲母。父卒繼母嫁從爲之服，報。

齊衰不杖期：祖父母。世父母、叔父母。大夫之適子爲妻。昆弟。爲衆子。昆弟之子。大夫之庶子爲適昆弟。適孫。爲人後者爲其父母，報。女子子適人者爲其父母、昆弟之爲父後者。繼父同居者。爲夫之君。姑姊妹、女子子適人無主者，姑姊妹報。爲君之父母、妻、長子、祖父母。妾爲女君。婦爲舅姑。夫之昆弟之子。公妾、大夫之妾爲其子。女子子爲祖父母。大夫之子爲世父母、叔父母、子、昆弟、昆弟之子、姑姊妹、女子子無主者，爲大夫命婦者，唯子不報。大夫爲祖父母、適孫爲士者。公妾以及士妾爲其父母。

齊衰三月：寄公爲所寓。丈夫、婦人爲宗子、宗子之母妻。爲舊君、君之母、妻。庶人爲國君。

大夫在外其妻長子爲舊國君。繼父不同居者。曾祖父母。大夫爲宗子、舊君、曾祖父母爲士者如衆人。女子子嫁者、未嫁者爲曾祖父母。

殤大功九月及七月：長殤九月，中殤七月：子、女子子之長殤中殤。叔父之長殤中殤。姑姊妹之長殤中殤。昆弟之長殤中殤。夫之昆弟之子、女子子之長殤中殤。適孫之長殤中殤。大夫之庶子爲適昆弟之長殤中殤。公爲適子之長殤中殤。大夫爲適子之長殤中殤。

成人大功九月：姑姊妹女子子適人者。從父昆弟。爲人後者爲其昆弟。庶孫。適婦。女子子適人者爲衆昆弟。姪丈夫婦人，報。夫之祖父母、世父母、叔父母。大夫爲世父母、叔父母、子、昆弟、昆弟之子爲士者。公之庶昆弟、大夫之庶子爲母、妻、昆弟。皆爲其從父昆弟之爲大夫者。爲夫之昆弟之婦人子適人者。大夫之妾爲君之庶子、女子子嫁者、未嫁者、爲世父母、叔父母、姑、姊妹。大夫、大夫之妻、大夫之子、公之昆弟爲姑姊妹女子子嫁於國君者。君爲姑姊妹女子子嫁於國君者。

繐衰七月：諸侯之大夫爲天子。

殤小功五月：叔父之下殤。適孫之下殤。昆弟之下殤。大夫庶子爲適昆弟之下殤。爲姑姊妹女子子之下殤。爲人後者爲其昆弟、從父昆弟之長殤。爲夫之叔父之長殤。昆弟之子、女子子、夫之昆弟之子、女子子之下殤。爲姪、庶孫、丈夫婦人之長殤。大夫、公之昆弟、大夫之子爲其昆弟、庶子、姑姊妹、女子子之長殤。大夫之妾爲庶子之長殤。

成人小功五月：從祖祖父母、從祖父母，報。從祖昆弟。從父姊妹。孫適人者。爲人後者爲其姊妹適人者。爲外祖父母。從母，丈夫婦人報。夫之姑姊妹、娣姒婦，報。大夫、大夫之子、公之昆弟爲從父昆弟、庶孫、姑姊妹女子子適士者。大夫之妾爲庶子適人者。庶婦。君母之父母、從母。君子子爲庶母慈己者。

殤緦麻三月：庶孫之中殤。從祖父、從祖昆弟之長殤。從父昆弟姪之下殤。夫之叔父之中殤下殤。從母之長殤，報。夫之姑姊妹之長殤。從父昆弟之子之長殤。昆弟之孫之長殤。

成人緦麻三月：族曾祖父母。族祖父母、族父母。族昆弟。庶孫之婦。從祖姑姊妹適人者，報。外孫。庶子爲父後者爲其母。士爲庶母。貴臣、貴妾。乳母。從祖昆弟之子。曾孫。父之姑。從母昆弟。甥。壻。妻之父母。姑之子。舅。舅之子。夫之諸祖父母，報。君母之昆弟。爲夫之從父昆弟妻。

從上述各類喪服下所列有將近兩百種的服喪情況，可以看出這套喪服制度除以血緣親疏爲基本架構之外，還必須考慮年齡長幼、在室與出嫁、有無名分等因素，而當時封建制度有關政治方面的天子、國君、卿、大夫、士、庶人等君臣關係，有關家庭方面的妻妾與嫡庶系統，也必須考慮在內，於是喪服制度便成爲一張綜合血緣關係、婚姻關係、政治關係以及社會關係而織成的錯綜複雜的網子。

由於人心不是物性，它會隨時代與環境的改變而產生不同的看法；而人倫關係、政治關係以及社會關係，更是會因時而異。因此，儀禮喪服篇所訂下的服喪規定，雖然已涵蓋了絕大多數可能發生的狀況，且滿足了大多數人心的需求，但並非全面涵蓋、全面滿足。是以縱使在經學全盛的兩漢即有不少學者對喪服有所爭議，石渠議禮，每每以此爲爭論焦點；魏晉六朝，雖然史籍說是禮法廢弛的時代，但喪服之學却獨盛，這可能和當時統治階層均是豪門世族有關。豪門世族藉强調喪服之學可以維持世系的獨立性與純度並防止外人攔入，更可以加强世族內部的圖結與連繫。根據杜佑通典所收的資料來看，魏晉六朝學者有關喪服之爭議較兩漢有增而無減。

唐以前，凡在喪服、喪禮等方面遇有疑義，大多先由羣臣討論再經皇帝下詔決定，採取個案處理方式解決，而未全面修改禮經之規定或依據禮經再制定一套新制度。直到唐太宗貞觀年間、高宗顯慶年間，才開始着手制定一套完整的禮書，即所謂的貞觀禮與顯慶禮。唐玄宗開元十四年詔徐堅、李銳、施敬本等人折衷貞觀、顯慶二禮以制唐禮，歷年未就。後由蕭嵩及王仲丘等人繼續完成，此即所謂「大唐開元禮」，它在禮儀方面雖奉禮經爲不遷之祖，但也充分反應了經歷秦漢魏晉六朝以來的損益情形，在喪服制度方面已頗有增易。開元之後，德宗（貞元）、憲宗（元和）諸帝雖一再制禮，但終究無法超過開元禮，是以後世學者論及唐禮必以開元禮爲代表。

趙宋興起之後，也開始制定禮書，從宋太祖敕修開寶通禮起，累世修纂，直到徽宗政和三年修成「五禮新儀」，此即後世學者通稱的「政和禮」，這是宋代官修禮書的代表，它所記喪服制度與唐開元禮也稍有不同。此後，歷朝官修禮書，如明集禮、明會典、孝慈錄、大清通禮、大清律例等書，在喪服制度方面，除固守禮經之根基外也都能反應出時代色彩。

除了官修禮書之外，還有私人修訂的禮書，目前傳世最爲有名的是北宋司馬光所撰的書儀。司馬光的書儀並非第一本私人所修的禮書，早在隋書經籍志便記載謝元有內外書儀四卷，蔡超有書儀二卷，乃至王宏、王儉、唐瑾皆有類似著作。崇文總目記載唐裴茝、鄭餘慶、宋杜有晋等人皆有書儀之類的著作。司馬光書儀共八卷，其中六卷是喪儀；司馬光之後，又有文公家禮（注四）。這兩本私家禮書，也是禮經的嫡傳，但它們比高文典册的官修禮書簡要，且更接近當時之實際情形，非常適於一般士庶人遵循，因此頗受歡迎，尤其是文公家禮，明成祖永樂年間更將它頒行於天下，欲藉此以化民成俗。明清兩朝許多地方志的風俗篇談到婚喪禮儀時，都說「本縣概依文公家禮」，足見文公家禮影響之深遠。由於文公家禮對百姓影響很大，因此家禮大成、家禮會通之類的應用性書籍，便應運而生，這一類的書便是溝通大傳統與小傳統的橋樑。

台灣民間傳統孝服制度已詳如第二、第三兩章所論，它累積了歷代官修、私修禮書改變的結果，並受到地理與時代因素之影響，因此雖然它的源頭也是禮經，但兩相比較起來，它與禮經已經有一些很明顯的不同之處。就其大禮而言，禮經制定喪服六項大原則，台灣民間傳統孝服制度大體也有，但有些項目的內涵却嚴重萎縮，如親親一項，它本是「以三爲五，上殺、下殺、旁殺」，上含高祖，下及玄孫，但台灣傳統孝服制度卻只有爲直系及旁系尊親之服，而無爲卑親之服，近年來甚至不爲平輩之親服喪，使得孝服的範圍縮小了一半以上。至於尊尊原則，台灣因爲是一個庶民社會，故其喪服制度既無須有國君、大夫、士等差別，也很少須分嫡庶，使得喪服制度走向單純化。長幼原則，台灣沿襲大清律例，已無殤服，它是採兩分法，若非有服即是無服，而沒有殤服，化簡了孝（喪）服的種類。從服原則，禮經妻從夫而有之服，大多降一等，如子爲父斬衰，而子婦爲舅姑僅齊旁不杖期；侄爲伯叔父母齊衰不杖期；而侄婦則降爲大功九月；但台灣的傳統已類化爲婦從夫而有之服與夫相同。台灣民間的孝服範圍，總體而言，比起儀禮已縮小、簡化許多，我們甚至不必拿儀禮那麼複雜的喪服網來比，只要拿其嫡傳大清律例服圖中「本宗九族五服正服圖」與台灣私法所載清末台灣「大家的服制圖」與「鄉村小家的服制圖」及作者所試繪「晚近台灣本宗孝服圖」互相比較，即可一目了然，看出台灣服喪範圍急劇縮小之一斑。

				高祖父母 齊衰三月				
			曾祖姑 在室緦麻 出嫁無服	曾祖父母 齊衰五月	曾伯叔祖父母 緦麻			
		族祖姑 在室緦麻 出嫁無服	祖姑 在室小功 出嫁緦麻	祖父母 齊衰不杖期	伯叔祖父母 小功	族伯叔祖父母 緦麻		
	族姑 在室緦麻 出嫁無服	堂姑 在室小功 出嫁緦麻	姑 在室小功 出嫁大功	父母 斬衰三年	伯叔父母 期年	堂伯叔父母 小功	族伯叔父母 緦麻	
族姊妹 在室緦麻 出嫁無服	再從姊妹 在室小功 出嫁緦麻	堂姊妹 在室大功 出嫁小功	姊妹 在室期年 出嫁大功	己身	兄弟 期年 兄嫂弟婦 小功	堂兄弟 大功 堂兄嫂弟婦 緦麻	再從兄弟 小功 再從兄嫂弟婦 無服	族兄弟 緦麻 族兄嫂弟婦 無服
	再從姪女 在室緦麻 出嫁無服	堂姪女 在室小功 出嫁緦麻	姪女 在室期年 出嫁大功	長子 期年 長子媳 期年 衆子 期年 衆子媳 大功	姪 期年 侄媳 大功	堂侄 小功 堂侄媳 緦麻	再從侄 緦麻 再從侄媳 無服	
		堂姪孫女 在室緦麻 出嫁無服	姪孫女 在室小功 出嫁緦麻	嫡孫 期年 嫡孫媳 小功 衆孫 大功 衆孫媳 緦麻	姪孫 小功 姪孫媳 緦麻	堂侄孫 緦麻 堂侄孫媳 無服		
			曾姪孫女 在室緦麻 出嫁無服	曾孫 緦麻 曾孫媳 無服	曾姪孫 緦麻 曾姪孫媳 無服			
				元孫 緦麻 元孫媳 無服				

台灣私法「大家的服制圖」

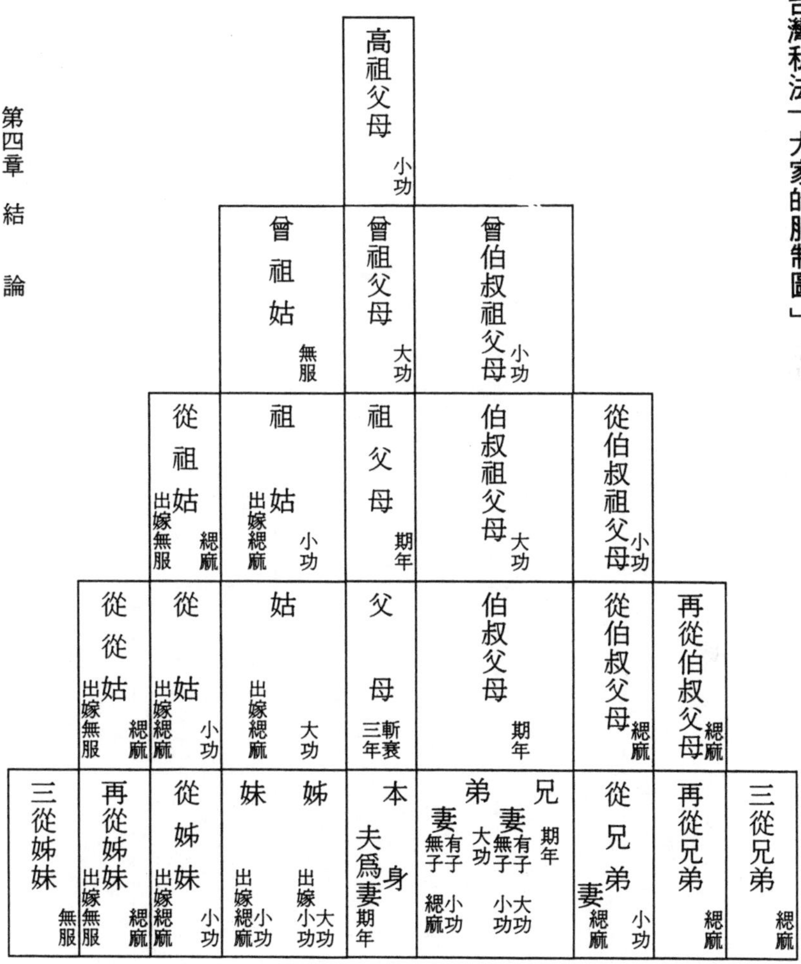
高祖父母 小功
曾伯叔祖父母 小功
曾祖父母 大功
曾祖姑 無服
從伯叔祖父母 小功
伯叔祖父母 大功
祖父母 期年
祖姑 小功 出嫁緦麻
從祖姑 緦麻 出嫁無服
再從伯叔父母 緦麻
從伯叔父母 緦麻
伯叔父母 期年
父母 斬衰三年
姑 大功 出嫁緦麻
從姑 小功 出嫁緦麻
從從姑 緦麻 出嫁無服
三從兄弟 緦麻
再從兄弟 緦麻
從兄弟 小功 妻緦麻
兄 期年 妻 有子大功 無子小功
弟 大功 妻 有子小功 無子緦麻
本身 夫為妻期年
姊 大功 出嫁小功
妹 小功 出嫁緦麻
從姊妹 小功 出嫁緦麻
再從姊妹 緦麻 出嫁無服
三從姊妹 無服

鄉村小家的服制圖

			高祖父母 七七日或百日			
		曾祖姑 無服	曾祖父母 七七日或百日	曾伯叔祖父母 無服或七七日		
	從祖姑 無服	祖姑 七七日	祖父母 期年	伯叔祖父母 七七日或百日	從伯叔祖父母 無服或七七日	
再從姑 無服	從姑 無服	姑 七七日	父母 斬衰	伯叔父母 七七日或百日	從伯叔父母 無服或七七日	再從伯叔父母 無服
再從姊妹 無服	從姊妹 無服或七七日	姊 七七日 妹 無服或七七日	本身 七七日或百日 夫爲妻	兄 七七日或百日 妻 同 弟 無服或七七日 妻 同	從兄弟 無服或七七日	再從兄弟 無服

晚近台灣本宗孝服圖

		玄祖父母 紅		
	高祖姑 紅	高祖父母 黃	高伯叔祖父母 紅	
	曾祖姑 黃	曾祖父母 藍	曾伯叔祖父母 黃	
	祖姑 藍	祖父母 苧	伯叔祖父母 藍	
	姑母 苧	父母 麻	伯叔父母 苧	
堂妹 苧	姊妹 苧	本身	兄弟及其配偶 苧	堂兄弟及其配偶 苧

晚近台灣傳統孝服制度，雖然在本宗親制方面範圍大爲縮小，但在外親之服却上加到爲外曾祖父母有服；在妻親之服（即婿類），禮經僅爲妻之父母緦麻，而台灣孝服制度却對妻之父母、伯叔父母、祖父母、伯叔祖父母、舅父母、外祖父母、曾祖父母、高祖父母等均有服；台灣除本宗、外親、妻親之外，更有尊認者、結拜者之服，如義子、義媳、義女、義女婿、義孫男、義孫媳、義孫女、義孫婿等，蔚然成俗，爲禮經及古文獻所無。綜合以上所論，本宗孝服範圍縮小、平輩無服、妻爲夫族之服全與夫同、特重妻親之服、義親亦有服等五點，堪稱台灣民間傳統孝服制度與禮經喪服制度差別最大之處。這些特性充分反映台灣爲一個新的移民社會，也是以庶民爲主的平民社會，所以世族不多，以致本宗親屬範圍不大。移民爲求團結力量，在本宗不多的情況下便轉而聯結外親、妻親乃至尊認之人、結拜之人。庶民社會多爲匹夫匹婦，男女地位不會像一般傳統封建社會那麼懸殊，導致夫婦一體的觀念特別突出，這是造成妻爲夫族之服同夫、特重妻親之服的基本因素之一。

以上是就大體而言，取禮經與台灣傳統孝服制度，一頭一尾加以比較，可以看出一些原則性的異同。下文則就第二、三章所論台灣民間傳統孝服制度的各項內容，分別探討其淵源或比較其異同，以了解其與禮經及歷代喪服制度之關係。

一、變　服

台灣傳統習慣，遇尊親之喪，大部分地區均有變服，子女與媳，昔日須免冠去履，披髮跣足，去掉身上一切首飾，並改著素服；今日雖未必跣足散髮，但大多數地區仍恪守改著素服、不戴首飾之舊例；孝服依各地傳統有白色、黑（烏）色、藍色三種；有些地區是全體子孫皆須變服，有些地區則僅子媳等重孝者變服。

禮記問喪篇云：「親始死，雞斯（笄纚）徒跣，扱上衽，交手哭。」孔穎達正義說：「雞斯者，笄謂骨笄，纚謂緇髮之繒，言親始死孝子先去冠唯留笄纚也。徒跣者，徒空也，無履而空跣也。扱上衽者，上衽謂深衣前衽，扱之於帶，以號踊履踐爲妨，故扱之。」（注五）禮記檀弓篇云：「夫子曰：『始死，羔裘玄冠者易之而已。』」孔穎達正義說：「始死則易去朝服著深衣。」（注六）以上爲禮記對始死之際有關變服之記載，但經文極爲簡略，不知當時所穿衣服爲何？禮記喪服小記孔疏引崔氏之說是：「凡親始死，將三年者皆去冠笄纚如故，十五升白布深衣，扱上衽，徒跣，交手而哭。……其婦人則去纚，衣與男子同，不徒跣，不扱衽。」（注七）而杜佑通典引漢戴德喪服變除也說齊衰不杖期、大功、小功始死之際都是白布深衣十五升。根據崔、戴二人之說，則親始死之服是白布深衣十五升。

官修的開元禮於三品以上及四品五品喪之初終時說：「男子易以白布衣，被髮徒跣。婦人青縑衣，女子子亦然。齊衰以下素冠，婦人去首飾，內外皆素服。」（注八）於六品以下喪之初終說：「男女啼踊無數，餘皆哭，內外改著素服。妻妾皆披髮徒跣，女子子不徒跣，出嫁者髽。齊衰以下丈夫素服，婦人去首飾。」（注九）明會典在品官的喪禮部分，說男子白布衣，婦人青縑衣，齊衰以下，丈夫素冠，婦人去首飾，與開元禮五品以上喪相同；而於庶人之喪，則說：「乃易服，男子扱上衽，被髮徒跣，婦人去冠，被髮不徒跣，諸有服者皆去華飾。」（注一〇）大清通禮於官員喪禮及士喪禮都說：「既終，子號哭擗踊，去冠披髮徒跣，諸婦女子去笄。期功以下丈夫素冠，婦人去首飾，皆易素服。」（注一一）

私修的司馬溫公書儀於「易服」條下云：「既復，妻子婦妾皆去冠及上服，被髮，男子扱上衽，徒跣，婦人不徒跣。男子爲人後者爲本生父母及女子子已嫁者，皆不被髮徒跣，但去冠及上服。凡齊衰以下內外有服親及在喪側給事者，皆釋去華盛之服，著素淡之衣。」（注一二）司馬光認爲開元禮初終即穿白布衣、素冠素服，非始死所能辦，故未遵從開元禮，只說「釋去華盛之服」。文公家禮說：「妻子婦妾皆去冠及上服，披髮，男子扱上衽，徒跣，餘有服者皆去華飾，爲人後者爲本生父母及女子已嫁者皆不披髮徒跣。……華飾謂錦繡紅紫金玉珠翠之類。」（注一三）家禮之說本於書儀而更爲簡約。明朝丘濬家禮儀節說：「易服，妻子庶妾子婦孫媳等皆去冠及上服，諸有服之男子，皆插上衣之前衿帶餘，有服者皆去華飾。凡男婦皆去其有色之服、首飾簪珥之綵者。」（注一四）清代的家禮會通、家禮大全都只簡單地說：「易服，男女皆去衣冠，披髮徒跣。」

綜合以上禮經及歷代官私修禮書資料來看，台灣初喪變服服白或黑或藍，直到出山或滿七或百日爲止，這種情形，並未與某一禮書完全相同；但在初終之時，去首飾，穿變服，以表示哀素之心，這種精神用義，却可以沿流上溯到禮經。

二、孝服

此處之孝服係指狹義之孝服，可以分爲服飾及親屬服等兩部分探討，先論其服飾。

(一)服飾

有關服飾方面，由於古今衣冠形制變化極大，要探溯其淵源或比較異同均極爲困難，尤其台灣自日據中期五服中有三類改用藍布、黃布、紅布代表後，更不容易比較，因此本文只就斬衰當中尚可探溯的部分加以討論。

(1)首服

台灣孝男的首服形制可分兩類，一爲方形麻布帽，一爲草箍套麻布、白布，以採草箍這種形態爲最多。草箍係用茅草或稻草及麻皮等編成，先圍成一圈再加上一梁而構成，許多地區左右並加耳垂。

台灣的首服與儀禮所規定有冠有絰不同，但台灣草箍的形狀則與禮經喪冠頗有淵源，儀禮喪服傳曰：「冠繩纓，條屬，右縫，冠六升，外畢。」鄭玄注：「屬猶著也，通屈一條繩爲武，垂下爲纓，著之冠也。……雜記曰：『喪冠條屬，以別吉凶，三年之練冠亦條屬右縫，小功以下左縫。』外畢者冠前後屈而出，縫於武也。」賈公彥疏云：「謂將一條繩從額上約之，至項後交過，兩相各至耳，於武綴之，各垂於頤下，結之。……武纓皆上屬著冠。」（注一五）清代經學家張惠言儀禮圖即根據經文及注疏，將喪冠製作過程以下圖表示（注一六）：

先爲纓武

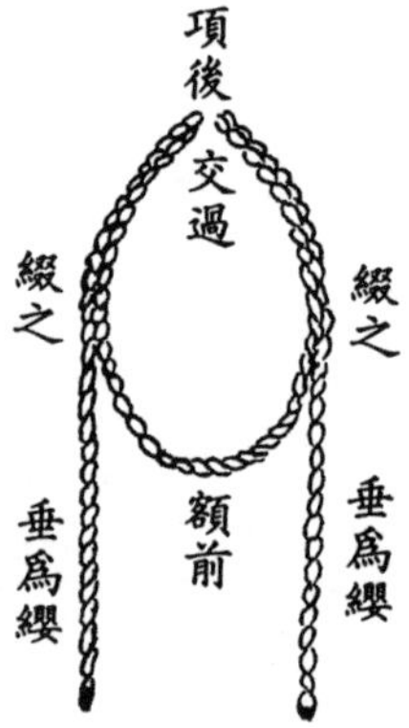

屬冠外畢

唐開元禮說喪冠之制是：斬衰之冠用布六升，右縫，通屈一條繩爲武，垂下爲纓，冠外縪。宋政和禮說是：凡冠制，斬衰通屈繩爲武，齊衰以降，以布爲武，緦麻澡治其布爲武，皆垂其下爲纓，其冠以布爲三辟襵，前後屈而出於武，其外厭而縫之爲外縪，其內厭而縫之爲內縪，大功以上辟襵向右，小功以下辟襵向左。這兩部官修禮書對於喪冠之制全遵守禮經之說。

司馬光書儀對斬衰冠有更明確的說明：「冠比衰布稍細，廣三寸，跨頂前後，以紙糊爲材，上裹以布，爲三㡇，皆向右縱縫之，兩頭皆在武下，反屈之，縫於武。用麻繩一條，從額上約之，至頂後交過前各至耳，於武上綴之，各垂於頤下結之。」（註一七）文公家禮不僅斬衰冠制全襲書儀，且以爲齊衰冠之形制亦與斬衰冠相同，徐乾學讀禮通考卷三十二附有家禮喪冠圖（註一八），錄之於左可資參考：

家禮喪冠圖

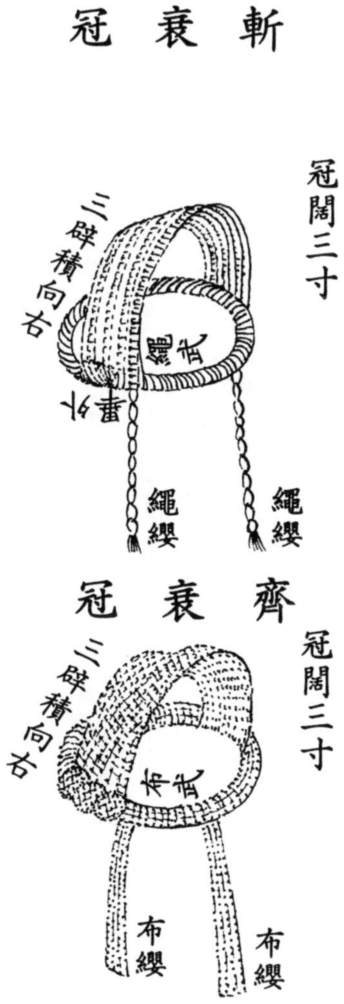

明集禮斬衰冠沿承書儀、家禮系統，中條冠也是紙糊材，廣三寸，長足跨頂，兩頭縫在麻繩圈上，並以麻繩多出來的部分各在當耳處垂下爲冠纓，其所附的圖形（註一九）因而與家禮相似。（圖見次頁）

丘濬的家禮儀節叙述斬衰冠之形制堪稱最爲詳細，而且旁記兩條世俗的形制，丘氏說：「冠即所謂梁也。褙厚紙爲梁，廣三寸，長足以跨頂，前後用稍細布裹之，就幅其布爲細幅子三條，直過梁上，其幅俱向右，是謂三辟積，其梁之兩頭盡處捲屈向外以承武，是謂外畢。武，用麻繩一條折其

斬衰冠

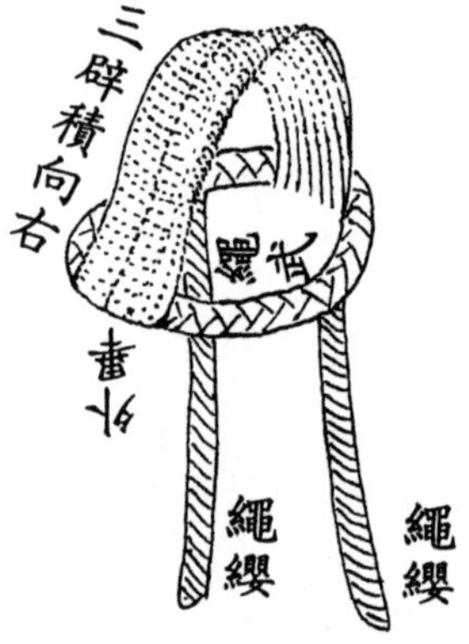

齊衰冠

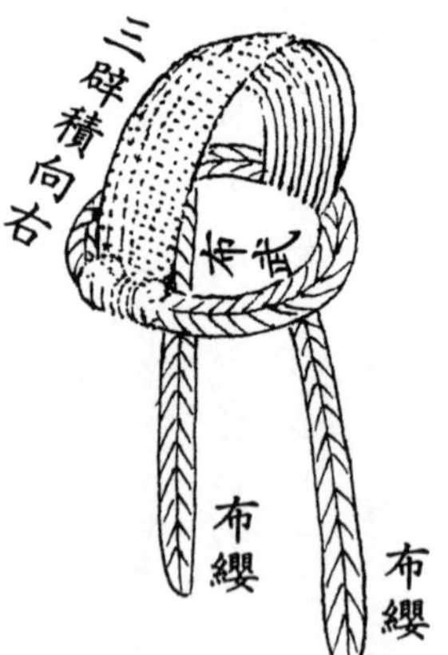

中，從額上約之，至項後交過前，各至耳邊結住以爲武。纓，又以武之餘繩垂下爲纓，結於頤下……合冠制，先將冠梁繩纓折彎安在武內，又於冠梁兩頭盡處各出少許於外，向上却，將武安在其上，向後縫之，垂纓兩旁下結。按世俗於冠之兩旁當耳處，垂兩棉絮，不知於禮何據，意者因充耳之說誤耶?愚亦謂世俗冠之前所垂之布，亦因蔽目之說誤也。」（註二〇）

大清律例服圖輯註說斬衰冠是：「紙糊爲材，長足跨頂，爲三細幅，俱向右，是爲三辟積。用麻繩一條，從額上約之，至項後交，過前各至耳，結之爲武，武之垂下爲纓，結於頤下。今世俗用二棉[illegible]，不知何據?或曰取其閉耳目聲色也。」丘濬認爲世俗因充耳之說而誤生的兩棉絮，到清代，顯然已相當流行。

清代經學家沈彤於其儀禮小疏中，附帶對當時（清朝）人所使用的喪冠有一段記載：「今之喪冠，內有巾，外有梁冠，梁冠之制，以竹皮爲梁，上黏麻布，闊三寸，每寸之中施草繩三條；又以草繩爲武，首尾搭項中，圍三寸，綴梁於上，草繩皆兩股糾之。武之前與兩旁各綴麻一片，方三寸，剪爲三條。兩旁又各垂纊於麻片之下，巾之前簷別以麻寸許反綴其上，後爲縫，此三年喪冠之制也。期喪之冠，巾前簷不綴麻，後縫不及，梁上草繩只一條，武不綴麻，不垂纊。」（註二一）清代閩南的家禮大全、家禮會通所載盔冠之制，與沈彤所述相同，也都說世俗設充耳於兩旁、用布一片於冠前。

通過上述禮經及歷代官私修禮書之記載，可以很肯定地說，台灣斬衰草箍的形制是淵源自儀禮的喪冠，而草箍「耳塞」的歷史至少可以上溯到明朝，草箍前垂麻布遮目也可上溯至明代，而編草爲繩以代替麻繩，據沈彤所言，清代即相當普遍。

台灣婦人斬衰之首服是以麻布做簸頭，晚近多改爲以白布爲簸頭底，其上再綴麻。

由於古今婦人髮型變化懸殊，因此禮經所載斬衰婦人在首服上面的變化，如髽、布總、箭笄等，顯然地在台灣是不易看到。然而台灣婦人之簸頭又係從何傳來?

簸頭或寫作蓋頭其名最早見於司馬光書儀斬衰婦人：「用極粗生布爲大袖及長裙、布頭𦆘、惡竹髮、布蓋頭。」（註二三）文公家禮也說斬衰婦人：「用極粗生布爲大袖、長裙、蓋頭，皆不緝，布頭𦆘，竹釵。」（註二四）丘濬家禮儀節斬衰婦人也是用蓋頭，以稍細麻布做成。丘氏根據事物紀原一書考證，蓋頭是起於唐代宮中宮人之服，使用蓋頭有古禮婦人出而擁蔽其面的涵義。清代閩南家禮大全、家禮會通均稱婦人戴稍粗麻布製成的「麻𩓞（音簸）頭」。

由於官修禮書對婦人之服記載較少，缺乏資料可比較，但從書儀以下一系列私家禮書看來，台灣的麻箍頭，就是淵源於書儀的「蓋頭」，不過書儀、家禮均是以「極粗生布」做成，明代丘濬家禮儀節改爲以「稍細麻布」做成，而清代家禮大全等書進一步稱用「稍粗麻布」做成，發展到台灣，則採用與身服質料完全相同的「最粗麻布」做成，這正是箍頭由「出而擁蔽其面」的原始功能演變成「斬衰孝服」的一套發展過程。

(2)身　服

台灣地區孝男孝媳及在室女之身服，以長麻衫不緝邊、腰經麻爲主，麻衫長度有的只過腰，有的僅及臀，有的則長到脚踝；有少數地區婦人是麻衫之外另有麻裙，如馬公即是。

儀禮喪服篇載孝男斬衰服，上衣下裳分開，上衣曰衰，下裳曰裳，喪服記云：「凡衰，外削幅；裳，內削幅，幅三袧。……負，廣出於適寸。適，博四寸，出於衰，衰長六寸，博四寸，衣帶下，尺，衽，三尺有五寸，袂，屬幅，衣二尺有二寸，袪，尺二寸。衰，三升。」鄭玄註：「袧者，謂辟兩側空中央也，祭服、朝服，辟積無數。凡裳前三幅、後四幅也。……負，在背上者也。適，辟領也，負出於辟領外，旁一寸。博，廣也。辟領廣四寸，則與闊中八寸也，兩之爲尺六寸，出於衰者，旁出衰。……廣袤當心也，前有衰，後有負板，左右有辟領，孝子哀戚，無所不在。」（註二四）清代學者張惠言根據喪服記及註疏，畫成男子斬衰及斬裳圖（註二五），利用其圖可以使古書之說法更爲具體，茲引之如左：

後世唐開元禮、宋政和禮、溫公書儀、文公家禮、丘濬家禮儀節等官私修禮書，差不多均沿襲禮經的說法，男人斬衰服分成上衰下裳，直到清朝律例服圖輯註也是分衰與裳，但在裳下卻又說：「今人竟加斬衰於麻直身上，而裳制廢矣。」家禮大成、家禮會通所記斬衰（上衣）形制與禮經同，有衰、有負版、有適，但均說「今制無裳」，而是把麻布直接縫在上衣上。

婦人斬衰之服，儀禮喪服經只說：「布總、箭笄、髽、衰，三年。」除此之外，傳與記皆未對其

斬衰前

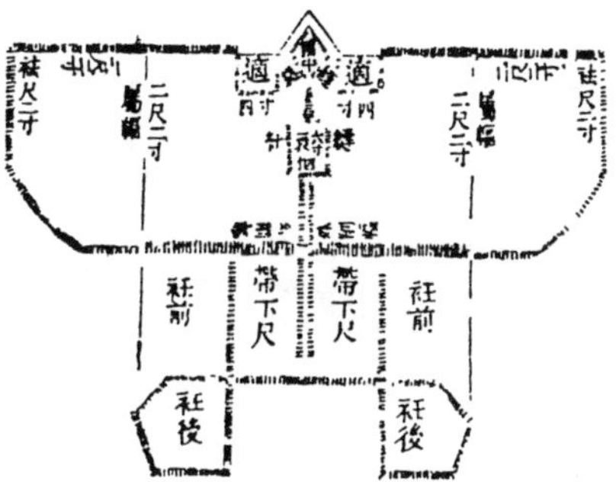

斬衰後

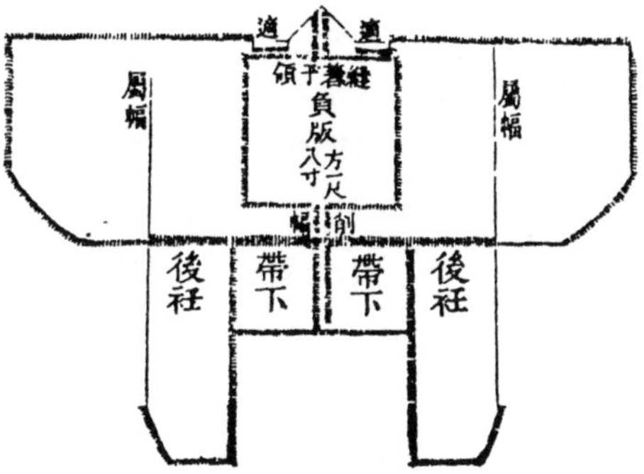

斬裳

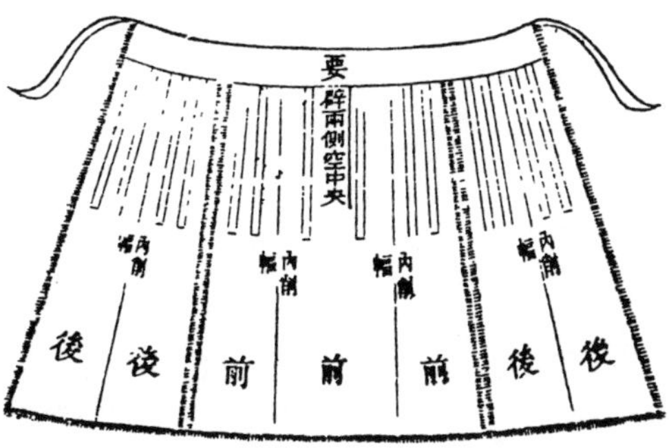

身服有所說明，只有經文下鄭玄注云：「凡服，上曰衰，下曰裳，此但言衰不言裳，婦人不殊裳，衰如男子衰，下如深衣，深衣則衰無帶下，又無衽。」張惠言據此繪有婦人斬衰服圖如左：

婦人衰前

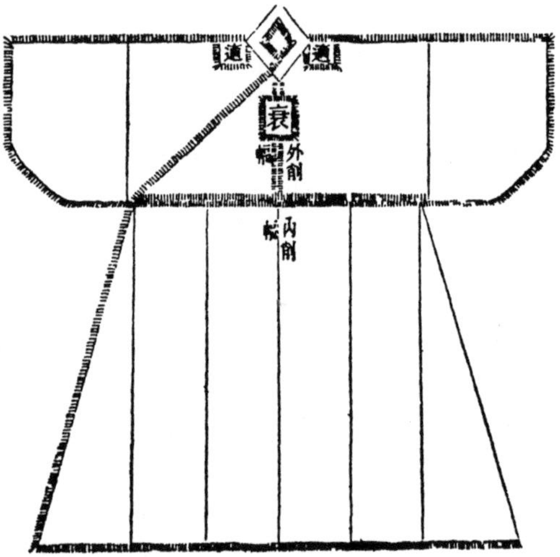

婦人衰後

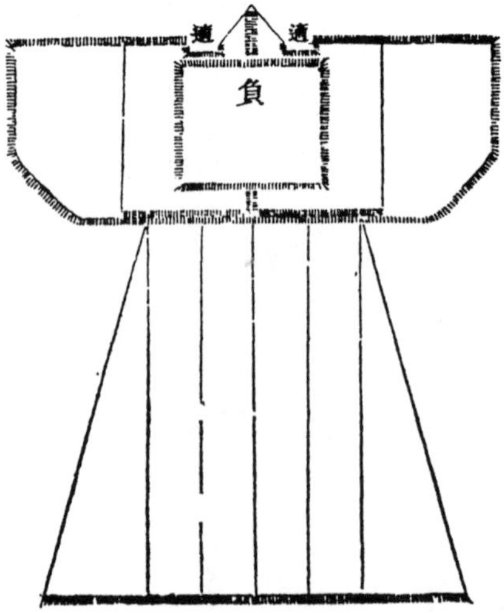

溫公書儀載：「斬衰婦人用極粗生布爲大袖及長裙。」司馬光自注云：「古者婦人衣服相連，今不相連，故但隨俗作布大袖及裙而已。」（注二七）文公家禮斬衰婦人之服，與書儀全同，表示宋代婦人斬衰服已經是衣裳分開。明丘濬家禮儀節稱婦人斬衰服也是大袖及裙，他說：「大袖，用極粗生麻布爲之，如今婦人短衫而寬大，其長至膝，袖長一尺二寸，其邊皆縫向外，不緶邊，準男子衰衣之制。……長裙，用極粗生麻布六幅爲之，六幅共裁爲十二破，聯以爲裙，其長拖地，其邊幅俱縫向內，不緶邊，準男子衰裳之制。」（注二八）家禮大全、家禮會通所載形制與丘濬同。

根據以上所引資料來看，台灣男女斬衰服的形制實在變得很多，不但上衣所附的衰、適、負版全部省略，連形體也變成通身一襲，只有澎湖馬公等地婦人之服尚由麻衣、麻裙構成。形制上，台灣斬衰服與禮經及歷代喪服相比，的確變得很多，但基本上台灣斬衰服不緝邊、用生布（極粗麻布）爲質料做成，這兩點還是源自禮經。斬衰用布，喪服篇云三升，一升八十縷，三升共二百四十縷，所謂三升布，就是指一幅（二尺二寸寬）由二百四十條經線織成的布，其粗疏可想而知。台灣民間所用的麻布，每一平方公分的經線、緯線都是四縷，若換算成周尺（注二九），其粗疏度正好相近。

(3)足　服

台灣傳統孝服之足服，斬衰男子均套白布穿草鞋，迄今許多保守地區仍遵行不渝；斬衰婦女之足服本來也是草鞋爲主，後來多改穿白或黑布鞋而於鞋尖綴麻以存其遺跡，只有美濃、內埔一帶婦女尚保有穿草鞋的古風。

儀禮喪服篇云男子斬衰之屨爲「菅屨」，即以菅草編成的草鞋；其編法，儀禮既夕記云「屨外納」，根據鄭玄及賈公彥的解釋，是指把編到最後所剩草尾露到外面，表示居喪不求美觀任其醜惡。婦女斬衰之屨，經無明文。唐開元禮稱：斬衰菅屨外納，婦人屨亦如男子。宋政和禮同開元禮。這兩部官修的禮書，完全承襲禮經之說。

司馬光溫公書儀喪屨的材料與禮經不同，他說斬衰著粗麻屨，婦人同，這可能是當時的風俗。文公家禮的說法與書儀相同，朱熹的學生楊復認爲應當照儀禮所說用菅屨（草屨）比較恰當。因此到了明代丘濬家禮儀節於斬衰屨便說「用菅草或粗麻爲之，其餘末向外收」，兼存經意且不廢俗用。丘濬於斬衰婦女之屨云「用麻爲之，或粗生布亦可」，說明婦女不穿麻鞋者可穿粗布鞋。清代家禮大全、家禮會通稱斬衰男女鞋襪是以麻布爲之。

根據以上所述斬衰喪屨演變的歷史來看，台灣傳統孝服中斬衰男女所穿的草鞋，其形制與禮經等究竟相似與否，實在無從論斷；不過不穿皮革之「履」改穿最爲粗糙的草「屨」以表哀素之心，這是台灣傳統孝服制度與禮經用意完全相同之處。另外，台灣婦人不穿草鞋而穿布鞋，由丘濬家禮儀節看來，它的歷史至少可以上溯到明代。

(4)孝杖

台灣傳統孝服制度，斬衰孝男皆有孝杖，其材料爲父爲母不同，爲父以竹爲杖，爲母則隨各地風俗而異，其種類有桐木、刺昌、苦苓等。孝杖取竹木爲材時，以根部做爲下端，尾部做爲上端，上端纏上五色布後成爲「杖頭」。昔日孝杖長度隨人高矮，皆與心齊，可以扶身；近年多已縮短爲一尺二寸左右，由實用物演變成爲象徵性之物；只有梧棲、鹿港、澎湖等地還可看到長與心齊的孝杖。

儀禮喪服篇男子爲父斬衰苴杖、爲母齊衰削杖，喪服傳解釋說：「苴杖，竹也；削杖，桐也。杖各齊其心，皆下本。杖者何？爵也。無爵而杖者何？擔主也。非主而杖者何？輔病也。童子何以不杖？不能病也。婦人何以不杖？亦不能病也。」（注三〇）意謂爲父竹杖、爲母桐杖，其長與持用者之心口齊，男子成人有杖，童子及婦人則無杖。爲父何以用竹，爲母何以用桐？禮記喪服小記孔穎達正義云：「苴者黯也，夫至痛內結，必形色外章，心如斬斫，故貌必蒼苴，所以衰裳絰杖俱備苴色也。必用竹者，以其體圓性貞，履四時不改，明子爲父禮中痛極自然圓足，有終身之痛故也，故斷而用之，無所厭殺也。削杖者，削，殺也，削奪其貌，不使苴也。必用桐者，明其外雖被削而心本同也，且桐隨時凋落，此謂母喪，示外被削殺，服從時除，而終身之心當與父同也。」（注三一）孔氏解釋得相當清楚，其說頗爲後世學者所採用。

後世如唐開元禮、宋政和禮、明集禮、大清律例服圖輯註及溫公書儀、文公家禮、丘濬家禮儀節、家禮大全、家禮會通等官私修禮書，有關孝杖都說父喪用竹、母喪用桐、其本在下、其長齊心，與禮經所說相同。

將台灣傳統孝服的孝杖與禮經及歷代官私修禮書比較，父喪用竹、母喪用桐、其本在下三項可以說大體相同，只是長度大部分都縮短一尺二寸左右不再有扶身的實用功能；少數地區長雖齊心也不當做實用工具，台灣的孝杖已成爲一種象徵性的物品。台灣的杖頭包麻或五色布，是後起的習俗，爲禮經及歷代禮書所未見。父喪用竹爲杖，全台灣都如此，母喪的孝杖有些地方不用桐木而用苦苓或刺昌，與禮經不同，可能是當地不產桐木，但不論用刺昌或苦苓，與禮經相同都有藉以表達感懷母恩的意義在內。

㈡親屬服等

本文所謂親屬服等係指各親屬當服斬衰或齊衰或大功或小功或緦麻，清代台灣的孝服不僅沿用傳統五服之名，而且也是依布之精粗而分五服，因而欲與禮經等做比較頗為方便；但日據以後，台灣五服用布不再全憑布之精粗來分，而加入以顏色來區分的方法，五服變成：麻、苧、藍、黃、紅，傳統的五服之名逐漸被人淡忘；但一般人皆認為麻相當於古代斬衰，苧相當於齊衰，藍相當於大功，黃相當於小功，紅則相當於緦麻。經過這項變化，有些地方與傳統五服難免會有出入，因而欲與禮經等做比較，便稍為曲折。下文將把台灣傳統孝服制度中親屬服等（注三二）係淵源自禮經或歷代官私修禮書者，提出探討，至於侄婿、孫婿等婿類及義子、義孫等尊認或結拜類，凡為禮經及歷代官私修禮書所無者，則不在討論範圍之內。

⑴孝男、在室女

台灣孝男及在室女為父為母均服麻，相當於斬衰。

為父斬衰，由古而今，自儀禮、唐律、開元禮、政和禮、明集禮、明會典、大清通禮及溫公書儀、文公家禮、丘濬家禮儀節、家禮大全、家禮會通等書，完全相同。

為母之服，儀禮分為「父在為母」及「父卒為母」兩種情形，父在為母是齊衰杖期，父卒為母是齊衰三年；到了唐律加以統一，為母一律都是齊衰三年，開元禮、政和禮皆與唐律相同。明太祖洪武七年詔修「孝慈錄」一書完成，將孝男及在室女爲母改成與爲父相同，也是斬衰。其後大清通禮、大清律例、家禮大全、家禮會通等全沿襲孝慈錄，孝男、在室女爲父母皆斬衰。

由此可知，台灣孝男、在室女爲父服麻是傳自禮經，爲母也服麻，則是源自明太祖的孝慈錄。

(2)**承嗣子爲所後**

台灣承嗣子爲所後（含父及母）以視同孝男者爲多，一般皆服麻，相當於斬衰。

承嗣子即禮經之「爲人後者」，他爲「所後父」服斬衰，從禮經一系列下來唐、宋、元、明、清均無變化；爲「所後母」，據儀禮喪服傳言：「爲所後者之祖父母、妻、妻之父母、昆弟、昆弟之子，若子。」所謂「若子」鄭玄解釋爲「如親子」，則也是分成「父卒爲母」齊衰三年、「父在爲母」齊衰杖期兩種情形。明太祖孝慈錄改爲與爲所後父相同，均是斬衰。

由此可知台灣承嗣子爲所後父之服是源自禮經，爲所後母之服則是源自明太祖孝慈錄。

(3)**承嗣子爲生身父母**

台灣承嗣子爲生身父母之服大多與一般孝男同，但在我所調查的地區中，也有九處用以苧代麻或麻下加苧或綴紅等方式，表示比一般孝男降一等。

儀禮爲人後者爲其父母服齊衰不杖期，從唐律以迄家禮大全等均是如此，由此可知田野調查中九處承嗣子爲本生父母降等而服，是淵源自禮經。

(4)**孝媳**

台灣孝媳爲公婆（即古籍所謂舅姑）與孝男相同，均服麻，相當於斬衰。

婦爲舅，儀禮喪服篇是服齊衰不杖期之服，開元禮相同；但據徐乾學讀禮通考卷六云唐律婦爲舅是斬衰三年，五代後唐長興年間，太常卿劉岳奉敕删定唐宰相鄭餘慶書儀，也定婦爲舅斬衰三年，宋太祖時經過一番爭議之後，仍定爲斬衰（注三三），從此政和禮、溫公書儀、文公家禮、孝慈錄、明會典、大清律例、大清通禮、家禮大全、家禮會通等書皆相承襲。婦爲姑，儀禮是齊衰不杖期，唐開元禮相同，但據唐會要所載唐德宗年間的風俗，婦爲姑已是齊衰三年，因而後唐明宗長興年間，太常卿劉岳奉敕删定鄭餘慶書儀，即定婦爲姑齊衰三年，宋太祖時也定爲齊衰三年，溫公書儀、文公家禮等皆相同；至明太祖孝慈錄則改爲斬衰三年，大清律例、大清通禮、家禮大成、家禮會通等皆與孝慈錄同。

由此可知台灣孝媳爲公婆之服雖與禮經不同，但皆有所承，爲公公斬衰是源自唐朝，爲婆婆斬衰則源自明太祖之孝慈錄。

(5)**承嗣子媳爲夫之所後**

台灣承嗣子媳爲夫之所後，一般皆與孝媳同服麻，相當於斬衰。

儀禮爲人後者爲所後父母與一般男子同，則其妻爲其所後之服亦當與一般媳婦同，後世禮書凡言婦爲舅姑亦當包含爲人後者之妻在內；據此而言，則台灣承嗣子媳爲夫之所後之服，其演變便與孝媳完全一致。

(6)**承嗣子媳爲夫之生身父母**

台灣承嗣子媳爲夫生身父母之服大多與一般孝媳同，但田野調查時，如同承嗣子爲生身父母亦有九處比一般孝媳減一等。儀禮稱爲人後者爲其父母服齊衰不杖期，但對其妻之服則未提及；禮記喪服小記云：「夫爲人後者，其妻爲舅姑大功。」（注三四）開元禮以下官修禮書夫爲人後者其妻爲本生父母皆服大功。但清初家禮大全、家禮會通等則云：夫爲人後者，妻爲本生舅姑服齊衰期年。田野調查中有九處承嗣子媳爲夫之生身父母之服，較一般孝媳降一等（相當於齊衰），顯然可以說是淵源自清初的家禮大全等書。

(7)**出嫁女**

台灣出嫁女爲父爲母一般皆比在室女降一等，在室女服麻，而出嫁女的孝服通常皆會用到苧布，相當於齊衰。

儀禮女子子適人者爲其父母服齊衰不杖期，其後歷代禮書均相沿不改，由此可知台灣出嫁女爲父母降一等服苧，其根源可以上溯到儀禮。

(8)**長孫男**

台灣長孫男爲祖父母之服，除澎湖以外，皆用到麻布（斬衰），有的是純用麻布，有的內（半）苧外（半）麻，有的頭苧而身麻，與一般孫男不同。

儀禮孫輩而服斬衰，只有「父卒然後爲祖後者」才如此，也就是承重嫡孫才服斬衰，自開元禮迄大清律例等莫不皆然。禮經承重孫爲祖母，若祖父在爲齊衰杖期，祖父已卒則爲齊衰三年，開元禮以下相同；至明朝孝慈錄始改爲斬衰。台灣這種長孫不論其父在否爲祖父母一律服重孝的習俗，是一種强調嫡長孫地位的特殊變化。

⑼長孫媳

台灣長孫媳爲祖父母之服，與長孫男同，除澎湖以外，皆較一般孫媳重，用到麻布（斬衰）。承重孫媳之服，禮經及歷代禮書皆無明文，而清初家禮大全、家禮會通於妻爲夫族部分在斬衰三年下云：「夫有承重妻亦同服而無執杖。」台灣本島長孫媳不論其夫承重與否俱用重孝之服，也是傳統社會爲强調嫡長孫媳地位的一種特殊變化。

⑽孫男、孫女

台灣孫男爲祖父母通常是服苧，相當於齊衰。孫女爲祖父母之服，絕大多數地區是不論嫁否均服苧，不因出嫁而降等。

儀禮喪服篇，孫爲祖父母齊衰不杖期，其後自唐開元禮以下都是如此；喪服篇齊衰不杖期章下另出一條：「女子子爲祖父母」，喪服傳云：「何以期也?不敢降其祖也。」鄭玄注：「經似在室，傳似已嫁，明雖有出道，猶不降。」（注三五）易言之，孫女不論在室與否，爲祖父母均是服齊衰不杖期。唐律、開元禮以下莫不皆然。因此，台灣孫男、孫女爲祖父母之服，可以溯源至禮經。

⑾孫　媳

台灣孫媳爲祖父母之服爲苧，相當於齊衰。儀禮喪服篇夫之祖父母服大功，因爲這是妻從夫服夫之黨，依例降於其夫一等，其夫爲祖父母服齊衰不杖期，降一等則爲大功九月，此自唐律以下莫不皆然。台灣孫媳之服用苧，這是受到本地夫婦之服相同的特色之影響。

⑿侄男、侄女

台灣侄男、侄女爲伯叔父母及在室姑之服，傳統上皆服苧，相當於齊衰。閩南系統迄今猶如此，客家則有改用白布的現象。侄女爲伯叔父母之服，台灣傳統通常是無在室與出嫁之分。

儀禮喪服篇爲世（伯）父母、叔父母服齊衰不杖期，根據儀禮齊衰不杖期章有「昆弟之子」「夫之昆弟之子」兩項知其爲報服，「夫之昆弟之子」鄭玄注云：「男女皆是。」則前項爲世父母、叔父母當是包含侄男與侄女在內，但大功章「大夫之妾爲君之庶子女子子嫁者未嫁者爲世父母叔父母姑姊妹」，舊讀是以大夫之妾爲主詞一氣貫下，全都是大功九月，鄭玄則加以分開讀成：「大夫之妾爲君之庶子。女子子嫁者、未嫁者爲世父母、叔父母、姑、姊妹。」關於這一點，歷代經學家有許多爭議（注三六），是以侄女爲伯叔父母之服究係齊衰不杖期或大功，反而成爲兩可之說。宋政和禮、明孝慈錄、家禮儀節、大清律例、家禮大全、家禮會通等於齊衰不杖期下，均有侄爲伯叔父母一項，而於大功下又有出嫁女爲本宗伯叔父母一項。由此可知台灣侄男之服源自禮經而未變，但侄女之服不分嫁否，則與古不同。

⒀侄　媳

台灣侄媳之服多用苧，相當於齊衰。

儀禮爲夫之世父母、叔父母爲大功，唐、宋、元、明、清官私修禮書，婦爲夫之伯叔父母也一律是大功。台灣服苧，是受到夫婦之服相同的類化影響，其夫（侄男）服苧，因而侄媳也服苧。

⒁**外孫男、外孫女、外孫媳**

台灣外孫男、女媳之服各地並不一致，大約可歸納爲服苧（相當於齊衰）、服藍（相當於大功），少數閩南及客家地區則簡化爲服白布，白布不在「麻、苧、藍、黃、紅」五者之內，很難比附，僅就服苧、服藍兩類加以探討。

儀禮爲外祖父母服小功，唐、宋、元、明、清歷代均同；而爲夫之外祖父母，徐乾學讀禮通考卷十六根據禮記服問篇之注疏，以爲是服緦麻，唐、宋、元、明諸朝禮書並同，但大清律例則無服。根據上述資料來看，外孫男、女服苧或藍，均較古禮重二等或一等，而外孫媳因受夫婦類化影響而服苧或藍，較古禮更重了三等或二等。

⒂**外甥男、外甥女、外甥媳**

台灣有關外甥男、女、媳之服，各地也相當紛歧，大致上可分爲服苧（相當於齊衰）、服藍（相當於大功）及白布服三類，僅就前二者加以探討。

儀禮爲舅父服緦麻，唐律改爲小功與爲母姨同，開元禮以下歷朝官私修禮書並同。爲夫之舅，禮經無，唐律增列爲緦麻，宋、元、明諸朝並同，但大清律例則無服。

由此可知台灣外甥男、女爲舅之服，雖源於禮經但較禮經重，也較唐律重。外甥媳之服，禮經所無，是源自唐代，但因受夫婦類化影響，也較唐代爲重。

⒃曾孫男、曾孫女、曾孫媳

台灣曾孫男、媳爲曾祖父母之服，傳統上是服藍，曾孫女不分嫁否也都以服藍爲多；藍在麻、苧、藍、黃、紅中屬於第三級，相當於大功。

儀禮爲曾祖父母是齊衰三月，根據喪服傳及鄭玄注，曾祖父母本屬小功或大功，因爲是直系尊親故服齊衰三月，重其衰麻以表示尊尊，減其日月以表示恩殺。儀禮喪服篇齊衰三月章下又云：「女子子嫁者未嫁者爲曾祖父母。」可知曾孫女不分嫁否全是齊衰三月。唐開元禮乃改爲「齊衰五月」，將喪期加長，宋政和禮特別再標明曾孫女適人者同，均是齊衰五月。自是以降，明、清兩代官私修禮書曾孫男、女都是齊衰五月，曾孫女出嫁不降。爲夫之曾祖父母之服，儀禮闕如，唐律增列，定爲緦麻三月，以後歷代相沿不改。

由此可知台灣曾孫男、女之服較禮經略輕一等，曾孫女不因出嫁而降服其曾祖父母，這一點完全遵守儀禮而未變。曾孫媳之服爲禮經所無，溯其源肇始於唐律，但唐律只是緦麻，台灣則因夫婦類化之故而服藍（相當於大功），顯然較唐律重二等。

⒄侄孫男、侄孫女、侄孫媳

台灣侄孫男、女、媳爲伯叔祖父母之服，傳統上與曾孫輩同服藍，相當於大功。

儀禮爲從祖祖父母（即伯叔祖父母）服小功五月，唐、宋、元、明、清均相沿不改。宋政和禮云女出嫁爲從祖祖父母緦麻，文公家禮、明會典、大清律例及家禮大成、家禮會通均同，據此可以推知侄孫女在室服小功，出嫁則降爲緦麻。儀禮緦麻三月章下云「夫之諸祖父母」，鄭玄注：「諸祖父母者，夫之所爲小功從祖祖父母、外祖父母。」根據這兩段經注，侄孫媳爲伯叔祖父母是服緦麻三月。其後歷代均是如此。

由此可知，台灣侄孫男及在室侄孫女之服較禮經重一等，而侄孫媳及出嫁侄孫女之服則較禮經重二等。

⒅**玄孫男、玄孫女、玄孫媳**

台灣玄孫男、女（不分嫁否）、媳之服，傳統應服黃（相當於小功），近年則因「假五代」之風盛行而有逕服紅（相當於緦麻）的情形。

儀禮喪服篇經傳未見有爲高祖父母之服，而齊衰三月章「曾祖父母」喪服傳下鄭玄的注文，則以爲高祖父母宜有緦麻或小功之服，根據禮記喪服小記「以三爲五，以五爲九」的原則，由己身往上往下各四代均有服，則鄭玄的說法便非沒有根據，只是經無明文。直到唐開元禮始於「齊衰三月」下增列「爲高祖父母」「女子子在室及嫁者爲高祖父母」，其後歷朝均相沿不改。玄孫媳，儀禮經傳也沒提到有服，直到唐律始定爲夫之曾祖高祖父母緦麻三月，其後歷朝官私修禮書均同。

由此可知台灣玄孫男、女（不分嫁否）、媳之服，爲禮經所未明言，自唐朝始明定於禮律；但台灣玄孫男女之服較唐代爲輕，而玄孫媳因受夫婦類化影響也服黃，反較唐律爲重。

⒆侄曾孫男、侄曾孫女、侄曾孫媳

台灣傳統侄曾孫輩的孝服與玄孫輩相同，也服黃布，相當於小功。儀禮爲族曾祖父母（即曾伯叔祖父母）服緦麻三月，其後歷代相沿不改。侄曾孫女在室應與侄曾孫男同，出嫁降一等而無服，侄曾孫媳之服是從服，從夫服例降一等也是無服，故儀禮及歷代禮書均未列。由此可知台灣侄曾孫男及在室侄曾孫女之服黃，較禮經重一等，而侄曾孫女出嫁者及侄曾孫媳之服黃，則是從禮經之無服進而爲有服。

⒇爲夫、爲妻

台灣近年因受男女平等及平輩無服觀念影響，夫妻之間已逐漸不相爲服，只有少數地區仍固守昔日傳統：爲夫服麻，相當於斬衰；爲妻服苧，相當於齊衰。

儀禮喪服篇妻爲夫服斬衰三年，夫爲妻齊衰杖期，這兩項歷朝皆未更動。由此可見昔日台灣妻爲夫服麻、夫爲妻服苧，是從儀禮一脈相傳下來。

(21)爲兄弟姊妹

爲兄弟姊妹之服，據台灣私法說在日據初期有男女長幼及在室與出嫁之分，當時爲兄齊衰、爲弟大功、爲在室姊大功，出嫁降爲小功，爲在室妹小功，出嫁降爲緦麻。唯據田野調查這種情形已很少見，目前有些地區因受平輩無服觀念影響，兄弟姊妹之間互不穿戴，或只服白布；至於保守地區兄弟姊妹之間的孝服，大體而言是爲兄弟及在室姊妹較重服苧（齊衰），爲出嫁姊妹較輕服白布。

儀禮爲昆弟（兄弟）服齊衰不杖期，歷代均未改變。爲在室姊妹，根據喪服篇期衰不杖期「昆弟」下鄭玄注，其服與昆弟相同，此後歷代也未更改。爲出嫁之姊妹，儀禮定爲大功九月，歷代均同。出嫁女爲衆兄弟，儀禮定爲大功九月，歷代也均相同。

由此可知，台灣私法所述爲兄弟姊妹之服分析雖細，但僅爲兄齊衰與禮經等同，其餘則較輕；而田野調查，保守地區爲兄弟及在室姊妹服苧均與禮經同，只有爲出嫁姊妹與禮經等不同。

⑵爲堂兄弟姊妹

台灣私法稱爲堂兄弟及堂姊妹皆服小功，堂姊妹出嫁降爲緦麻；田野調查，猶如親兄弟姊妹，有些地區已無服，僅保守地區尙爲堂兄弟及在室堂姊妹服苧，其出嫁者則無服。

儀禮爲從父昆弟（即堂兄弟）服大功九月，據鄭玄注在室堂姊妹也是大功九月，歷代均同。爲出嫁之堂姊妹，儀禮是是小功五月，歷代均同。

由此可知，台灣私法所記較禮經全降一等，而今日保守地區所保存的爲堂兄弟及在室堂姊妹服苧之俗，則較禮經重一等，爲堂姊妹出嫁者無服，反較禮經輕二等。

⒇妯娌之間

台灣妯娌之間，有許多地區稱同輩無服，有些地區服白布，有些保守地區則服苧，頗爲參差。

儀禮喪服篇稱娣姒婦（即妯娌）互相服小功五月（報），歷代相沿不改。由此可知，台灣地區之無服、服白布者顯然較禮經等爲輕，而服苧者卻又較禮經等重二等。

(24)姑嫂之間

台灣姑嫂之間，以服白布者爲最多，爲出嫁之姑白布之上另加小紅，保守地區姑爲嫂及嫂爲在室姑服苧，爲出嫁姑則服白布。

儀禮喪服篇稱夫之姊妹（即嫂爲姑）服小功，據鄭玄注是不分在室與出嫁，其後歷代禮書均同。由於喪服篇小功五月章稱「夫之姑、姊妹、娣姒婦，報」，可知姑嫂之間也是相爲服，姊妹爲兄弟之妻不分嫁否，當服小功五月，後世相沿不變。

由此可知，台灣姑嫂之間之服，姑爲嫂之服，不分嫁否，其精神與禮經相同；而嫂爲姑則分嫁否，便與禮經等不同。保守地區姑爲嫂及嫂爲姑服苧，顯然較禮經重二等，爲出嫁姑降爲白布，又較禮經爲輕。

(25)叔嫂之間

台灣私法稱爲夫兄服齊衰，爲夫弟服大功，爲嫂之有子者服大功，無子者服小功，爲弟媳之有子者小功，無子者緦麻。田野調查，半數地區稱叔嫂同輩無服，其他保守地區服白布綴苧，或純白布，南部佳冬地區甚至有用麻者。

儀禮嫂叔無服，禮記檀弓篇云：「嫂叔之無服也，蓋推而遠之。」（註三七）叔嫂共在一門之內，同統先人之祀，有相奉養之義，臨喪而竟無服。根據杜佑通典所載，魏晉之間學者已頗有異議。

舊唐書禮儀志記載，貞觀十四年，唐太宗因修禮官奏事之次言及喪服，下詔羣臣詳議嫂叔無服一案。魏徵、顏師古等奏請服小功五月，太宗批可，於是嫂叔方才有服。唐律、開元禮以下歷代官私修禮書俱定叔嫂之間互相服小功五月。

由此可知，台灣叔嫂之服，固然是禮經所無，却可溯源至唐初。台灣私法所述叔嫂之服分成六類，與唐律等不同；佳冬地區長不爲幼服，幼爲長則用到麻或苧，也與唐代所訂不同。部分保守地區互相服苧，互相有服，與唐代同，服苧則較唐代所定重二等。有些地區互相服白布，白布不易比附爲五服，但互相有服則與唐代定此服之精神相符。至於有半數地區稱叔嫂爲平輩無服者，反倒與禮經相同；但這是簡化後之結果，並非自禮經一路嫡傳下來的古風。

㉖女婿

台灣女婿之孝服，從其首服來看，大約可歸納爲：純白布及白布綴紅或綴藍或綴苧或綴麻等類，其中以白布綴紅及白布綴紅加苧兩類爲最多，再進一步分析，台灣女婿的孝服是以服白布及服苧爲最多。

儀禮爲妻之父母服緦麻三月，歷代官私修禮書相沿而不改。由此可知，台灣女婿的孝服中使用白布或於白布上再綴紅者，均較禮經爲輕；而於白布帽上加綴藍（相當於大功）或苧（相當於齊衰）或麻（相當於斬衰）者，雖然其首服與身服均以白布製成，若根據其所綴之布做比較，則顯然比禮經爲重；女婿白布帽以綴苧爲最多的原因，是出嫁女之服即用苧，女婿爲半子，故加綴與其妻同等級之苧布於頭上。

㉗爲繼父繼母

台灣爲同居繼父繼母之服，根據田野調查，一般皆與爲親生父母同，只有少數地區服苧，或麻下加苧，或爲繼父採首服苧身服麻。

儀禮喪服篇齊衰三年章云繼母如母，也就是說爲繼母與親生母同，也分爲父在、父卒兩種情形。父在爲之服齊衰杖期，父卒爲之服齊衰三年。唐開元禮改爲一律齊衰三年。至明太祖孝慈錄，再改爲不論父在與否一律斬衰三年，大清律例、大清通禮、家禮大全、家禮會通等俱同。爲同居繼父，儀禮定爲齊衰不杖期，歷代相沿不改。儀禮所謂同居繼父，定義相當嚴格，喪服傳曰：「夫死，妻稚，子幼，子無大功之親，與之適人，而所適者亦無大功之親，所適者以其貨財爲之築宮廟，歲時使之祀焉，妻不敢與焉；若是，則繼父之道也。同居則服齊衰期，異居則服齊衰三月也。必嘗同居然後爲異居，未嘗同居則不爲異居。」（註二八）簡言之，必須是妻稚子幼、兩無大功之親，代築宮廟存其祭祀，如此方可稱爲同居繼父。

由此可知，台灣爲繼母之服同親生母，其淵源可上溯至禮經，而服斬衰（麻）則自明朝才改變。爲繼父之服，完全視其有無養育之恩及雙方感情而定，不像喪服傳所規定那麼嚴格；但爲繼父之服與親生之父相同，則較禮經等爲重。

三、帶孝及其變除

台灣人成服時所穿的孝服，自成服之後，僅於儀式時才穿；而且一般人在百日儀式之後很少再穿，便用竹籠筐貯存放在靈桌下，泉州人則於百日當天便將孝服拆縫或焚燒。因此，所謂孝服只是一種儀式之服，儀式以外平常日子裡，若要知道某人丁父憂或丁母憂等，必須從他手臂上或頭髮上所帶的孝加以辨認。台灣人卑親屬為死去的尊親屬帶孝，從初終開始帶「粗孝」，以後隨各地之習俗經過若干次「換孝」，而於最後一次「變紅」，這就是所謂帶孝及變除，已詳論於第二章第三節。

帶孝及變除這種禮俗，儀禮及歷代官私修禮書中皆未見記載，但它以小塊孝布做為「粗孝」，具體而微，其後復隨各次儀式而將孝誌由重孝轉換成輕孝，以示哀隨日減，喪期既滿並帶紅毛線，以示由凶復吉無所不佩，這種精神與禮經喪服制度的變除可以說完全相符。

儀禮喪服篇大功章「三月受以小功衰」，鄭玄註：「受猶承也……凡天子、諸侯、卿大夫既虞、士卒哭而受服。」（註三九）這是說五服中除齊衰三月、殤大功、殤小功及緦麻四種是有除無變之外，其餘各服在成服之後，皆須依喪禮節目而變其服，即所謂受服；換言之，除齊衰三月等四種外，皆非穿著成服之服以終喪，而須視其服之輕重與喪期之長短，在一定的喪禮節目（如虞、卒哭、小祥、大祥、禫等），將喪服自重服轉變為輕服，最後回復到吉服。古代孝子的喪服不論儀式當中或儀式以外皆必須穿在身上，用以表現服喪者的哀慟心情。依儒家的理論，哀慟必須有所節制，方不致以死傷生而妨礙社會的正常功能，禮記三年問云：「三年之喪，二十五月而畢，哀痛未盡，思慕未忘，然而服以是斷之者，豈不送死有已，復生有節也哉？……故先王焉為之立中制節，壹使足以成文理，則釋之矣。」（注四〇）喪服四制篇也說：「三日而食，三月而沐，期而練，毀不滅性，不以死傷生也。喪不過三年，苴衰不補，墳墓不培，祥之日，鼓素琴，告民有終也，以節制者也。」（注四一）這兩段文字說明有所節制不以死傷生以求可繼可傳，係儒家制定喪服喪禮四種原則——恩、理、節、權——之一。藉儀節及服飾之安排，使孝子賢孫於初喪時盡抒其胸中之哀慟，其後則依「動而遠」的原則（注四二），逐次減輕，喪終平復。如此既可使子孫抒其個人哀慟之情，且於喪終之後能恢復參與社會活動，盡其應盡之社會責任，這是儒家制定喪服喪禮制度的最終目的，而喪服之有受服及變除，就是用以體現此一最終目的的方法之一。

台灣的帶孝及變除，其方法雖與禮經喪服的變除不盡相同，但其功能與目的則完全相同，可以說是祖述禮經以義而起的一種習俗。茲以禮經男子斬衰為例，將其成服及變除情形述於後，藉此兩相比較將更可以確信台灣的帶孝及變除與禮經的喪服變除，有其不容懷疑的精神淵源。

男子斬衰初成服的喪服，儀禮喪服篇說是：「斬衰裳，苴絰、杖，絞帶，冠繩纓，菅屨者。」喪服傳解釋為：「斬者何？不緝也。苴絰者，麻之有蕡者也。苴絰大搹，左本在下，去五分之一以為帶。……苴杖，竹也。削杖，桐也。……絞帶者，繩帶也。冠繩纓，條屬，右縫，冠六升，外畢，鍛而勿灰。衰三升。菅屨者，菅菲也，外納。」（注四三）這是男子初成服時的首服、身服、足服，冠六升、衰三升、菅屨，可謂粗陋之至。以下謹根據儀禮喪服記及禮記等資料，按喪禮節目說明其變除情形。

㈠虞、卒哭

虞與卒哭均是祭名，虞爲葬後之安神祭，卒哭爲虞以後之祭名；卒哭之前，朝夕之間哀至則哭，卒哭之後僅朝夕哭而已，故名卒哭。由於天子、諸侯、卿大夫、士之葬月不同，因此其行虞祭與卒哭祭之日期也不同；以士爲例，是三月而葬，當月卒哭而受服。喪服記云：「衰三升，三升有半，其冠六升。以其冠爲受，受冠七升。」鄭玄注：「斬衰正服，變而受之此服也。」敖繼公儀禮集說云：「以其冠爲受，謂受衰之布與冠布同也。」（注四四）這是說斬衰卒哭受服，受衰之升數與成服時的冠布之升數同（六升），而受冠則另以較細的七升布做成。斬衰第一次受服冠七升衰六升，正與齊衰初成服的冠衰之升數相同。禮記閒傳云：「斬衰三升，既虞卒哭，受以成布六升，冠七升。……去麻服葛，葛帶三重。」鄭玄注：「葛帶三重，謂男子也，五分去一而四糾之。帶輕，既變，因爲飾也。」孔穎達正義曰：「葛帶三重者，既虞卒哭受服之節，要中之帶以葛代麻，帶又差小於前，以五分去一，唯有四分見在。三重，謂作四股糾之，積而相重，四股則三重，未受服之前，麻帶爲兩股相合也。此直云葛帶三重，則首絰雖葛不三重也，猶兩股糾之。」（注四五）士虞記云：「丈夫說絰帶于廟門外。」鄭玄云：「既卒哭，當變麻，受之以葛也。」（注四六）斬衰男子於卒哭時，其首絰、要絰皆由苴麻改爲葛布，其粗細亦按減五分之一的比例往下遞推，首絰約粗七寸二，要絰約五寸七。

絞帶、菅屨之受服，經傳及鄭注皆未提及，賈公彥以爲絞帶當變麻用布，菅屨孔穎達以爲當以齊衰蒯藨屨爲受服，至於孝杖則不變。

㈡小祥（練）

斬衰三年者，期年（十三月）而行小祥之祭，因其所受之冠爲練冠，故小祥祭又名練祭。閒傳云：「期而小祥，練冠縓緣，要絰不除。男子除乎首，婦人除乎帶。男子何爲除乎首也？婦人何爲除乎帶也？男子重首，婦人重帶。」孔穎達正義云：「期而小祥，練冠縓緣者，父沒爲母與父同也。至小祥又以卒哭後冠受其衰而用練易其冠也。又練爲中衣，以縓爲領緣也。」（注四七）另外雜記篇云：「有父母之喪尚功衰而附兄弟之喪，則練冠附於殤。」鄭玄注：「斬衰、齊衰之喪，練皆受以大功之喪，此謂之功衰。」（注四八）服問篇云：「三年之喪既練矣，有期之喪既葬矣，則帶其故葛帶，絰期之絰，服其功衰。」孔穎達正義：「功衰，謂七升，父之衰也。」（注四九）根據上引資料可知斬衰三年至小祥之期，其衰以「卒哭後冠」（七升）爲受服，七升爲大功初成服時升數，故名功衰。除衰之升數增多以外，其他方面亦增加文飾。檀弓云：「練，練衣黃裡縓緣，葛要絰，繩屨無絇。……鹿裘衡長袪，袪，裼之可也。」孔穎達正義：「練衣者，練爲中衣；黃裡者，黃爲中衣裡也。正服不可變，中衣非正服，但承衰而已，故小祥而爲之黃袷裡也。縓緣者，縓爲淺絳色，緣謂中衣裡及褎緣也。裡用黃而領緣用縓者，領緣外也，然其外除，故飾見外也。葛要絰者，亦小祥後事也，小祥男子去葛絰，唯餘要葛也。繩屨者，謂父母喪菅屨，卒哭後受齊衰蒯藨屨，至小祥受大功繩麻屨也，無絇，屨頭飾也，吉有喪無。……鹿裘者，亦小祥後也。爲冬時吉凶衣裡皆有裘，吉時則貴賤有異，喪時則同用大鹿皮爲之。鹿色近白，與喪相宜也。……小祥之前，裘狹而短，袂又無袪，至小祥稍飾，則更易作橫廣大者也，又長之，又設其袪也。……裼，謂裘上又加衣也。吉時裘上皆有裼衣，喪已後既凶質，雖有裘，裘上未有裼衣；至小祥，裘既橫長，又有袪，爲吉轉文，故加裼之可也。案如此文，明小祥時，外有衰，衰內有練中衣，中衣內有裼衣，裼衣內有鹿裘，鹿裘內自有常著襦衣。」（注五〇）由此可知小祥之後，以七升功布爲衰，以練衣爲中衣，遇冬則內加鹿裘，裘上有裼衣。卒哭後所受之蒯藨屨此時受以大功繩麻屨，無絇。要上尚有葛帶，頭上之首絰則去除。至於練冠所用之布，清儒沈彤儀禮小疏云：「練冠升數，經傳無文，今以既葬受冠升數推之，則斬衰當八升，齊衰當九升。」（注五一）孝杖有除無受，此時還須持用。

㈢大祥

士虞記云：「又期而大祥。」三年之喪的「又期」是第二十五月，要舉行大祥祭，喪服至此又一變。閒傳云：「又期而大祥，素縞麻衣。」鄭玄注：「喪服小記曰：除成喪者，其祭也，朝服縞冠。此素縞者，玉藻所云：縞冠素紕，即祥之冠。麻衣，十五升布深衣也。謂之麻者，純用布，無采飾也。大祥除衰杖。」孔穎達正義：「謂二十五月大祥祭，此日除脫，則首服素冠，以縞紕之，身著朝服而爲大祥之祭，祭訖之後而哀情未除，更反服微凶之服，首著縞冠，以素紕之。身著十五升麻深衣，未有采緣，故云大祥素縞麻衣也。……云喪服小記曰：除成喪者其祭也朝服縞冠者，證當祥祭之時所著之服非是素縞麻衣也。云此素縞者玉藻所云縞冠素紕既祥之冠者，引之者證此經大祥素縞麻衣是大祥之後所服之服也。云麻衣十五升布深衣也者，案雜記篇云：朝服十五升。此大祥之祭既爲朝服，則大祥之後麻衣粗細當與朝服同者，故知十五升布深衣也。云謂之麻者純用布無采飾也者，若有采飾則謂之深衣，深衣篇所云者是也。若緣以素則曰長衣，聘禮長衣是也。若緣之以布則曰麻衣，此云麻衣是也。」（注五二）據此可知大祥之祭，主人朝服縞冠而祭，祭訖，乃除功衰、孝杖、葛絰、練衣而服縞冠麻衣。縞冠，玉藻云：「縞冠素紕。」鄭玄注：「紕，邊緣也。」（注五三）廣雅：「縞，細繒也。」據此可知縞冠不用布而用細繒，其緣用素。大祥之屨，經無明文，檀弓云：「有子蓋既祥而絲屨，組纓。」鄭玄注：「譏其早也。禮，既祥白屨無約，縞冠素紕。」（注五四）依鄭玄之說，大祥之後當白屨無約，略存微凶之象。

四禫

士虞記云：「又期而大祥，……中月而禫。」鄭玄注：「中，猶間也。禫，祭名也，與大祥間一月，自喪至此凡二十七月。禫之言澹，澹然平安意也。」（注五五）鄭玄以爲三年之喪於第二十七月舉行禫祭，此蓋漢儒之通說。但禮記三年問云：「三年之喪，二十五月而畢。」（注五六）檀弓云：「祥而縞，是月禫，徙月樂。」（注五七）春秋閔公二年公羊傳云：「三年之喪，實以二十五月。」（注五八）這三條資料均說禫祭行於二十五月，魏之王肅力主此說。禫祭究係行於二十五月或二十七月，因二說皆持之有故，難以遽斷是非，但其爲三年之喪最後一個節目，則無庸置疑。閒傳云：「中月而禫，禫而纖，無所不佩。」鄭玄注：「黑經白緯曰纖，舊說：纖冠者采纓也。無所不佩，紛帨之屬如平常也。」孔穎達正義：「禫而纖者，禫祭之時，玄冠朝服，禫祭既訖，而首著纖冠身著素端黃裳，以至吉祭。無所不佩者，吉祭之時，身尋常吉服，平常所服之物無不佩也。……云無所不佩紛帨之屬如平常也者，此謂禫祭既畢，吉祭以後，始得無所不佩，若吉祭之前，禫祭雖竟，未得無所不佩，以其禫後尚纖冠玄端黃裳，故知吉祭之後始從吉也。」（注五九）據此可知，禫祭之後，又易大祥之縞冠麻衣為黑經白緯之纖冠與玄端黃裳。

㈤吉　祭

士虞祭云：「是月也，吉祭。」鄭玄注：「是月，是禫月也，當四時之祭月則祭。」（注六〇）由此可知古代四時各有祭月，即所謂春祠、夏礿、秋嘗、冬烝，若禫祭之月正好是四時之祭月，便可行吉祭之禮；若不是，則鄭玄以為當於禫之次月行吉祭。雜記曰：「祥因其故服。」鄭玄注：「釋禫之禮云玄衣黃裳，則是禫祭玄冠矣；黃裳者，未大吉也。既祭，乃服禫服，朝服綅冠。踰月吉祭，乃玄冠朝服；既祭，玄端而居，復平常也。」（注六一）由此可知，服斬衰三年之喪者，至吉祭之後，始完全終喪除服，玄端而居，恢復平常的服飾。

為便於比較，使受服由重轉輕、由凶變吉之軌跡更為明顯，謹將男子斬衰變除情形列成簡表以供參考：

儀式節目／喪服部分	冠	衰	絰	帶	首絰	杖	屨
成服	冠（六升）繩纓	斬衰裳（三升）	苴絰	絞帶	苴絰	苴杖（竹）	菅屨（外納）
既虞卒哭	冠（七升）	衰裳（六升）	去麻服葛葛帶三重	布帶	葛首絰	不變	蒯藨屨
小祥（練）	練冠（八升）	功衰（七升）	葛要絰		除	不變	繩屨無約
大祥	縞冠（繒）素紕	麻衣（十五升）				除（斷而棄之於隱處）	白屨無約
禫	纖冠采纓	玄衣黃裳					
吉祭	玄端	玄端服無所不佩					吉屨

四、喪期

台灣的喪期，清初大致是遵守律例的規定，也就是承襲禮經的規定，不過根據陳夢林的諸羅縣志及陳文達的台灣縣志等清代方志，也發現有提前三、四個月做大祥的短喪現象。到了日據初期，根據台灣私法的記載，三年之喪縮短月數不滿二十四個月即舉行禫祭已蔚然成俗，期年之喪仍是十三月，大功約四個月或百日，小功相同，緦麻約四十九日或兩三週；該書又稱大功、小功、緦麻三服之名已廢，而且漸不受重視。這種短喪的趨勢，經過光復到工商繁榮的今天，演變得更爲明顯。大體而言，目前台灣五服的喪期，只有在斬衰（孝男、孝媳、在室女）、齊衰（出嫁女、孫男、孫女、孫媳）這兩類與死者有血緣關係而且比較親近的卑親屬中尚能看得見。斬衰者的喪期要到「做三年」變紅爲止，所謂「三年」大約是一週年過幾個月或只是過幾天而已；齊衰者要到「做對年」始變紅除孝，做對年是在死者死後週年之日舉行。其餘直系或旁系卑親屬，雖然舉行葬禮當天也須要穿孝服，甚至儀式以外也有帶孝的（如侄子、曾孫等），但其變紅除孝之期各地長短不一相當紛歧（詳見第二章第三節），很難拿來與禮經等做比較。簡言之，目前台灣的喪期，只有子孫斬齊二衰還保存了一部分古禮的傳統。

儀禮及歷代禮書出嫁女、孫男、孫女均是服齊衰不杖期，喪期一年，這一部分台灣目前仍舊保存不變；而孝男、孝媳、在室女等在禮經或歷代禮書中規定須服斬衰三年者，這一部分依禮經等書之規定其喪期長達二十七個月（鄭玄說）或二十五個月（王肅說），但目前台灣這些卑親屬雖然也號稱要守喪三年，事實上都已縮短爲一週年再多幾個月，或多幾天，甚或與週年同一天即「做三年」除喪。

由此可知，台灣出嫁女及孫輩服期年之喪是淵源於禮經而未變，而孝男、孝媳、在室女等本應服三年之喪者，僅存「三年」空名，事實上只有一年多而已，與禮經等已大爲不同；至於其他大功、小功、緦麻等親之喪期，則因各地紛歧不一，實難與禮經等書比較異同。

五、喪制

有關台灣的喪制已詳論於第三章第五節，該節分爲五項且以居父母之喪者爲主而論述，爲便於比較，此處亦分爲五項並以居父母之喪者爲例而探討其淵源與異同。

(1)哭泣

台灣的傳統習俗，凡父母死亡，一死即哭泣哀號；出嫁女奔喪，望門即須哭泣；出殯之前凡沐浴、小大斂、移柩等，只要移動屍柩便須哭泣；又凡有弔客至皆須哭泣。葬後若仍在四十九日或百日之內，早晚捧飯，朝夕各一哭。四十九日或百日之後，除非哀至否則即很少哭泣；最後到做對年時，前三天必須早晚捧飯，仍要借哭泣以稟告死者，但到做三年時便不再哭泣。

儀禮斬衰章喪服傳云：「哭，晝夜無時。……既虞……朝一哭夕一哭而已。既練……哭無時。」賈公彥疏：「哭有三無時，始死未殯已前哭不絕聲，一無時；既殯以後卒哭祭以前，阼階之下爲朝夕哭，在廬中思憶則哭，二無時；既練之後無朝夕哭，唯有廬中或十日或五日，思憶則哭，三無時也。卒哭之後，未練之前，唯有朝夕哭，是一有時也。」（注六二）禮記奔喪篇說奔父母之喪望其國境而哭，齊衰望鄉而哭，大功望門而哭，小功至門而哭，緦麻即位而哭。問喪篇云：「動屍舉柩，哭踊無數。」喪禮當中凡動屍或舉柩，死者與活人便多隔一層（如小斂、大斂、殯、出葬），因而子孫焉有不哭泣之理？又士喪禮、既夕禮中，凡是弔者至，主人亦必哭。檀弓上云：「父母之喪，哭無時，使必知其反也。」鄭玄注：「謂既練或時爲君服金革之事，反必有祭。」（注六三）喪服大記說：「祥而外無哭者，禫而內無哭者，樂作矣故也。」（注六四）以上所述爲禮經有關斬衰哭泣之文。唐開元禮，卒哭之後，朝一哭，夕一哭；周而小祥，止朝夕之哭，哭無時，大祥之後外無哭者，禫之後內無哭者。宋政和禮與開元禮相同。溫公書儀與文公家禮對於哭泣之節，都說既絕乃哭，奔喪者望其州境、其縣境、其城、其家皆哭，動屍舉柩皆哭，弔者至家人皆哭以待。以後的官私修禮書有關哭泣的規定大都與書儀、家禮相同。

由此可以看出，台灣居喪哭泣與禮經及歷代官私修禮書大抵相同，因爲父母死亡的悲痛古今不變，故一死即哭、奔喪者望家門即哭、動屍舉柩哭、弔者至哭，三年以後不再哭，這都是二千年來未變的傳統禮儀。

⑵容　體

台灣傳統孝服制度中，四十九日或百日之內，帶重孝者男子不得剃（理）髮刮鬚因而蓬頭垢面，婦人去首飾不化妝，男女皆著變服（參第二章第一節）或素服，少數保守地區（如佳冬）男子尚須打赤脚（跣足）。

禮記閒傳云：「斬衰貌若苴。」鄭玄注：「有大憂者面必深黑。」（注六五）問喪云：「親始死，鷄斯徒跣。」孔穎達正義：「徒跣者，徒，空也，無屨而空跣也。」（注六六）開元禮，親死，男女皆披髮，男徒跣，女不徒跣；溫公書儀、文公家禮以下各書相同。

由此可知台灣孝男等居喪不理髮修臉而蓬頭垢面，與禮記的「貌若苴」意義相近，而少數地區男子打赤脚就是古禮之「徒跣」。婦女去首飾不化妝、男女皆著變服或素服，藉以表達哀素之心，這也是歷代相傳而不變的。

(3)飲　食

禮經有關孝子等居喪飲食之規定相當多，禮記閒傳云：「斬衰三日不食，齊衰二日不食，大功三不食，小功緦麻再不食，士與斂焉則壹不食。故父母之喪，既殯食粥，朝一溢米，莫一溢米；齊衰之喪，疏食水飲，不食菜果；大功之喪，不食醯醬；小功、緦麻，不飲醴酒，此哀之發於飲食者也。父母之喪，既虞卒哭，疏食水飲，不食菜果；期而小祥，食菜果；又期而大祥，有醯醬；中月而禫，禫而飲醴酒；始飲酒者先飲醴酒；始食肉者先食乾肉。」此外喪大記、問喪及儀禮喪服傳等均有類似記載，由這些經傳可知服斬衰者親人一死要絕食三天；既殯之後才開始喝稀飯，其分量是早晚各「一溢米」（注六七）；卒哭之後，規定放寬，可以食「疏食（粗米飯）、水飲」；小祥之後，規定又放寬，可以吃帶有甜味的菜果；大祥之後，飲食可用調味品「醯醬」；禫以後就可以飲酒食肉。由此可見孝子居喪飲食由絕食而飲粥，而疏食，而菜果，而醯醬，而酒肉，這種層層放寬的程序，與喪服變除是完全一致的。以上所述爲一般情形，若生病或年老之孝子則別有權宜之法，曲禮云：「居喪之禮，頭有創則沐，身有瘍則浴，有疾則飲酒食肉，疾止復初，不勝喪，乃比於不慈不孝。五十不致毀，六十不毀，七十唯衰麻在身，飲酒食肉處於內。」（注六八）檀弓、喪大記、雜記等篇均有類似記載。

大唐開元禮有關斬衰者的飲食規定幾乎與禮經完全相同：斬衰三日不食，既成服，父母之喪食粥，朝米四合，暮米四合，不能食粥則以米爲飯，婦人皆以米爲飯。卒哭之後，疏食水飲。周而小祥，始食菜果，飯素食，飲水漿，無鹽酪不能食，食鹽酪可也。又周而大祥，食有醯醬；禫後飲醴酒食肉乾。司馬溫公書儀大體也沿用禮經之規定，但將飲酒食肉提前到大祥之後，書儀云：「凡初喪，諸子三日不食。……既斂，諸子食粥；……既虞卒哭，疏食水飲，不食菜果；小祥，食菜果；大祥，食肉飲酒。」（注六九）其後文公家禮，明會典等皆與書儀相同。

禮經與歷代官私修禮書在斬衰者飲食部分，可以說規定得相當明確而嚴格，在先秦時代，它可能被遵守，這從檀弓篇曾子執親之喪「水漿不入於口者七日」、樂正子春之母死「五日而不食」、孟敬子說「食粥，天下之達禮也」可以得到印證。漢魏六朝隋唐乃至五代，仍無人敢居喪公然飲酒食肉，但到了北宋文字規定歸文字規定，事實則不盡然如此，書儀自注云：「五代之時，居喪食肉者，人猶以爲異事，是流俗之弊。……今之士大夫，居喪食肉飲酒，無異平日，又相從宴集，靦然無愧，人亦恬不爲怪，禮俗之壞習以爲常。悲夫！乃至鄙野之人或初喪未斂，親賓則齎酒饌往勞之，主人亦自備酒饌相與飲啜，醉飽連日，及葬亦如之。」（注七〇）可見北宋開始，即有鄉鄙之人，甚至士大夫們，居喪飲酒食肉，而人不以爲怪。

台灣的傳統習俗，在飲食的內容上不像禮經有一套層次井然的規矩，反倒像司馬光所描述的宋代風俗，居喪飲酒吃肉，無人指責；昔日抽煙、嚼檳榔尚會被長輩責罰，現在也習以爲常了。不過一般人做三年之前均不可自製鹼粽、年糕或湯圓，有些保守地區初喪期間不能坐著吃飯，這多少還保留了一點「食不甘味」「不安於食」的古意。

(4)居　住

禮經有關孝子居喪的居處也有由重而輕的規定，閒傳曰：「父母之喪，居倚廬，寢苫枕塊，不說絰帶；齊衰之喪，居堊室，芐翦不納，大功之喪寢有席，小功緦麻牀可也，此哀之發於居處者也。父母之喪，既虞卒哭，柱楣翦屏，芐翦不納；期而小祥，居堊室，寢有席；又期而大祥，居復寢；中月而禫，禫而牀。」（注七一）喪大記、雜記、問喪及儀禮喪服傳，既夕記等均有有關孝子居喪時住處之規定。根據這些經傳，孝子在未葬之前是住倚廬，所謂倚廬根據賈公彥的說法是指在中門外東壁倚木爲廬。既虞卒哭，「翦屏柱楣」，根據賈公彥的說法是翦去倚廬戶旁兩廂屏之餘草，並將「倚廬」所斜倚的木頭加上楣梁然後架起來，而且不再寢苫而是改用蒲苹爲席，但此席不編納草頭。既練以後，居處又變，於舊廬處壘墼爲室，以白灰飾牆，名爲堊室。大祥以後不居堊室而回到寢室，但仍不用牀。既禫之後，乃用牀，一切回復正常。喪大記曰：「禫而從御。……婦人不居廬，不寢苫。」鄭玄注：「從御，御婦人也。」（注七二）由此可知居父母之喪未禫以前夫婦不可同房敦倫（御）。

大唐開元禮有關孝子居處，大體遵守禮經之制：將成服，掌事者預為廬於殯堂東廊下，近南，北戶，設苫凷於廬內。齊衰於廬南，累墼為堊室，俱北戶，翦蒲為席，不緣。父不為衆子次於外。大功於堊室之南張帷，席以蒲。小功、緦麻於大功之南設牀，席以蒲。婦人次於西房。若殯後施下牀殯堂無房者，次於後若別室。卒哭前一夕，掌事者改廬，翦屏柱楣，塗廬不塗見面，翦蒲為席，不緣，以木為枕。小祥前一夕，毀廬為堊室，設蒲席。周喪，堊室者除之。大祥前一夕，除堊室，張帷。禫而復寢。宋代政和禮居喪廬室的規定，與開元禮大致相同。

司馬光考慮到宋代實際住宅情形與禮經所言可能不盡相同，完全遵照禮經可能會窒礙而難行，因此書儀有關居喪的住處，便和禮經略有不同，書儀云：「中門之外，擇朴陋之室以為丈夫喪次，斬衰寢苫枕塊，不脫絰帶，不與人坐焉，非時見乎母也不入中門。既虞，寢有席，枕木。二十七月，除服而復寢。……婦人次于中門之內別室，或居殯側，雖斬衰不寢苫，但徹去帷帳衾褥之類華麗者可也。男子無故不入中門，婦人不得輒至男子喪次。」（注七三）文公家禮、丘濬家禮儀節等，皆與書儀相似，初喪居中門外朴陋之室，既虞寢席枕木，大祥復寢（書儀是二十七月復寢）。至於小祥之居處，書儀、家禮等都沒有說明，無法臆測。它們都很强調男子無故不入中門、婦人不得輒至男子喪，其用意與禮經「禫而從御」相同；唐宋時，不僅禮書如此規定與預防，律例更懸為禁令，如唐律十二卷戶婚律即規定：「諸居父母喪生子及兄弟別籍異財者，徒一年。」

台灣傳統習俗，居父母之喪並無倚廬、堊室等，只是未斂、未葬之前，孝男等須輪流於尸柩之側守靈。這時是席地而臥，昔日多以稻草或麻布袋藉於地，今則逕用草席，出殯之後即恢復正常。喪中夫婦不可行房，保守地區老一輩人士尚能述說，年輕一代則多不知有此事。另外，未做三年之前不興土木、不油漆房屋、不貼紅聯等，則是表示哀素之心與無改於父之道，與禮經的許多規定之用意相符。

(5)行止及其他

禮經對居喪者之言行等也有許多規定，閒傳云：「斬衰，唯而不對；齊衰，對而不言；大功，言而不議；小功、緦麻，議而不及樂，此哀之發於言語者也。」（注七四）雜記云：「三年之喪，言而不語，對而不問。」（注七五）曲禮云：「居喪不言樂。」（注七六）這是有關言語方面的規定。雜記曰：「有服，人召之食，不往。」（注七七）這是說居喪者不可以參加宴飲之會。又根據既夕記「主人乘惡車」鄭玄注：「拜君命、拜衆賓及有故行所乘也。」（注七八）居喪者葬後除因拜君命、拜衆賓之弔賻助葬及有特殊事故之外，是不出門拜訪朋友。雜記曰：「喪者不遺人。」（注七九）是說居喪者不以禮物贈人。又根據禮記曾子問篇所記，婚禮既納幣有吉日，女之父母或婿之父母死，必須延期至免喪後再議，可知禮經是不允許於喪中嫁娶的，喪中不得嫁娶，唐宋以下的律書皆著爲禁令，如唐律十三卷戶婚律即云：「諸居父母及夫喪而嫁娶者，徒三年。妾減三等，各離之，知而共爲婚姻者，各減五等，不知者不坐。」（注八〇）但據司馬光書儀自注，北宋時庶人已有違法悖禮而乘喪嫁娶的現象。（注八一）

台灣的傳統習俗，居父母之喪帶重孝時，不訪友、不應酬、不入別人家門、更不可涉足歡樂場所，這都與禮經等相同，不過，換幼孝之後這些規定便略爲放寬。至於喪中不得嫁娶，也是源自禮經，但民間却另有已有婚約者乘喪而嫁娶的變俗，這項頗受爭議的變俗，問其淵源，至少也可上溯到北宋時期。

禮記禮器篇說：「禮，時爲大。」（注八二）樂記篇說：「五帝殊時，不相沿樂；三王異世，不相襲禮。」（注八三）這兩句話是說禮要配合時代環境、符合時代需要，因而每當時移世異，便須做一番損益與改革。明清之際才開發的台灣，與制定禮經的背景先秦時代的中原地區，兩者不論時間與地理，均有一段相當遙遠的距離與變數存在其間，因而透過本節之比較，可以看出台灣民間傳統孝服制度與禮經的喪服制度，兩者並非完全相同，甚至可以說有許多差異；但最重要的部分，如子女爲父爲祖的孝服及喪期等，却保持其不變的關係，至於其他有所改變的地方，雖與禮經不同，然而多半也可以從歷代官私修禮書中找到其源頭，由此可以證明儒家喪服制度對後世影響之深遠與鉅大，也可以看出台灣民間風俗敎化與中華文化存在著血濃於水的關係。

【附　注】：

注　一：〔禮記注疏〕，（藝文印書舘），頁六一九。

注　二：同前，頁五九一。

注　三：徐乾學，〔讀禮通考〕，（臺灣商務印書館景印文淵閣四庫全書第一一二冊），頁七四九引。

注　四：〔文公家禮〕世傳朱熹所撰，四庫全書總目提要云王懋竑有家禮考，以爲不是朱子之作，不過本書對民間禮俗影響極大，刻本很多，而且大都以〔文公家禮〕爲書名。

注　五：同注一，頁九四三、九四八。

注　六：同注一，頁一四八。

注　七：同注一，頁五九〇。

注　八：蕭嵩，〔大唐開元禮〕，（台灣商務印書館景印文淵閣四庫全書第六四六冊），頁八一一、八四〇。

注　九：同前，頁八六八。

注一〇：〔明會典〕，（台灣商務印書館國學基本叢書），頁二二〇九、二二二三。

注一一：〔欽定大清通禮〕，（台灣商務印書館景印文淵閣四庫全書第六五五冊），頁四九九、五一〇。

注一二：司馬光，〔書儀〕，（台灣商務印書館景印文淵閣四庫全書第一四二冊），頁四八四。

注一三：〔家禮〕，（台灣商務印書館景印文淵閣四庫全書第一四二冊），頁五四八。

注一四：丘濬，〔家禮儀節〕，（丘文莊公叢書輯印委員會），頁三五。

注一五：〔儀禮注疏〕，（藝文印書館），頁三三九、三四二。

注一六：張惠言，〔儀禮圖〕，（復興書局皇清經解續編第五冊），頁三八五一。

注一七：同注一二，頁四九六。

注一八：同注三，頁六六四。

注一九：徐一夔，〈明集禮〉，（台灣商務印書館景印文淵閣四庫全書第六五〇册），頁一八二。

注二〇：同注一四，頁五二。

注二一：沈彤，〈儀禮小疏〉，（復興書局皇清經解正編第五册），頁三四五五。

注二二：同注一二，頁四九六。

注二三：同注一三，頁五五二。

注二四：同注一五，頁四〇一—四〇二。

注二五：同注一六，頁三八四九—三八五〇。

注二六：同注一六，頁三八五〇。

注二七：同注一二，頁四九七。

注二八：同注一四，頁五三。

注二九：周尺約合今天的公制幾公分？吳承洛〈中國度量衡史〉以爲一九·九一公分，楊寬〈中國歷代尺度考〉以爲二三公分，曾武秀〈中國歷代尺度概述〉以爲二二·五公分，盧毓駿〈中國建築史與營造法〉以爲二四公分。

注三〇：同注一五，頁三三九。

注三一：同注一，頁五九〇。

注三二：儀禮及傳統禮書，其服等與喪期是密切配合，如大功即九月，小功即五月，但目前台灣的服等與喪期的關係却不是這麼密切，故此處只專論服等而不含喪期。

注三三：見〔宋史〕禮志第七十八，（藝文印書館），頁一四四一。

注三四：同注一，頁六〇二。

注三五：同注一五，頁三六五—三六六。

注三六：關於這項爭議，請參文智成，〔儀禮喪服親等服制研究〕，（師範大學國文研究所七四年碩士論文），頁一九二—二一二。

注三七：同注一，頁一四四。

注三八：同注一五，頁三六四。

注三九：同注一五，頁三七一。

注四〇：同注一，頁九六一—九六二。

注四一：同注一，頁一〇三三。

注四二：所謂「動而遠」，是指喪事當中凡是有所舉動，則死者與活人的距離便多隔一層，如沐浴、襲、小斂、大斂、殯、葬即是。

注四三：同注一五，頁三三八—三三九。

注四四：敖繼公，〔儀禮集說〕，（台北大通書局，通志堂經解第三十三冊），頁一九三一二。

注四五：同注一，頁九五五—九五七。

注四六：同注一五，頁五一一。
注四七：同注一，頁九五六—九五七。
注四八：同注一，頁七二〇。
注四九：同注一，頁九五一—九五二。
注五〇：同注一，頁一五一—一五二。
注五一：沈彤，〈儀禮小疏〉，（復興書局皇清經解正編第五册），頁三四五一。
注五二：同注一，頁九五六—九五七。
注五三：同注一，頁五五一。
注五四：同注一，頁一二〇。
注五五：同注一五，頁五一三。
注五六：同注一，頁九六一。
注五七：同注一，頁一五四。
注五八：〈公羊傳注疏〉，（藝文印書館），頁一一五。
注五九：同注一，頁九五六—九五七。
注六〇：同注一五，頁五一三。
注六一：同注一，頁七三八。

注六二：同注一五，頁三三九、三四一。

注六三：同注一，頁一五一。

注六四：同注一，頁七八二。

注六五：同注一，頁九五五。

注六六：同注一，頁九四八。

注六七：一溢米，鄭玄說二十兩曰溢，王肅說滿手曰溢，楊梧說一手所握曰溢；今人章景明以爲一溢米就是「一把米」，與王肅、楊梧之說相似，甚爲合理，說見章氏〔先秦喪服制度考〕，（中華書局，民國六十年），頁二八三。

注六八：同注一，頁五四。

注六九：同注一二，頁四九四。

注七〇：同注一二，頁四九五。

注七一：同注一，頁九五五。

注七二：同注一，頁七八三。

注七三：同注一二，頁四九五。

注七四：同注一，頁九五五。

注七五：同注一，頁七三七。

注七六：同注一，頁七四。
注七七：同注一，頁七四一。
注七八：同注一五，頁四八二。
注七九：同注一，頁七四〇。
注八〇：長孫無忌，〔唐律疏議〕，（台灣商務印書館，民國七三年），卷二頁一一二一。
注八一：同注一二，頁四九五。
注八二：同注一，頁四五〇。
注八三：同注一，頁六七〇。

第二節　台灣民間傳統孝服制度的特色與功能

台灣的傳統孝服制度，與禮經及歷代官私修禮書雖具有深厚的淵源關係，但它與禮經等也有許多不同之處，例如：禮經等規定只要在五服之內，爲尊親及卑親皆有服，而台灣則只爲尊親才有喪服，爲卑親（晚近甚至擴大到平輩之親）則不穿喪服，因此台灣人便稱喪服爲「孝服」；而本宗五服圖也因此由菱形縮爲三角形，晚近更縮成長方形。禮經等婦從夫服依例均降一等，台灣則多加類化，婦從夫而有之服與夫相同。禮經等爲妻族之服只有爲岳父母服緦麻，台灣則除岳父母外，爲妻之祖父母、伯叔父母、舅父母、外祖父母、曾祖父母、高祖父母等均有服。禮經除宗親、姻親及君臣關係之外無服，而台灣則爲尊認或結拜之親皆有服，而且有義子、義媳、義女、義女婿、義孫男、義孫媳、義孫女、義孫婿等種類繁多。這都是台灣傳統孝服制度與禮經等最大不同之處，這些不同之處也可以說是台灣傳統孝服制度的特色。

台灣的傳統孝服制度是一種大傳統與小傳統的混合物，也就是說它是一種亦禮亦俗的孝服制度；在禮的部分，與禮經相比之下，已有前述數項特色，而俗的部分，也有許多特色，玆就第二、三兩章所論加以歸納，舉其大者說明如左：

一、祖籍性的特色

台灣居民的祖先大多數來自閩南與廣東，而早期移民在故鄉多半是困窮之輩，因此來到台灣十之八九舉目無親，爲了對抗天然災害、開拓墾務、抵禦外侮，於是只要是來自同一鄉邑的移民便會自然而然的聚集團結在一起；遇到婚喪喜慶等大事，更是互相賙濟。故陳夢林諸羅縣志云：「土著旣鮮，流寓者無期功强近之親，同鄉井如骨肉矣。疾病相扶，死喪相助，棺斂埋葬，鄰里皆躬親之。貧無歸，則集衆捐囊襄事，雖慳者亦畏譏議。詩云：『凡民有喪，匍匐救之。』此風較內地猶厚。」（注一）這些移民遇到墾務的挫折及人生的疾苦，便凝聚得更緊密，以抵禦外侮、療治鄉愁，因而慢慢形成許多新聚落。這些聚落的居民都是來自閩粤的同一個府或縣，他們甚至把故鄉的地名移用到新的墾地上，如地名叫同安、安溪、平和、長泰、興化、南靖、東山、海豐、陸豐、潮州、鎮平的，迄今於台灣仍可找到許多實例（注二）。這種以同鄉關係組成的聚落，經過清代的分類械鬥，更是楚河漢界，壁壘分明。這種現象，台灣歷史學家林衡道稱之爲「鄉黨主義的村落」（注三），十分貼切。

由於村落與城邑大多由同鄉移民所組成，因此他們很自然地會將故鄉祖籍地的風俗移植到台灣來，尤其在農業社會「新例無設，舊例無滅」的保守時代裡，這種情形更爲明顯。縱使今天各個鄉鎮城市的人口結構，已不再像以前純由某個祖籍地人民所組成，但依舊可以看出閩南與客家在孝服制度上的差別，舉例而言，如變服一項，閩南不論漳泉，或用黑或用白或用藍，大多有變服；而客家除屏東內埔、佳冬極少數可能是受閩南影響的地區之外，都沒有專門的變服。在孝服方面，閩南人已無成服禮，客家人仍有成服禮。閩南人以有無一對耳塞來分辨孝男是否結婚，客家人則採耳塞在左、在右或左右俱設，代表父喪、母喪或父母俱亡（注四）。孝男孝孫所有的孝杖，閩南人葬後即放在墓側（注五），而客家人則遵守其舊俗葬後仍持回家，除服時始加以焚燒（注六）。孝服之有袖或無袖，在具有分別義的閩南地區，是將它做爲已婚或未婚的表徵，而在有分別義的客家地區則將它視爲是否傳死者血統的一種區別。此外出嫁女的孝服，閩南一定要降一等，而客家則有與在室女相同的風俗（如北部客家）。以上所述，爲閩、客最明顯的差異，此外在帶孝、喪期及喪制方面也有因爲閩客不同而產生的的區別。

由於祖籍不同因而孝服制度略有差異，除可以從大的方面以閩、客爲例說明之外，在閩南之中，漳州府的移民與泉州府的移民也略有差異，例如：漳州人孝服有袖表已婚，無袖表未婚，在宜蘭、大肚、草屯一帶迄今猶然，而泉州人則多無此分別義。漳州人的孝杖除杖頭纏五色布外，餘則不纏，泉州人孝杖則常整支纏以白紙鬚，梧棲、鹿港、台南市、澎湖等地迄今猶可見之（注七）。漳州人帶孝常以顏色來區分父（綠）母（黃）之喪，而泉州地區則很少看見。漳州人的喪期較長，泉州人的喪期較短，凡此皆是漳泉之別。

二、地區性的特色

居住在台灣北、中、南部各地的居民，受到天然環境（如氣候、物產）及彼此交流的影響，他們的孝服制度除保留一些祖籍性的特色之外，慢慢地也會透過接觸、排斥、接納、融合等過程而形成地區性的特色。以變服爲例而言，北部及南部地區的變服以烏衫烏褲爲主，中部則以白衫白褲爲多，而澎湖地區則又以藍衫藍褲爲主。孝男的首服，北、中部閩南人及全部的客家人都用草箍，台南、高雄及澎湖地區則不用草箍而用麻布帽。母喪的孝杖，宜蘭、基隆、台北縣市等北部地區全用刺昌，桃園以南則用苦苓或梧桐、刺桐、血桐，澎湖不產樹木全用台灣運去的杉木代替做爲母喪之杖。在室女及孝媳的首服，北部及中部地區，無論閩客，都是用白布爲底其上綴麻做成；而南部地區，無論閩客，全用純麻布製成，澎湖地區也用純麻布箍頭。子孫的孝服，全省各地大都均按其輩分穿麻或苧，但中北部的客家及中部沿海地區的閩南人則多改穿白布長衫。帶孝方面，客家幾乎已經快要全部失傳，而閩南仍大體保留；不過手尾錢這一部分，北部地區尚保存得很好，而中部地區已漸漸消失，南部地區則早已失傳。另外帶孝時的方向有所謂「男左女右」，北部及南部地區是以死者為準而區分，中部地區及南部的台南市與關廟卻是以死人為標準而區分。凡此皆屬於地區性的特色。若綜合祖籍性與區域性兩個因素來看，可以說閩南人的孝服制度保持得比客家人完整；客家人當中，南部六堆地區較東勢一帶保守，而東勢一帶又較桃、竹、苗的客家顯得保守些。閩南以中部海口地區改變得最多，南部與北部都稱得上是保守地區，整體看來北部還比南部保守，而最為保守的地區應推宜蘭這一個漳洲人為主的地區。

三、五服用布與傳統不同

傳統的五服是斬衰、齊衰、大功、小功、緦麻，分別使用五種粗細疏密不同的布製作喪服。日據初期以前，台灣也是如此，但自二十世初年以後，台灣五服用布便改為麻、苧、藍、黃、紅，後三者布質相同，只是顏色有別而已。從此不但五服用布與傳統不同，而且「五服」的內涵意義也逐漸轉趨為「五代」，一代麻、二代苧、三代藍、四代黃、五代紅，這種說法普遍為民眾所接受；當然也有許多學者根據傳統五服去類推，認為麻是斬衰、苧是齊衰、藍是大功、黃是小功、紅是緦麻。

四、短　喪

傳統的喪服制度，爲父母斬衰三年是二十七月，其他各服也均有一定之月數；清初，台灣曾遵守這項傳統，但也開始產生縮減月數的新風氣。到了清末，所謂三年通常只是十幾個月而已；降至近年，更是縮短爲一周年又多一兩個月，或只多幾天，甚至於與對年同一天。今人爲求活人做事方便，做三年不再遵守傳統舊說而完全憑日師擇吉，因而喪期大加縮短。

五、部分親屬穿孝服具有彈性

傳統喪服制度，何種親屬該穿那種喪服，皆有定制；然而在台灣有些地區却有部分親屬，在穿孝服方面具有彈性，例如：湖西與美濃等地的承嗣子爲其所後的孝服本與一般孝男有別，但若其生身父母已歿，則爲所後之服便可與一般孝男全同。出嫁女之服本較在室女降一等，但蘇澳、佳冬等地，出嫁女若其翁姑已歿，了無忌諱，也可以爲父母穿全麻；宜蘭市及佳里等地，出嫁女若其翁姑已歿，其所帶的孝也可以與在室女同。另外，前面提到台灣是五代才穿紅，喪禮若有人穿紅，表示死者福壽雙全；但要見到眞正的五代穿紅，談何容易？於是在講究哀榮的心理驅使之下，台灣便產生了一種彈性穿紅的權宜辦法——假充五代，由侄曾孫或玄孫甚至由外曾孫或侄孫或曾孫，即可穿紅以充五代。

六、長孫男及長孫媳的孝服比一般孫男與孫媳的孝服重

傳統的喪服制度，長孫只有遇到父歿爲祖承重時才有可能穿麻戴麻。但台灣地區除了澎湖以外，

都受到「大孫頂尾子」或「大孫尾子孝」觀念的影響，不論其父在否，爲祖父母皆服麻，或者麻下加苧，或半麻半苧，常使初次到台灣的人誤以爲長孫都承重。不僅孝服如此，帶孝也比照孝服用純麻或半麻半苧；不僅長孫男如此，若他已婚，則長孫媳在夫婦同服的原則下，也須如此，因而形成台灣傳統孝服制度中之一大特色。

七、凡須穿孝服者皆有服

這是指凡是與死者關係較近的卑親屬，即使葬禮當天不能到場，甚至比死者先去世的孝男等，也須爲他們製做孝服，由其妻子或兒子代背以示盡孝。這種情形，有時還推廣到「準親屬」身上；例如已訂婚而未過門的媳婦或孫媳婦等，依照傳統習俗，出葬當天，她也必須到場穿孝服送山。她的孝服要另外綴紅，或在底下襯一襲紅衣裳，俗稱「借送山」。同理，已訂婚尚未結婚的女婿，依例出葬日也須去送葬，這是台灣人在悲傷的葬禮中希望人多以增加死者哀榮的一種心理的表現。這項特色推廣的極致便是達到未出生的胎兒也有服，因而孝媳、出嫁女等重要女孝眷，若正巧碰上懷孕，必須於腰間多加一條寬全幅而長與棺木相同的比棺布，表示胎兒也爲亡人穿孝服。這條布日後還眞的必須裁製爲衣服供嬰兒穿著，不得移作他用。南部有些地區將比棺布簡化爲白帶子加紅線，或只有白帶子，或只有紅線。「比棺布」本是藉以表示胎兒爲亡人盡孝，但因台灣人相信喪葬之事忌諱最多、煞氣最重，因而在「盡孝」之外，同時另外賦予「護胎」「利生」的意義。土庫、台西等地比棺布之外加一支鑰匙，澎湖地區及部分客家地區比棺布之外加竹筷，都是在强調保護胎兒。

八、孝服上辨義作用的部分特別多

傳統喪服制度中的五服，除了孝杖爲父用竹、爲母用桐有所分別之外，其他各項可以說沒有男喪女喪之分，而穿喪服者也不因其已婚或未婚而有區別；換句話，五服中的每一服，其質料與形制，並未因死者性別或服喪者婚否而有差別。但是台灣的傳統孝服，有經驗的老人，他可以從孝服上判斷出死者的性別是男是女，死者配偶存歿狀況，有幾個孝男，有無孫輩以及是不是高壽而亡；也可以判斷出穿孝服者的婚姻狀況，成人與否，與死者有無血緣關係等，茲分成有關死者及有關穿者兩部分，分項舉例說明如後：

(一)有關死者部分：

(1)由男子頭帛尾巴左右長短可以區分父（男）喪、母（女）喪或父母（男女）皆已歿：蘇澳、宜蘭市、礁溪、基隆等地，孝男除草箍之外另繫一條白頭帛，其尾父喪母存左短右長，反之則左長右短，父（母）先歿今又逢母（父）之喪則其尾左右齊長，使人一望即知死者爲男爲女或知其配偶尚存否。鹿港地區也以頭帛來表單亡或雙亡，其表示方法與宜蘭地區稍有不同。客家地區的楊梅，草箍之外沒有頭帛，但用草箍尾巴長短來區分，其分法與宜蘭地區的頭帛完全相同。

(2)由女子簸頭尾巴左右長短可以區分父（男）喪、母（女）喪或父母（男女）俱歿：新竹以北地區的閩南、客家與部分中南部地區的閩南及客家，迄今仍保留此俗，以箍頭尾左長右短表父（男）在母（女）之喪，以左短右長表母（女）在父（男）之喪，以左右齊長表父（男）母（女）俱亡之喪。

(3)由孝男首服的耳塞分辨父喪、母喪或父母俱歿：這是客家人的風俗，大部分客家地區迄今猶有此俗。孝男的草箍，若是父喪則在左耳加一耳塞，母喪在右耳加一耳塞，父（母）先歿再逢（母）父之喪，雙頭皆亡，則左右耳皆有耳塞。新屋、關西、竹東等地，除用耳塞區別之外，其草箍半截直梁，若是父母俱歿則不突出；若尚有一方健在則須出頭，藉此以表單亡或雙歿。又楊梅地區耳塞雖無分別義，但草箍的橫梁却有，它的方法是：父喪右出左不出，母喪左出右不出，父母雙亡則左右俱不出。

(4)由孝杖可以看出死者是男是女，有幾個兒子，有無孫輩以及是否高壽：如前所述，孝男所持之孝杖若是竹杖則知係父喪，若所持爲刺昌或苦苓或刺桐等所做之杖，則知係母喪。由於孝杖是孝男每人一支，若有孫輩則僅長孫一人有杖，其杖頭所包的布與孝男不同，因此走過閩南人地區的新葬墓，有經驗者可從墓旁的孝杖看出死者有幾個兒子以及是否有孫輩出頭。楊梅、關西等地，高壽而亡者，孝男的孝杖較長，與實用的拐杖相同；佳冬地區若死者有曾孫輩出頭，則長孫杖不用竹或梧桐，而改用甘蔗，以表示死者壽高而亡。

(二)有關穿者部分：

(1)以草箍有無耳塞來區別孝男已婚或未婚：閩南人孝男若已婚才加耳塞，而且是左右耳皆有，未婚則無，和客家人藉耳塞來表示父喪或母喪、單亡或雙亡，用意不同。閩南人這種風俗，在北部、中部、南部及澎湖地區，均還可以看得到實例。

(2)以草箍有梁或無梁來區別孝男已婚或未婚：公舘、草屯、大林等地，孝男或長孫的草箍，若已婚才有梁，未婚則僅有一個圓圈而無梁。

(3)從首服可以分辨出孝男的年齡：孝男若已成人則戴草箍或麻帽，未成人則戴頭帛綴麻，尚在襁褓或才牙牙學語且須大人照顧者則戴苙包，這幾乎是閩客共同的通例。北投地區的孫男、若是已婚也可戴草箍，但未婚則僅能戴頭帛綴苧。

(4)孝服有袖或無袖，閩客各有不同的意義：北部地區的閩南及中部的大肚、草屯一帶，男女的孝服，若是已婚才有袖，未婚則無袖；因此穿孝服者的婚姻狀況，一目了然。而桃園、新竹一帶北部客家人，則以有袖表示傳死者的血緣，此外的親屬則無袖，因此外人可以從其袖之有無，判斷他與死者有無傳承血緣關係。

(5)以身服長短來區分婚否：如楊梅、佳冬等地的客家人，便曾以全身長麻衫表該孝男已婚，而未婚者麻衫則長僅及腰。

(6)以足服來區別婚否：例如馬公地區已婚孝男穿白襪草鞋，未婚者穿白襪黑鞋；湖西地區已婚孝男穿白布（襪）草鞋（今或改穿白布鞋），未婚者昔日要打赤脚，今天改成打赤脚穿黑布鞋。北門、關廟等地長孫的足服，已婚者穿草鞋，未婚者穿黑布鞋。

(7)由孝杖之長短可以判斷孝男的職業身分：例如北門地區黃昆野就說孝男若是一般百姓，其杖長一尺二；若是有官職者，則其杖長三尺六。

(8)首服綴紅的意義具有三種可能：在台灣民間傳統喪禮中，常常可以發現有些人的首服上面加綴一小塊紅布，爲何要加紅？一般而言，它有三種可能性，台灣的習俗可爲下列三種人加紅：第一是爲生平第一次穿孝服者綴紅，但孝男、孝媳、孝女等不包含在內；也就是說兒輩以外的直系或旁系卑親，若是第一次穿孝服則加紅以求吉祥，曾遭逢過喪事者則不加。第二是爲異姓人士加紅，所謂異姓人士包含外孫、女婿、外甥、義子、義女等在內。第三是爲準親屬加紅，如已訂婚而尚未結婚的媳婦、孫媳婦、女婿、孫婿等，若來參加葬禮，皆可綴紅。

除了孝服之外，帶孝一項也常具有區別義，例如在宜蘭及北部等地區，我們可以從帶孝者把孝帶在左邊或右邊而判斷他家是男性或女性尊親死亡；從他所帶的孝的質料，也可以判斷他與死者之關係；經過換孝之後，仍可以從他們所帶的孝是綠或黃而知其爲男喪或女喪。宜蘭地區孝男所帶麻皮不捻合表雙亡；南投地區孝男所帶麻圈，父死母存緝下邊不緝上邊，父存母死反之，父母皆死則上下皆不緝。許多地區的長孫男、長孫媳除了孝服比較特殊是麻加苧之外，他們所帶的孝及手尾錢也是將兒子輩與孫子輩的孝合在一起；因此有經驗者也可以看出帶兩種顏色的孝的人，必是長孫男或長孫媳。以上所述就是帶孝具有區別義最明顯的例子。

儒家認爲所有的禮，都應該具有三個要素：禮義、禮文及禮器，儒家這一套觀念，散見於漢儒所編的小戴記各篇當中，如樂記云：「故鐘鼓管磬羽籥干戚，樂之器也；屈伸俯仰綴兆舒疾，樂之文也；簠簋俎豆制度文章，禮之器也；升降上下周還裼襲，禮之文也。故知禮樂之情者能作，識禮樂之文者能述；作者之謂聖，述者之謂明，明聖者，述作之謂也。」（注八）郊特牲曰：「禮之所尊，尊其義也，失其義，陳其數，祝史之事也，故其數可陳也，其義難知也。知其義而敬守之，天子之所以敬天下也。」（注九）儒家對禮的三要素有輕重之分，認爲禮義最重要，沒有禮義，只有禮器及禮文，不成其爲禮（注一〇）。

根據儒家的觀點，每一種禮都有「禮義」，所謂禮義就是行禮的用意、目標、功能；如果禮義不明，甚或失去了禮義，則這一種禮便會萎縮，甚至消失。反過來說，爲了某種目標或功能，也可以新創一種禮，這就是所謂的「禮可以義起」。台灣的傳統孝服制度已流傳了三百多年，迄今仍通行於民間，可見它一定具有許多功能，能夠滿足百姓的需要。有關孝服、帶孝辨義作用的功能，前面已經討論過，不再贅言；茲根據第二、三章所論，再參酌其他歷史、社會文獻資料，我們可以發現台灣民間傳統孝服制度，至少具有三方面的功能：

一、**倫理的功能**：所謂倫理的功能是指可以達到抒哀、報恩、盡孝的功能；抒哀、報恩、盡孝三者是一系列而不可分割。禮記三年問云：「凡生天地之間者，有血氣之屬必有知，有知之屬莫不知愛其類。今是大鳥獸，則失喪其羣匹，越月踰時焉，則必反巡。過其故鄉，翔回焉，鳴號焉，躑躅焉，踟躕焉，然後乃能去之。小者至於燕雀，猶有啁噍之頃焉，然後乃能去之。故有血氣之屬者，莫知於人，故人於其親也至死不窮。」（注一一）連動物對其親之死亡猶會悲傷而不忍，更何況是萬物之靈的人類？傳統的儒家深知人類對親人之死亡，感情上第一個反應是悲哀，而且會至死不窮，因此便以「哀」爲喪禮之主體，例如論語八佾篇云：「林放問禮之本，子曰：『大哉問，禮，與其奢也，寧儉；喪，與其易也，寧戚。』」子張篇云：「子張曰：『士見危致命，見得思義，祭思敬，喪思哀，其可已矣。』」又云：「子游曰：『喪致乎哀而止。』」又云：「曾子曰：『吾聞諸夫子，人未有自致者也，必也親喪乎！』」禮記檀弓篇亦云：「子路曰：『吾聞諸夫子，喪禮與其哀不足而禮有餘也，不若禮不足而哀有餘也。祭禮與其敬不足而禮有餘也，不若禮不足而敬有餘也。』」（注一二）凡此皆可以證明儒家對喪禮最强調「哀」字。因此經其規範後的士喪禮、既夕禮及喪服制度，莫不以能表達孝子賢孫之哀情爲主，藉此哀慕之情進而達到報恩與盡孝。台灣的孝服制度在儒家大傳統的大原則指導之下，也以能表達悲哀之情爲首要目標，因而親人一死便須放悲聲哭號，奔喪者要哭路頭，守喪者要朝夕哭。不分古今中外男女老幼，哭是表達悲哀的共同語言。變服時，要穿黑、穿白或穿藍；舉行儀式時要披痲戴痲，所謂「拖痲揹索」；重孝期間內不得修容因而蓬頭垢面，這些都是在幫助孝子賢孫將其悲傷哀苦之心藉服飾之變化而抒發出來。除此以外，居喪守制，在容體、飲食、居處、行止等方面也都有許多配合表達悲哀心情的變化；帶孝在身，更是提醒其不可忘哀。由於內心有悲傷之情，透過孝服制度加以抒發，使其感念父母恩德之心油然而生。然而親人既已死亡，又將如何報答？孔子說：「生，事之以禮；死，葬之以禮，祭之以禮。」親人既死，無由報答，只能藉愼辦葬禮及敬謹服喪來聊報於萬一。因而在台灣喪服制度被稱爲孝服制度，凡是能夠遵守傳統孝服制度的規定的人，都被視爲比較有孝心的人。

二、社會的功能：所謂社會的功能是指分離與整合的功能，兩者看似相反，其實却是相成。當一個家庭發生喪事有人死亡，從那個人死亡開始，這個家庭便與一般社會產生隔離狀態。喪家必須在自家大門口貼上白紙、吊起痲燈、痲布，並爲鄰人掛紅，家屬也要變服、帶孝，一時之間，吉凶立判，喪家與一般人家宛然處在兩個極端不同的世界。如此分離，可以收到多重效果；最主要的有兩種，第一是因爲截然的分離使人知道某人家遭大凶，須要周遭羣衆的協助，荀子禮論篇說：「天子之喪動四海，屬諸侯。諸侯之喪動通國，屬大夫。大夫之喪動一國，屬脩士。脩士之喪動一鄉，屬朋友。庶人之喪合族黨，動州里。」每一個喪家都會依其社會地位之高低而獲得範圍大小不同人士的協助。第二是因爲分離之故可以免除許多不必要的干擾與應酬，讓守孝者能夠純其思慮追念先人之德，曲禮說：「鄰有喪，舂不相；里有殯，不巷歌。」論語鄉黨篇記孔子「見齊衰者，雖狎，必變。」「凶服者式之。」都是對服喪者基於同情的一種不干擾與尊敬。有喪之家與一般社會的分離，並非永久性，而是有一定的期間。這一段期間又可分爲幾個階段，喪家依照這幾個階段蛻變，其心情逐步由重哀轉輕，其所帶的孝也由粗孝轉幼孝，最後復吉，由分離狀態經逐步蛻變後而再與一般社會結合，回復正常的社會生活。

台灣孝服制度在社會方面最大的功能，一如傳統的喪服制度，還是在整合這一個項目上。梁漱溟在其大著中國文化要義中，以根深柢固的家族制度爲中國文化的特徵（注一三），梁氏這個見解已爲中外學哲所認同。然而是什麼力量使中國的家族凝聚得如此堅强如此根深柢固？這當然不是單一的力量所能做到，而孝服制度則是其中很重要的一種力量。喪禮是記載喪事進行的儀節與順序，它是屬於動態的；而喪服則是規定各種親屬須視其與死者之關係而穿某種喪服，它是靜態的。平時，它像一張貼在地面的網，我們幾乎感覺不到它的存在；一旦發生事情時，它立即張起來，像一片四通八達緜密精細的網。透過這張網，以死者爲中心，把所有有關係的人聯結在一起，互相安慰、互相勸勉，努力彌補死者去世之後在家族環節上所留下的空隙。荀子禮論篇說：「故死之爲道也，一而不可得再復也。」由於喪事是「一而不可得再復」，因此迄今它仍是「冠、婚、喪、祭」四禮中最受到重視的，婚禮可以禮到而人不到，喪禮則無論如何人一定要到，否則必遭人訾議。因此，直到目前爲止，凡是某家有喪事，當喪事一發生，所有有服的人便開始凝聚在一起；而出殯日隆重的祭奠安葬之禮，更是所有有服者的大集合。往往有許多人在這個場合才知道彼此竟然是五服之內的親戚，因而日後相遇，關係更加親密；至於原已認識者透過孝服制度，具有補强作用。中國人的家族制度就是靠這一張緜密的網，數千年來才能緊緊聯結在一起。

昔日居喪守制，出殯之前，家人不能坐在椅子上吃飯，而是將飯菜放在圓形的簸壺內，家人團團圍著而吃。這與燒庫錢時孝眷必須手牽手圍成一個圓圈，以防孤魂野鬼偷搶，其用意是相同的，就是要求死者之子女在死者死亡之後更須團結無間。昔日民間日常用具的木桶，是由一片片木板外加竹篾

（俗稱「桶箍篾」）箍成，去掉竹篾木桶便會渙散。台灣喪禮當中，接棺、壓棺位、壓擔……等場合，一再使用桶箍篾（今多以鐵絲圈代表），其用意也是要孝眷等睹物思情，加强團結意識。再者，居喪當中，喪家端午不能製鹼粽，過年不能蒸年糕，可是祭亡靈與祭祖先却不能缺少這兩樣祭品。台灣的風俗習慣，喪家的親戚朋友此時便要送粿粽予喪家，而喪家也要以糖或味素等答謝。如此一來一往當中，對喪家的家族與交遊圈，無形中也具有强化的作用。

三、**法律的功能**：陶希聖曾撰「服制之構成」一文，並附有八禮圖影印圖，圖後陶先生加了案語：「希聖案：上列八禮圖依據日據時期台灣總督府民政部保管之『續輯明刑圖說』，清末江西知縣胡鴻澤輯，光緒七年十一月石印本。此本是清末州縣衙門刑名幕友置於案頭，便於查考之用者，並非善本。祇以其爲當時實用之通俗圖書，特抽印其八禮圖於本篇末。」（注一四）所謂八禮圖是指：喪服總圖、本宗九族五服正圖、妻爲夫族服圖、妾爲家長族服之圖、出嫁之女爲本宗降服之圖、外親服圖、妻親服圖、三父八母圖，明律與清律均將此八禮圖列於書前。八禮圖是有關喪服制度的圖表，何以說這是清末州縣衙門刑名幕友置於案頭的實用圖書？因爲在清宣統二年頒布大清現行刑律之前，清朝一直沿用中國特有的中國法系。中國法系最大的特色是亦禮亦法，把禮文當做法條，以罰責懲戒不守禮者，這完全是受到儒家禮治思想的影響。由於强調禮治，禮是有親疏遠近之別，同一種行爲加諸親疏不同的人的身上，則其結果便應不同。喪服制度（簡稱服制）是衡量親疏遠近最客觀且具體的一種標準，修法的人便常根據此一標準決定行爲效力，如唐律賊盜律：「諸謀殺期親尊長、外祖父母、夫、夫之祖父母父母者，皆斬。」「諸謀殺緦麻以上尊長者，流二千里，已傷者絞，已殺者斬。」「諸部曲奴隸謀殺主者皆斬，謀殺主之期親及外祖父母者絞，已傷者皆斬。」唐以後各朝的律例，如明律、清律等均沿襲唐律，五服名稱一再出現於律例條文之中，故瞿同祖說：「律既與禮相應，互爲表裡，所以斷訟必以禮爲根據，否則便茫無所從。以親屬間的訴訟來說，既以服制爲斷，於是立法司法皆須先明服制，有時因服制不明便無從判決，經禮部議定後才能問罪，禮與刑的關係不言而喻。」（注一五）明乎此便可以了解陶希聖稱八禮圖爲清末衙門刑名幕友的必備實用書，的確是實情；同時由此更可以看出喪服制度在中國法系時代，它在法律中所佔地位之重要性。台灣自明鄭亡後至乙未年割日爲止，清朝一共統治了二百一十二年（西元一六八三——一八九五）左右，毫無疑問在這段期間內，台灣的傳統孝服制度也在法律上佔有相當重要的地位；當時，孝服制度不僅有人亡故時，即使平時也可做爲決定親屬關係的標準，刑法也以服之有無及輕重做爲決定罪之有無及輕重的標準。

宣統二年以後，歐美法系侵入我國，時代潮流所趨，影響中國及其鄰近地區長達兩千多年的中國法系便告結束。此後所制訂的法律，除了少數特殊規定之外，不再採取因人（親）而異的特殊原則，改採法律之前人人平等的普通原則；而計算親屬關係也不再根據五服制度，改用親等計算法；於是五服名稱全盤退出法典，爲官做吏不必再把八禮圖隨時置於案上。日本比清朝更早「變法」，因此日據以後，台灣的法律當然也看不到五服的名稱。服制雖然退出法律條文，但在民間習慣法上，它仍具有深遠的影響力，例如「大孫頂尾子」，孝服與諸男相同或相似的長孫，在分配遺產時，往往與諸男共同持分；另外如羅東的贅婿，土庫的承嗣子承嗣子媳及湖西的養子爲生身父母，其所穿的孝服也都與遺產分配有關。

【附　注】：

注　一：陳夢林，〈諸羅縣志〉，（清康熙五十六年原刋，台灣銀行重印），頁八八。

注　二：陳正祥，〈中國文化地理〉，（木鐸出版社，民國七一年），頁二一八—二二〇。

注　三：林衡道，〈臺灣開拓史話〉，（青文出版社，民國六五年），頁十六。

注　四：清光緒二四年刋，吳宗焯修，溫仲和纂的〈嘉應州志〉卷八即云：「以麻布一幅高八寸，自額繞後上橫縫，後直縫，前一辟積，曰麻帽。以麻繫稻草一股，自額繞後，轉而上爲一梁，旁綴小棉絮，疏布裹之，父左母右，父母俱不存者左右具，加諸麻帽曰頭箍。」（台北成文出版社影印本頁一四〇）這就是清代大陸上客家人的風俗。代表清代閩南風俗的〈家禮大成〉、〈家禮會通〉則說不論父喪母喪皆設充耳於兩旁。

注　五：張汝誠，〈家禮會通〉，（清雍正甲寅序刋本，民國七十四年台北大立出版社影印），頁二一六云：「按通杖（全案：即孝杖）實係明器，最宜珍藏。今俗，凶葬丟杖墓前，空手歸家，安靈成服及見弔客，不知將何以扶其軀乎？治喪而不用杖，則無哀痛慘怛之情，豈足爲禮乎？」

注　六：此亦源自大陸之舊俗，清朝嘉應人黃釗撰〈石窟一徵〉卷四云：「俗葬畢反虞，以杖置諸棲靈之屋几筵之下；三年喪畢，與棲靈之屋及斬衰苴經並焚之。」（民國五九年，台北學生書局影印本，頁一八〇）。

注　七：大約一百年前 J. J. M. de Groot 在泉州的廈門一帶調查當地的喪俗時，便說廈門人的孝杖杖身外面包滿白紙鬚，葬禮時每一個孝男一支，告窆後，孝杖即樹立於墓側，任其風吹雨打。其說見所著〔The Religious System of China〕，頁五九〇；本書頁五九八並附有一幀孝男的照片，孝杖清晰可見，與目前在梧棲、馬公等地所見完全相似：

注　八：〔禮記注疏〕，（藝文印書館），頁六六九。

注　九：同前，頁五〇四。

注一〇：春秋左氏傳昭公二十五年，子大叔見趙簡子，趙簡子問揖讓周旋之禮，子大叔即告訴趙簡子那只是「儀」而尚不是「禮」，禮必須具備禮義才算充足。

注一一：同注八，頁九六一。

注一二：同注八，頁一三三。
注一三：梁漱溟，〔中國文化要義〕，（正中書局，民國五二年），頁一一。
注一四：陶希聖，〔服制之構成〕，（食貨月刊一卷九期），頁二三。
注一五：瞿同祖，〔中國法律與中國社會〕，（里仁出版社，民國七三年），頁四二三。

第三節　台灣民間傳統孝服制度之演變及其原因

從明鄭開始墾殖，歷經滿清、日據、光復，迄今三百多年來，台灣的傳統孝服制度與喪葬儀節，是冠、昏、喪、祭庶民四禮（注一）當中被保存得最多的一禮。保存得最多並不代表沒有變化，在前面各章節中，作者已將其各種變化隨文夾敍，今爲便於通盤比較，謹將較明顯的變化分項綜述於後：

一、**變服方面**：清代親長死亡，初喪期間，子孫須「披髮、袒臂、跣足、擗踊」（注二），後因不再留長辮子而且多習慣穿鞋子才能走路，因而這些習俗便失傳了。昔日初喪期間，家人皆須依當地之習俗穿烏（黑）或白或藍色衫褲，而且兒子輩的衣服下襬不縫邊；今天，許多地區只有兒子輩才穿變服，而且有人是用租借的，對於下襬縫不縫，已不再重視。

二、**孝服方面**：這一項可分成兩部分來看：㈠是服孝的親屬範圍，由清代而日據而光復而至今，其範圍逐漸縮小，不僅爲卑幼無服，連夫妻之間、兄弟姊妹之間的孝服也逐漸受「平輩無服」觀念的影響而日漸消失。㈡是服飾部分，除基本上五服由五種精粗不同的布變成由麻、苧、藍、黃、紅所取代，這是全台灣一致的變化外，其餘各地的變化相當多而且參差。玆舉其比較明顯者而言，在首服方面，北部地區成年的孫男本戴草箍，現多簡化爲頭帛綴苧；南部有些地區孝男本戴草箍現在已有改戴麻帽的，中北部地區婦人簸頭本係用純麻或苧等製成，今多改用白布簸頭其上再綴麻或苧等；而中南部地區婦女之簸頭尾巴本應與北部地區相似，須視死者之性別而區分左右長短，今多非如此。在身服方面，麻衫本係斜襟今多改成對襟；腰經質料本應與身服同而今多改用白布；麻衫下襬本當斬衰不縫，今則發現有滾白布邊或直接縫邊的現象；麻衫本應長至踝，許多地區都加以縮短；麻衫本應用純麻做，而有些地區已改用白布取代；苧布本用天然布料，今已發現有用化學布料的例子；各種親屬的孝服本來有首服即有身服，而今比較疏遠的親屬其身服多逕加省略，或改用白布披肩取代，甚至首服、身服全省而改在手臂綴白布取代。在足服部分，與死者關係比較密切的親屬如孝男、孝媳、在室女等，本當脚套白布穿草鞋，如今女性部分差不多全改穿布鞋，連孝男部分也有不少地區不套白布而改穿白襪，甚至不穿草鞋而改穿布鞋。在孝杖方面，孝杖本應長至心口與實用拐杖同長，如今差不多全縮短爲一尺二左右；母杖之質料本與父異，採用刺昌或苦苓或桐木等，由於取材不易，如今已有改用其他容易取得的材料，如木麻黃、杉木、一般樹木等，有些地區甚至與父喪相同改用竹子爲孝杖。

三、**帶孝方面**：清代辮髮時期，男子皆將孝紮在髮辮上，由初終到除喪，要歷經多次「換孝」。清朝滅亡，男子剪辮，然後將孝改紮於帽沿上或手臂上，而以帶在手臂上者爲多。婦人帶孝，昔日多紮於髮上，今日亦然，不過也有少數婦女像男子般帶在衣袖上。整體而言，今日帶孝比昔日簡化，客家人幾乎已完全不帶孝，閩南人也只剩與死者關係比較密切的直系卑親屬才帶孝，旁系的多只帶一小段時間即「寄孝」，甚至根本不帶；至於平輩親屬如兄弟姊妹、夫妻等多已省略不帶。即以直系卑親屬而言，昔日帶孝變（換）孝的節數，最多的地區是六節，最少也有四節；今日最多的地區是五節，最少的則只有兩節；至於手尾錢，客家人已隨帶孝一同消失，南部的閩南人也幾乎不帶手尾錢，只有北部及中部地區的閩南人尚保存這項風俗，不過在中部地區也逐漸成為稀有的習俗了。

四、喪期方面：清初大體是遵守禮書及律例的規定，如斬衰三年是二十七月而終喪，但也有少數人家加以減月或計閏。後來這種減月計閏的做法逐漸形成風氣，而且越減越多；降至今日，只要滿一年而且是黃道吉日，連「對年」當天也可以做「三年」，這種情形近十年來可以說經常聽聞。

五、喪制方面：居喪守制，在適用大清律例時代，這方面的規定相當嚴且多，例如：官吏須解職，士子不得參加科舉考試，所有的人皆不得男女混雜、飲酒食肉、演戲、作樂、著吉服、赴宴、嫁娶、犯姦、別財異籍、薙髮等。日據以後這些規定便逐漸鬆弛、逐漸改變。在哭泣部分，昔日出嫁女回喪家皆要哭路頭且有哭辭，今日多無哭辭甚至不哭路頭，早晚捧飯昔日一定要朝夕哭，今日能朝夕哭者也不多。在容體部分，昔日遭父母重喪，孝男要在初終或出山後或百日剃光頭，今多只是剪短而已。飲食部分，昔日出葬之前子孫不可坐而食，不可抽煙嚼檳榔，今日葬前子孫不坐而食者已不多，著孝服而香煙在手檳榔在口者竟然屢見不鮮。居住部分，昔日孝男守靈是睡稻草或麻袋，今多睡席子，昔日喪家的門楣要吊麻布或五色布及孝燈，今多省略；昔日喪家過年要貼綠色或黃色的思親對聯，今人多以不貼紅聯表示居喪。行止部分，昔日居喪帶孝期間不進別人廳堂、不進廟宇、不參加廟會、不看戲、不進電影院歌廳等歡樂場所、不參與他人任何婚喪喜慶之聚會……，規矩很多；今天這些規矩慢慢地也做了一些修正，把禁足期由守喪期間縮爲四個月或百日或出山後即可；遇到孝男認爲是極其重要的聚會時，也有「釋服從吉」的「寄孝」（把孝暫時取下放在魂帛前香爐內）辦法，寄孝後他就可以暫時去參加聚會。

從以上的歸納，我們可以看出台灣的傳統孝服制度並非一成不變的代代相傳，而是有相當的變化，根據田野調查中受訪者所述，這些變化以近二十年產生的爲最多。

孝服制度是一種傳統禮俗，屬於社會風俗習慣之一，因而要探討它產生變化的原因，就不能單獨只從制度本身去思索，而必須把它放回社會當中，就與它有關的各種因素去探討，才不致於失之偏頗。從歷史來看，清代台灣雖然號稱三年一小反五年一大亂，但從整體來看，社會的流動並不大。直到甲午戰爭之後割讓予日本，台灣社會才出現大震盪與轉變，不過這個轉變政治與法律的意義大過於一切。日本統治台灣，進入二十世紀初期之後，開始依照其殖民政策發展台灣的工商業，使台灣社會泛起小漣漪。光復後直到民國五十年代，是台灣要進入工商業化的準備期，此時的農業人口、農業產品，仍佔有相當高的比例與重要性。進入六十年代，隨著九年義務國民教育畢業生源源不絕的出爐，與十大建設逐一完成，一時工商蓬勃發展。人口結構農業人口比例由多數逐漸變成少數，外貿輸出品也由農業大宗轉成以工業產品爲主，國民所得大幅提高，人口結構逐漸都市化，因應都市化的市民需要，各種服務業紛紛興起。到了六十年代末期，台灣可以說已經進入工業化社會，整個社會與文化均產生許多重大的變遷。台灣傳統孝服制度的改變，與台灣的社會變遷相比大約是呈慢半拍的「隨步發展」（先有社會變遷然後再反映到孝服制度上來），因此要探討台灣孝服制度改變的原因，便不能單純從某一特定點去看，而須從整個社會變遷史及變遷因素去觀察，才能找到答案。作者經過通盤觀察、思考之後，認爲造成台灣傳統孝服制度改變的因素相當多，玆歸納爲六類分述如後：

一、**法律因素**：中國法系時期，大清律例不僅在書前列有服圖與服制，將五服關係規定得一清二楚，而且刑罰條文是以兩人之間服之有無及輕重做爲決定罪之有無及輕重的判決依據，另外許多喪制也被列爲法律條文。在這種亦禮亦法時代，台灣的孝服制度變動性非常小。日據以後乃至光復以來，不論日本的法律或中華民國政府的法律，都脫離中國法系而採用西方的大陸法系，不再把服制及喪制列入法典當中。孝服制度失去法律的強制效果之後，當然百姓便不見得會像昔日那麼遵守，使得孝服的範圍縮小、居喪守制生活變成富有彈性，例如公務員丁憂不必開缺、學生丁憂未禁止參加升學考試，一般人丁憂未禁止參加高普考試。清朝有薙髮令，男子皆須薙髮留辮，丁憂帶孝即綁在辮尾上，清朝滅亡，薙髮令自動失效，百姓剪辮，於是男子帶孝便因而改帶在帽子或衣袖上。這些都是因爲法律改變之後所產生的變化。

二、**經濟因素**：經濟方面對孝服產生影響的因素有：㈠織布技術的改良：二十世紀初期機器織布取代了人工織布，使得孝服用布改採機器所製的布去染成藍、黃、紅，以代替人工織出精粗不同的大功布、小功布、緦麻布。㈡幣制改變：清代及日據時代的錢幣，中間均有方孔或圓孔，帶手尾錢要取材非常方便。光復以後我國政府所鑄的硬幣都是沒有孔，早期幣質為銅或鋁，尚容易用鐵釘打孔，近來全改用鎳幣，除非使用機械鑽洞，否則很不容易打孔；今幣有此不便，古代制錢又日漸稀少，因此帶手尾錢的習俗便慢慢在消失當中。㈢葬儀行業的興起：農業時代，是「凡民有喪，匍匐救之」，一家有喪事，宗親、姻戚乃至朋友、鄰居都會紛紛前往幫忙；工業化及都市化以後，人各有業，左鄰右舍未必相識，於是都市及城鎮地區便興起專門為人辦理喪事的葬儀行業。由於喪葬之事素為中國人所忌諱，而且葬儀工作人員的社會地位一直很卑下（注三），因此葬儀工作人員的素質便可想而知不是很高。他們是專業人員，但缺乏完整的專業知識，在喪禮中卻常居於「指導者」的地位，因而造成喪禮與孝服制度的改變。㈣孝服商品化：葬儀社為了服務大眾，常製做許多孝服供民眾租用。為了增加出租的次數，必須求其耐用，因而斬衰麻衫也加以縫邊，甚至用白布滾邊；另外為增加其流通性與適用性，便將許多具有辨義作用的部分加以統一，如箴頭尾一律採左長右短、孝服一律有袖……。㈤今人不用蚊帳加上河川汙染，麻布、苧布除服後了無用途：昔日農村多懸掛蚊帳，河川有魚蝦可以網撈，因而除服後可將麻布移作魚網，可將苧布用來補蚊帳；而今河川無魚可撈，且不使用蚊帳，麻布、苧布除服後了無用途。因而北部客家及中部沿海閩南人，便用日後可以做別的用途的白布來取代，只在其肩披一塊麻或苧做為象徵而已；其他地區的人氏或改用租的，因而助長孝服出租業的發展。㈥為了方便謀職就業或恢復營業，使孝服制度發生改變：例如北部客家人便是為了方便出外謀職就業而將帶孝習俗廢除，而中南部海口泉州人安「清氣靈」縮短喪期，目的也是想方便恢復營生。

三、**生態環境**：昔日農業社會，住宅附近多山坡地或邊際土地，有種植的或野生的竹林、苦苓、刺昌、刺桐……等。進入工業社會之後，一方面人口都市化，一方面土地漲價，許多昔日看不起眼的山坡地、邊際土地紛紛被開發，竹林、苦苓、刺昌、刺桐……等皆被砍伐殆盡。遇到喪事，孝杖取材不易，因而昔日本應由族長或母舅製作的孝杖，城市地區已變成由葬儀社供應；鄉村地區，由於竹子比較普遍，父喪之杖用竹還比較容易取材；母喪之杖則不容易，因而有改用容易取得的木麻黃或一般樹木，甚至也有改用竹子的例子。

四、**教育制度與教育內容**：昔日學校教育不發達，相對地家庭教育及社會教育便顯得十分重要，當時的家庭教育及社會教育多趨向於傳統生活習慣的維護。傳統禮俗的傳承是呈金字塔型的，中、底層大多數的羣衆是採口耳相傳的方式將傳統禮俗一代代傳遞下去。他們口耳相傳的資訊，除來自同一階層的人士之外，也聽取最上一層鄉間知識分子的指導。鄉間知識分子對於傳統禮俗的口耳相傳部分，若非過分的「離經叛道」，不但不會排斥，而且可能加以闡揚；若是有「離經叛道」或疑惑不明的地方，鄉間知識分子便請出儒家思想的典籍，如儀禮及歷代官私修禮書（在台灣最常見被搬引出來的是「家禮大全」之類的書），做為導正風俗的依據，由於這種關係使得傳統禮俗成為一種超穩定的系統。但是自從學校教育普及，尤其是實施九年國教之後，學校教育幾乎淹沒了家庭教育與社會教育的重要性。當前的教育是升學教育，是西式的教育，對於發展科技，促進工商發展，貢獻很大；但對於傳統文化、風俗習慣的維護與發揚，顯然做得不夠。這從大學中音樂系、美術系向西洋音樂、西洋美術一面倒的現象便可看出一斑。從小學到大學階段的教育，都缺乏教導現代人面臨生命禮儀時應有那些禮或俗的課程，這是學校教育的缺失。對個人而言，當他在中小學階段，住在家鄉，可能有機會遇到或看到一些傳統禮俗的活動，但因少不更事，並未特別留意；等到高中、大學階段，負笈他鄉（多半是城市），離傳統禮俗更遠（注四），終至造成學歷越高對傳統禮俗越陌生的現象。當傳統的鄉間知識子逐漸凋零之後，傳承禮俗那座金字塔的上層消失了，便由中、底層的人士負傳承之全責。這些人對傳統禮俗未必全面了解，或經常根據個人意見加以增減。現代高學歷人士遇到生命禮儀場合，不是完全任其擺佈便是不屑聽從，自創一套，使得傳統禮俗逐漸分崩離析產生變化；孝服制度受到這種因素的影響也產生一些變化，例如許多地區對於疏親的孝服便常因傳統禮俗傳承的斷層，不知該穿什麼服，只在手臂紮白布，或者索性不穿不戴，成爲無服。

五：意識價值：意識價值觀念的改變也會對孝服制度產生影響：㈠對於死亡的觀念：禮記檀弓篇記載一段孔子對於死亡的看法，他說：「之死而致死之，不仁而不可爲也；之死而致生之，不知而不可爲也。是故竹不成用，瓦不成味，木不成斲，琴瑟張而不平，竽笙備而不和，有鐘磬而無簨虡，其曰明器，神明之也。」（注五）孔子的意思是說一個人死亡之後，就把他當做完全消滅（包括物理的與精神的），是非常不仁；相反的，一個人死亡之後，依舊把他當做還是活著一般，是非常不知。朝死而夕忘之者就是不仁，殺人殉葬、將陵寢佈置得與皇宮一模一樣就是不知。不仁者不能飲水思源，抹煞前人的辛苦與功勞，使得人類的價値縮短到只有他活著的那一小段時間，一旦去世，一切化爲烏有。不知者容易演變成把活人當做死人的奴隸或附從者，不尊重人性的尊嚴，使得人類一直處在陰暗與恐怖之中。不仁者刻死，不知者刻生。孔子認爲正常的態度是不應該刻死，也不應當刻生，所以他解釋供死者使用的明器時，他說這些竹器、瓦器、木器、樂器等，雖有但不完全；因爲死亡的世界是一個不可知的世界，所以與活人所用有別；「有」表示不是「不仁」，「不完全」表示不是「不知」，孔子對死亡的看法是既不刻死也不刻生，既非不仁也非不知，雖「有」却非「全有」的中庸之道，所以他說：「祭如在，祭神如神在。」（注六）孔子的這種看法調和了活著的子孫與死亡的祖先的關係，使得活著的子孫擁有人類的尊嚴，也使得死去的祖先能「死而不亡」地活在子孫的心中；因此愼終追遠、祖先崇拜便成爲中國文化特色之一。台灣自從「工業化」與「現代化」之後，祖先崇拜的文化特色大體依舊保存，但在程度上，毫無疑問地減低了許多；尤其許多學者認爲台灣的所謂「現代化」，實際上幾乎就是「歐美化」，甚至於可以說是「美國化」，當前美國人對於死亡的觀念如何？他們的看法是：「死亡不但意味著一個人物理存在的消滅，也是社會存在的消滅。人死之後，除了近親密友感情上對他的追念外，他的靈魂不再有任何社會意義。」（注七）美國式的死亡觀念已隨著「現代化」的風潮逐漸對台灣產生影響。由於對死亡的觀念、對祖宗崇拜的程度有所改變，因而對孝服的「維護心」「虔信心」「遵守心」也會產生影響，甚至於會爲求活人的方便而去改變孝服制度，讓人感覺到有點「刻死」的味道。前述客家人的方便謀職而廢除帶孝、海口人為及早恢復營生而短喪安清氣靈，都顯示出對死亡的看法與前人不同。㈡時間觀念：傳統的孝服制度的時間背景是屬於農業社會那種舒緩鬆閒的時間觀念，時間對人的束縛性不大，一寸光陰一寸金只是一種抽象的觀念罷了；然而工商化後的今天，或工或商，每一個人都各有職業，每一個人都受上班時間所控制，只要全勤、加班，所得便會增加，於是一寸光陰一寸金變成具體的事實。由於人各有業，且受工作時間所羈絆，因此除非假日舉行葬禮，否則一般較疏遠的親戚便可能不克到場穿孝服參與葬禮。而一般公務機關人員父母死亡給假亦僅三週，三週之後即須恢復正常上班，這也迫使担任公職的孝男孝女，必須對居喪守制做一些彈性調整。㈢平等的觀念：台灣一直到清末，平輩兄弟姊妹之間還是有服，夫妻之間亦然；後來却產生「平輩平大」的觀念，這個觀念被使用在兄弟姊妹及夫婦之間，因而今天有許多地區兄弟姊妹及夫婦之間已互不穿孝服也不帶孝。㈣關於行為的觀念：許多昔日視為享受或享樂的行為，由於社會變遷，今人不再從嚴解釋為享受或享樂，而是從寬解釋為日常生活當中的一般行為：例如抽煙、嚼檳榔，昔日百分之一百認為是一種享樂行為，因此若有人於重孝期間抽煙嚼檳榔，必遭人指責；而今因為觀念改變，故有孝男披麻帶孝而一根煙在手或口嚼檳榔也無人感到驚訝。另外如昔日重孝期間是不准觀劇聽音樂的，然而今天孝男一邊守靈，一邊把電視搬到孝棚裡去看的，已大有人在，也未見人們指責，這也意味著一種觀念的改變。

六、**家庭制度**：農業社會時代的大家庭制度，如今已被折衷家庭或核心家庭所取代，而在政府的節育政策及現代夫婦的個人成就主義兩相配合之下，也使得每個家庭的子女數降低，當然也使得孝服的範圍縮小。昔日大家庭制度伯叔共居，遇到父母死亡，往往有伯叔來護喪指導，使得孝服制度具有很强的保守性。如今多數是小家庭，縱令有伯叔也不住在一起；而且今天「老年取向」「尊老敬賢」的觀念已不像昔日那麼强，因而伯叔即使到場也不再扮演「指導者」的角色，只是扮演「賓客」的角色而已，這也增加孝服制度變化的可能性。

七、居住情形：可分兩方面談：㈠住宅形態：昔日傳統建築以平房式爲主，有門有楹，居喪吊孝燈、掛痲布，遇到過年貼喪聯，都很方便；今天住宅形態，無論城鄉，都朝高樓公寓發展，現代化的落地鋁門窗，要吊孝燈、掛痲布、貼楹聯，頗爲不易，因而這些習俗已漸漸消失。㈡居住形態：昔日農業社會多聚族而居，今日工商社會則遷就工作地點而散居各地。聚族而居的時代，經常見面，較有感情，遇有喪亡，必躬親服孝；散居各地，不常見面，感情較薄，遇有喪亡，較疏遠者便未必躬親服孝；而居時會到場者也因不常見面，不知其體型，無法爲其預先裁製合身的孝服，於是才有改用「腰飾」取代的做法產生。

八、交通因素：昔日交通不便，各個同一祖籍地來的人容易保持其祖籍性的特殊風俗，各個區域也會產生一些區域性的特殊風俗。如今交通便捷（所謂交通是包含鐵公路運輸及電信設備等），突破山川阻隔，加以工商社會人口流動性大，甲地的風俗會傳到乙地，乙地的風俗也會傳到甲地，各地不同的風俗互相激盪，一些祖籍性、區域性的孝服特色，便逐漸混同消失。反過來說，至今尙能保持較多祖籍性或區域性特色的地方，多是屬於交通比較不便的地區，如宜蘭與澎湖就是最明顯的例子。

【附注】：

注一：儀禮十七篇，其中冠以明成人，昏以合男女，喪以仁父子，祭以嚴鬼神，鄉飲以合鄉里，燕射以成賓主，聘食以睦邦交，朝覲以辨上下；冠、昏、喪、祭、鄉、射、朝、聘，這是禮的八個大綱。後四種屬於社會國家之禮，一般平民不一定有機會用到；但前四禮乃生命禮俗之禮，不論貴族、庶民都一定會用到，因此歷來學者所稱的「庶民四禮」便是指冠、昏、喪、祭四禮。

注二：陳夢林〔諸羅縣志〕，（清康熙五十六年原刊，台灣銀行重印），頁八六。

注三：台灣的傳統觀念，將人的社會階級，依其職業類別畫分爲所謂上九流與下九流，從事喪葬事宜的「土公」便被歸在下九流之末。參片岡巖，〔台灣風俗誌〕，陳金田譯本，第三集第二章。

注四：現代的高等教育不但對在校青年的傳統文化薰陶不夠，甚至對學校附近社區人民的生活也不能產生明顯作用，例如朱謙、漆敬堯即云：「木柵鄉有一所國立大學（政治大學）、一所專科學校（世界新聞專科學校）及八所中小學，僅對校內青少年發揮了教育功能；對改進校外農民的習俗，並未產生顯著作用。」見所著〔台灣農村社會變遷〕，（台灣商務印書館，民國七三年），頁二一。

注五：〔禮記注疏〕，（藝文印書館），頁一四四。

注六：〔論語〕八佾篇語。

注

七：余光弘，〔A. Van Gennep 生命儀禮理論的重新評價〕，（中央研究院民族學研究所集刊六十期），頁二四九。

參考書目

各類皆略依作者時代先後而列，民國以前並冠朝代名稱，民國以後則否。

(一)經學與禮學類

周禮注疏　漢鄭玄注唐賈公彥疏　藝文印書館
儀禮注疏　漢鄭玄注唐賈公彥疏　藝文印書館
禮記注疏　漢鄭玄注唐孔穎達疏　藝文印書館
左傳注疏　晉杜預注唐孔穎達疏　藝文印書館
公羊傳注疏　漢何休注唐徐彥疏　藝文印書館
穀梁傳注疏　晉范寧注唐楊士勛疏　藝文印書館
周易注疏　魏王弼晉韓康伯注唐孔穎達疏　藝文印書館
尚書注疏　漢孔安國注唐孔穎達疏　藝文印書館
毛詩注疏　漢毛公傳鄭玄箋唐孔穎達疏　藝文印書館
論語注疏　魏何晏注宋邢昺疏　藝文印書館

孟子注疏　漢趙岐注宋孫奭疏　藝文印書館
孝經注疏　唐玄宗御注宋邢昺疏　藝文印書館
爾雅注疏　晉郭璞注宋邢昺疏　藝文印書館
三禮目錄（黃氏逸書考）　漢　鄭玄　藝文印書館
大唐開元禮（故宮文淵閣四庫全書）　唐　蕭嵩等　台灣商務印書館
政和五禮新儀（故宮文淵閣四庫全書）　宋　鄭居中等　台灣商務印書館
禮書（四庫全書珍本五集）　宋　陳祥道　台灣商務印書館
溫公書儀　宋　司馬光　藝文印書館百部叢書集成影印學津討原本
書儀（故宮文淵閣四庫全書）　宋　司馬光　台灣商務印書館
四書集註　宋　朱熹　中華書局
朱文公家禮　宋　朱熹　韓國漢城大學奎章閣藏本
家禮（故宮文淵閣四庫全書）　宋　朱熹　台灣商務印書館
儀禮經傳通解正續編　宋　朱熹、黃幹、楊復等　史語所傅斯年圖書館藏本
大金集禮　金　張暐等　中央圖書館藏舊鈔本
文獻通考　元　馬端臨　中央圖書館藏西湖書院本
儀禮集說（通志堂經解）　元　敖繼公　大通書局

御製孝孝慈錄　明太祖　藝文印書館百部叢書本
文公家禮儀節　明　丘濬　中央圖書館藏明弘治刊本
丘公家禮儀節　明　丘濬　丘文莊公叢書
丘公家禮儀節　明　丘濬　韓國漢城大學奎章閣藏本
明集禮　明　徐一夔等　中央圖書館藏明嘉靖九月內府刻本
儀禮鄭注句讀　清　張爾岐　藝文印書館
讀禮通考（故宮文淵閣四庫全書）　清　徐乾學　台灣商務印書館
古今圖書集成禮儀典　鼎文書局
家禮大成　清　呂子振　瑞成書局
家禮會通　清　張汝誠　大立出版社
鄉黨圖考（皇清經解正編）　清　江永　復興書局
禮書綱目　清　江永　臺聯國風出版社
儀禮析疑　清　方苞　史語所傅斯年圖書館藏
五禮通考　清　秦蕙田　新興書局
欽定大清通禮（故宮文淵閣四庫全書）　清　來保等　台灣商務印書館
四庫全書總目（經部）　藝文印書館

儀禮小疏（皇清經解正編）	清　沈彤	復興書局
儀禮正義（皇清經解續編）	清　胡培翬	復興書局
彙纂家禮帖式集要	清　江浩然	鄒謙文堂梓行
禮書通故	清　黃以周	華世出版社
周禮正義	清　孫詒讓	藝文印書館
皇朝經世文編	清　汪琬等	世界書局
讀禮叢鈔	清　閻若璩等	文海出版社
讀經示要	熊十方	樂天出版社
漢代婚喪禮俗考	楊樹達	華世出版社
手抄本客家家禮大成	民國一四年頭份徐阿興手抄	
手抄本客家家禮大成	民國三四年美濃林享新手抄	
喪服喪禮草案	姚子讓	維新書局
禮學新探	高明	香港中文大學叢書
高明經學論叢	高明	黎明文化事業公司
春秋吉禮考辨	周何	嘉新水泥公司基金會
先秦喪服制度考	章景明	中華書局

家禮通書　黃耀德　五術書局
家禮大成　徐天有　竹林印書局
儀禮服飾考辨　王冠仕　師範大學六十二年博士論文
唐開元禮中喪禮之研究　邱衍文　文化學院六十八年博士論文
儀禮士喪禮儀既夕禮節研究　徐福全　師範大學六十八年碩士論文
臺灣民間傳統喪葬儀節研究　徐福全　師範大學七十三年博士論文
儀禮喪服親等服制研究　文智成　師範大學七十四年碩士論文

㈡禮俗

居家必用事類　元　無名氏　中文出版社
The Religious System of China　J. J. M. De Groot　台北南天書局影印
中華舊禮俗　張祖基　中原雜誌社
中華全國風俗志　胡樸安　啓新書局
客家研究導論　羅香林　古亭書屋
民族學問題格　楊成志譯　福祿圖書公司
支那民俗誌　日　永尾龍造　東方文化書局

南臺灣民俗　朱鋒　東方文化書局
臺灣風土志　何聯奎　臺灣中華書局
臺灣喪俗談　曾朝東　臺中光啓出版社
民俗學論叢　羅香林　文星叢刊
民俗學　林惠祥　台灣商務印書館
中國風俗史　張亮采　台灣商務印書館
臺灣民俗源流　婁子匡許長樂　台灣省新聞處印
中原客家禮俗實用範例　謝樹新　中原苗友雜誌社
臺灣民俗　吳瀛濤　衆文圖書公司
臺灣諺語　吳瀛濤　臺灣英文出版社
中國禮俗研究　何聯奎　臺灣中華書局
歷代社會風俗事物考　尚秉和　臺灣商務印書館
客家人　陳運棟　聯亞出版社
臺灣的歷史與民俗　林衡道　青文出版社
艋舺歲時記　王詩琅　德馨室出版社
臺灣民俗學　國分直一著　林懷卿譯　世一書局

臺灣民間年節習俗　陳瑞隆　裕文堂書局
最新婚喪喜慶禮儀大全　楊炯山　南興行
改善民俗之研究—改善民間喪葬禮俗之研究　儲一貫 等　高雄市政府民政局
客家現代喪禮研究綱要　苗栗縣政府教育局
臺灣地區現行喪葬禮俗研究報告　程大學等　臺灣省文獻委員會

㈢史學

史記　漢　司馬遷　藝文印書館
漢書　漢　班固　藝文印書館
後漢書　劉宋　范曄　藝文印書館
舊唐書　後晉　劉昫　藝文印書館
新唐書　宋　歐陽修　藝文印書館
宋史　元　脫脫　藝文印書館
明史　清　張廷玉　藝文印書館
清史稿　樂天出版社

臺灣通史　連雅堂　祥生出版社印
臺灣史　盛清沂　臺灣省文獻委員會
中日韓對照年表　弘道文化事業有限公司
客家人與臺灣史話　高雄市中原客家聯誼編輯委員會
臺灣開拓史話　林衡道　青文出版社
臺灣史略　林熊祥　青文出版社
臺灣開發史　程大學　臺灣省府新聞處
臺灣史研究　張勝彥　華世出版社
南宋社會生活史　馬德程譯　華岡書局
客家源流研究　鄧迅之　天明出版社
臺灣歷史年表　楊碧川　臺灣文藝雜誌社
從話本及擬話本所見之宋代兩京市民生活　龐德新　香港龍門書店
臺灣地理及歷史卷九官師志（一—三冊）　鄭喜夫　臺灣省文獻委員會
中國古代服飾研究　龍田出版社

周錫保　丹青圖書公司

四方　志

(1)清代之方志與相關書籍

清一統志臺灣府　臺灣銀行
臺灣府志　清　康熙三十三年　高拱乾　臺灣銀行
重修臺灣府志　清　康熙五十一年　周元文　臺灣銀行
諸羅縣志　清　康熙五十六年　陳夢林　臺灣銀行
鳳山縣志　清　康熙五十九年　陳文達　臺灣銀行
臺海使槎錄　清　乾隆元年　黃叔璥　臺灣銀行
重修福建臺灣府志　清　乾隆六年　劉良璧　臺灣銀行
重修台灣府志　清　乾隆十二年　范咸　臺灣銀行
重修臺灣縣志　清　乾隆十七年　王必昌　臺灣銀行
續修臺灣府志　清　乾隆二十五年　余文儀　臺灣銀行
重修鳳山縣志　清　乾隆二十九年　王瑛曾　臺灣銀行
澎湖紀略　清　乾隆三十六年　胡建偉　臺灣銀行

海東札記　清　乾隆三十八年　朱景英　臺灣銀行

臺灣志略　清　嘉慶年間　李元春　臺灣銀行

臺灣縣志　清　嘉慶十二年　謝金鑾　臺灣銀行

彰化縣志　清　道光十五年　周璽　臺灣銀行

噶瑪蘭志略　清　道光十七年　柯培元　臺灣銀行

臺灣府噶瑪蘭廳志　清　咸豐二年　陳淑均　臺灣銀行

淡水廳志　清　同治十年　陳培桂　臺灣銀行

福建通志臺灣府　清　同治十年　吳棠　臺灣銀行

澎湖廳志　清　光緒五年　林豪　臺灣銀行

新竹縣志初稿　清　光緒二十四年　鄭鵬雲　臺灣銀行

臺陽見聞錄　清　光緒十九年　唐贊袞　臺灣銀行

安平縣雜記　清　光緒二十年　佚名　臺灣銀行

雲林縣采訪册　清　光緒二十年　倪贊元　臺灣銀行

嘉義管內采訪册　清　光緒年間　佚名　臺灣銀行

(2)日據時期之相關資料

臺風雜記　清　光緒二十九年　佐倉孫三　臺灣銀行

臺灣私法　臨時臺灣舊慣調查會
臺灣私法人事編　臺灣銀行
臺灣志　伊能嘉矩　日本東京文學社
臺灣文化志　伊能嘉矩　日本刀江書院
臺灣的宗教　丸井圭治郎　東方文化書局
臺灣風俗誌　片岡巖著　陳金田譯　衆文書局
臺灣舊慣冠婚葬祭と年中行事　鈴木清一郎　臺灣日日新報社
臺灣宗教と迷信陋俗　曾景來　臺灣宗教研究會
南部臺灣誌　村上玉井　臺南州共榮會
臺灣葬儀改善要覽　江廷遠　埔里街部落振興會聯合會

(3)光復以後之方志及相關資料

臺灣省新竹縣志稿　新竹縣文獻委員會
臺南縣志　臺南縣文獻委員會
基隆市志　基隆市文獻委員會
苗栗縣志　苗栗縣文獻委員會
宜蘭縣志　宜蘭縣文獻委員會

桃園縣志　桃園縣文獻委員會
臺東縣志　臺東縣文獻委員會
重修永和鎮志　永和鎮公所
高雄縣志稿　高雄縣文獻委員會
臺北縣志　臺北縣文獻委員會
臺灣省通志　臺灣省文獻委員會
花蓮縣志　花蓮縣文獻委員會
六堆客家鄉土誌　常青出版社
雲林縣志　雲林縣文獻委員會
臺南市志　臺南市政府
嘉義縣志　嘉義縣政府
台北市志　臺北市文獻委員會
澎湖縣志　澎湖縣政府
白沙鄉志　澎湖縣白沙鄉公所
馬公市志　澎湖縣馬公市公所
頭份鎮志　頭份鎮志編纂委員會

澎湖鄉土史話　陳耀明　澎湖縣文獻委員會
澎湖—慶祝中華民國建國七十年暨澎湖設治七百年　陳知青、蔡文榮　澎湖縣政府
臺灣區客家民俗文化專輯　范揚松　桃園縣龍潭鄉公所
頭城鎮志　宜蘭縣頭城鎮公所
草屯鎮志　南投縣草屯鎮公所

(五)一般類

新編諸子集成　世界書局
唐律疏議　唐　長孫無忌　台灣商務印書館
通典　唐　杜佑　新興書局
朱子語類　宋　朱熹　文津出版社
明會典（故宮文淵閣四庫全書）　明弘治十年勅修　台灣商務印書館
日知錄　明　顧炎武　明倫出版社
大清律例（故宮文淵閣四庫全書）　清　吳達海等　台灣商務印書館
大清律例彙輯便覽　清　李翰章等　成文出版社
欽定大清會典（故宮文淵閣四庫全書）　清乾隆廿九年勅修　台灣商務印書館

陔餘叢考　清　趙翼　華世書局
清俗紀聞　日　中川子信　大立出版社
石窟一徵　清　黃釗　臺灣學生書局
臺灣俚諺集覽　臺灣總督府編印　臺北活版社
臺日大辭典　臺灣總督府
文化論　馬凌諾斯基著、費孝通譯　臺灣商務印書館
中國家族社會之演變　高達觀　里仁書局
臺灣文化論集　林熊祥等　中華文化出版事業委員會
臺灣語言與文化傳統　方豪　臺灣新生報
中國社會史料叢鈔　瞿宣穎　臺灣商務印書館
中國法律思想史　楊鴻烈　臺灣商務印書館
中國法律與中國社會　瞿同祖　里仁書局
中國文化要義　梁漱溟　正中書局
社會學原理　孫本文　臺灣商務印書館
社會學　龍冠海　三民書局
社會學研究　謝康　臺灣商務印書館

社會學方法論　涂爾幹著、許行譯　臺灣商務印書館
社會人類學緒論　Raymond Firth 著、王淑端譯　廣文書局
臺灣文化源流　毛一波　臺灣省新聞處
社會心理學　大宮錄郎著、宋明順譯　臺灣商務印書館
文化人類學　林惠祥　臺灣商務印書館
文化人類學選讀　李亦園等　食貨出版社
中國的臺灣　陳奇祿等　中央文物供應社
中原文化與臺灣　陳奇祿等　臺北市文獻委員會
臺灣民間宗教信仰　董芳苑　長青文化事業股份有限公司
文化模式　R. Benedict 著、黃道琳譯　巨流圖書公司
社會研究法　龍冠海　廣文書局
社會研究法導論　H.M.B.,Jr. 著、吳錫堂、楊滿郁合譯　巨流圖書公司
蛻變中的中國社會　李樹青　九思出版社
信仰與文化　李亦園　巨流圖書公司
臺灣的人口變遷與社會變遷　陳紹馨　聯經出版事業公司

文化人類學新論	許烺光著、張瑞德譯	聯經出版事業公司
中國社會制度研究	謝康	成文出版社
近代中國農村社會之演變	楊懋春	巨流圖書公司
社會學與中國研究	蔡文輝	東大圖書公司
中國的民族社會與文化（芮逸夫教授八秩壽慶論文集）	李亦園、喬健合編	食貨出版社
臺灣的人口移動和雙元性服務部門	施添福	國立臺灣師範大學地理學系
社會變遷	蔡文輝	三民書局
中華民國七十年社會指標統計		行政院主計處
中國文化地理	陳正祥	木鐸出版社
從傳統到現代	金耀基	時報文化公司
鄉民社會	Eric R.Wolf 著、張恭啓譯	巨流圖書公司
七十自述	林坤元	著者自印
望八文存	林坤元	鹿港文教基金會
中國古代宗教初探	朱天順	谷風出版社
臺灣農村社會變遷	朱謙、漆敬堯	臺灣商務印書館

閩南人　林再復　知音出版社

清代臺灣：政策與社會變遷　楊熙　天工書局

臺灣的傳統中國社會　陳其南　允晨文化公司

臺灣禮俗語典　洪惟仁　自立晚報

(六)單篇論文 依出版年月先後排列

新編年中行事(一)至(十二)　鉅鹿赫太郎　台灣慣習記事第一—十二號

臺灣の家族制　風山堂　臺灣慣習記事第一號

臺灣島民の原籍地及ひ其の殊風特習の發生　梅陰子　臺灣慣習記事第四號

頭鬃尾　灣太郎　臺灣慣習記事二卷五號

本島人の服裝の解　臺灣慣習記事三卷八號

左右の尊卑　臺灣慣習記事五卷十號

出棺　池田敏雄　民俗臺灣二卷九期

葬式の民俗　洪氏串珠　民俗臺灣二卷十一期

思ひ出六　黃鳳姿　民俗臺灣二卷十二期

遺ひ物としての粿と粽　川原瑞源　民俗臺灣二卷十二期

藏棺 黃鳳姿 民俗臺灣二卷十二期
臺灣的喪俗 王金蓮 臺灣文獻六卷三期
鄉俗漫談 吳槐 臺北文物五卷四期
臺灣之喪葬 曹甲乙 臺灣文獻九卷四期
臺灣農村的冠婚喪祭 林衡道 中國一周五〇八期
臺灣的古昔喪禮 朱鋒 臺北文物八卷四期
南投草屯新豐里福老人家族形態與婚喪禮俗 洪秀桂 考古人類學刊二五、二六期
臺灣的社會學和民族田野調查工作 陳紹馨等 臺大考古人類學專刊第四期
中國喪葬禮俗簡述 李再廬 中國一周八七三期
五十年前的臺灣風俗 陳梏頭 臺灣風物十七卷四期
臺灣人居喪百期嫁娶婚禮俗的研究 洪秀桂 思與言六卷一期
臺灣客家住民的風習 林衡道 臺灣風物二十卷一期
服制之構成 陶希聖 食貨月刊一卷九期
南投縣之婚喪禮俗 洪秀桂 南投文獻叢輯第十九集
本省聞人林熊祥先生喪葬紀實 臺灣文獻二四卷三期

臺灣喪葬調查座談會紀錄　　臺灣文獻二四卷四期
臺灣民俗（喪葬）座談會紀錄　　臺灣文獻二五卷一期
臺灣民俗（喪葬）座談會紀錄　　臺灣文獻二五卷二期
臺灣民俗（喪葬）座談會紀錄　　臺灣文獻二五卷三期
民俗今昔　郭明道　嘉義文獻五期
臺灣婚喪儀禮的倫理關係之評量　婁子匡　今日中國四八期
文化傳統與婚喪禮俗　郭明道　嘉義文獻六期
臺灣民俗論集　林衡道　臺灣文獻二八卷二期
閩南臺灣民俗采風錄　姚漢秋　臺灣文獻二八卷三期
臺灣喪葬風俗的研究　姚漢秋　臺灣文獻二九卷二期
臺灣的風俗　林衡道　臺灣文獻三十卷三期
閩南臺灣風俗歧異舉隅　姚漢秋　臺灣文獻三十卷三期
綠島的喪葬儀式　余光弘　中央研究院民族所集刊四九期
從閩南風俗談臺灣的移風易俗　姚漢秋　臺灣文獻三十二卷二期
中國の死喪儀禮における死靈觀　劉枝萬　東亞細亞民俗與宗教
中國殯送儀禮所表現之死靈觀　劉枝萬　中央研究院國際漢學會議論文集民俗與

文化組

客家喜慶喪葬舊禮俗述略	楊越凱	臺灣文獻三二卷四期
中華文化叢書禮俗組座談會紀錄		臺灣文獻三三卷一期
談父母會—昔日臺灣的喪葬互助團體	徐福全	史聯雜誌三期
愼終追遠—歷代的喪禮	王明珂	中國文化新論宗教禮俗篇
朱子的禮學	高明	國際朱子學會議論文
閩南臺灣民俗中的禁忌	姚漢秋	臺北文獻六三、六四期
六堆客家鄉村聚落與其特殊民俗	徐春雄	七二年臺灣史蹟研究論文選輯
臺灣民俗演變	姚漢秋	高雄文獻十四、十五期
小戴禮記之喪禮理論研究	黃俊郎	中華學苑二十七期
臺灣喪禮「斂祖」一節考源	徐福全	臺灣文獻三八卷二期
A.Van Gennep 生命儀禮理論的重新評價	余光弘	中央研究院民族所集刊六十期
習俗の中にみるデザイン—台灣の福建系を中心とした葬儀喪裝について(1)(2)	東香澄	日本香蘭女子短期大學研究紀要二九期、三十期

（七）**田野采訪錄**此爲本文作者自民國六十八年至七十三年五年間實地進行田野調查之紀錄，謹依先閩南後客家由北而南順序排列如後：

宜蘭采訪錄
石門采訪錄
三芝采訪錄
石牌公館三重采訪錄
新竹采訪錄
竹南采訪錄
梧棲采訪錄
大肚采訪錄
彰化采訪錄
草屯埔里采訪錄
西螺采訪錄
嘉義采訪錄
臺南市采訪錄
臺南縣采訪錄

左營采訪錄

鳳山采訪錄

新屋觀音采訪錄

湖口楊梅采訪錄

竹東采訪錄

頭份采訪錄

苗栗采訪錄

東勢石岡新社采訪錄

美濃采訪錄

(八)孝服制度調查問題表

此文為本作者自民國七三年至七七年間專為本文所做之專題田野調查，謹依先閩南後客家由北而南順序排列如後：

蘇澳孝服制度調查問題表

羅東孝服制度調查問題表

礁溪孝服制度調查問題表(A)

礁溪孝服制度調查問題表(B)

基隆孝服制度調查問題表
石門孝服制度調查問題表
淡水孝服制度調查問題表
北投孝服制度調查問題表
三重孝服制度調查問題表
萬華孝服制度調查問題表
公館孝服制度調查問題表
竹南孝服制度調查問題表
鹿港孝服制度調查問題表
土庫孝服制度調查問題表
斗南孝服制度調查問題表
台西孝服制度調查問題表
大林孝服制度調查問題表
太保孝服制度調查問題表
嘉義市孝服制度調查問題表
北門孝服制度調查問題表

佳里孝服制度調查問題表
新化孝服制度調查問題表(A)
新化孝服制度調查問題表(B)
楠梓孝服制度調查問題表
左營孝服制度調查問題表
馬公孝服制度調查問題表
湖西孝服制度調查問題表
白沙孝服制度調查問題表
西嶼孝服制度調查問題表
楊梅孝服制度調查問題表
新豐孝服制度調查問題表
關西孝服制度調查問題表
寶山孝服制度調查問題表
頭份孝服制度調查問題表
頭屋孝服制度調查問題表
美濃孝服制度調查問題表

內埔孝服制度調查問題表(A)
內埔孝服制度調查問題表(B)
佳冬孝服制度調查問題表(A)
佳冬孝服制度調查問題表(B)

①丁憂守制之家在大門口懸掛孝燈。（新竹市）

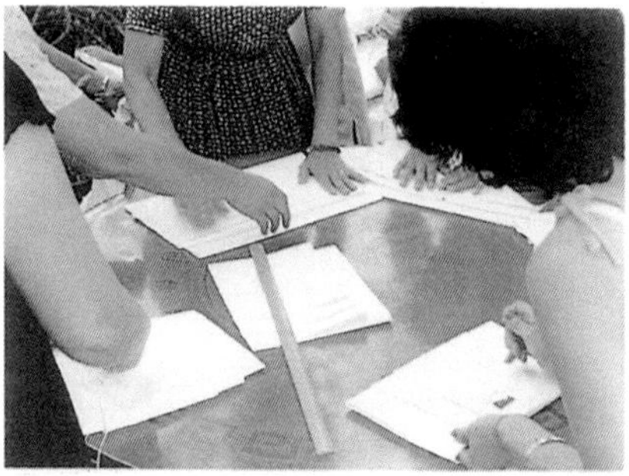

②左鄰右舍婦人幫喪家縫製孝服，圖中正在縫製苴包。（新屋）

③草鞋綁法吉凶有別，左爲安字法（吉），右爲土字法（凶）。（宜蘭市）

④成服禮之一：此爲母喪，正由母舅祭天神，孝男頭髮皆已理短，左前方竹籃內即爲孝服。（美濃）

⑤成服禮之二：祭告天神後，先爲孝男加首服草箍套麻，孝男後排所跪者爲孝媳女等，中間一婦人頭上帶的白布就是「孝」。（美濃）

⑥成服禮之三：成服最後過程爲賜杖，此爲母喪以桐木爲杖，杖頭包麻。(美濃)

⑦宜蘭孝男草箍套麻另加頭帛，未婚麻杉無袖。其左爲死者之姊，爲弟戴苧簽頭，因弟媳尚在，故其尾左短右長。（壯圍）

⑧石門一帶孝男、孝媳及長孫等，長麻衫斬衰不緝，其下裾呈鬚狀，清晰可見。（石門）

⑨北投一帶孝男之服，左側孝男所捧米斗中盛放魂帛及孝杖等。（石牌）

⑩新竹孝男之服，草箍所套麻布下垂遮耳，各人手中所握者爲孝杖，此爲父喪，用竹爲杖，閩南人很少杖不離手。（新竹市）

⑪梧棲的孝男之服，草箍之外另加頭帛，麻衫不論婚否皆無袖。（梧棲）

⑫大樹的孝男媳之服，麻頭、麻身，其身服皆無袖，長僅及臀。麻衫內的烏衫、烏袴即是本文所謂「變服」。（大樹）

⑬澎湖孝男之服，麻帽、麻衫，衫不長且滾白布邊，這是出租者所加，孝男手中所持為孝杖，麻衫下深藍色衫褲即是「變服」。（馬公市）

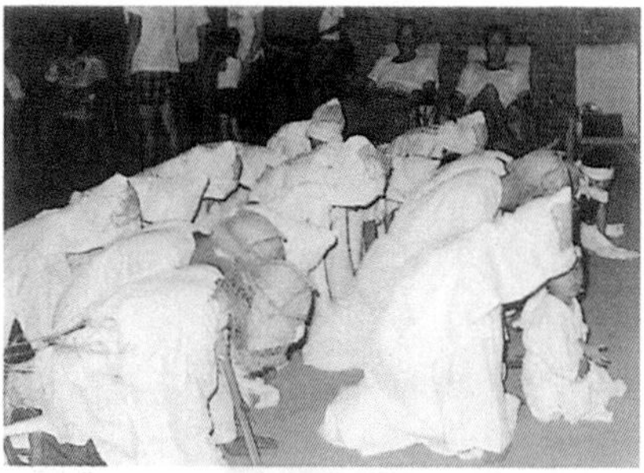

⑭觀音一帶客家孝男、孝媳之服，身服多係白長衫，此為葬後一段日子做七所照，孝男手中尙持有孝杖。（觀音）

⑮關西一帶客家孝男孝媳之服，孝男手中皆持孝杖，左方第一人所穿即是二十四孝。（關西）

⑯竹東一帶客家孝男孝婿之服，孝男所穿即是所謂的二十四孝，手中持母喪之孝杖，杖頭包麻布等。（竹東）

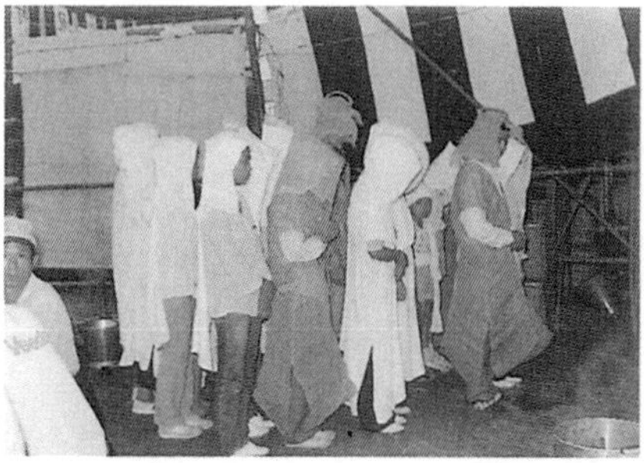

⑰東勢一帶客家孝男、孝女等之服。（東勢）

⑱美濃孝男、孝孫之服，孝孫之苧已有改用黃布代替之例。孝男、孝孫都是打赤脚穿草鞋。（美濃）

⑲閩南系統，孝男及長孫的孝杖一般都與魂帛同放在米斗之內，圖中紅頭爲長孫杖，另二支爲孝男杖。（石門）

⑳閩南系統孝杖於葬後皆豎立在墓側，左爲長孫杖，右爲孝男杖，此爲　先父之喪，以竹爲杖，其節歷歷可見。（石門）

㉑梧棲一帶孝媳、孝女等之服，媳女孝服之內皆著白衫白袴。（梧棲）

㉒澎湖孝媳、孝女之服、孝媳深藍色衫袴外，另加麻箃頭、麻衫及一片式麻裙。出嫁女是淺藍色衫袴外加苧箃頭、苧衫及一片式苧裙。（馬公市）

㉓美濃孝媳、孝女之服，孝媳赤脚穿草鞋，清晰可見。（美濃）

㉔大肚一帶，母喪出嫁女戴白布箃頭隨拜情形，其尾一律左長右短。（大肚）

㉕萬華長孫及一般孫之服，左二爲長孫，草箍套麻、套苧及白布，內著苧衫，外著麻衫，左一左三等則爲一般孫男，只穿苧衫，圖中苧衫是一種化學布。（萬華）

㉖萬華長孫媳及一般孫媳之服，長孫媳內著苧衫，外著麻衫，一般孫媳僅著苧衫，長孫媳白簸頭上除綴苧外另加麻。（萬華）

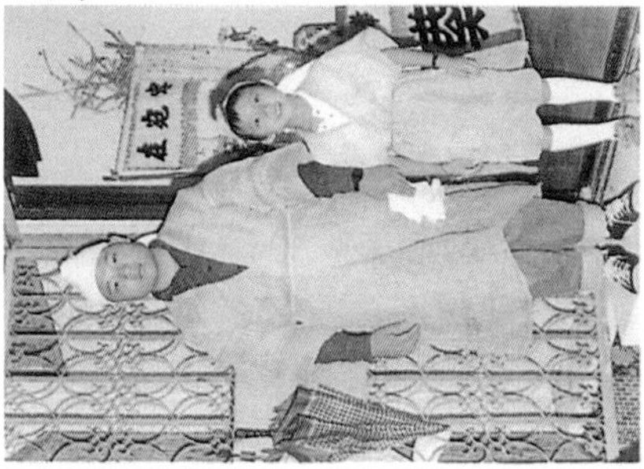

㉗北投一帶一般孫男之服，此處之苧衫是天然原料。（石牌）

㉘石門孫女之服，白布簸頭綴苧、苧衫，未婚者無袖，中間一孫女因係首次穿孝服，故於簸頭上綴紅。（石門）

㉙石門外孫男、外孫女之服，首服白頭帛及白簸頭上綴藍再加綴紅以表外姓。右一爲出嫁女之服。（石門）

㉚石門女婿之服，白荖包外加一紅布長條再綴苧，身上所穿爲白長袍。（石門）

㉛新竹一帶女婿之服，白長袍已簡化為「腰飾」，此為男喪，腰飾自左向右披。（新竹市）

㉜澎湖一帶女婿之服，這三人當年結婚，婚禮次日女方皆有「請女婿」，故荖包不綴紅。（馬公市）

㉝美濃女婿之服，黃布帽，身服左為黃布，右為白布，脚上是赤脚穿草鞋。（美濃）

㉞石門外甥之服。右一人因其父尚在世，尊重之，故戴荖包。（石門）

㉟石門潘姓出殯隊伍，中穿白長袍戴白荖包者為母舅。圖中孝女手持竹杖為該姓之特有習俗。左二男子為侄子。(石門)

㊱北部客家普通一般親戚的孝服皆已簡化為「腰飾」，此為女喪，腰飾自右肩向左披，因係女喪故用紙也都用黃色。（父青母黃）。（竹東）

㊲媳婦外家之弔服，已簡化爲手臂紮白布綴紅。（石門）

㊳臺西海口一帶，孝服形式正在大簡化中，圖中女婿已無身服，而另一女性之簕頭則簡化爲以一片白布橫披在頭上而已。（臺西）

㊴借送山之孫媳婦，從頭到脚一身全紅，再加苧簕頭，苧衫，右一戴白簕頭，圍白布裙者爲死者之姊妹（孝男之姨母）。（新竹市）

㊵臺灣人之五服：最右側露出者爲痲，其次爲苧，再來是黃布，中間一手上抱小孩爲紅，其前有一藍布衫，右二戴眼鏡者爲一般孫男。（公館）

㊶公館另一場葬禮，可看到痲、苧、藍、紅，穿痲的孝男脚上就是套白布穿草鞋。（公館）

㊷左側七個穿痲衫的是孝男的結拜兄弟，服與孝男同，但草箍上要綴紅。(公館)

㊸右側頭帛綴紅者為義孫男，此為男存女亡之喪禮，故圖中可以看見箍頭左長右短的例子。（石門）

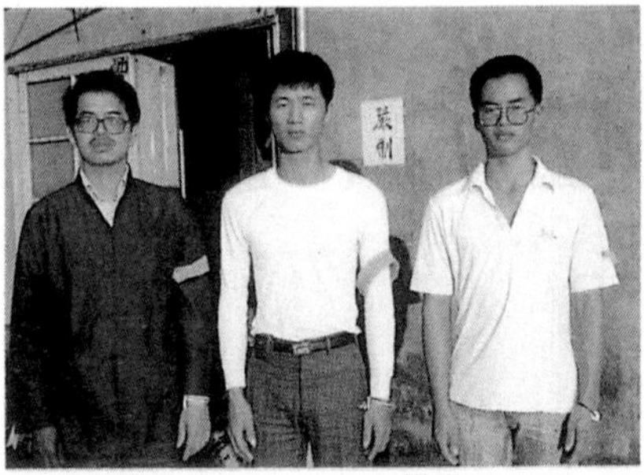

㊹北部帶孝實例，左為孝男帶麻布圈，中為長孫男帶內苧外麻之苧麻布圈，右為一般孫男昔帶苧布圈，今多簡化為苧布塊，死者為男性，故皆帶在左手。（石門）

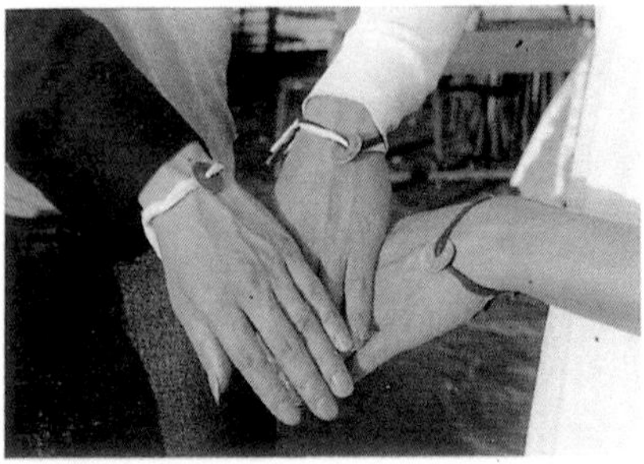

㊺手尾錢實例：左為孝男，以白布條串一枚硬幣做成，中為長孫男，是以一條白布、一條藍布串成，右為一般孫男，用藍布條串成。（石門）

㊻重孝期間，丁憂守制，不理髮，不刮鬍鬚。（石門）

㊼百日之後換孝，將麻布圈換成白毛線。（石門）

㊽對年之後，依「父青母黃」原則改帶綠毛線。（石門）

㊾「做三年」時，將綠毛線換成紅毛線。（石門）

㊿紅毛線帶兩三天之後，找一抱竹林，將紅毛線解開披在竹葉上以求子孫繁榮。（石門）